U1019898

教育部 财政部高等学校特色专业教材建设

教育学 ● 易连云 总主编

教育学原理

易连云 唐智松 么加利 主编
邓达 左群英 副主编

国家一级出版社
全国百佳图书出版单位
西南师范大学出版社
XINAN SHIFAN DAXUE CHUBANSHE

图书在版编目(CIP)数据

教育学原理 / 易连云,唐智松,么加利主编. -- 重庆 : 西南师范大学出版社,2020.10
ISBN 978-7-5621-5851-6

Ⅰ. ①教… Ⅱ. ①易… ②唐… ③么… Ⅲ. ①教育学-高等学校-教材 Ⅳ. ①G40

中国版本图书馆CIP数据核字(2012)第140080号

教育部 财政部高等学校特色专业教材建设·教育学

教育学原理

JIAOYUXUE YUANLI

易连云　唐智松　么加利　主编
邓达　左群英　副主编

责任编辑: 张浩宇
责任校对: 李晓瑞
封面设计: 梅木子
出版、发行: 西南师范大学出版社
(重庆 · 北碚　邮编:400715)
网址:www.xscbs.com
排　　版: 重庆共点科技有限公司
印　　刷: 重庆紫石东南印务有限公司
幅面尺寸: 260mm×185mm
印　　张: 16.25
字　　数: 450千字
版　　次: 2020年11月第1版
印　　次: 2020年11月第1次印刷
书　　号: ISBN 978-7-5621-5851-6

定　　价: 48.00元

总　序

西南大学教育学院发展历史悠久，学术渊源深厚。其前身西南师范学院教育系始建于1950年。1952年全国院系调整时，复旦大学相辉学院教育系、四川大学教育系、重庆大学教育系、国立女子师范学院教育系、四川省立教育学院教育系、川东教育学部教育系和公民训育系、华西协和大学家政系、昆明师范学院教育系、贵州师范学院教育系等9个高校教育类专业相继并入。2011年7月，为了建设一批国内一流、国际上有影响力的高水平学科，推动高水平、研究型综合性大学的建设进程，学校以教育学院为主干，联合教育科学研究所、高等教育研究所、教育部西南基础教育课程研究中心等教育类教学科研机构进行整合，成立了以研究型发展为特色的西南大学教育学部。

2007年原教育学院教育学专业获准列入教育部、财政部第一批特色专业建设名录中，教育学这个历史悠久的专业从此具有了新的发展契机，进而进入到一个新的发展阶段。近十年来，教育学部认真落实特色专业建设规划，立足学院优秀学术传统，以高水平的教育教学研究为平台，不断探索新的本科培养模式。

经过半个多世纪的发愤图强，教育学部在人才培养、科学研究和学科建设方面取得了卓越的成就。现拥有5个本科专业，教育学博士后科研流动站，教育学一级学科博士学位授权点，涵盖了近20个教育学与心理学二级学科博士学位授权点。

在特色专业建设中，教育学部成功申报了课程与教学论国家重点学科；重庆市教育学一级学科重点学科；课程与教学论国家级教学团队，教育学、课程与教学论、教师教育基础课程3门重庆市教学团队；课程与教学论、比较教育学、课程教学技术与艺术3门国家级精品课程，课程与教学论、比较教育学、课程教学技术与艺术、大学生心理健康教育、高校美育等5门重庆市精品课程；西南基础教育研究中心、心理健康教育研究中心2个重庆市人文社会科学重点研究基地。

西南大学教育学专业在人才培养方面积累了丰富的经验并取得了较为突出的成绩。在半个多世纪的发展历程中，教育学部构建了从本科生到博士后的人才培养体系，不仅走出了一大批享誉中外的学人大家，而且为国家培养了众多优秀的人民教师、高水平教育管理干部和教育科学研究专门人才，同时也积累了丰富的教育教学经验，探索了一系列教师职前培养与职后培训的新模式。

根据专业建设与发展的需要，学院鼓励教师从事高水平的教育教学科研，特别注重教学科研的成果转化，着力建设高水平的教材、精品课程、高水平的教学团队，同时注重对学生科研意识的培养与科研能力的提升。为此，我们组织编写了主要面向教师的本科特色专业教材和主要面向免费师范生的学生科研论文写作丛书两套书。

本套丛书主要针对特色专业教材建设，我们选择了教育学大类中重要的基础课程进行教材建设和改革，从指导思想到编写体例均试图有所创新，以期适应现代教育理论发展和学生自身发展的需要，同时也能够满足教师职后培养的需要。

我们深知，目标虽然清楚，可要达到它却未必轻松，已经做出的努力也未必尽如人意。瑕疵自然在所难免，望广大同行指正，是为序。

易连云

前　言

“教育学原理”这门课程一直是教育学专业本科生的专业必修课，是教育学理论学习的基础课程，因此受到学校师生的普遍重视。本轮教育学本科特色专业建设过程中，本门课程又作为一门重要课程被提上建设日程，本教材的编写便是教育学特色专业建设的阶段性成果之一。

本教材体现了如下特点：

第一，教材内容体现研究前沿。整个教材的编写立足于吸收过去众多教育学教材的优点，特别是西南大学教育学部原有教育学教材的传统，在此基础之上融入了现代新的教育理念，体现出一定的时代性。在研究思路上将对教育理论的理解放在宏观的社会整体视角之下，进而理解和把握学校教育的内在逻辑。

第二，在编写体例上进行了创新。教材的编写试图以引导学生自主学习、培养学生学习兴趣入手，增加了每章的导读和学习目标以及课后思考题目，以引领学生广泛阅读和思考。

第三，教材使用的广泛性。教材编写过程中，虽然主要是针对教育学专业学生，但同时也考虑到其他专业或在职教师的学习需要，在内容编写上既体现了专业性特点，也体现出鲜明的基础性和实践性，同时也强调了内容的可读性，便于各个层次的人员阅读和自学研究。

最后，需要特别指出的是，在本教材的编写过程中，国内外同行们的相关研究成果给我们提供了许多有益的借鉴，编写者们直接或间接地引用或参阅了他们的研究成果，同行们的宝贵研究成果给我们的教材提供了更多的视角，我们在此表示衷心感谢。

在本教材的编写过程中，我们得到了教育学部领导的大力支持，同时也得到了西南师范大学出版社的大力支持，在此一并致谢。

全书由易连云教授（海南师范大学）和唐智松教授（西南大学教育学部）、么加利教授（西南大学教育学部）任主编，邓达教授（成都师范学院）、左群英副教授（内江师范学院）为副主编。具体参加编写的人员如下：第一编：易连云、张凌洋、马霖；第二编：唐智松；第三编：么加利、邓达；第四编：兰英、左群英；第五编：李姗泽。全书由易连云最后统稿、定稿。

编　者

目 录 MU LU

第一编

宏观视野:社会中的教育与教育中的人

教育作为人类社会的特有活动,自产生之际便与社会和人有着不可分割的联系。可以说,离开了人,就无所谓教育;反之,离开了教育,人也无法实现自身自由与充分的发展。

从教育所能发挥的功能上看,教育是通过传递人类社会的文化与精神活动使得人类社会得以延续的,同时也用这些文化与精神有效地完成青少年个体社会化并启迪他们的灵魂。从三者的关系来说,教育、社会与人三者应是立足于人的发展,并以教育为纽带,实现着社会的发展,而发展的社会又会对人提出更高的要求。这是一个有机的、动态联系的系统。

然而,我们需要看到,教育的产生并非一个简单的事件,它的演变发展也非孤立的。现代社会中的教育更是如此……

第一章

教育与社会发展

本章导读——

教育的产生与发展,其历史源远流长,在教育学的基本理论中,教育的历史演进是非常重要的背景知识,从而被众多教科书所涉及。我们认为,离开了对教育历史演变的了解,就会缺乏对现实中的教育活动全面而深刻的理解。本章通过对社会发展中教育演进过程的梳理,以及对教育与社会发展的相关性、相对独立性的阐释,以使学生获得基本的教育历史知识,并引导学生学会以历史的眼光审视现实中的教育问题,并关注教育与社会发展的有机联系。

学习目标——

1. 相关概念

(1)教育的生物起源论、心理起源论、劳动起源论、人的成长需要起源论

(2)六艺、七艺、骑士七技

(3)六学二馆

(4)义务教育

2. 基础知识

(1)关于教育起源的基本观点

(2)学校产生的条件

(3)各社会阶段教育的特点

(4)教育与社会发展的相关性

(5)教育的相对独立性

第一节　社会发展中的教育演进

教育与社会发展的关系自教育产生之时便备受关注，教育对社会发展所具有的各种意义也不断被挖掘。社会发展，从广义上讲是指整个人类社会向前运动的过程，包括了社会的流动与变迁。在这一过程中，我们要思考一个非常重要的问题：教育活动如何产生？又如何在社会的流动与变迁中发展与演进？更进一步说，我们要探讨的是：教育作为培养人的一种社会活动，它是消极地适应社会发展，还是积极地影响社会发展。我们看到，在人类社会发展的各个历史阶段，教育所产生的作用以及发挥作用的方式均有所不同。由于社会生产方式、社会结构的不同，教育的发展状况与自身特点亦表现各异。

一、教育的起源

教育的起源问题，一直是教育学理论研究中的前提性问题，研究者们试图通过寻找起源找到教育产生的内在逻辑以及教育与人类其他活动相区别的独特性，进而建立起具有自身规律与特性的教育学体系。从引导人的生存、生长与生活来看，可以说，教育活动与人类产生同步，实际上，早期人类社会所从事的所有活动都与教育有关。或者说，当人类社会还未出现宗教、艺术、科学等现象时，以促进生存为目的的原始教育就已存在。原始社会是人类社会的起点，是原始人群经母系氏族社会到父系氏族社会一个漫长的历史阶段。今天，因为时代的久远，关于人类教育具体萌芽的时间已经无法确证，因此，我们研究教育的起源，必须上溯到人类社会的最初阶段，而不能把原始社会中任何一个阶段的教育现象，都看作教育的起源。在长期以来关于教育的研究中，部分研究者将教育活动的属性扩展到所有的生物，因此，关于教育的起源，也就有了几种不同观点。

（一）生物起源论

生物起源论认为，人类教育发源于动物界中各类动物的生存本能活动。它的主要代表人物是英国哲学家、教育家沛西·能与法国哲学家、社会学家利托尔诺。他们认为，动物尤其是略为高等的动物，完全同人一样，生来就有一种由遗传而得的潜在的教育，其效果见之于个体的发展过程。基于这样的认识，沛西·能在其《教育原理》中指出：教育从它的起源来说，是一个生物学过程，不仅一切人类社会有教育，不管这个社会如何原始，甚至在高等动物中也有低级形式的教育。……教育是与种族需要相应的、种族生活天生的，而不是获得的表现形式……它是扎根于本能的不可避免的行为。[①]利托尔诺在其《教育的源起》一书中则认为：兽类教育和人类教育在根本上有同样的基础；由人强加的人为的教育，可以动摇甚至改变动物的被称为本能的倾向，并反复教它们具有一些新的倾向……由此不难看出，人类教育的进行与动物的教育差别不大，在低等人种中进行的教育，与许多动物对其孩子进行的教育甚至相差无几。[②]这是一种从泛化的意义上对教育起源的理解，不能说它没有道理，只是它超越了我们对教育作为一个特定的人类活动的理解，进而无法成为我们进行教育研究的基础和

① 沛西·能. 教育原理[M]. 王承绪，赵端瑛，译. 北京：人民教育出版社，2004：36.

② 瞿葆奎. 教育学文集·教育与教育学[M]. 北京：人民教育出版社，1993：177.

起点。

对于生物起源论,有研究者指出其具有两个明显的错误。其一,动物中的许多行为是因遗传而获得的简单的行为定型,并不需要教育;其二,有些动物能学会一些动作,但这只是一种条件反射而不是教育。利托尔诺把教育解释为动物的本能,将人类的教育贬低为动物的活动,因而否认了教育的社会性。关于人的社会性与教育实践活动的本职,沛西·能自己也给予了强调,他指出:个人的生命只能按自己的本性去发展,而它的本性既真是社会性的,又真是"自尊"性的。[①]

(二)心理起源论

美国心理学家孟禄基于其心理学的视角,以儿童的无意识模仿为基础,提出了教育的"心理学起源论",他认为教育起源于儿童对成人的无意识模仿,而模仿是教育的基础。同时认为模仿既是一种教育手段,也是教育的本质。重复地模仿成功使失败越来越少。这给予了原始时代的人们在技艺方面所获得的全部东西。

孟禄的这一观点同样有研究者持反对意见。研究者指出"心理起源论"有两个缺陷。其一,把教育等同于无意识的活动,否认了教育的目的性和意识性。人之所以为人,就是因为人是有意识的、自觉的生命存在。人的活动是有意识的能动活动,否认了这一点,就是否认了人的自觉的生命活动。其二,把教育看成简单的模仿,否认了教育的社会性。教育过程中虽然有模仿的成分,但这种模仿在很大程度上带有一定的目的性和人的主体自觉,同时教育中的模仿也是社会历史的产物,正是这种社会性,把人与动物区别开来,也使人不断朝着更高的水平跃进。忽视了这一点,就是对人的本质的抹杀与歪曲。

(三)劳动起源论

"劳动起源论"认为教育起源于生产劳动这一人类社会所特有的实践活动之中。人类与动物的本质区别就在于劳动,而教育就是从劳动中产生的。原始社会生产力发展水平极为低下,人们首先需要解决的是生存问题。人类要生存,就必须从事生产劳动,于是劳动便成为人类生活最重要的条件。同时,劳动也是人类生活的重要组成部分,它占据着当时人们日常生活的绝大部分时间。人们在劳动中求生存,在劳动中体味人生,教育也在劳动生产过程中孕育产生,并在生产劳动中进行,与生产劳动紧密地结合在一起。当第一个原始人向另一个原始人或原始人群传授一些简单的生产劳动经验的时候,教育也就自然地产生了。

此种观点立足于人的生存活动的起源,无疑具有积极的意义,也在一定程度上反映出教育的特性。然而,一个同样的质疑也会产生:如果把教育的起源看成是劳动,那么人类的诸多活动均与劳动有关,因此,所有的活动都可以说起源于劳动,教育活动的特殊性岂不是丧失了?

(四)教育产生于人的自身发展需要

与上述三种传统观点不同,有研究者认为教育产生于人类自身发展的需要。这种需要包括两个方面:一是生存的需要。原始社会,人们必须同大自然进行艰苦的斗争而求得生存。人们在不断征服自然的过程中,逐渐积累生产劳动和社会生活的知识经验。年长一代

① 沛西·能.教育原理[M].王承绪,赵端瑛,译.北京:人民教出版社,2004:11.

为了保证下一代的生存,必须向下一代传授这些知识经验以提高年轻一代的生存能力。另一个则是群体协调的需要。各部落或氏族需要教给氏族成员理应遵守的行为准则,如道德规范、风俗习惯、宗教禁忌等,此外还包括语言。这些素质是社会成员得以被氏族或家族内部其他成员认同、接纳的必要条件。这也就是我们现在所说的人的社会化过程。自然人转变为社会人是人成长历程中的必经阶段。最初的教育正是基于使后一代具有更强的生存能力以及促成人的社会化而产生的。教育可以提高人们的生存能力,可以促使人社会化,这是教育影响人成长的具体表现。当然这只是最初的教育活动所要达到的最基本目标。因此,可以说教育是基于影响人成长的需要而产生的,或许他们自己也不知道他们这种影响人成长的活动是有别于人类其他活动的特殊活动。然而,正是他们的这种伟大之举才使得人类生命和人类社会得以不断延续,人类的文化和文明成果得以世代保存。

上述关于教育起源的观点虽说法不一,但是有几点需要明确:

第一,教育活动是属于人类特有的活动,离开了人类,去泛泛地讨论教育的起源将混淆人与动物的活动的区别。

第二,教育活动的产生指向人类的生存与发展的需要,它的特点是自觉与有意识。而模仿只能是教育活动中某种具体现象,因此它不能作为教育的起源,更不能将教育活动置于无意识、无目的的模仿之中。

第三,关于教育的起源研究者们依然在进行不断的探索,相信在今后会有更多新的观点出现。

对于教育起源不同观点的讨论其目的并非几种观点的简单罗列,而是期望读者对各种观点有全面的了解,在多年的讨论中,远不止上述观点,研究者们从多种角度对教育的起源进行了研究并提出了各自的看法。本节试图通过对上述不同观点的简要介绍与讨论,使我们了解教育活动的本质,以便对后面的教育与学习有个准确的定位。

(五)教育起源交往说

可以说,各种教育起源理论都没能科学地解释教育的起源问题,其中最重要的一点就是在研究教育起源问题时各自对“起源”一词理解的不同。因此,我国教育学家叶澜先生指出,“起源”不同于“产生”“出现”,要说明某事物的产生和出现,只需要阐明该事物存在的必要性和可能性,并说明这种必要性和可能性在什么时间、地点范围内存在即可。“起源”则要说明该事物由何而生,从何演化出来。教育的交往起源观的重要贡献在于将教育起源问题从人之外引导到人及其教育之内,从教育系统本身来考察教育的起源问题,更能反映教育起源的本质。

二、教育发展的历史形态

教育作为人类社会生存、延续和发展的一种手段,它存在于历史的任何时期,并在不同的时期表现出不同的特点。长期以来,人们在对教育历史与现状的演进过程的研究中,从不同的角度对教育的发展形态进行了描述,并做出不同的分期。本部分对教育的发展状态进行了时代的阐述,并将教育的发展进程按社会发展的形态变迁分成了不同的阶段,并对其特点进行总结和归纳。

(一)原始社会的教育

原始社会是人类历史发展的第一个阶段，是一个漫长而无文字记载的历史时期。因此，人们只能依靠人类学和考古学考察中所发掘的文物资料来论证和推断原始社会的基本情况，这一阶段的教育考察情况也不例外。对于原始社会的教育，我们同样只能依靠对其社会情况的科学论断来推断其发展情况及特征。

1. 原始社会的教育形态

在原始社会的早期阶段，原始人群并没有特别的分工，但通过考古资料可以发现，其中每个无性别分工的集体都包括两类群体，一类是负责狩猎的成年男女，另一类是负责看管动物、建筑场所的老人和儿童。后一类群体中，老人对儿童、少年的教育起着特殊的作用。在共同进行的简单的力所能及的劳动过程中，老人把各种生存技能、生活经验与知识传授给年轻一代；同时，还要有意识地传授一些群体生活的习惯、行为准则等社会生活方面的经验。此时，儿童被视为公有，抚养、教育儿童的任务则由该群体共同承担。

进入氏族公社时期之后，教育进一步发展。新石器时代之后，采集经济逐步向原始农业过渡；狩猎的经济也逐渐向原始的畜牧业过渡。原始农业和畜牧业分工的出现，以及氏族部落的形成，使教育的内容、范围逐渐扩大。种植、饲养、编织、制陶、建造等方面的经验和技术，都逐步成为教育的内容，礼仪、音乐、舞蹈、风俗、习惯、宗教等方面的内容也纳入教育之中。氏族公社末期，部落之间战争日益频繁。教育为适应“战争”，重视和加强了对全体社会成员的军事体育训练，并把军事教育提到首位。在这一时期，随着阶级萌芽的出现，出现了阶级教育的萌芽，军事首领、酋长、僧侣等特权人物不仅不参加生产劳动，而且还企图垄断公社全体成员在生产劳动、社会生活中积累起来的经验与知识。如王天一等指出：脑力劳动与体力劳动逐渐相分离，教育与生产劳动逐渐相脱离。教育越来越变成特权人物用来维持和提高自己的权力、威信和地位的手段，越来越变成他们支配和奴役其他社会成员的工具。①

总之，原始形态的教育浑然一体地存在于原始社会生产和生活之中，没有专门人员和场所来进行教育；教育的主要内容是传授个体经验、社会风俗、礼仪以及原始宗教、道德规范，后期还包括军事技能、艺术；教育的方式主要是通过语言口耳相传和实际行动的观察模仿；没有阶级性，为全体儿童所享受；为生产服务，把每个成员培养成为劳动者。有研究者将这一阶段的教育称之为“自在教育”②，即教育处于自在状态，教育还是一种“自在之物”。这种教育在人类历史上出现得最早、层次最低、形式最简单，但作为一种体系和形式，长期、广泛地存在着，而不以采集时代为限。后来的农业时代也仍存在着自在教育，绝大多数人仍处于教育的自在状态。采集时代和农业时代是两个不同阶段、不同层次的历史时代，使用的工具和人的思维状态都有质的区分，但也有共同点，即都属于自然经济，而自在教育是和自然经济相适应、相依存，人类社会只有自然经济大量存在，教育活动往往难于从自在状态中走出来。

2. 原始社会教育的基本特征

从原始社会人类教育的萌芽来看，其最终目的是生存。原始人群的生存方式首先得依

---

① 王天一 等. 外国教育史(上)[M]. 北京：北京师范大学出版社，1993：13.

② 胡德海. 教育学原理[M]. 兰州：甘肃教育出版社，1999：203-205.

赖社会集体的存在,任何游离于集体之外的个体都将无法面对严酷的外部环境生存下去。因此,由新的生产方式催生出来的原始教育并非单纯的知识传授体系,而是融生活与生产于一体的综合实践活动。尽管这种生活与生产从形式上看还比较简单粗糙。在生活资料由社员共同生产和共同分配的原始公社里,共同产品直接满足公社每个社员、每个生产者的生活需要,产品或使用价值的社会性质这里正是在于其共同的性质[①],这从本质上决定了原始社会教育的如下基本特征:

(1)直接性

原始社会教育是在人的生活与生产活动中直接进行的,并无专门的场所和固定的人员,目的主要是使人们获得直接参加社会生活的能力。因此,教育的内容主要包括人的体力、顽强性和有关生产劳动的技能、与自然斗争的经验、风俗礼仪、宗教仪式等方面的直接训练。对象则直接指向人类生活实践,而非其他。教育的方法仅以观察、有意识模仿等掌握直接经验的方法为主。造成这一特征的原因是原始社会生产力的低水平、人类自身发展的低水平以及社会物质生活、精神生活的贫乏。

(2)非独立性

从原始社会的整体发展水平来看,原始社会的教育并没有从社会生产和生活中完全分化出来而成为独立的社会活动。在这一时期,还没有专门从事教育的人员和相对固定的教育对象,也没有专门的教育内容和实施教育的场所,教育与人类的生活与实践直接相关,即渗透于所有的生产和生活之中。因此,我们可以看到,此时的教育几乎完全融合在整个社会生活之中,具有十分明显的非社会独立性。

(3)同一性

与上述两种特点相关,原始社会教育具有鲜明的同一性。原始社会教育的同一性主要表现在三个方面。

第一,教育活动与生存活动的同一性。原始社会的教育是原始人群适应、改造环境的一种生存手段,由于当时人类活动的群体性质,教育活动渗透在一切活动之中。在艰苦的原始条件下,文明社会中书本知识与生产实践相分离的现象得到天然的遏制,教育活动与生存活动无法分离。

第二,教育者与受教育者的同一性。原始社会生存群体中不论男女老少,都是生产劳动者。向后代传授生产技艺、讲解社会规范,是原始社会每个成年人的责任与义务,更是为了集体的生存。但在此时,尽管教育者与受教育者有传播知识文化和接受知识文化的区别,这种区别却是由实用、有效的经验所决定的,而不是文明时代的教育所崇拜的逻辑、观念形态的真理体系。如此,原始时代的被教育者很容易直观地理解教育者传授的经验,并且能很快地与教育者在共同的生存活动方式中达到实践的同一性。

第三,教育手段与目的的同一性。原始社会阶段共同生产、共同消费的生活方式不仅决定了教育双方实践上的同一性,即直接目的就是维持集体的生存,而且在集体的生存中,任何手段(包括教育)都与此直接目的相一致。在人类教育活动的最初阶段,以游戏为教育手段应是非常自然的事情,原始社会中繁多的游戏活动无一不包含着教育内容,儿童游戏是这

① 马克思,恩格斯. 马克思恩格斯全集(第19卷)[M]. 中共中央马克思恩格斯列宁斯大林著作编译局,译. 北京:人民出版社,1963:413.

样，成人游戏也如此。在此状况下，学习本身不仅符合人的天性的趣味，而且没有任何外在于生存目的之外的目的。

（二）古代社会的教育

古代社会由于铁器、青铜器和牛耕技术的出现，生产力和经济发展水平有了很大提高，社会物质财富逐渐丰富，社会出现贫富不均和阶级分化，社会分工也发达起来。在这种情况下，教育也从生产生活中分化出来，成为人类实践活动的专门领域，并得到很大发展。古代社会的教育主要包括奴隶社会与封建社会的教育。

1. 古代社会的教育形态

（1）奴隶社会的教育形态

奴隶社会是人类历史上第一个阶级社会，也是严格意义上人类文明的开始。从世界范围看，这个历史阶段经历了约4000年，中国经历了约1500年。较之原始社会，奴隶社会虽然经历的时间很短，却创造了原始社会无法比拟的物质财富和精神财富，形成了灿烂的古代文化。在这一时期，"学校"首次出现在教育发展的历史长河中。

学校的出现标志着培养人的活动的专门化。据史料记载，最早的学校出现在公元前2500年左右的世界上第一个进入奴隶社会的国家——埃及。在我国，夏朝已有"庠""序""校"的施教机构，到了殷商和西周，又有"学""瞽宗""辟雍""泮宫"等学校的设立。欧洲最早的学校则出现在古希腊的雅典，约在公元前8世纪~公元前7世纪。我们要看到，分布于世界各大古代文明区域中的不同地域的国家都在进入奴隶社会以后出现了学校，这一现象并不是偶然的，而是因为在奴隶社会中，不仅产生了设立学校的需要，而且有了这种可能。首先，文字的出现使教育发生了根本性的变化。人们把生产生活经验记载下来，成为书籍，学生可以通过书籍学习人类世代积累的知识。学习内容程度的提高，使得除非有专门的机关负责教育工作，否则教育就不能有效地进行，这就从客观上要求产生学校教育。其次，奴隶社会由于生产力的发展和剩余产品的出现，产生了一部分人专门管理生产、掌管国事、从事文化科学活动的可能，使社会上出现了脑力劳动与体力劳动的分工，也由此出现了掌握专门知识且明确负有教育责任的社会职业，这也为学校教育的产生创造了条件。

学校的出现无疑是教育发展史上的重大进步，但是，在奴隶社会，教育完全被奴隶主所垄断，奴隶的子弟无权问津。在我国西周，学校教育的主要内容是六艺：礼、乐、射、御、书、数，其教育的主要目的是使奴隶主的子弟学习一套管理国家、镇压奴隶和参与作战的本领。在欧洲奴隶社会中，出现了斯巴达和雅典两种教育体系。斯巴达属于农业国家，9000户奴隶主统治着25万的奴隶，长期残酷的剥削和压迫导致奴隶的暴动此起彼伏。奴隶主为了维持他们的统治特别重视军事镇压。因而，他们的教育就特别重视对其子女进行体操和军事训练。雅典则是一个商业比较发达的国家，生产发展的水平比斯巴达高，国内的斗争也比较复杂，除了奴隶与奴隶主之间的斗争外，还有经营商业的奴隶主和农业奴隶主争夺政权的斗争。所以，雅典的教育措施与斯巴达有所不同。雅典奴隶主的子弟既要受到体操和军事训练，也要受到读、写、算、音乐、文学、政治和哲学方面的教育，以使其具有从事商业和政治活动的能力。

中国奴隶社会的教育与欧洲奴隶社会的教育，尽管在教育的具体内容和措施上有所不同,但其性质基本上是相同的,都是奴隶主阶级用来进行阶级统治的工具,都是只有奴隶主阶级的子弟才有受学校教育的权利,学校教育基本上都脱离生产劳动。但是,奴隶社会教育的出现,是社会发展的必然过程,是历史上的进步现象。恩格斯曾经指出:只有奴隶制才使农业和工业之间的更大规模的分工成为可能,从而为古代文化的繁荣,即为希腊文化创造了条件。[①]正是在奴隶制的社会条件下,产生了文字,出现了学校,丰富了教育内容,为后来文化教育的发展开创了条件。

(2)封建社会的教育形态

随着生产力的进一步发展,人类由奴隶社会步入封建社会。封建社会的基础是封建土地所有制,封建主和农民是两大基本社会阶级。封建社会虽然在社会经济、政治、文化等方面取得了巨大的进步,但其经济结构决定了教育掌握在封建主阶级手中并为统治阶级利益服务。因此,这一时期统治阶级更加强化了教育的等级制度与思想控制,以维护更加复杂、更加完善的国家机器。

在我国,封建社会的学校大体分为官学和私学两种。官学具有鲜明的等级性。以学校制度较为完备的唐朝学制为例,唐朝由中央直接设立的学校有"六学二馆"。"六学"中的国子学只接收文武三品以上官员的子弟入学;太学接收文武五品以上官员的子弟入学;四门学接收文武七品以上官员的子弟入学;律学、书学和算学各收八品及八品以下官员的子弟和通律学或书学、算学的庶族地主的子弟入学。"二馆"为东宫的崇文馆和门下省的弘文馆,专收皇帝、皇后的近亲及宰相、大臣的儿子。在地方设立的州学、府学、县学,虽无严格的等级限制,但由于名额所限,也只有地方官吏和富豪地主的子弟才有入学机会,普通民众的子弟不能进入。至于历代的私学,表面上虽是人人皆可入学,但由于学费(束修)的限制,贫困的农民和手工业者的子弟也是"望校兴叹"。他们基本上是通过家传父教、师傅带徒弟等形式,在生产劳动的实践中学习生产的知识与技能,或通过家长和师傅的思想影响,培养一些优良品质。

在我国封建社会里,封建统治者除了通过学校培养为他们服务的人才外,还先后建立了一套选士制度和科举制度。汉朝实行察举制,到了魏晋南北朝演变为"九品中正制",但由于其实际上为豪门世族所垄断,因而导致"上品无寒门,下品无世族"。隋以后,科举制度更为完善,虽然这是我国教育史上的一个进步,但是由于科举考试的内容多为儒家经典,方法多要求死记硬背,因此科举考试也在很大程度上束缚了学生头脑,影响了文化、科学的发展。

在欧洲封建社会中,宗教成为封建制度的精神支柱和统治人民的工具。僧侣垄断了文化和学校教育,科学沦为宗教的奴仆。在封建统治阶级内部形成了僧侣封建主和世俗封建主(贵族)两个阶层,因而出现了两种类型的教育:教会学校和骑士教育。僧侣封建主的教育是通过教会学校,培养对上帝虔诚、服从教权和政权、进行宗教活动的教士,其教育的内容是"三科"(文法、修辞、辩证法)、"四学"(算术、几何、天文、音乐),合称"七艺",各个科目都贯穿着神学。世俗封建主的教育是通过宫廷教育把自己的子弟培养成为勇武善战的骑士,其教育的内容为"骑士七技"(骑马、游泳、投枪、击剑、打猎、下棋、吟诗),同时也进行宗教观点和武士品质的教育。这两种教育基本上都脱离生产劳动,都是为了维护封建农奴制而存在。劳动人民的子弟除了能进入教会的教区学校,接受宗教教育和学习简单的读、写、算外,

---

① 中共中央马克思恩格斯列宁斯大林著作编译局. 马克思恩格斯选集(第3卷)[M]. 北京:人民出版社,1972:220.

无权进入其他的教会学校和享受宫廷教育。到了12至13世纪，由于手工业和商业的发展，城市的繁荣，在城市里出现了由手工业者联合会举办的行会学校和由商人联合会举办的行会学校（基尔特学校），新兴的市民教育开始同封建教育展开斗争。

总体而言，在封建社会中，对教育产生影响的既有属于过去的奴隶社会已形成的文化教育的传统与思想，又有属于未来社会的新兴资产阶级政治、经济和文化发展的需要。当然，还有最主要的是封建社会本身政治、经济和文化发展的需要。奴隶社会与封建社会就其政权的性质来说，都是少数人对多数人的统治与压迫；在社会生产发展水平方面，又都属自然经济。当封建统治阶级政权初步巩固，并需要有庞大、完善的国家机器和需要加强思想控制时，统治者又重新把目光转向教育，并按本阶级的需要对原有的文化教育传统进行改造。封建文化对奴隶文化改造的过程，也是奴隶社会教育向封建社会教育转化的过程。

2. 古代社会教育的基本特征

奴隶社会与封建社会的生产力发展水平和政治经济状况虽各不相同，但相同的剥削阶级社会形态，类似的落后生产工具，手工操作的劳动方式，自给自足的自然经济形态，使两个社会的教育存在着一些共同的特点。

（1）等级性

在古代社会，学校教育是直接为满足统治阶级维护自己统治的政治需要而产生的。亚里士多德曾指出：忽视教育就会危害政制。要教育公民使他们的生活适合于政府的形式。[①]因此，受教育是统治阶级的特权，被统治阶级只能在民间接受家庭教育。即使在统治阶级内部，统治阶级的子弟入何种学校也有严格的规定。因此，古代社会的教育体系是维护等级统治，并使它延续下去的一种手段。但是，当统治阶级内部发生矛盾斗争时，等级秩序会受到震动乃至冲击，它随着整个古代社会的衰落而削弱。尤其在古代社会后期，这一特点已不太突出。

（2）专制性

与等级性密切相关的是专制性。为了维护现有的等级，统治者必然要加强思想上的控制。思想上控制的加强可维护统治者内部的等级秩序，也是维护对失去了有形枷锁、不同于奴隶的农民的统治。在欧洲，充当这个精神枷锁的是基督教。在我国，则主要是僵化了的儒家思想，儒家思想被固化为行为规范与生活准则并作为学校教育的主要内容。同时，封建统治者还以各种社会的、非学校教育的途径实现对民众的精神禁锢，以维护自身的统治。由此，我们可以清楚地看到封建社会教育的专制性，它不仅表现在学校教育中，也渗透在非学校教育中；不仅表现在培养目标上，也表现在教育内容与方法上。

（3）保守性

教育的保守性是等级性和专制性的必然产物。维护现有秩序的、专制的统一必然是反对变革。此外，封建社会以自然经济为主，在这种经济形态下，社会生产力发展缓慢，社会变化速度、激烈程度都很低，因此，社会和人们的心理也趋向于保守、趋向于对现存环境的适应。这是一个过去统治着现在、权威统治着众生的时代。即使是封建社会的一些叛逆者，在他们的思想和行为上也反映出这种痼疾。为了改革，他们要抬出古人的亡灵，采用托古改制的手段，西欧的文艺复兴运动与日本明治维新运动最初的宣传都是鲜明的例子。

---

① 中央教育科学研究所比较教育研究室. 世界著名教育家[M]. 贵阳：贵州人民出版社，1989：14.

(4)非生产性

奴隶社会中体脑分工与对立的状况,在学校教育中反映为学校教育与生产劳动相脱离和对立。作为当时社会中的直接生产者——奴隶和自由劳动者与学校一开始就无缘,而与直接生产过程无关的统治阶级的子女却能进入学校享受教育。奴隶主阶级主要依靠对奴隶的占有权而坐享其成。因此,奴隶主不关心生产,其生活质量的提高只与占有更多的奴隶相关。这决定了为奴隶主阶级服务的学校与生产劳动不仅相脱离,而且极端鄙视生产劳动。从事生产劳动的人在社会中所处的卑贱地位,使他们从事的活动和技艺也同样遭到鄙视。

体脑的分离与对立,从历史的观点看是不可避免的,它在促进社会生产力和文化的发展方面都起过积极作用。然而,也正是这种分离使上千年的学校与生产劳动相脱离,奴隶社会学校的出现是历史上这一传统的起点。随着社会生产和文化的发展,这一传统越来越成为限制社会生产与技术发展的因素。

值得注意的是,奴隶社会的学校教育与生产劳动脱离并不等于奴隶社会的全部教育活动都与社会生产劳动无关。在奴隶社会中,除了有学校教育外还有非学校教育。奴隶与自由民正是在学校之外的生活和生产活动中接受教育,只不过这种形态的教育尚未独立和专门化。然而,这种非学校的教育对于人类社会的延续与发展同样是十分重要的。没有它,人类与物质生产直接相关的技术与经验就不可能得到有效的延续与发展。

(三)近现代社会的教育

自1640年英国爆发资产阶级革命以来,人类社会进入了一个崭新的历史阶段,社会经济、政治、思想文化以及科学技术取得了前所未有的发展,这是古代社会所不能比拟的。与之相适应,教育也随之进一步发展。

1. 近现代社会教育的发展概况

在欧洲,资产阶级从封建主贵族手中夺取政权到巩固政权,各国先后共经历了一百多年时间。在政治斗争十分激烈的时期,统治阶级除了把教育作为政治斗争的工具以外,不可能更多地顾及别的方面。19世纪中叶以后,随着资本主义在欧洲社会中的确立,教育在各方面也有了大的发展和变化。

17世纪~18世纪末,是资产阶级教育家为改革封建社会的教育,建立资本主义社会所需要的教育进行理论、舆论和思想准备的启蒙时期。在此时期,涌现了一批近代资产阶级哲学家和教育思想家。诞生于封建社会末期的捷克教育家夸美纽斯,其著作《大教学论》犹如文学史上但丁的《神曲》,宣告了封建教育思想的结束和资产阶级教育思想的诞生。继夸美纽斯后,英国的洛克、法国的卢梭和爱尔维修、狄德罗等启蒙主义的教育思想对当时的社会都曾产生过很大的震动。他们的教育主张虽各不相同,但都显示出一种生气。他们要求改变死气沉沉、充满宗教色彩的经院式封建教育,培养有进取精神、面对世俗生活的人;并竭力主张增加自然科学的内容和一些劳动教育的内容,用顺乎学生自然天性的方法去教育学生等。在人类教育的发展史上,教育理论对教育实践的改革产生重大的影响可以说是从资产阶级开始的。

18世纪末到19世纪中期是资本主义社会逐渐摆脱教会对学校独霸局面的时期。1794年普鲁士公布民法,其中明确规定各级学校均系国家机构,这是普鲁士教育制度世俗化的标志。19世纪初，法国的初等教育开始由国家管理。英国在欧洲资本主义国家中使教育国家化，约在19世纪30年代后才开始通过经济的手段实现国家对教育的控制。除此以外，欧洲资本主义国家还进行了教学内容世俗化的改造。当然，资本主义社会不可能也不愿意把宗教内容完全排除在学校大门之外，但是宗教和神学在学校中的地位比起中世纪来，已明显降低。资产阶级使教育国家化，这是符合资本主义社会对教育的需求的。自资本主义社会起，教育普遍成为国家事业中必不可少的组成部分。教育开始了一个新的发展阶段。

19世纪下半叶起是资本主义社会中教育发展规模扩大和速度加快的时期，也是近代资本主义社会学校教育制度系统化和初步完善的时期。至20世纪初，英、美、德、日、法等资本主义国家都实现了初等义务教育的普及，并建立了自幼儿园到大学研究院的学校教育体制。

20世纪初，世界主要资本主义国家开始进入垄断资本主义阶段，在欧洲和美国出现了资本主义教育制度建立以来第一次影响波及世界的教育改革运动，这就是在欧洲被称为“新教育”和在美国被称为“进步主义教育”的运动。改革者意在加强学校与生活的联系，改变传统学校中以学科、教师为中心的教学形式，主张以活动和学生为中心来组织教育。这一改革由于是对传统的绝对否定和各种社会原因，并没有获得改革者所希望的那种成功，但是对已形成的资产阶级传统教育是一次重大的冲击。

与西方相比，我国的教育现代化开始得比较晚，大约在19世纪末才开始这种过程。晚清时兴新学、办洋学堂、大量移植国外科技课程、创立新的学校教育制度体系等等，都是教育现代化的举措。这种现代化的过程到了20世纪30年代才具雏形。此外，由于我国政治、经济发展的总体水平低，因此，教育的现代化发展受到很大限制。

2. 近现代社会教育的特征

（1）教育的普及性

现代工业社会的发展，为更多人接受教育提供了物质条件，也使国家和公民有财力办更多学校，同时，现代工业生产也要求劳动者职前受过培训。因此，工业化生产发展使教育普及化成为现实。自19世纪下半叶欧洲普及教育立法之后，工业发达国家先后实施了义务教育。义务教育是国家依据法律，对一定年龄的儿童实施一定年限和程度的教育，具有强制性。法国于1833年颁布基佐法案，规定每市镇设小学一所；1881年再颁布法令，规定实施普及义务初等教育，之后规定实施免费初等义务教育。美国在1852年由马萨诸塞州率先颁布强迫义务教育法令，规定该州8~14岁儿童必须每年上课12周；到1898年，全美国已有32个州实施强迫义务教育。

义务教育法的出现，是现代教育发展的重要表现，是普及教育的保证。但是应该看到，义务教育也与社会的民主化运动有很大关系，取消教育权利的不平等，是现代社会取消特权民主运动的重要方面，劳动人民和广大进步阶层的民主斗争，促进了义务教育法案的建立，对教育的普及发展起到了重要推动作用。

（2）学校教育的系统性

近现代社会之前，各国的教育基本上是单一的普通教育，专门学校虽然存在，但规模很小且类型单一。进入资本主义社会后，由于初等教育的普及和高等教育的发展，各级各类学校共同构成了一个统一完整的教育体系。纵向上，有学前教育、初等教育、中等教育、高等教育；横向上，有普通教育、职业教育、特殊教育、成人教育等多种教育形式。这期间，在西方发达国家中,职业教育得到了迅速的发展。

(3)教学内容的丰富性

欧洲进入近现代社会以后,由于生产力的发展和科学技术的进步,古典文科学校日益显示出与时代的差距。而此时,由于社会生产力的发展对自然科学需求的提高以及自然科学逐渐从哲学中脱离,学校教育内容逐渐摆脱过去那种以人文学科为主的局面,自然科学知识开始进入学校的课堂。数学、物理、化学、天文学、生物等自然科学成为学校的重要课程。同时,人文学科的内容也开始分化为各种更为细致的学科,使知识更加系统化,更富有适于人类学习的逻辑性。

(4)发展目标的全面性

教育与生产劳动的结合关系着人的发展水平。古代时期产生的脑力劳动与体力劳动的分工和对立,形成了"劳心者治人,劳力者治于人"的不合理局面。其结果,无论劳心者还是劳力者都是片面发展,从而限制了人的体力和智力的充分发展。现代教育开始改变这种状况,这首先要归功于现代社会工业化生产的发展。工业化生产对生产劳动者的知识文化水平要求很高,没有一定的基础是不能胜任工作的。并且随着现代工业生产的每一次发展,对生产劳动者的知识文化水平要求也在提高,比如,在蒸汽机生产时代,劳动者有小学文化就够了;在电力生产时代,劳动者有初中文化才可以胜任;而在信息时代,则要求劳动者有高中或大专文化水平才能适应工作要求。因此,从发展趋势来说,现代生产过程中的体力构成在降低,而智力构成在不断提高,这就要求劳动者体力和智力两方面都要得到合理发展。这种发展趋势反映到教育上来,就是教育与生产日益紧密结合。也就是说,教育不是单纯或主要地培养一些"劳心"的"治人者",而是大量培养有文化的劳动者。这就要求教育的发展要瞄准社会生产和社会经济发展对人才的需要,不断调整专业及课程内容,以满足社会的需要。事实上,现代教育如果不与社会对劳动力的需求挂钩,迟早要发生变革,一些学校或课程被改组或淘汰,而新的学校或课程将产生。因此,现代教育与生产劳动相结合,培养体力、智力都得到发展的人,已成为现实的需要。

(四)后现代社会的教育

后现代作为一种社会思潮,它所代表的是一种思路,即对过度现代性的一种批评和反思。它并不是一个独立的社会阶段,而是和两代社会交织在一起的。后现代所主张的对一切都要反思的态度引起了科学、文化、教育等诸多领域一系列的变化。这些变化表明了人类历史的一次断裂并进入新的发展阶段,教育也随之踏上了新的发展之路。同时,后现代的理论与思潮也给教育带来了很大的挑战。

1. 后现代社会的教育形态

后现代社会教育将关注人性化、追求自我完善作为教育的基本价值追求和永恒主题。后现代教育的真正目的在于能够使人们看清他们自己和他们生活的世界,并且能够变革自己和世界,从而能够拥有更美好的生活。教育的首要任务在于弘扬、唤醒并形成学生的主体意识和批判意识。教师和学生都是教学中的主体,而客体是要了解的现实世界。因此,在教学中教师和学生是平等、信任、相互合作的,教学的目的是要在了解现实世界的过程中,发展学生的批判意识和创造性思维。

较之传统的“灌输式”教育，后现代教育倡导“提问式”教育，即从人与世界的关系出发，针对现实中的问题，共同反思，共同采取行动，以达到认识世界、改造世界的目的。因此，真正的教育不是教师对学生的教育，而是教师与学生的教育，是将现实世界作为中介的教育，课程学习的主体是教师和学生双方，而客体是现实世界，课程的内容是在这个基础上来构建的。后现代主义主张，学生自己批判性地思考课程内容、教学过程以及他们所处的社会现实，要求教师和学生对现有的知识和社会现实提出问题并进行批判性思维。在提问式教育中，教师是问题的提出者，教师提出能够激起思考的问题并促进学生自己提出问题，通过提问和回答，学生不仅仅做出了回答，甚至也会对答案提出疑问。

此外，在后现代教育中，知识通过教师和学生的交往对话而生成。后现代教育强调学生拥有从日常生活、课堂外经验中主动建构知识与经验的能力，强调学生之间的合作、探索学习的能力以及学生对教师发展的促进作用；要求学生自己去思考与探索；要求师生双方通过平等、真诚交往，向对方提供肯定或否定的反馈并引起对方和自己的思考，从而提升学生的创造力、批判力和独立思考能力。

2. 后现代教育的特征

（1）反对权威和去中心化

在传统教育中，到处都充斥着“中心”，一切活动都围绕着一定的“中心”来进行。教学内容以书本为中心；教学形式以课堂集中讲授为中心；师生关系以教师为中心；教学管理以集体为中心、权力至上等等。而后现代教育反对权威和中心，强调开放、平等、网式的教学结构；强调教学面前人人平等，允许任何人在任何地点、任何时间随机加入学习。后现代教育带来了一场课程革命，其核心就是促进教学由“中心化”向“去中心化”的转变。课程所在的系统从“封闭式”转向了“开放式”，课程的展开由“单一性”转向了“复合性”，由“直线前进”转向了“多元并进”，由此课程设置也就不再有确定的结论和终点了。从长远的发展来看，去中心化既是后现代教育的特征，也是后现代教育运作的方法论。后现代教育所隐喻的信息分配模式是：知识的生产、贮存、分配都分散进行，并且每个参与者都平等加入。后现代教育更为主要的目的是要批判人的自我中心和主客二元对立的观点，以达到对人自身的一种解放。

（2）多元化和差异性

后现代教育提倡多元化的途径和观念，推崇差异性，这与传统的教育是截然相反的。后现代教育鼓励从不同视角看问题、使用多种途径解决问题，不同文化和个性并存，实质是鼓励开放性和创造性。它具体表现为多元的课程模式、多元的师生角色、多种价值观念并存、不同层次不同角度的评价、教育目标的多元化等等。多元化是一种新型的思维方式，它的核心是抛弃传统的封闭式思维，采取全方位的开放性思维。多元化的教育理念批判传统教育从内容、目的到模式、评价等方面的呆板和陈旧，呼唤丰富的教学内容和形式，期待教师从个性到观念的多元化。后现代教育还批判了那些不顾学生认知特点和差异性，强行灌输、单一评价，并造成学生的学习失败和心理挫败感的教育模式。那种落后的教育模式导致了学生产生顺从的习惯而失去了创造性，破坏了学习者丰富的想象力，压抑了人的全面发展。从另一个角度讲，后现代教育主张个体个性的张扬，后现代课程模式中的每一个角色都可以根据自己的爱好选择信息、发表意见、与人交流。这应该说是到目前为止人类教育史上可以达到的最自由、最能体现个人特征的交流方式。

(3)强调平等关系

现代范式的科学观强调控制,崇尚技术理性。人们企图运用各种规律无限增强控制能力,达到物质利益的最大化。而后现代教育反对技术理性对人的奴役和控制,重视人与人之间内在的、深刻的关系,重视人与自然的和谐,希望主体与客体之间是一种平等互动的关系。后现代主义主张,通过建立人与人、人与自然的和谐关系,改变传统科学观点所引发的人与物、人与人之间紧张、尖锐的冲突状态。同时,后现代课程学者提出为了人类的生存,不仅需要加强人类、自然、社会、民族等各方面的依存、沟通,还需要加强自身的联系,全面发展人的身、心,协调知觉、情感、理智等心理侧面,把整体观、联系观融入课程与教学中。

三、教育演进的基本特点

如前所述,教育活动伴随着人类的产生而产生,并随着社会的发展而不断地变革与演进,在这一过程中,教育活动表现出如下特征。

(一)教育是一种永恒的社会现象

在前面对教育起源的考察中,我们看到,教育自人类社会产生起便已经存在,它始终伴随着人类的生产与生活活动,可以说,教育是人类社会的永恒范畴。教育不是哪一个阶级专有的活动,而是为整个社会所需要。社会不能一天没有教育,正像不能一天没有生产一样。全人类的生存和进化,都要依赖于教育,依赖于知识的积累和传授。可见,教育具有社会性、民族性乃至人类性。

教育同社会息息相关,可以说是共生存、同命运的。它同其他社会现象一样,依附于社会。不仅如此,教育还是作为与人类共生的社会现象而出现的,并永远与人类社会同在,是一种普遍的永恒存在的社会现象。教育之所以是一种永恒的现象,是因为人类社会永远需要教育。而同时,教育本身又具有满足人类对文化永恒需求的功能,即传递文化的功能。人类对文化的需要是关乎人类自身生存和发展问题的最根本的需要之一。文化作为人类的共生现象而出现,而教育本身不仅是一种文化现象,从根本上讲,它是一种文化手段,具有文化传递的根本功能。人类之所以需要教育,正是出于文化为人类所永远需要的客观现实。因此,教育必然永恒地存在于社会之中。

(二)教育具有阶级性

在古代与近现代社会,在教育的历史发展过程中,在阶级对立的社会里,教育事业成为统治阶级手中的一种统治工具,教育作为一定社会的上层建筑而具有一定的阶级性,这是马克思主义教育观的一个显著特点。教育的阶级性在今天的社会中常常被人忽略。的确,现代社会中,教育的阶级性特点在表现形式上产生了很大的变化,各种不同社会制度之间的教育表现形式也越来越表现出一种趋同的特点。但是,我们要看到的是,教育的阶级性从根本上讲依然存在,并将伴随于阶级发展与冲突的整个过程之中,直到阶级的消亡。

社会关系决定教育,这是马克思主义考察教育事业和社会之间存在关系的基本出发点,并在此基础上确立了马克思主义社会关系决定教育的原理。把教育视为统治阶级的工具和一定社会的上层建筑，正是基于此原理所作分析的结果。教育作为一定社会的意识形态，作为一种精神力量，同样受着占有物质生产资料的统治阶级的支配，一个时代的统治阶级的思想，就是那个占有统治地位阶级的教育思想。

（三）教育的演进是一个自然历史进程

教育从其产生到现在，处于不断变化发展之中，教育的存在空间也是一个不断开放的过程。教育的存在和发展，受社会历史条件的制约，与人类社会历史发展是一个相适应的自然历史过程。人类教育也遵循着一条从自在到自为，由无序到有序，由低级到高级，从简单到复杂的道路。人类教育同时遵循着因人类社会生活的发展而发展，因人类社会文化生活的进步而进步的历史法则，并经历着一条全面自为的教育终将替代全面自在教育的否定之否定的历史客观道路。

从教育的产生到现在发展的总体过程来看，人们已经可以预期并看到教育发展的总体结果：未来的教育将是在更高形式上回复原始社会教育的性质，一种更高程度上扬弃了外在环境与制度控制的自主性、实践性和全面性的教育。这便是全面自在的原始社会的教育终将为全面自为的教育所代替。

第二节 教育与社会发展的相关性及其相对独立性

教育作为人类社会特有的一种实践活动，从它产生之日起，便具有了自身价值属性和一定的社会功能，并推动着社会的改革与发展。但是，教育作为一种独立的社会现象，相对独立性是其基本属性之一，特别是对于现代教育而言更是如此。因此，教育不仅与社会发展息息相关，同时也与社会保持了恰当的距离和张力。有这样一种观点：一种完全丧失了自身独立性的教育，一种与社会完全“合而为一”的教育，和一种与社会处于完全封闭状态的教育一样，也失去了自身存在的必要性。[①]教育的这种独立性也是受文化发展与传递的特殊性所制约的。

一、教育与社会发展的相关性

教育与社会发展的相关性表现为多个方面，也可以表现为教育发展的社会制约性，具体包括如下几个方面：

（一）教育是社会发展的结果

从教育作为一种社会制度与整体的社会发展的角度来看，教育是社会发展的结果。社会发展整体上是指社会结构方面的变化导致社会制度和人们行为方式的发展与变化。在结构功能论看来，社会结构表现为各种社会制度的耦合关系，如果其中一种制度发生结构和功能的变化就会破坏社会结构的平衡稳定状态，从而推动社会向前发展，而教育是一种适应性的制度，必然反映社会的变化并做出功能性的适应性调整和变化。所以，社会发展是教育适

① 扈中平等. 现代教育学新编本[M]. 北京：高等教育出版社，2000：110.

应的原因,而教育是社会发展的结果。从马克思的理论来看,作为上层建筑组成部分的教育制度,应与社会经济基础相适应。如果社会生产力的变革引起社会向前运动,教育也随之发生一定的改变,或调整功能以适应社会变迁。

具体而言,各个时期的社会发展都直接或间接地对教育产生影响。社会发展的一个非常原始而又非常重要的因素就是科学技术的发明创造及其推广应用,科技的进步加速了知识的再生产和技术的更新,使社会出现了新的知识和产品,这就要求教育要从教学内容和教学方法上调整适应,培养目标和教育观念也应更新。社会经济制度的转变促进经济的发展、经济结构的变化和运行机制的转变,这直接要求调整教育结构与之适应,包括办学模式、经费投入及学生的分流分配等方面的变化。文化变迁更是直接制约着教育的发展,从文化冲突或新文化兴起带来的教育观念、内容的转变和更新,到文化模式的转变导致教育模式的转型,都说明教育制度对于文化制度的依存性。此外,社会的政治体制、阶层结构、人口结构及生活方式的变化等都会对教育产生重大影响。教育对于社会发展而言,若要得到生存和发展,就必须与之适应,然后才能进一步发挥自身作用。

(二)教育是社会发展的条件

历史已经证明,人类社会从蒙昧野蛮走向进步文明,离不开教育这一重要条件。社会的发展是一个自然历史过程,是通过人们的社会活动来实现的,离开了人的主体性参与就变成一个纯自然的过程。换言之,社会的发展是有条件的,在社会生产方式的矛盾运动中,生产力这一因素的变革是人为的,劳动力的素质需要通过教育来提高,劳动工具和科学技术需要受过教育的人来创造发明,科学技术的传播和推广同样要借助教育来实现。生产力的发展促进生产关系的变革,而生产关系的变化又受到教育的直接或间接的影响,如,政治变革中的改革人才和管理人才的培养、进步的观念、国民的政治社会化等都是教育的功能产物,经济变革中的建设人才培养和技术资讯,文化变迁中的文化传播和文化选择、文化积累都离不开教育,都是通过教育而实现的。因此,无论是整体的社会发展,还是局部具体的社会细微变化,教育都是其中的一种重要条件。

教育还通过它的潜在功能来体现其对社会发展的作用。如果教育要成为社会发展的条件,就要进行教育改革,这是外显的功能,而在获得外显功能的过程中又产生了潜在功能。教育的潜在功能是促进社会流动等,潜在功能的取得就意味着教育成为社会发展的条件。

(三)教育是社会发展的动力

教育不仅是社会发展的条件之一,还是社会发展的动力因素,特别是促进社会意识形态的变迁而成为推动社会发展的力量。具体而言,通过教育活动将新的信仰、道德准则、价值态度及意识形态等灌输给社会成员,通过社会成员的积极改革活动而促进、引导社会发展。

促进社会发展的原因很多,除社会生产力的发展之外,教育也具有动力作用。这种作用是因为教育能够通过社会发展的主体活动和意向,依靠人的主观能动性来促进或引导社会的发展。持这种观点的社会学家很多,如韦伯在其《新教伦理与资本主义精神》一书中分析了社会意识形态与社会变迁的关系,认为意识形态是社会变迁的主要原因,教育可以改革人们的意识形态,促成社会变迁。从教育方针目的的制定方面来看,几乎所有国家都认同了教育的这种动因,各国的教育政策和教育宗旨都体现了启发学生的公民意识和献身社会的精神，以统帅全体社会成员的意识，形成整体的精神力量，在实现教育目的的过程中促成社会的发展。需要指出的是，教育作为社会发展的动因，不仅表现在传播意识形态方面，而且表现在促进科学技术的进步方面。在现代社会中，教育的这两方面功能非常突出，同时还取得了潜在功能，综合成为社会发展的动因。关于教育所具有的诸种社会与个体发展功能在后面的章节有详细的论述。

二、教育的相对独立性

除了教育与社会发展的紧密联系与制约之外，教育的发展有着自身的逻辑与规律性，这些逻辑与规律决定自身所具有的相对独立性，具体包括：

（一）教育具有自身的规定性

教育是一种培养人的社会活动，它要解决的问题是把人类积累的生产斗争经验和社会生活经验转化为受教育者个体的精神财富，形成受教育者的个性，这是教育所独有的特点。教育的相对独立性所指的主要是教育所具有的自身特有的规律性和能动性，同时也包括教育对社会与个体发展所具有的特殊作用和方式。教育过程是一种文化转化活动的过程。这一转化活动的过程和采取的步骤，不受政治经济制度的制约和生产力发展规律的制约，它与人们的精神活动的规律密切相连，例如使受教育者从感知到理解、巩固和运用所学的东西。教育自身的许多规律，是人类长期教育实践认识的结果，随着人类教育经验的丰富和认识水平的提高，对教育规律的认识，由简单到复杂，由低级到高级，逐渐丰富，逐渐深化。这种带规律性的认识成果，如启发教学、循序渐进、因材施教等许多教育、教学的原则和方法，都不会因政治经济制度和生产力的变化而被否定，如果不了解教育自身的特点，就不能全面地把握教育的规律，从而有效地进行教育活动。

（二）教育与生产力的不平衡性

教育与一定社会的生产力是息息相关的，但它们之间并不是机械对应的关系。在不同的情况下，教育既可能滞后于社会的发展，也可能同步于社会的发展，还有可能超前于社会的发展。联合国教科文组织在1972年发表的《学会生存——教育世界的今天和明天》的报告中提出以下观点：多少世纪以来，特别在发动产业革命的欧洲国家，教育的发展一般是在经济增长之后发生的。现在，教育在全世界的发展正倾向先于经济的发展，这在人类历史上大概还是第一次。这种倾向首先大胆地和成功地出现在诸如日本、苏联和美国这些国家。许多别的国家，特别是发展中国家，在过去几年中，不顾由此带来的沉重牺牲和一切困难，也选择了这条道路。[①]现在，教育先行的理念，已开始深入人心，成为现代教育思想的一个基本主张。教育先行主要表现在两方面：一是教育投资的增长速度适当超过经济增长的速度；二是教育应为未来经济发展的需要超前培养人才。教育先行的主要根据是：教育发展与经济发展之间具有不平衡性，这使得教育在一定的条件下、一定的程度上可以超前于经济的发展；教育的周期比较长，要求人才培养在某些方面必须先于新技术的发展和应用；当代经济发展

① 联合国教科文组织国际教育发展委员会．学会生存——教育世界的今天和明天[M]．上海：上海师范大学外国教育研究室，译．上海译文出版社，1977：38.

主要依靠技术进步、科学管理和劳动力质量的提高。实践表明，在一定的条件下，对人的投资比对物的投资更具有经济效益。

（三）教育与政治经济制度的不平衡性

就教育制度与政治经济制度而言，教育制度的建立和变革往往滞后于政治经济制度的存在和变革，通常的情况是，一种社会的政治经济制度建立和变革以后，才会有与之相应的教育制度的建立和变革，如社会主义的教育制度和市场经济式的教育体制都是在社会主义政治经济制度和市场经济体制初步建立起来以后才逐渐产生和成熟的。就教育思想与政治经济制度的关系而言，教育思想既有可能滞后于也有可能超前于政治经济制度的发展与变革，如旧的政治经济制度消亡以后，与之相适应的教育思想还会残存一段时期甚至很长时期，或者，在旧的政治经济制度下，也经常出现新的教育思想，并影响教育制度甚至政治经济制度的变革。这一特点成为现实社会教育发展过程中阻碍和促进社会发展的重要原因。

坚持教育的独立性有着重要的教育学和社会学意义。首先，教育必须坚守自己独立的品格。教育就是教育，不能混同于其他社会活动，教育的质的规定性是培养人。教育适应社会不等于盲目顺应社会，教育不能一时依附于政治，一时依附于经济，今天是政治的奴仆，明天是经济的婢女，忽而政治化，忽而商品化，忽而产业化。

其次，教育对社会的适应必须是有批判性的。社会复杂性导致社会发展过程中不可避免地夹杂着偏差、错误乃至倒退，因此，要求教育对社会的适应必须具有反思的品质，应具有敏锐的判断力和独立的批判性，否则教育在适应社会的过程中就会受到社会发展中的负面因素和错误倾向的严重影响。与社会完全亦步亦趋、不保持一定距离的教育，不仅其自身的发展会随社会的波动受到经常性的破坏，也不能较好地为社会发展服务。抵制和批判社会发展中的错误现象，也是对社会的一种服务，而且是一种必不可少的服务。没有批判，就没有制衡，而一种没有制衡力量约束的发展是极易犯错误、走弯路的，甚至可能是危险的，这种发展也是极易摇摆、反复和大起大落的，因而常常也是代价惨重的。

最后，教育对社会的适应必须是具有选择性的。社会构成和社会组织的复杂性以及社会阶层的多样性决定了社会需求和社会价值取向的多元性和多变性，合理的与不合理的、正确的与错误的、近期的与长远的、高层次的与低层次的，往往是杂糅在一起的。这就要求教育对社会的适应必须具有敏锐的判断力和独立的批判性，否则，教育在适应社会的过程中就有可能与社会发展中的负面因素和错误倾向同流合污，这不能不说是教育的失职。

（四）教育具有自身发展的传统与继承性

由于教育有自身的特点、规律与特有的社会功能，它一经产生、发展，便将形成和强化其相对独立性：包括形成由教育者、受教育者、教育内容及方法组成的特定教育结构；形成有一定教育理念、师生关系、文化内容与方法组合的活动模式；逐步建立形式化、班级化、制度化、系统化的教育组织形式；逐步构建不断分化与综合的学科课程，以及按专业、系、院、校运行的学科规则与专职业规范等方面整合的教育系统。这是教育发展积累的宝贵智慧、资源和财富，它具有发展的连续性、继承性和惯性。因此，我们无论是办学校、发展教育事业，或进行教育革命，都要重视与借鉴教育的历史经验，都应在原有的基础上积极改进，稳步向前，切不可无视教育的相对独立性，轻率地否定教育的连续性而另搞一套，否则，不可避免地会给教育带来一定的紊乱，甚至出现质量严重下滑，使教育改革或发展大起大落。[①]

教育的继承性是指每一时代都与以往教育有着传承接续的关系。一定社会形态下的教育，无论是思想、制度，还是目标、内容、方法等，都与以往各个时代的教育有着千丝万缕的继承性关系，绝不可能凭空产生，也绝不可能都是崭新的。正因为教育有自身的特点和规律，所以教育的许多方面，特别是与人的发展有关的教育规律和教育原则，以及一些具体的教育原则、教育内容、教育方法、教学组织形式等，并不会因为社会的变更而完全发生改变。

思考题：

1. 各历史形态的教育呈现出何种特点？
2. 学校何时产生？其产生的条件是什么？
3. 教育演进的基本特点有哪些？
4. 如何理解教育与社会发展的相关性？
5. 请举例说明教育与生产力、教育与政治经济制度的不平衡性。

① 王道俊，郭文安. 教育学[M]. 北京：人民教育出版社，2009：68-69.

第二章

教育与人的发展

本章导读——

从现代哲学的理论来看，人是一种可能，一种具有无限发展潜力的可能。作为教育对象，人是不断成长与发展的个体；教育的任务就是不断引导、帮助和促进受教育者尽可能充分地发展。那么，在教育与人的发展之间，我们如何认识他们复杂的关系？教育是如何适应人的发展规律的？而教育又是如何在人的发展过程中起促进作用的？这些都是我们本章所涉及的内容。

本章从人的发展的内涵、特点及其影响因素入手，逐步分析教育与人的发展之间的种种联系，使学生了解教育在人的发展中所扮演的角色。

学习目标——

1. 相关概念

人的发展；人的可塑性；可教性；主观能动性；遗传；环境；个体发展的顺序性；阶段性；不平衡性；个别差异性；整体性；个体社会化；个体个性化。

2. 基础知识

(1)从教育学的意义上理解发展等概念的内涵；

(2)理解人的发展的特点；

(3)教育与人的相互发展关系；

(4)了解关于身心发展的几种理论。

作为教育对象的人，是不断成长与发展中的人。用现代哲学的理论来看，人是一种可能，一种具有无限发展潜力的可能，而教育的任务就是不断引导、帮助和促进受教育者尽可能充分地发展。那么，在教育与人的发展之间，我们如何认识他们复杂的关系？教育是如何适应于人的发展的规律的？而教育又是如何在人的发展过程中起促进作用的？这些都是我们本章所涉及的内容。

第一节 人的发展概述

与其他学科意义上人的发展不同，从教育学的意义上讲，人的发展通常指人的身体、心理与社会发展三个方面，同时也包括影响人的发展的诸种因素。

一、人的发展的内涵

"人的发展"概念一般具有两种解释，一种是指作为物种或群体的人在地球上发展、进化和演化的过程，即人类的发展和演化过程。另一种解释，也是更为通常的解释，是指作为个体的人，在生长发育的过程中，随着年龄的增长、知识的增加和社会生活经验的丰富，个体的生理和心理功能不断变化，社会意识和个人意识不断成熟和觉醒的过程。

"人的发展"概念所关注的是人的整体性的全面发展过程，但同时又可从不同的角度和层次做出不同的分析。大体上说，人的发展可以分为三个方面：一是生理发展方面，即个体的生物学发展，包括生理结构和身体机能的正常发育、完善、衰退过程。广义的生理发展过程，指的是人类个体从产生（胚胎的形成）到死亡这一全过程，其发展持续于人的一生。狭义的生理发展过程，指的是人类个体从出生到发育成人的生长过程，主要涉及婴儿、孩童到青少年的身体发育过程。

人的发展的第二个方面是心理发展方面，即个体从出生到死亡这一过程中，其心理机能及心理特征的变化过程，包括感觉、知觉、注意力、记忆、思维、语言等认知的发展，需要、兴趣、情感、意志等意向的形成，能力、气质、性格等个性的完善。个体的心理机能和心理特征受制于个体的心理结构，个体的心理发展决定于个体心理结构的变化。

人的发展的第三个方面是社会发展方面，正如马克思所言，人的本质是各种社会关系的总和。人的发展过程就是人在社会生活过程中与社会群体和个体不断互动、交织的过程，其具体包括对社会经验和文化知识的掌握，对社会关系和行为规范的习得，对社会制度和政策法规的适应过程。

人的发展的三个方面，既具有一定的相对独立性，又具有不可分割的统一性，在人的发展过程中形成相互制约、相互促进的辩证关系。在人的发展的不同时期，三个方面各有侧重，但又缺一不可。随着社会的不断发展和演变，人的发展过程变得越来越复杂，涉及很多方面的很多问题，这些问题离不开哲学、人类学、社会学、心理学、生理学等多学科的交叉研究和综合考量，单靠单一学科的独立研究，已经无法回答人的发展过程中所面临的各种问题。

二、人的发展的特点

个体在自身的发展过程中呈现出诸多不同的特点。从人与动物的区别来看,可以从不同的方面对人的发展特点进行各种不同的概述,如“人是能制造和使用工具的动物”“人是符号性的动物”等等。然而,基于教育学和教育过程在人的发展过程中的影响和作用,我们可以将人的发展特点概括为以下几个方面:

(一)可塑性

人在发展过程中具有极大的可塑性。人的可塑性并不表现为简单的因外界的压力而改变自身的形式,而是表现为一种特殊的适应能力,能对外界影响作出各种变化反应,直到发现能适应外界影响的有效行动方法,在这种适应过程中改变自己[①]。例如,教儿童学习一个动作,他不是简单地照原样完全模仿,他会尝试变化动作的因素,根据不同情况将各种因素进行组合,并创造出新的动作方法。

人的可塑性与人的非特定化密切相关。德国学者兰德曼在谈到人的非特定化时指出:不仅猿猴,甚至一般的动物,在一般构造方面也比人更加专门化。动物的器官适合于特殊的生存环境,各种特种的需要,仿佛一把钥匙运用于一把锁……这种专门化的结果和范围也是动物的本能,它规定了它在各种环境中的行为。然而人的器官并不指向某一单一活动,而是原始的非专门化。因此,人在本能方面是贫乏的,自然并没有规定人该作什么或不该作什么。[②]从生物进化的角度看,人的非特定化既意味着人在身体条件上的“无能”,也意味着人在发展方向上的多样。

人在发展过程中的非特定化或未成熟状态,使人在发展的目标和方式上具有多种可能。正如杜威指出的那样:未成熟状态这个词的前缀的“未”却有某种积极的意义,不仅仅是一无所有或缺乏的意思。……我们说未成熟状态就是有生长的可能性。这句话的意思,并不是指现在没有能力,到了后来才会有;我们表示现在就有一种确实存在的势力——即发展的能力。杜威认为:未成熟的人为生长而有的特殊适应能力,构成他的可塑性。这种可塑性完全不同于油灰或蜡的可塑性。……它主要是指从经验中学习的能力;从经验中保持可以用来对付以后情境中困难的力量。这就是说,可塑性是以从前经验的结果为基础,改变自己行为的力量,就是发展各种倾向的力量。他还指出:低等动物的本能在出生后不久就自行完善……结果,小鸡反受原来本能相对完善的限制。婴儿则具有大量尝试性的本能反应以及跟着这些反应所得到的许多经验的有利条件,即使他因为这些反应相互阻碍以致暂时处于不利地位,但这只不过是暂时的事情。……人类学习一种动作,能够发展许多方法,应用到其他情景,从而开辟继续前进的可能性。更重要的是,人类养成学习的习惯,他学会怎样学习。所以说,人的可塑性作为人的发展的重要特点之一,使人在教育与受教育方面具有可能。

---

① 励雪琴.教育学是什么[M].北京:北京大学出版社,2006:176.

② 蓝德曼.哲学人类学[M].彭富春,译.北京:工人出版社,1988:210.

（二）可教性

人的可教性，是在人的可塑性基础上的对个体发展的特征的进一步说明，是指人有按照教育所期望的方向目标发生改变和发展的能力。正如《三字经》中所言，“人之初，性本善。性相近，习相远。苟不教，性乃迁”，既从人性论的角度阐释了人具有可教性的可能性，又从教育功能的角度阐释了人具有可教性的必要性。人的可教性的基本含义是指人有学习和发展的潜力，有通过教育而改变和发展的可能性。

个体发展中的可教性，既来源于人性论的假设，也来源于人体生理结构的客观判定。生理学研究早已证明，人脑容量经过漫长的进化过程已增大达1200~1400毫升，因为如此“硕大”的颅腔才能容纳得下人类发达的大脑组织。进化过程中形成的、不断往前集中的脑部神经组织，重量超过了大多数动物，而人脑与体重之比更是超过了绝大多数的动物。其次，人类脑组织在功能上相对于其他动物也具有其特殊性。人类不仅具有与动物类似的对具体事物刺激下发生反应的第一信号系统，而且具有动物所不具备的第二信号系统，即对语言、文字等抽象符号发生反应的语言中枢的存在：语言中枢使得人类能够运用口头语言来传递自己的意愿；书写中枢使得人类能够运用文字符号来表达自己的思想；阅读中枢使得人类在视觉中枢基础上能够理解文字符号的意义；听觉中枢使得人类能够懂得外界符号的意义。

同时，人类在对外界“符号”的反应过程中，由于作为“符号”的文字、语言的概括性和抽象性，使得人类不但能直接从个人经验来认识现实，而且可以从他人或前人的经验中吸取有益经验，人类教育的可能性也由此而生。

要特别指出的是，人的可教性不光存在于人的儿童和青少年时期，而是存在于从出生到死亡的整个生命过程。现代教育学吸收了“人生全程发展”的概念，将人的整个生命过程看作一个自始至终不断学习、不断发展的过程。正如联合国教科文组织《学会生存》一书中所说的那样，“人永远不会变成一个成人，他的生存是一个无止境的完善过程和学习过程”。

（三）主观能动性

人在发展过程中除了具有可塑性和可教性的特点，还表现出人类所特有的主观能动性，这种主观能动性具体表现在人的能动、自主、自觉、自决和自我塑造等方面。人的发展是一个主观上自觉能动的过程，这是人区别于动物的一个重要特征。因为自觉能动的特点和自我要求，人不仅仅满足于存在和发展本身，而且不断要求对自身的存在和发展及其与环境的相互关系进行反思和探究，并自觉地利用这些反思和探究成果来改善自身的生存状况，促进自身的不断发展和环境的不断改变。

人在其发展过程中是自决的，这是人的发展自主性的重要表现。经过长期的发展和演变，相对于客观世界，人类已经获得了主体地位，表现出一定的主体性，并同客观世界间建立了主客体关系。作为主体，人获得了能动性、自主性、自为性和创造性等本质特征，这些本质特征内在地规定了人在其发展过程中是自决的。人在其发展过程中可以做出自主的选择，并且通过自己的活动和自我塑造，使现实中的自我（“本我”）向期望中的自我（“超我”）转化，从而获得了自我的发展，这是一个连续的贯穿整个一生的过程。这种自决的特性赋予了人的发展以人所特有的主观能动性，表现出只有作为主体的人才具有的自我创造的特征。有这样一种观点：人是反思的和自决的生物。因为人具有自决的能力，所以他也是一种自我塑造的生物——自决是自我塑造可能性的条件。这里要说的是,如果人做出了决定,那么他不仅在做出这个决定(一种不断地为遵守某种约束而实行的决定)的瞬间决定自己,并且渐渐地会使违背这种约束的倾向削弱下来,使遵守约束变得容易起来,甚至使它变成一种需要,不再如此频繁地被驱使去遵守它;多次采取的行动终于被控制,常常进行的思想运算最后毫无困难地被再现出来;曾经采取的决心、曾经有过的受他人和团体的约束也将继续确定人的动机。人就这样在一系列所要进行的行动中产生了各种态度、才干和能力,完成着自我塑造的过程,其影响一直深入到动力结构。……因此自决成了人自我塑造的手段。自决是通过人有计划地预料和有意识地设想其自决的结果,即他未来的形象,来形成自我塑造的。

王道俊等指出:人在发展过程中表现出的能动、自主、自觉、自决和自我塑造等能动性,是人的生长发展与自然界发展变化及动物生长发展最重要的不同”,这也是人的教育与人改造自然界的实践活动以及动物训练等活动之间最根本的区别。

第二节 影响人的发展的基本因素

纵观教育家们对影响人的发展的因素的研究,可以看到目前存在着多种不同的学术观点,有的学者持发展单因素论(如遗传决定论、环境决定论、教育万能论等);有的学者持发展二因素论(如环境与教育的共同作用论);有的学者持三因素论(如遗传、环境和教育);有的学者持多因素综合影响论(遗传、自然环境、社会环境、家庭环境、教育和个体努力等因素交织影响)。综合以上观点,影响人的发展的基本因素主要归结为遗传、环境(包括自然环境、社会环境、家庭环境)、教育三个方面。其中教育对人的发展的影响因素将在第三节着重阐述。

一、遗传与人的发展

(一)遗传的内涵

遗传是指人从上代继承下来的生理解剖上的特点,如机体的结构、形态、感官和神经系统的特点及本能、天赋倾向等。这些遗传的生理特点,也叫遗传素质,是人的发展的基本自然和生理条件,如果没有这些生理条件,人的发展就无法实现。遗传的内容分为物种性遗传和个体性遗传,前者包括作为种群所共同具有的自然及生理条件,是人之所以为人的基本特征,构成了遗传内容的主要部分;后者包括人类个体在血缘、地理、环境等因素下所具有的特异性遗传特征,主要受DNA染色体的影响。

遗传素质为人的发展提供了巨大的生理潜能。20世纪初,美国心理学家威廉·詹姆斯曾提出假设:一个正常健康的人只运用到了其能力的10%;稍后,学者玛格丽特·米德的研究则认为不到10%,而是只有6%;后来,奥托的研究则表明,一个人所发挥出来的能力,只占他全部能力的4%。从这些研究中,可以看出一个有趣的现象,那就是随着社会的发展和科技的进步,科学家们对人类潜能的估计越来越大。

(二)遗传素质对人发展的影响

遗传对人的发展的影响,有以下三个方面的特征:一是遗传素质是非获得性素质,获得性素质不能遗传。二是遗传素质是既定的、先天的,又是潜在的、非现实性的作用力,所以遗传不决定人的发展。三是遗传的成熟机制制约个体发展的方向与速度,但教育可以在适应的基础上适度超越这种制约。

首先,遗传素质作为一种非获得性素质,属于基因的本能遗传现象。如子女在身体形态结构(如五官、身材等形态特征)、内脏机能的生理指标和特征(如各种遗传性疾病)上,大多与父母具有相似性。因为个体的性状是由其基因所决定的,而个体的基因又来自其遗传的上代双亲。所以,上代遗传基因的特征对个体生长发育的速度、水平、特点、方向具有极大的决定作用。同时,由于个体作为上代DNA基因的"复制品",所以在性状体征方面与上代表现出极其相似的特征,如个体在五官、体格、体貌与上代双亲的高度相似性。也正是因为严格的上代遗传信息的遗传与表达,人类的性状才得以稳定地遗传下来,保持人种的稳定。但是作为遗传性素质,这些特征只能通过遗传的先天性方式进行传递,即使后天能够进行模仿,但这种模仿中获得的素质是不能够传递下去的(例如整容后的体貌特征是不能够遗传给子女的)。与此相反,人类的品德、能力、知识、情感等素质则是后天获得的,属于获得性素质,无法通过遗传获得。

其次,个体的生理结构与机能是由其父母的遗传物质(DNA和RNA)决定的,在后代,无论是其身体形态结构,还是内在功能,都是其父母的遗传物质决定的。这种"遗传"是存在的。但是遗传所规定的素质又是潜在的,而非现实的。如身材高大的父母,其身高基因无疑是高大型基因,但一定生出一个身材高大的子女吗?不一定。虽然子女的身材基因,是属于高大型基因,但是当生长发育的条件不具备时(如营养不良、患病、生长激素或甲状腺激素不足、过度X光照射等),都会使高大型基因得不到表达,而表现出身材矮小的特殊。因此,从这个意义上说,遗传是相对性的而非绝对性的,遗传不能决定人的发展。遗传素质只是为人的发展提供了生理上的可能性,但人成长为什么样的人,并不由人的基因素质决定。

在这个问题上,有学者认为遗传可以决定人的发展,比如遗传决定论者、血统决定论者、人种论者、泛性论者等等。比如历史上就曾出现过"生而知之"的"天才论",或认为:性也者,与生俱生也……上焉者,善焉而已矣;中焉者,可导而上下也;下焉者,恶焉而已矣等,还有人提出:先天决定论,把人的知识才能和道德品质的高低,归结为由天生的遗传因素所决定。还比如威尔逊认为:意识形态确实服从于它的隐蔽的主人——基因,各种最高的冲动都可还原为生物学行为[①]。这些人中,最为典型的代表就是优生学的创始人高尔顿,他用英国977个名人家谱调查所得到的统计数据证明人的差异是受遗传决定的。显然,他忽视了名人家庭本身所处的社会地位、家庭环境、文化倾向等诸多后天因素对名人成长的影响,因此尽管用了调查、统计等实证的所谓"科学"的手段,但结论并不科学。

最后,遗传的成熟机制制约个体发展的方向与速度。人类个体的发展包括从胚胎的形成到死亡的全部过程。在此发展过程中,人类的生理、心理发展程度、顺序、速度始终要受着遗传物质的影响。比如胎儿期、婴儿期、儿童期、青春期、青年期、中年期、更年期、老年期

---

① 威尔逊.论人的天性[M].林和生等,译.贵阳:贵州人民出版社,1987:4.

等，这些时期出现的顺序受着遗传规律支配，具有广泛的规律性和不可逆转性。一般来说，上代所传递的基因在其决定子代的生长发育顺序和速度方面存在“中心法则”，即生命在形成与生长发育的过程中遵循“先中央、后四周”的方向性原则，大脑、躯干首先发育完善，再逐步发育完善四肢；此生长发育规则也影响着心理发展，首先是发展感觉、知觉，接着是注意力、记忆力的发展；再是情绪、情感、气质、性格的发展，最后是思维、想象的发展——遵循着由简单到复杂、由低级到高级的发展规律。因此，对个体的教育要循序渐进，而不可停滞不前或者拔苗助长。即使是在环境条件发生改变时，这些顺序依然不会改变，只是在某一阶段停留的时间长短发生变化，或者延长或者缩短而已。

虽然遗传因素对个体身心发展起着比较严格的制约作用，而且在很大程度上教育只有适应这种制约，但是在适应的基础上，也存在着改变甚至超越的可能。根据心理学家维果茨基的最近发展区理论，可以运用适度超前的教育来积极诱导发展的发生，使教育走在发展的前面。就遗传基因来说，在基因组中的DNA决定了个体在生理上的、结构上的和行为上的潜在性能，但并非所有的潜在性能都必定可以在那个正在发育着的个体中获得实现。[①]科学实验还证明，神经细胞中DNA和RNA的含量与人在积极活动中所接受的感觉刺激有直接的联系，刺激的数量和种类可以加速或延缓先天的生长因素。根据形态学的研究证明，视觉输入的刺激能在不同程度上影响大脑皮层的厚度、神经元的大小、神经树突分支的多少、视神经的精细程度等。人的生活经验证明，人们长期进行某一方面的训练，就可以使脑的某一方面反应能力提高，如厨师相比一般人对味道的感知更加灵敏，运动员的协调性和平衡能力相比一般人也更加出色。

二、环境与人的发展

遗传素质是人的发展的生理前提，但也只是为人的发展提供了先天可能性，要把这种发展的可能性转化为发展的现实性，还必须依靠后天生活中环境因素的影响。环境是人的发展的现实基础与物质资源。

环境泛指个体身处于其中，并在个体发生活动交往时与个体相互作用并影响个体发展的外部世界。人的生存与发展的环境十分复杂，根据其影响范围和个体在其中所处的角色可以把环境分为自然环境、社会环境和家庭环境三大类。这些环境因素都对个体的身心发展具有各自的影响。

（一）自然环境与人的发展

自然环境中的构成因素很多，包括光照、空气、气候、污染、地质构造等等，这些众多的因素都影响着生命的生长发育。光照是生命生长发育的最终能量，它为生命的群体、人类个体的生长发育提供能源。生活在不同地域的人们，由于日照、气候温差的不同，而导致其生长发育也同样具有差异。如生活在热带、亚热带地区的人，日照较多，气候温和，因而生长发育较为迅速，个体的成熟也较早；相反，生活在寒带地区的人，由于日照相对较少，气候寒冷，因而人体的生长发育也相对比较缓慢，成熟的时间也比较晚。不仅自然光照能影响人体的生

加德纳. 遗传学原理[M]. 杨纪珂，汪安琦，译. 北京：科学出版社，1984：382.

长发育，就是人造光照也能影响到人体的生长发育，比如夜间开灯睡眠的婴儿比不开灯的婴儿容易成熟。再比如，于1935年首先发现于黑龙江省克山县的“克山病”（KD），亦称地方性心肌病（ECD），主要流行于黑龙江、吉林、内蒙古、河北、陕西、甘肃、四川、云南等地的荒僻农村地区，这些重病区地理条件的共同特征是：气候湿润多雨；地形多为低山丘陵；土壤富含腐殖质，偏酸性；多位于海拔200~2000米之间，大体上沿兴安岭、长白山、太行山、六盘山到云贵高原的山地分布。

所以，自然环境能影响生活于其间的人群的身心发展，使得在特定地域环境中生活的人们表现出带有共同性的身心特征。

同时我们也应该看到，在漫长的人类历史发展过程中，人类已经同自然环境建立起一种主客体关系，始终将自然环境看作“征服”“改造”的对象，与自然环境处于一种竞争而非和谐的对立状态，更强调人类对自然环境的作用力，而忽略了自然环境对人类发展的促进或者抑制作用。人类一方面在对环境进行改造利用，同时又在毁坏着自己生存发展的家园，实际上也就是在损害人类自身。马克思指出：人和动物不同，人的生产不仅依靠任何物种尺度来进行，而且还按美的规律来创造。人类对自然环境掠夺式的开发，无疑破坏了人与自然和谐的美的规律，这不能不引起人们的深刻反思。

（二）社会环境和人的发展

在个体发展过程中所涉及的社会环境主要是指个体所处的政治制度、经济制度、文化背景，与个体相关联的社会关系和经济关系。社会环境影响人群的身心发展，特别是对人群心理内容的发展影响表现得更加显著。就像马克思把人的本质定义为“一切社会关系的总和”，个体从出生到死亡整个人生的全过程都无时无刻不和他所处的社会发生关系，从出生时获得的“出生证”，到成年时获得的“身份证”，还包括通讯录里记录的所有社会关系的联系方式，无不是个体和社会环境愈加紧密联系的种种证据。

社会环境更是影响儿童思想品德形成的直接因素。从生态角度看，区别于物理环境和生物环境的社会环境更为突出地体现在一定社会物质发展状况下的社会意识和人们之间的相互关系方面。又由于作为学校教育系统的一个重要子系统，德育往往在教育的总目标下开展和进行，因此，德育的社会环境也必然包括目标化的教育环境。[①]社会中那些积极的、正面的、感人的道德事件同样是学校德育无法忽视的教育资源。

在社会环境的影响下，个体不断促使自己的身心得到发展，不断获得生活经验、知识和语言能力，形成各种思想意识和行为习惯。如同自然环境的影响一样，身处同一社会环境下的人类表现出大体一致的身心特征，如生活在相同社会制度下的人们，对某一特定制度下的政治、经济、文化、道德观念的认识体现出一种共同性特征。而不同历史时期、不同地域、不同民族、不同社会阶级与阶层的人们，则在思想意识、道德品质、知识才能和行为习惯方面体现出明显的差别。一个人的身心能否得到发展和发展到什么程度，都与他所处的社会环境存在着很大的关系，社会环境是个体得到发展的现实条件和现实源泉，对人的发展起着重要的作用。

由于对社会环境对个体发展的影响的充分甚至是过度的认识，知识界在19世纪中叶甚

---

① 易连云，张学敏. 德育生态环境研究[J]. 西南师范大学学报（哲学社会科学版），1996（01）：28-31.

至创造出“社会人”的形象。“社会人”的形象一般来说又可分为两种：“政治人”形象和“经济人”形象。无论是“政治人”还是“经济人”，它们都假定，人之所以为人，既不是由于上帝，也不是由于自然或理性，而是由于社会。离开了社会，人就不成其为人。[1]因此，社会是个体的“母亲”。孔德就曾明确地提出：真正的个人是不存在的。只有人类才存在，因为不管从哪方面看，我们个人的一切发展，都有赖于社会。[2]涂尔干也说过，我们身心之中最好的部分，我们的活动之中最高的形式，都从社会而来。[3]这些说法，尽管认识到了社会环境对于个体发展过程中必不可少的而且重要的影响作用，但是夸大了社会环境的决定性地位。毕竟，人并不是社会政治和经济生活的“产物”。

因此，社会环境和社会中的政治、经济关系与个体发展之间并不存在必然的线性对应关系，一定社会环境中的政治和经济关系对于人的发展的影响只能通过被影响者自己的主观解释来达到目的。

（三）家庭环境与人的发展

家庭是人的发展的最开始的场所，是个体的启蒙教育地，它对个体身心发展的影响是极其重要的。家庭是以血缘关系结合起来的特殊单位，既是生产单位，又是生活单位，同时又是教育单位，肩负多种功能于一身，与学校教育具有极强的互补性。家庭作为人生的起步地，它的教育具有启蒙性特点；家庭作为基本的常存的教育单位，在教育的时间上具有开放性，能满足个体学习的随机性要求；家庭的血缘性使得家庭教育中父母与子女可以无所不谈，特别是在性教育等问题上是学校所不及的。同社会一样，家庭也是一定文化的沉淀之地，因而也是一定文化的传承者。由于家庭人际关系最具人伦的基础特征，所以家庭环境同时也是人伦文化的传递和创造基地。学校教育比较系统、规范，多从大处着眼，理论性强，而家庭环境中孩子是处在处理人际关系的细部的境地，具有具体、生动、现实性强的特征。因此存在学校德育重一般理论，而家庭环境重具体应用的分工。两者相得益彰则可能形成良性循环。

同时，家庭中的许多因素也影响家庭教育的效果，如父母的学历和职业、父母对子女教育的重视程度、家庭代际的多少、家庭的物质条件等等，都影响着儿童的身心发展效果和程度。如中国传统思想认为的“龙生龙，凤生凤，老鼠的儿子会打洞”，虽然将家庭的作用绝对化，但同样体现了传统思想中不同家庭环境对人的发展的重要性的充分认识。

三、环境对人身心发展影响的特点

在简略揭示了环境对个体身心发展的影响之后，我们必须指出，环境因素对人身心发展的影响具有以下特点：

第一，所有环境的影响都具有自发性，即环境由自然、社会、前人、他人所创设的，是客观存在的，所以环境的影响是客观存在的、先在的、给定的。个体生来便不能选择父母、兄妹、家庭、民族，总是生活在一定的群体、社会、地域、国家、阶级与阶层中，他必须继承以往的历

① 石中英. 教育哲学导论[M]. 北京：北京师范大学出版社，2002：101.

② 吴俊升. 教育哲学大纲[M]. 北京：商务印书馆，1935：145.

③ 吴俊升. 教育哲学大纲[M]. 北京：商务印书馆，1935：146.

史所创造的生活资料、生产资料、生产关系、社会关系、社会制度、语言文字、科学技术、意识形态、文化传统、教育模式和生活方式、思维方式、行为方式等等。环境对于个人有其先在性、给定性的一面，对于儿童来说尤其是这样。婴儿出生到一定社会及家庭环境，便是人的未完成性的一次质的给定，但这并不意味着环境和人的命运已经被确定了，环境与人都还会继续发生变化。[①]例如，一个20世纪90年代出生于中国的“90后”，他出生时所处的环境就是亚洲东部；人类社会的全球化、信息化发展已经成型；中国的改革开放和社会主义现代化建设取得了巨大的成就；九年制义务教育基本普及；家庭和个人的生活水准和以前相比得到了极大提高等等。该时代出生的任何一个中国婴儿都处于这样一个大致相同的环境里。而同时，这些环境仍然在继续发生着变化，例如不同社会思潮的出现、价值观导向的改变，特别是还可能发生不以个体的意志为转移的重大的社会事件或家庭事件，都会深刻地影响着个体的思想情感、价值观念、生活方式，甚至改变一个人的整个一生的命运。除此之外，每个个体身处的家庭环境、社区环境等的不同又导致他们所处的具体环境在细节上有着众多的差别。从这个意义上说，个体所处的环境的确是先在的、给定的、无法更改的，个体只有积极地适应所处的环境，自我的发展才能成为可能。

第二，环境影响具有偶然性，即客观存在的环境影响因素不一定能影响个体的发展，如果个体接受环境的影响，那么这种特殊的环境就会对个体的发展起到影响作用；但如果个体对环境的影响有抵抗意识，特别是能抵抗不良环境的影响，那么这种特殊的环境因素也就不会对个体的身心发展起到影响作用。不同于遗传因素，个体对环境因素具有一定的主动性，而不是完全被动接受。当个体对其所处的自然环境、社会环境、家庭环境不满意时，他们有机会通过主动改造、迁徙等方式改变自己所处的环境。

第三，个体对环境的影响存在适应与对抗——即使环境对个体产生影响，但个体的态度却决定着这种影响的效果。环境的给定性并不意味着人发展的方向、人的命运已经被确定了、注定了，尽管外在的客观环境对人的发展具有不可或缺的重要影响，但是随着年龄和经验的增长，个体的自主性、自觉性、创造性、能动性都不断地获得提高，对其所处环境的影响和反作用也在逐渐加强，这也就是说个体对所处环境的能动性和自主性在逐渐增强。因此，外在环境在人的发展过程中能起到多大的作用，能起到什么性质的作用，这在很大程度上就取决于个人对待环境的态度。对于对某种环境抱有消极态度的人来说，这种环境就不能引发他的关注、接受，甚至还会引起他的反感，这种环境不但不能对他起到积极的作用，反而有可能对他的发展起到抑制作用；相反，如果这个人对于某种环境抱有一种积极的态度，努力去了解和适应这种环境，那么这种环境就会不断刺激、锻炼、促进他各方面的素质，并对他的身心发展起到积极有效的作用。

尽管环境对人的发展具有重要的作用，但环境并非决定人的发展的唯一因素。环境决定论者把人看作环境消极、被动的“产物”，片面夸大了环境在人的发展过程中的作用。例如，中国古代思想家墨子就认为，人的发展犹如白布放进染缸，“染于苍则苍，染于黄则黄。所入者变，其色亦变”(《墨子·所染》)。荀子也有类似的观点，他说，“蓬生麻中，不扶而直；白沙在涅，与之俱黑”(荀子·劝学)。西方行为主义心理学的“刺激-反应”理论，认为人的行为就是环境刺激的作用，只要通过不断的刺激，就能对人的行为和思维产生决定性作用，有

① 王道俊，郭文安. 教育学[M]. 北京：人民教育出版社，2009：39.

什么样的刺激就会产生什么样的反应,完全无视人的自身条件。人之所以不同于动物,就在于人是具有能动性的主体,环境的影响不可能不通过人的选择和认同而起作用,只有被人所认同和接受的环境刺激,才能真正成为人的发展的积极因素。

第三节　教育与人的发展的相互关系

人的发展贯穿于人从出生到死亡整个过程,人的发展过程就是生命的全过程。在这个过程中,教育在其中发挥了非常重要的作用,而教育同人的发展之间存在的是一种互相促进、互相抑制的辩证统一关系,个体的发展规律对教育的实施有限制的作用,即教育受制于个体发展的规律性;而教育反过来又会对个体的社会化和个性化有促进作用。

一、教育对个体发展的适应

我们必须认识到,教育对人身心发展的影响是有限的。教育对人身心发展的主导作用是有条件的,一方面教育要适应人的身心发展规律,违反人身心发展规律的教育不但不能促进人的发展,反而会妨碍人的身心发展;另一方面,教育必须有效地激发学生的主体性,使得学生具有学习的自主性、自觉性、创造性,否则,即便有再优秀的遗传素质、再良好的环境条件和教育条件,也不可能对人的发展起到积极的作用。

人的身心发展规律从形式上看主要表现为人的发展的顺序性、阶段性、不平衡性、个体差异性和整体性。这些规律具有重要的教育意义,是教育在人的发展过程中必须遵循的规律。

(一)教育要适应个体发展的顺序性

个体身心发展具有顺序性规律,即个体发展具有从低级到高级、由量变到质变按次序发展的特征。在正常情况下,人的发展具有一定的方向性和先后顺序,这种方向和顺序既不能逾越,也不可逆向发展。比如,人的肢体发展大致就遵循自上而下、由躯干中心到四肢外围、由骨骼到肌肉、由粗动作到精细动作的发展规律;人之发展是由机械记忆到意义记忆、由具体形象思维到抽象逻辑思维的发展规律;从喜怒哀乐等一般性低级情绪到道德感、理智感、美感等复杂性高级情感的发展规律。

依照个体发展的顺序性,教育工作者对教育目标的制订、教育效果的判定也必须遵循这一由低到高的发展规律。在这一规律的指导之下,教育工作者们重新制定了新的学校教育目标序列,按照从低到高、由易到难的顺序将学校教育内容分层次进行传授。

教育对人的发展过程的介入必须始终坚持顺序性的规律,教育也只能够循序渐进地对人的发展施加影响。如果教育过程忽视了个体发展的顺序性,极有可能不但达不到促使学生个体发展的教育目的,甚至有可能形成反向作用。如我国著名教育哲学家陆有铨先生就曾经指出:在我国的学校德育中,有一个让人困惑的问题,那就是,我们十分强调爱国主义教育,很少强调“爱家”的教育,但结果却出人意料,学生更爱家,在家庭利益与国家利益或集体利益发生冲突时,学生往往首先选择的是维护家庭利益。

(二)教育要适应个体发展的阶段性

个体身心发展所呈现出的阶段性，指的是人的发展既表现出量的积累，又表现出质的飞跃，当某些代表新质要素的量累积到一定的程度时，就会导致质的飞跃，使人的发展进入一个新的阶段。其外部表现为不同年龄阶段的个体表现出不同的发展水平的特征，个体在不同的年龄阶段面临不同的发展任务和发展重点。

人们对个体身心发展的年龄特征已经达成了一致，但是对各个年龄阶段的具体划分却始终存在分歧，而目前也很难找到一种占统治地位的年龄阶段划分标准。所谓年龄特征，指的是个体在发展的不同年龄阶段内部所呈现出来的一般的、典型的、本质的特征。在一定条件下，心理发展的年龄特征既是相对稳定的，同时又是可以随着社会生活和教育条件等文化背景的改变而有一定程度的可变性。

现代发展心理学一般将个体生命全程发展划分为八个阶段：产前期(围产期)、婴儿期、儿童前期(幼儿期)、儿童后期(少年期)、青年期、成年期、中年期和老年期。教育学则是以心理学的这个划分为依据，同时辅以学校教育的等级为参照系来划分个体的年龄阶段，研究各个年龄阶段的发展特点和教育的具体内容。如孔子以自身为例，从个体发展的阶段性的角度阐释了不同年龄阶段下教育的不同目标："吾十有五而志于学，三十而立，四十而不惑，五十而知天命，六十而耳顺，七十而从心所欲，不逾矩。"(《论语·为政》)瑞士心理学家皮亚杰关于发生认识论的研究也表明，儿童认知发展是按照感知运动水平、前运算水平、具体运算水平和形式运算水平的一般次序发展的，这其中每一个阶段都是形成下一个阶段的必要条件，前一阶段的结构是构成后一阶段的结构的基础，但前后两个阶段相比，有着质的差异。这正如皮亚杰强调的那样，儿童的思考并不是成人思考的初级形式，而是和成人不同类型的思考方式。

美国心理学家和道德教育家科尔伯格从个体的道德发展角度进行研究，根据儿童对道德两难问题的回答将儿童的年龄特征划分为顺序不变、不可逆转、不可逾越、带有普遍性的三个水平六个阶段。其中，第一水平称为前世俗水平，主要特征是着眼于任务行为的具体结果与关心自身厉害。这里面又包含两个阶段(阶段一和阶段二)：阶段一的特征是恐惧惩罚而服从规范；阶段二的特征是相对功利取向，为求得奖励而遵守规范，并以自己的利益为根据来评价行为的好坏。第二水平称为世俗水平，主要特征是满足社会的期望，较多地关心他人的需求。这里也包含两个阶段(阶段三和阶段四)：阶段三的特征是为寻求认可而做"好孩子"，对行为好坏的判定主要依据别人的喜好；阶段四的特征表现为维护和顺从权威的取向，能够认识到个人有维护社会秩序的责任感，应遵守已建立的权威或制度，并要求别人也遵守权威和已建立的各种社会制度。第三水平称为后世俗水平，也叫普遍性原则的道德水平，它同样包括两个阶段(阶段五和阶段六)：阶段五的特征是社会契约的取向阶段，处于这个阶段的儿童年龄较大，有的已经进入成年期，能够认识到法律或习俗仅是一种社会契约，是大家商定的，是可以改变的，主张不违背绝大多数人的意愿和幸福，但不主张用单一的规则衡量人的行为；阶段六的特征是价值观念取向，相信道德法则的普遍价值，认识到人性的尊严，凭自己的良知去做是非判断。

从总体上看，在个体发展的不同阶段，会表现出不同的年龄特征及主要矛盾，面临着不同的发展任务。同时，人生各年龄阶段是相互关联的，前一阶段的发展水平不仅直接影响到后一阶段的发展,而且也影响到人生整个过程的发展。所以,人生的每一个阶段对于人的发展而言,不仅具有本阶段的意义,而且具有人生全程的意义。人的发展的阶段性要求教育要从学生的实际出发,尊重不同年龄阶段学生的特点,并根据这些特点提出不同的发展任务,采用不同的教育内容和方法,进行针对性的教育。

(三)教育要适应个体发展的不平衡性

个体身心发展过程中的不平衡性,指的是人的发展并不总是按照相同的速率直线前进,不同系统的发展速度、起止时间、达到的成熟水平是不同的,同一机能系统的生理性特征和功能性特征在发展的不同时间(年龄阶段)有着不同的发展速率。比如从个体身心发展的总体上看,在生理发展与心理发展两个系统内部的成熟速率也是不一致的。在生理方面,神经系统、淋巴系统成熟在前,生殖系统成熟在后;在心理方面,感知成熟在前,思维成熟在后,情感成熟最后。再比如,以身体素质的发展为例,我们发现在不同的年龄阶段生长的速度也具有不均衡性。从总体上看,个体的幼儿期(出生后第一年以内)出现人生的第一个生长加速期,其身高、体重将出现巨大变化,然后是儿童期的平稳发展,到了青春期又将出现人生的第二个生长加速期,其身高、体重、体貌、第二性特征都将会出现极大变化,然后个体再次进入平稳的发展时期,一直到老年期则在身体机能方面出现或快或慢的下降。相对于其他时期,在幼儿期和青春期,个体无论是在生理方面还是在心理方面其发展速度都要快得多。

关于人的身心发展的不平衡性,心理学家还提出了发展关键期或最佳期的概念。发展最佳期,指的是个体身体或心理的某一方面的技能或能力最适宜于形成的时期。在这一时期中对集体某方面的训练可以获得最佳成效,达到事半功倍的效果,并能充分发掘个体在这方面的潜力。错过了最佳期,训练的效果就会降低。人的各种能力形成具有不同的最佳期,其出现于个人年龄的不同阶段。如最适宜语言智能发展的儿童期、操作和肢体能力集中发展的少年期、两性心理集中发展的青春期等。如果在这些特殊时期忽视了这些特性的存在及对其的教育引导,那么就可能荒芜了个体的发展,甚至使个体终身受害。如从小离开人类而生活在野兽之中的儿童,失去了语言学习的环境,那么即使成年以后回到人类社会之中,他也不能很好地掌握语言技能。

比如曾流传这样两则故事:

2007年在俄罗斯卡泸州一个偏远的狼群经常出没的森林里发现了一名男孩,其生活习性与狼相似,移动时腿部呈半弯曲状,有着非常坚硬而锋利的牙齿,他的手指甲和脚趾甲长得非常像狼爪。医生们认为,他的实际年龄可能超过10岁,似乎有很高的智商,只是不会讲俄语或者其他的人类语言。警方人员给他取名“利奥哈”,可当别人叫他时他却没有任何反应。当医生给他衣服的时候,他竟然迅速弹跳起来冲入走廊,然后闯进他的房间,狼吞虎咽地吃起食物,就像一只动物那样。待在医院仅仅24小时后,“狼孩”便躲开医院安全人员的监控,利用自己的“野外技能”逃走了。

1920年,在印度加尔各答附近的一个山村里,人们在打死大狼后,于狼窝里发现了两个由狼抚育过的女孩,其中大的年龄约七八岁,被取名为卡玛拉;小的约2岁,被取名为阿玛拉。后来她们被送到一个孤儿院抚养。阿玛拉于第2年死去,卡玛拉一直活到1929年。狼孩刚被发现时,生活习性与狼一样:用四肢行走;白天睡觉,晚上出来活动,怕火、光和水;只知道饿了找吃的，吃饱了就睡；不吃素食而要吃肉（不用手拿，放在地上用牙齿撕开吃）；不会讲话，每到午夜后像狼似的引颈长嚎。卡玛拉经过7年的教育，才掌握45个词，勉强学会几句话，开始朝人的生活习性迈进。她死时估计已有16岁，但其智力只相当三四岁的孩子。

（四）教育要适应个体发展的个别差异性

人的发展存在着个别差异。这种个别差异性，指的是因为受到个体的遗传因素、内分泌机能、营养条件、健康状况、体育锻炼等因素的影响，不同个体在发展方向、发展速度、发展高度和个性上存在的千差万别。个别差异性主要表现在四个方面：

第一方面，表现为个体在整体能力的发展水平上的差异。大致说来，能力在全人口中的表现呈正态分布，两头小，中间大。以智力为例，智力的高度发展为智力超常或天才，占全体人口的很小比例；智力发展低于一般人的水平为智力低下或智力落后，同样在人口中所占比例不高；而智力发展高度处于相对平均水平的占据了中间大多数分布区间。

第二方面，表现为不同个体的同一方面发展，其速度和发展水平各不相同。如两个同年龄段的儿童，因为遗传因素和后天环境、教育的影响，一个的语言能力先开发出来，口头表达能力更好一些，而另一个则显得口头表达能力要逊色一些。这种情况在个体发展的过程中屡见不鲜，有些人的能力表现较早，在年轻时就显露出卓越的才华，而另一些人的能力的充分发展则是在年龄较晚的时候才表现出来。

第三方面，表现为不同个体在不同方面的优势不同。能力有各种各样的成分，它们可以按不同的方式结合起来，由于能力的不同结合，构成了结构上的差异。如有的学生音乐能力很强但绘画能力却很差，而另一些学生却相反，他们的绘画能力很强而音乐能力却达不到一般要求。从古到今的学者根据个体能力结构上的差异，试图将个体按照一定的标准进行分类。据古希腊医生希波克拉底的看法，人体内有4种体液（血液、黏液、黄胆汁、黑胆汁），每种体液所占比例的不同决定了人的气质差异，传统的气质类型有四种，即：多血质、胆汁质、黏液质、抑郁质。

胆汁质的人反应速度快，具有较高的反应性与主动性。这类人情感和行为动作产生迅速而且强烈，有极明显的外部表现；性情开朗、热情、坦率，但脾气暴躁、好争论；情感易于冲动但不持久；精力旺盛，经常以极大的热情从事工作，但有时缺乏耐心；思维具有一定的灵活性，但对问题的理解具有粗枝大叶、不求甚解的倾向；意志坚强、果断勇敢，注意力稳定而集中但难以转移；行动利落而又敏捷，说话速度快且声音洪亮。

多血质的人表现出这样的特点：容易形成有朝气、热情、活泼、爱交际、有同情心、思想灵活等品质；也容易出现变化无常、粗枝大叶、浮躁、缺乏一贯性等特点。这种人活泼、好动、敏感、反应迅速、喜欢与人交往、注意力容易转移、兴趣和情感易变换等。神经特点：感受性低；耐受性高；不随意反应性强；具有可塑性；情绪兴奋性高；反应速度快而灵活。心理特点：活泼好动，善于交际；思维敏捷；容易接受新鲜事物；情绪情感容易产生也容易变化和消失，容易外露；体验不深刻。

黏液质的人的特点是反应性低，情感和行为动作迟缓、稳定、缺乏灵活性；这类人情绪不易发生，也不易外露，很少产生激情，遇到不愉快的事也不动声色；注意力稳定、持久，但难于转移；思维灵活性较差，但比较细致，喜欢沉思；在意志力方面具有耐性，对自己的行为有较大的自制力;态度持重,好沉默寡言,办事谨慎细致,从不鲁莽,但对新的工作较难适应,行为和情绪都表现出内倾性,可塑性差。

抑郁质的人神经类型属于弱型,他们体验情绪的方式较少,稳定的情感产生也很慢,但对情感的体验深刻、有力、持久,而且具有高度的情绪易感性。为人小心谨慎,思考透彻,在困难面前容易优柔寡断。抑郁质的人一般表现为行为孤僻、不太合群、观察细致、非常敏感、表情腼腆、多愁善感、行动迟缓、优柔寡断,具有明显的内倾性。

而苏联生理学家和心理学家巴甫洛夫则根据神经过程的强度(即指皮质神经细胞工作能力与限度)、均衡性(指兴奋过程强度与抑制过程强度之间的力量均衡的关系)、灵活性(表现为兴奋与抑制相互转化的容易程度)将动物及人类的神经类型分为活泼型、安静型、兴奋型和弱型四类。

第四方面,表现为不同性别个体之间存在的个别差异性。出生时就存在了的男、女第一性征是两性之间的最大差别,此后,到青春期时男、女在第一性征基础上逐渐形成的第二性征(男性表现为生须、喉结突出、骨骼粗大、声音低沉等;女性表现为乳腺发达、骨盆宽大、皮下脂肪丰富、嗓音尖细等),则使得男、女在生理的形态机能、发育的时间顺序、成熟的先后与水平等方面存在诸多差异。如在男、女青春期的开始时间与发育成熟时间、生理机能的成熟时期、生理机能的变更衰退时期等方面存在较大的性别差异。

除此之外,男女在一般智力因素上没有性别差异,但在特殊智力因素上却体现出一定的差异性。

数学能力的性别差异:数学能力是指对数学原理和数学符号的理解与运用能力,这种能力主要表现在计算和问题解决上。计算能力体现了对程序性知识的速度和精确性技巧的要求;而问题解决则体现了对信息的正确分析与选择、组织好策略性知识、应用统计方法的综合性技能的要求。海德(1990)综合40年100个有关的研究,经过元分析发现:女生在计算能力上具有一定优势,但这种优势只表现在中小学阶段;在问题解决上,中学时期女性略好,而高中及大学阶段男生则表现出优势。对于数学操作来说,男生在标准化测验上普遍比女生好,而女生在学校所获得的评定等级比男生高。一些研究认为,男生在竞争性数学活动中比女生好,而女生在合作性数学活动中比男生好。

言语能力的性别差异:言语能力是对语言符号的加工、提取、操作的能力,表现在听、说、读、写四个方面。言语能力并非单一的结构,它包括在对言语信息的记忆、转换、理解、组织和应用等方面。霍沃(1987)总结了3~8年级的一系列研究后发现:女生言语能力普遍比男生好。在各种言语能力中,以词的流畅性所显示的女性优势最为明显(1990),而言语推理则显示了男性优势。但研究言语能力的性别差异并没有得到完全一致的结论。

空间能力的性别差异:空间能力是体现性别差异最明显的一种能力,也是较难描述和解释的一种能力。林兰德等将空间能力定义为一种涉及表征、转换、生成和回忆符号与非言语信息的技能。基于以往的研究,他们提取了空间能力的三个因素:①空间知觉:指在干扰条件下,对垂直与水平方位的确定。②心理旋转:指对二维或三维图像表征的旋转能力。③空间想象:指对所显示的空间信息进行多步分析加工的能力。研究表明,在空间知觉和心理旋转测验中,男性明显优于女性;而在空间想象力测验中,男女差异不显著。

(五)教育要适应个体发展的整体性

个体的身心发展必然经历胎儿期、婴儿期、儿童期、青春期、青年期、中年期、更年期、老年期等这些相继出现的全过程,换句话说,人的身心发展贯穿人的生命的整个时期。所以,对个体的教育也应该伴随人的整个一生。如若教育不从整体上把握教育对象的特征,就无法教育人。因此,研究人的内在各方面因素的相互关系以及由此而形成的人的整体性特征,是教育学的特殊任务之一。[①]

实际上,除了在时间上体现人的发展的整体性之外,人的生理、心理和社会性等方面的发展同样紧密地联系在一起,并在人的发展过程中相互作用,使人的发展体现出明显的整体性。虽然人的生理、心理、社会性等方面的发展都具有各自的特点和规律,但这些特点和规律不能替代人的发展的整体性。"整体大于各部分的总和",这是现代整体观念的核心。根据系统性理论,整体的人绝不是其各个方面特点的简单相加的总和,人的整体内部具有其独特的秩序和结构。整体中每一方面的变化,必然引起其他方面以至人的整体发生变化;反过来,人的整体变化也必然要影响各个方面的变化。[②]正是由于人的整体内部存在的独特秩序和结构,人的整体发展才总是呈现出对其各个方面作相对独立考虑时所不具备的一些性质和功能。

所以,人的发展的整体性要求教育始终把学生看作复杂的整体,促使学生在德、智、体、美各方面和谐统一地发展,将"把学生培养成完整和完善的人"作为教育的总目标。

二、教育对人的发展的促进作用

教育作为有目的培养人的社会活动,与人的发展有着密切的联系,在人的发展过程中起着重要的促进作用。教育对人的发展的促进作用曾被历史上众多的思想家、教育家所表述和肯定。如荀子说:"干、越、夷、貉之子,生而同声,长而异俗,教使之然也"(《荀子·劝学》)。中国古代《三字经》中说"苟不教,性乃迁"。洛克说:"我敢说我们日常所见的人中,他们之所以或好或坏,或有用或无用,十分之九都是他们的教育所决定的。人类之所以千差万别,便是由于教育之故。"在洛克看来,儿童甚至是一张白纸或一块蜡,是可以随心所欲地做成任何样式的。卢梭说过,植物的形成由于栽培,人的形成由于教育。康德认为,人只有通过教育才能成为一个人,人是教育的产物。

教育对人的发展的促进作用,主要分为教育促进个体社会化和教育促进个体个性化这两个方面。

(一)教育促进个体社会化

教育在个体发展中的主导作用突出地表现为教育能促进个体社会化。所谓社会化,其基本含义是指人接受社会文化的过程,更具体地说是指"自然人"或"生物人"成长为"社会人"的过程。个体社会化的过程反映着个体与社会的一种关系,个体社会化是个体学习所在社会的生活方式,将社会所期望的价值观、行为规范内化,获得社会生活必需的知识、技能,

① 叶澜. 教育概论[M]. 北京:人民教育出版社,1991:183-184.

② 王道俊,郭文安. 教育学[M]. 北京:人民教育出版社,2009:34.

以适应社会需要的过程。通过这一过程，人们形成了为其生存环境所认可的社会行为模式。对生存于其间的社会文化环境中的各种简单与复杂的刺激能够给予合适、稳定的反应。人生活在社会上，不可能孤立存在，社会化是其生存和参与正常社会生活的必需途径。个体社会化包括三个方面的内容：个体思想意识的社会化、个体行为的社会化、个体职业角色和身份的社会化。

1. 教育促进个体思想意识的社会化

个体的思想意识是指个体对于社会事物的看法和个体在社会活动中形成的观念。个体的观念作为其思维活动的结果，却并非个体思维的产物，而是社会的产物。个体思想意识的形成受到社会文化前景和现实的社会实践活动的制约，必须反映并符合社会的规范和要求。所以，个体的思想意识素质实际上是社会价值规范在个体头脑中的反映。正如马克思所指出的，正是人们的社会存在决定着人们的社会意识，“意识一开始就是社会的产物，而且只要人们还存在着，它就仍然是这种产物”。个体的思想意识理所当然具有社会化的特征。个体思想意识的社会化，就是个体的世界观、人生观、价值观的形成过程。

个体从“自然人”成长为“社会人”的过程是接受社会文化的过程。而接受社会文化的过程，从某种角度看，正是个体内化社会观念的过程，即是人的思想意识的社会化过程。在人的思想意识社会化的过程中，教育起着十分重要的作用。教育代表一定社会的要求，传播社会中的主流文化思想道德和价值观念，受这种文化思想道德和价值观念的影响，学生就很容易形成与社会环境要求相一致的思想意识，从而认可并自觉地维持现存社会的种种关系。而且，由于教育所传播的文化价值观念的系统性和深刻性，还由于教育活动组织的计划性和严密性，教育形式的活泼性和多样性，都易于使学生接受这种价值观念，并形成完整的思想观念体系。

若对教育作广义的理解，则可以这样认为，人的思想意识的形成一刻也离不开教育。即便对于任意一个具体的个体，其在社会化过程中可能会形成不同的思想意识，但这种不同的思想也是不同教育的结果。

教育促使个体思想意识的社会化特别表现为促进个体政治观念的社会化和道德观念的社会化。个体的政治化和道德化的目的在于促使个人成为一名合格的公民，使之效力于本社会制度，个体学会接受和采用现时的社会政治制度规范，并持有相应的态度和行为。而学校则通过教材内容和教师来实现这一过程。

2. 教育促进个体行为的社会化

个体行为社会化是指人们按照通行的社会行为规范模塑自身行为的过程。规范的行为模式是从小灌输和培养的。人刚出生时对社会规范一无所知，只有经过长期的社会化教育过程才能逐渐地学会，并使之内化为行为准则，如爱祖国、爱人民、爱劳动、爱科学、爱社会主义的基本道德；爱岗敬业、诚实守信、办事公道、服务群众、奉献社会的职业道德；尊老爱幼、男女平等、夫妻和睦、勤俭持家、邻里团结的家庭美德；爱国守法、明礼诚信、团结友爱、勤俭自强、敬业奉献的公民道德等。教育正是通过这些社会规范的传递，使人们认识社会规范的意义和内容，认识到应该做什么，不应该做什么，并形成行为习惯，以保持自己的行为与社会秩序的协调一致性。在日常生活中，教育还具有生活的指导功能，它授予人在社会生活中必需的知识技能，如处理人际关系的技能；帮助人们学会协调理想与现实之间的冲突，使人们首先学会生活，适应生活。

以美国教育家班杜拉为代表的社会行动德育模式，吸取了认知发展论的某些观点，认为人与教育之间并非消极被动的关系，人与教育更应该是一个互动体，人的行为就是这个互动体反应，人既能对刺激做出反应，也能主动地解释并利用教育情境。人的行为不仅可被现实经验所规定，也受对未来的预期的影响。他们认为：观察学习是行为获得的基本学习方法，通过观察、模仿，再经认知过程运作而不断形成人的复杂行为；注重强化学习的意义，利用外部直接强化和替代性间接强化和自我强化的交互作用，使学生提高学习效果；强调建立起有利于学习的道德环境和心理调节机制，个体可对自己行为的可能结果进行积极预期的这种自我效能来寻找更大的学习动力。①

3. 教育促进个体职业意识形成

职业是社会化的集中体现，社会职业分工是社会发展的必然要求和发展趋势，也是社会发展是否成熟的重要标志。进入近现代社会以来，社会分工的发展与科技教育的发展紧密相连，科技推动社会生产的变革，并在客观上要求教育进行变革。近现代以来的职业角色，已不再能够进行家庭小作坊式的孤立操作，而是和社会、和他人的合作越来越紧密。人生活在社会中，要以一定的职业为生，这就决定了为就业和生活做准备的教育，必须能够促进个体的职业化，因此职业意识的养成对于未来社会的个体来说就具有重要的意义。

现代教育在很大程度上担负着促进人的职业社会化的使命。在现代社会中，个体谋求某种社会职业通常是以接受相关的教育和训练为前提的，教育是促进人的职业社会化的手段，它的实现与个体的社会身份认同有关。正如柏拉图曾经说过的一样，教育的任务在于发现个人的特长，并且训练他尽量发展自己的特长，因为这种发展最能满足社会的需要。教育对个体职业角色和意识的培养，既是教育对个体发展的促进作用，也是教育所必须承担的责任。这是因为教育不仅是促进人的职业社会化的重要手段，同样也是促进个体的身份社会化的重要手段。个体的身份是指个体在整个社会结构中的地位和与其他社会个体的关系。身份社会化与职业社会化具有一定的相似性和关联性，人所从事的职业与人在社会中所处的地位（即人的身份）往往相一致。在这种意义上，个体的身份社会化也是以接受相关的教育与训练为前提的。同时，个体的身份社会化与职业社会化也有相区别的一面，个体在社会结构中所处的地位或所具有的身份与从事的职业并非统一的。身份是一种更具广泛性的概念。在现代社会中，个体的非职业性的身份与地位也是与其所具备的教育素养分不开的。任何社会身份都不同程度地蕴含着对教育的需求，教育对促进个体身份的社会化起着至关重要的作用。

（二）教育促进个体个性化

社会是由人组成的，社会的发展与人的发展密不可分，即人的发展只有在个性发展的基础上去促使人的社会化，个性发展是人的发展的基础。个性是个体在实践活动中形成的独特性，它是个体个性化的结果。个性化是一个尊重差异性的求异过程，它反映的不是对社会的适应，而是在继承基础上的发展、变革和创造，因而个性化的核心是个体在社会实践活动中促进自主性、独特性和创造性的形成。

---

① 易连云. 重建学校精神家园[M]. 北京：教育科学出版社，2003:204.

人的个性化与人的社会化是对应的，但不是相对立的。个性是指个体在社会实践活动中形成的独特性。心理学认为个性具有一定的意识倾向性和鲜明的个体差异性。前者体现为个体的信念、理想、人生观；后者体现为个体的能力、气质和性格。

人在社会化的过程中必然伴随个性化，同时也要求个性化。人的个性化的形成与实现依赖于教育的作用。教育具有促进人的个性化的功能，教育的这种功能主要体现在它促进人的主体意识的发展，促进人的个体特征的发展以及促进个体创造性的发展等方面。

1. 教育促进个体主体能力的形成和主体意识的发展

主体意识和主体能力是人的主体性表现。人的主体意识可以看成人对自我的主观能动性的认识；主体能力是主体认识、改造外部对象世界的能力。主体意识是主体性的观念表现，主体能力是主体性的外在表征。教育对人的主体意识的发展起着重要的促进作用。因为人的生物体是自然界中最无能的，人要成为认识和实践的主体，必须通过接受教育，形成道德观念，增进知识、能力而达到能动地适应客观世界并变革客观世界的目的。无论是主体意识的形成，还是主体能力的获得都要通过教育。因此，对于个体而言，教育的过程是一个不断提升自我的过程，是激发并张扬人的主体意识的过程。

就主体的产生过程来看，人的个体生命作为全部人类历史的第一个前提，从本质上规定了个人是人类发展的生命根据和最终目的。由此我们便不难理解"英雄社会"时期的集体无主体性特点。其间的人们生存于"人的依赖关系"状态之中，他们并没有自觉地将自身与外在的事物与人区分开来。这一时期人的根本的缺陷在于个人在社会中缺乏独立性与自主性，而被限制在狭小的地域和族群范围内，人们的交往联系和个体生命潜能的发挥均受到严重制约与束缚。只是到了近代，以主客体分离为基础的个人的主体性才凸现出来。这实际上反映出，人的生命个体并不直接就是真正的个人主体。从自然意义的个体生命到个人主体，需经过漫长而复杂的发展过程，要超越一系列的历史阶段与形态。完成这一转换的关键是人的主体意识，而促成人的主体意识形成的关键则是教育。正是人的意识使其自觉为主体，并将自身同外在世界自觉地区分开来，从而将自身之外的自然与社会看作有别于自我的他物，完成了从一般的对象性关系到主客体关系的转换。

主体性教育对学生主体意识和主体能力的彰显，培养了学生积极、主动的学习兴趣，而个体主体能力和主体意识的不断提高，又反过来助推主体性教育的更进一步发展。

2. 教育促进个体差异性的发展

个体的差异性表现在人的个性心理上，诸如兴趣、爱好、理想、信念、世界观、能力、气质、性格等。人的遗传素质蕴含着个体的差异性，如气质类型的差异、智能优势的差异等，但人的个体差异性的发展，个体独特性的形成更多地取决于后天的因素，其中突出地取决于教育的作用。教育虽然按照社会的要求作用于个体的发展，但社会化本身也包含着对人的个体特征充分发展的需求。

教育促进人的个体特征的发展主要是通过不同的教育内容与不同的教育形式来实现的。人在受教育的过程中产生兴趣、爱好的分野，同时又造成个体在专业领域或技能领域的分野，造成人的职业分野。人的个体特征因而也突出地表现为专业或职业特征。当然，人的个体特征不止于专业或职业特征，它还包括人的情感、性格、气质等方面，而人这方面特征的形成在很大程度上都是后天教育的结果。

因此，教育应该尊重个体的差异，因材施教，帮助不同的学生充分开发其内在潜力，形成自己的优势领域和特长。教育作为有目的的活动，可以根据学生的不同心理发展特征，选择适合他的发展道路，设计适合他的教育。

3. 教育促进个体创造性的发展

创造性是人的个性的核心品质，是个体主观能动性的最高表现，是个性的自主性、独特性的综合体现。马克思认为，主体是从全部才能的自由发展中产生的创造性的生活表现。[①]主体的活动从本质上说，是一种改变客体原有状态，创造新的客体以满足自身需要的活动。它是个体在创造活动中所表现出的自主、独特、与众不同的心理倾向。创造性活动是人生产新颖、独特、有社会价值的产品的活动。人们在创造活动中所表现出来的创造性不仅是个体独特的自我意识的体现，同时也符合社会价值的要求，具有社会性。

从创造的具体实现来看，创造性包括观念的创造与实践的创造两部分。观念创造是人类特有的理性思维的产物，它能把握事物的本质，形成各种观念和理念。而实践的创造则指主体在自身的实践中以一定的手段为中介，将自己观念中的目标转化为具体的现实。

就人与道德的关系来说，任何人对道德都具有双重关系：既是道德的接受者，又是道德的体现者和创造者。因此，人的道德主体性就相应地表现为两个方面。对道德的接受过程变为主动探索认识自己、社会、人与人之间、个人与社会之间应有关系的过程。在这个过程中，个人不是被动地接受各种道德灌输，盲目地模仿指定的榜样，盲目崇拜并遵从既定的规范，而是带着积极性、主动性对现有价值体系、行为规范和社会现象进行独立思考，并在分析、理解的基础上作出选择，把保存和积累着人类道德经验和道德知识的道德要求变成内在的观念和情感，把社会的要求变成自己的欲求。[②]

由于道德产生于人的需要，因而任何道德知识、道德要求都是人的创造物。虽然任何社会的道德都有先于个人而存在的一面，但是每个人在道德生活中却不仅可以做既有道德的选择者、理解者、接受者，而且还可以，也必须超越现存道德体系，做先进道德的探索者、制造者，并且身体力行，勇敢地突破陈腐传统和规范，为新道德的确立开辟道路，并用新的道德理想去引导人的精神解放。

同时，我们应该看到，作为道德教育主体的青少年学生依然是世界中的一种存在，而且是一种生物性和社会性共存的双重性存在。为此，他们不可避免地要受制于生存于其间的物质与文化世界，青少年学生的成长也离不开物质与文化的支持与制约。因而可以说，他们在一定意义上又是一种被动的存在。这就意味着其创造性是有限的，我们不可能期望今天的学校道德教育培养出完全脱离现实世界的“绝对的道德教育主体”。

思考题：

1. 如何理解人是一种可能？
2. 人的发展的内涵包含哪些层面？如何理解不同层面之间的关系？
3. 影响人的发展的基本因素有哪些？如何理解各种因素之间的相互关系？
4. 结合实际案例理解遗传素质、家庭教育与学校教育在个体发展中的作用和影响。

---

① 马克思. 马克思恩格斯全集（第3卷）[M]. 北京：人民出版社，1960：248.

② 易连云. 重建学校精神家园[M]. 北京：教育科学出版社，2003：244-245.

第二编

走进教育:教育的内在机理与逻辑

任何教育活动的发生都有着自己的逻辑生长点,其发展也有着自身的活动特点、内在规律与发展逻辑。作为人类一种特殊的认识活动,教育活动无疑有着自己异于其他社会活动的特殊规定性。这种规定性从根本上规定着教育活动的性质,决定着教育活动的起点和归宿。具体地说,它决定着教育活动所要达到的特定目标,这种目标成为整个教育活动展开的内容与实施的依据,它是整个教育活动的核心和灵魂。

准确把握教育活动的内在机理与发展逻辑,人们才能够科学地理解教育活动的特殊性与规律,同时也才能有效地设计各项具体教育活动并使之得以顺利展开……

第三章

教育本质

本章导读——

教育的概念及其所反映的教育本质、属性，是庞大的教育理论体系中最为基本的问题之一。面对众多有关教育概念、本质及其属性的说法，本章拟从三个方面展开系统性分析。首先，从“教育”一词的汉语、西语的字源及其文化背景出发进行细微的探究，厘清汉语中“教”与“育”及“教育”、西语中“Education”（汉译为“教育”）在词源上的理解差异，及其所反映的中国及其所影响的东方、西方对教育认识的差异；再进一步从学术规范的角度对“教育”概念的各种界定及其总结进行探讨。其次，基于教育概念的阐述，针对各种关于教育本质的说法进行系统剖析，期望系统地反映当前关于教育本质问题的认识。同时，对教育属性认识也作了系统清理，以期望更好地认识教育的本质问题。最后，基于教育的起源与发生的认识，系统地对古代教育、近代教育和现代教育等各个发展阶段的重要特征等进行系统阐述、清理，并从时代发展的角度对教育的未来特质作了系统性探讨，以期从教育发展的角度更好地揭示、理解教育的本质。

学习目标——

1.相关概念

（1）教育

（2）教育本质文化说，教育本质社会化说，教育本质实践说

（3）终身教育

（4）教育民主化

2.基础知识

（1）学术上对教育概念的界定方式

（2）理解叶澜先生关于教育概念的界定

（3）学校产生的原因和条件

（4）关于教育本质问题的说法

（5）教育的基本属性，理解教育的生产性

（6）现代教育与未来教育的重要特征

第一节　教育的概念

“教育”这个概念如何理解，是认识教育本质的基础。然而，由于教育所赖以存在的文化背景不同，在各种文化里如何表示所谓的“教育”，进而理解所谓的“教育”则存在差异，这种不同文化背景下的“教育”理解差异促生了各具形态、特征的教育。

一、教育概念的词源分析

（一）教育概念的汉语理解

在汉语里，“教育”一词由“教”与“育”二字结合而来。那么，“教”与“育”各是什么呢？“教”字在甲骨文中写为“”，是“教”字的小篆。此字左上为“爻”（卦），取自《易经》，意为天地相交；左下为“”（子），意为儿童、青少年，又有幼草之意，代表受教育者；右上为“卜”最早代表占卜用的箸草，亦有人解释为占卦之“卦”（一种以羊骨为主要物料的占卜器具），后也有人将其引申为教鞭，以此象征教育的权威与严肃；右下为“”，意为手，与上结合是意为组织教育活动，代表施教者。还有人认为是占卜活动，向天寻求某种答案和办法，以期解决现实生活中的各种问题，也即向天求教，从而获得某种教益和启发。可见，古代的“教”字被理解为施教者通过严格的教学组织纪律而向受教者传授系统的人类文化经典。“育”字在甲骨文及其演变而来的小篆中写为“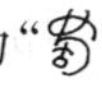”。此字为上下结构，上部“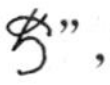”，意为母体，女性的身体，代表施教者；下部为倒立的“子”字，有解释其意为逆子（亦有人疑为胎儿在母体中倒立之状），代表受教者。“育”被理解为对学生（逆子类型）的肉体、情感等人格熏陶，品质感化。

关于“教”与“育”的合成，最早见于《孟子·尽心上》中“得天下英才而教育之，三乐也”。实际上，在古代，人们很少把这两个字合成一个词使用。人们在论及教育问题时，大多使用的是教与学这两个单独的词。如中国古代儒家经典四书之一的《中庸》称：“修道之谓教。”春秋战国末期教育名篇《学记》称：“教也者，长善而救其失者也。”东汉的许慎在其《说文解字》中说：“教，上所施，下所效也。”“育，养子使作善也。”

上为“教”之表层认识，在此表层的后面，“教”的深层意义又是什么呢？其一，“教”字是左右结构，表明早在古代中国人已经认识到教育是教师的教与学生的学构成的双边活动，重视教育中教师与学生间对象性交流的存在。此为中国教育重视教师在教育中的主导甚至支配作用之特点。其二，“教”字左部结构的内涵表示东方教育重视对儿童、青少年进行外部的系统文化经典传授，含有“学而知之”的朴素唯物观。此为中国教育重视系统的书本知识学习甚至偏于书本理论掌握的特点。其三，“教”字右部结构的内涵表示中国教育重视施教者的权威性、教育过程的严肃性（甚至是强制性，如《学记》中就说“夏楚二物，收其威也”，“夏”“楚”即为用来做教杖的杂木），此为中国乃至受东方文化影响的教育的强制性特点。

（二）教育概念的西语理解

在西语里，“教育”一词在古希腊语中与“教仆”有关，教仆是对陪送奴隶主子弟上下学的奴隶的专门称呼。希腊文化是西方文化三块基石中的第一块，其中有如苏格拉底、柏拉图等先圣；正是这些先圣的思想影响了西方后来对教育的理解。如柏拉图就认为，人是由肉体与灵魂构成的，灵魂先于肉体而存在，他认为一个人的出生是获得他的肉体的过程，但是又由于人们在出生时，他的灵魂因为“震骇”而或多或少被丢失；另一方面，人作为一个“完人”又必须肉体与灵魂俱全，所以，他认为这就需要教育来“找回”在出生时所丢失的灵魂（知识），进而进一步提出“学习知识不过是回忆而已”的著名论点。

在现代英语、法语、德语中的“教育”分别为“Education”“êducation”“Erziehung”，它们均由拉丁语“Educare”而来。“Educare”由前缀“e”与词根“ducare”合成，拉丁语中的“e”意为“出”之意，“ducare”为“引”之意，二者合为“引出、导出”之意，引申意义指教育活动，即指引导青少年、儿童固有的能力使其得到发展。基于此，西方的教育就往往被理解为：智慧的种子早在人的灵魂之中，教育就是把存在于灵魂、心灵中的智慧回忆、引导出来，从而以完善人的一种活动。

基于此，可以看出西方“Educate/ Education”具有以下特点：其一，教育即为施教者（教师）对受教者（学生）的引导，施教者（教师）只不过是受教者（学生）新思想的“助产”者。这正如古希腊大哲学家、教育家苏格拉底（Sokrates）所信奉的那样：教师就是“产婆”，其任务在于帮助学生“生产”——新思想、新观念的产生。因此，在西方教育中，强调热爱儿童、尊重学生，教师注意充分发挥学生的主体性，教师的支配作用较少，这反映了在西方教育中教师的引导作用之特点。其二，既然智慧的种子早存在于学生的心灵之中，教育就仅仅是对学生内心智慧的回忆、导出，因此学生才是教育中的真正主体。在西方教育中，自然主义教育思潮、学生中心论盛行之故也就在于此，此反映了西方教育中学生的主体作用之特点。其三，教育活动既然是学生对自己已存在的灵魂、智慧的回忆，因此，教学的全部过程不能缺少学生的主动参与，包括确定学习目标、选择学习内容以及学习方式等，教师只是学习环境的制造者，学生才是学习活动的自动者，在西方教育中少有教师强制、严格纪律约束等现象，此反映了西方教育中自动性之特点。

当然，西方教育的历史并非一帆风顺，其间也有过诸如中世纪时期的短暂而令人窒息的教育气氛，但从总体上看，从亚里士多德对自然主义的提出，到卢梭（Rousseau）把自然主义教育思潮推向成熟，再到杜威（John Dewey）把自然主义教育思想推向高潮，自然主义教育思潮始终在教育领域占有主导地位。即使在20世纪发生了激烈的传统教育派（包括新传统教育派）与现代教育派（如实用主义教育派以及其变种改造主义教育派）之争，甚至像美国在1958年动用《国防教育法》，掀起恢复基础教育运动等方式来加强学术的基础训练，但其自然主义的痕迹始终清晰存在。

进一步比较可发现，中国教育跟西方教育存在着诸如在具体的教育活动中各自所采用的教学模式、教学方法以及所持有的教育观念等方面的一些差别。一方面，在中国，如“教”字左上部所代表的文化经典、下半部分代表孩子，其合成所象征的儿童头上放书之状就意味着这种教育重视对儿童、青少年进行外部的系统文化的传授；右部表示施教者的权威性、教育过程的严肃性等，这些就构成了我国几千年来的师道尊严，注重内化而不求外达、系统灌输而忽视启发、死读书本而脱离实践等教育特点。另一方面，在西方由于“教育”一词的词根的意思为引出、导出，在其教育中，就强调热爱儿童，尊重学生，教师特别注意发挥学生的主体性，教师的支配作用较少，这些正是西方教育中教师引导作用的反映。

二、教育概念的学术界定

(一)教育概念界定的方式

综观当前各种百科全书、词典以及众多的教育学专著、教材,对“教育”概念的表述可谓“五花八门”。根据各家研究的结果,我们认为目前关于对“教育”概念界定方法的视角主要有描述性、规定性和操作性三种。

方式一:描述性定义。对“教育”一词的描述性定义,诸如:17世纪捷克教育家夸美纽斯(Comenius)说过“只有受过一种合适的教育,人才能成为一个人”;18世纪法国思想家卢梭认为“植物的形成由于栽培,人的形成由于教育”;德国思想家伊曼努尔·康德(Immanuel Kant)认为“人只有依靠教育才能成人,人完全是教育的结果”;如此等等。这些说法的共同之处在于,都把教育看成是培养人的活动,是促进人的身心发展的活动。它们都是一种经验式的描述性定义,这种定义的缺陷是未能抓住对教育的基本矛盾、本质的认识。

方式二:规定性定义。在中国,如《中庸》中说“天命之谓性,率性之谓道,修道之谓教”;近现代学者梁启超说“教育是教人学做人——学做现代人”;当代学者孙喜亭说“教育是对人的发展的价值限定”等。在西方,柏拉图认为“教育是为了以后的生活所进行的训练,它能使人变善,形成高尚的行动”;夸美纽斯说“教育是生活的预备”;裴斯泰洛齐认为“人的全部教育就是促进自然天性遵循它固有的方式发展的艺术”;斯宾塞认为“教育即为人的完美生活做准备”;杜威认为“教育即生活;教育即生长;教育即经验的改造”。总之,人们对教育进行规定性的定义时主要是从社会与个体这两个角度进行的。从社会的角度定义“教育”,则把“教育”区分为不同层次:广义的教育指凡是增进人们的知识和技能、影响人们的思想品德的活动;狭义的教育(学校教育)是指教育者根据一定要求,有目的有计划有组织地对受教育者的身心施加影响,把他们培养成为一定社会或阶级所需要的人的活动;更为狭义的教育则指思想教育活动。这种定义方式强调社会因素对个体发展的影响,把教育看成是整个社会系统中的一个子系统,承担着一定的社会功能。从个体的角度定义“教育”,则往往把“教育”等同于个体的学习或发展过程,如特朗里(D.Rowntree)在其《英汉双解英语词典》中,把“教育”定义为“成功地学习(一般地说借助于教学,但非必然如此)知识、技能与正确态度的过程”。这里所学的应是值得学习者为之花费精力与时间的知识,学习方式则一般应使学习者能通过所学的知识表现自己的个性,并将所学的知识灵活地应用到学习时自己从未考虑过的境遇和问题中去。定义的出发点和基础是“学习”和“学习者”,而不是社会的一般要求,侧重于教育过程中个体各种心理需要的满足及心理品质的发展。

方式三:操作性定义。对“教育”概念的操作性定义主要是从影响个体身心发展的角度去定义,如宋代朱熹对“教育”的定义为:示之以始,证之以终。我国较早的《中国教育词典》对教育的定义是:教育之定义,有广狭二种从广义言,凡是以影响人类身心之种种活动,俱可称为教育;就狭义而言,则唯用一定方法以实现一定之改善目的者,始可称为教育。《教育大辞书》中的定义是:广而言之,凡是感化身心之影响,俱得云教育。只称其结果,不计其方法。狭而言之,则唯有目的,出以一定方案者,始云教育。此中亦分二类:对象及限期有定,其功效又可以明确表出者;前者指学校教育,后者指社会教育。《中国大百科全书·教育》则认为:从广义上说,凡是增进人们的知识和技能、影响人们的思想品德的活动,都是教育。狭义的教育，主要指学校教育，其涵义是教育者根据一定社会（或阶级）的要求，有目的、有计划、有组织地对受教育者的身心施加影响，把他们培养成为一定社会（或阶级）所需要的人的活动。联合国教科文组织《国际教育标准分类》中对教育的定义："教育"不是广义的一切教育活动，而是认为教育是有组织和持续不断地传授知识的工作。

在西方，如美国的《美国教育百科全书》指出：作为一个活动或过程，教育可能是正式的或非正式的，私人的或公共的，个人的或社会的，但是它总是在于用一定的方法培养各种倾向（能力、技能、知识、信仰、态度、价值及其品格特征）。《美利坚百科全书》则认为：从最广泛的意义说来，教育就是个人获得知识或见解的过程，就是个人的观点或技艺得到提高的过程。日本的《现代教育学基础》中认为：所谓教育，是把本是作为自然人而降生的儿童培育成为社会一员的工作。还有《当代西方教育哲学》中引用西方学者奈勒（G·F·Knelle）的观点：在广义上，教育指的是对一个人的身心和性格产生塑造性的影响的任何行动或经验。在专门技术性的意义上，教育就是通过各级学校、成人教育机构和其他有组织的媒介，有意地把上一代的文化遗产和所积累起来的知识、价值和技能传给下一代的过程。

（二）教育概念的科学规定

以上关于教育概念不同角度的定义，是从不同角度揭示了教育育人的某些属性，有助于丰富我们对教育本质问题的认识。当然，这些定义或多或少地都各自存在着或这或那的不足。如《中国教育辞典》《教育大辞书》《中国大百科全书·教育》等中的定义主要是从影响个体身心发展的角度去定义的，这就忽略了社会的一方面。又如柏拉图、裴斯泰洛齐、斯宾塞等对此问题有一个共同点就是都把教育看成是培养人的活动，是促进人的身心发展的活动。这些定义也都没能抓住教育的基本矛盾。再如夸美纽斯对教育的定义显然与现在所说的终身教育不符。随着科技的发展，人类社会的各种知识更新的速度快得惊人，在成人以前的学习是越来越不能满足以后的需要了，他说教育是生活的预备，能在成年以前完成这显然是不能作为教育的定义的。

综合种种关于教育定义的认识，借鉴叶澜先生关于教育概念的界定①，我们将教育规定为有意识的以影响人的身心发展为直接目标的活动。此定义抓住了教育内部的主要矛盾，即受教育者现有的发展水平与社会要求应具有的身心水平之间的差距，或人类自身欠成熟与社会要求成熟的矛盾。上述定义中的个体的社会化与社会的个体化的活动，其目的就是要解决自然人与社会人之间的矛盾。此处的自然人是指人类自身永远不能完成而又必须不断趋于完成的未完成性，表现为身心发展的欠成熟，而社会人则是一定社会所要求的社会成员，其身心较为发达、自然性与社会性均较为成熟。另外此定义也包含了教育的三要素——教育者，受教育者以及教育影响；同时此定义在兼顾个体和社会两方面的要求中体现首先作用于人、服务于人的发展的特质。

① 叶澜．教育概论[M]．北京：人民教育出版社，1993：8.

第二节 教育的本质

教育的本质问题是教育理论体系中极其重要而又长期以来悬而未决的话题,如一方面,不同时期人们提出不同的教育本质观;另一方面,同一时期也存在不同的教育本质的认识。同样,关于教育的属性也存在比较丰富而又有所交叉重复的说法。这些都是认识教育本质时需要厘清的。

一、教育本质的探讨

(一)教育本质的说法

于光远先生在《重视培养人的研究》一文中,对我国学者和官方长期以来坚持的教育本质"上层建筑说"提出了异议,开启了近30年来我国学者对教育本质问题的探讨。他在该文中提出,现在流行着一个观点,认为教育完全是上层建筑,这是不确切的,在教育这种社会现象中,虽然包含有某些属于上层建筑的东西,但是整个说来,不能说教育就是上层建筑。在教育与上层建筑两者之间不能划上个等号。[①]此后,关于教育本质问题的讨论热烈地开展起来,形成了关于教育本质问题的多种认识。

教育本质"上层建筑说":社会存在决定社会意识,教育属于精神生活,属于社会意识形态的范畴。在社会存在中,生产关系是其最根本的关系,对社会意识具有制约作用;教育是由一定社会的政治、经济所决定,政治经济基础的性质决定了教育的性质,政治经济基础的变化决定了教育的变化。因此,教育的本质是上层建筑。显然,这种观点忽视了教育的人类自身再生产等其他重要特质。

教育本质"生产力说":教育劳动属于生产劳动的一种,教育劳动的对象是人、教育者是生产者,教育过程是对受教育者施加某种影响,受教育者对施加外在影响内化为自己的知识、智慧等,从而形成生产能力,教育也就成了直接的生产力。这种特性在以科技为支撑的现代社会里,越来越突出。因此,教育的本质是生产力。这种观点虽然有助于走出上层建筑说,但仍忽视了教育的人类自身再生产的特质。

教育本质"部分上层建筑、部分生产力说":一方面,在教育活动中,教育所传授的社会思想意识都要与一定阶级、一定社会的要求相符;另一方面,教育中凡是与生产力有关的部分(如自然科学与技术的内容)都是由社会生产力的要求所决定的。由此使得教育部分属于上层建筑,部分属于生产力。这种观点作为上述两种观点的调和,其错误仍然是显然的。

教育本质"文化说":人类历史是文化的历史,教育过程是一种历史文化过程。教育作为一种文化现象,教育的目的就是要促使社会历史的客观文化向个体的主观文化转变;教育是文化继承、传递和发展的必要条件和主要方式,教育的本质就是主体间的文化传承。这种观点是在否定上述上层建筑说、生产力说后的新观点,虽有理论突破的意义,但仍片面于文化的层面,站在文化这种外在角度看教育的特质。

教育本质"工具说":教育面临的根本矛盾就是人类无知和有知、知之甚少和知之较多、

① 于光远. 重视培养人的研究[J]. 学术研究,1978(03):25-31.

无社会经验和有社会经验之间的矛盾，而这种矛盾也主要是通过教育来解决的。正是因为有了教育，社会才得以存在、延续和发展。因此，教育是传授知识或传递社会生活经验的工具。这种观点仍然将教育与人割裂开来，没有看到教育是人的教育，学生自己也是教育的参与者。

教育本质"社会化说"：教育与社会个人都有着不可分割的密切联系，教育是教育者以一定影响作用于受教育者，使受教育者主体发生某种转化，使其个体社会化。应从教育与社会以及与人的发展相联系的统一中来寻求其本质。此说与上述工具说如出一辙，同样突出教育之于学生的外在性。

教育本质"实践说"：近年来又出现一些新观点，如认为教育是一种有意识、有目的、有计划地培养人的社会实践活动；或认为教育是促进人的社会化的人类自身再生产实践；或认为教育是社会劳动能力的生产实践。这些新观点，自然较之以前的众多说法有其理论上的进步意义，但局限于教育过程较为狭窄的角度去观察而窄化了教育。

此外，面对不同的教育本质说，有学者提出了教育本质"演变说"，即认为教育的本质并不是一成不变的，教育会随着不同社会形态的社会历史演进而处于不断地从量变到质变的演变过程之中，使得在不同的社会形态之下，体现不同的教育本质。

（二）教育本质的厘定

上述众多教育本质的学说，在肯定其意义时，也必须看到它们的局限。概括起来是：其一，这些教育本质说大多将教育的教育功能与教育本质混为一谈，将教育的功能或价值说成教育的本质。其二，这些教育本质说中有的将教育与人（学生）对立起来，将教育外在于学生，这种观点中的学生非主体地位味道十分明显。总之，纵观理论上如此之多的教育本质观，说明教育研究的一些基本问题，教育界还没有达成一致的共识，还需要研究者进一步研究。

第一，运用科学方法研究教育本质。研究教育本质首先要确定研究的方法论。对此，一些学者提供了有意义的思考，如引申研究法：从哲学对"本质"界定的分析方法上去突破"教育本质"探讨。变式材料分析法：从某一类不同事物或者材料中抽象出共同性，如考查古今中外的教育就会发现教育都是教育中按照一定社会的目的、要求，以前人的知识、经验作为内容，以信息传递为手段，影响和促进受教育者的发展的活动。特殊矛盾分析法：从事物多个特殊矛盾中寻找根本的矛盾，如从教育具有育人性、生产性、政治性、文化性等中寻找教育的基本的属性——育人性。本质联系法：从教育与外部事物的联系及其表现的各种属性来寻找教育的基本属性。内因分析法：把事物的本质作为事物活动的各类要素的整合来看待教育的本质。通过这些方法，从理性思维模式上经过"教育的质→扬弃→教育本质假说→求证→教育本质"的科学假说，从而获得教育本质的认识。在此，我们认为，研究教育本质首先是要把教育本质问题"独立"出来研究，不要把教育本质与教育功能或作用、特征和属性等问题混淆。在此研究方面，教育本质的特殊范畴说则有其方法上的可取之处。

第二，在教育过程中揭示教育本质。教育的本质则是教育内部特殊的矛盾所决定的，探讨教育本质则自然要从教育活动中去寻找。教育活动中教育者、受教者与教育内容三个基本要素之间构成了教育中三对最为基本的矛盾：受教者与教育内容的矛盾、受教者与教育者的矛盾、教育者与教育内容的矛盾。如把教育方法手段、教育环境等要素并列，则构成了教育中更多的更为复杂的矛盾。不过对此诸多矛盾究竟哪个矛盾是基本、主要的，却存在不同的认识。我们认为，教育中的诸多矛盾中，受教者与教育内容这一对矛盾才是教育中的基本的、决定性的矛盾。因为它才是教育活动的逻辑起点，此矛盾的存在才是教育者的存在、教育内容的存在之理由。

如前所述，全部教育活动，都是围绕受教者由生物实体向社会实体转化这个矛盾的解决而展开的。由此可见，作为解决这一矛盾过程的教育其实是一个“育人”——使(此)人——身心水平较低，成其为(彼)人——身心水平较高的过程。同时，进一步分析认为，教育这种“育人”的特质有其丰富的意蕴。

其一，教育的对象是“人”——学生作为哲学意义上具有动作发出特征的个体，他们具有哲学意义上的主体地位，进而存在主体所具有的基本特性——主体性，如能动性、自觉性、主动性、自为性、为自性、创造性等，因而不是消极、被动的客体。同时，他们还具有丰富的作为人之为人的思想、情感、态度、体验、价值观等，因而不是无情、无觉的麻木实体。此为教育在对象上与其他如物质、人力生产部门等任何活动相区别的重要方面。

其二，教育的过程是“育”——通过教育者对受教者施加系统的影响，营造受教者自动的环境，使受教者受到生理的、心理的影响，获得身心的全面发展，而不是简单机械的“工厂式”的敲打挤压。同时，学生既是接受教育的客体，同时也是自我教育的主体，他们既是教育中“育”的对象、客体，又是“育”的参与者、主体，教育对象——学生的这种属性及其所表现的教育与自育现象规定了教育活动与其他如人力部门活动的重大区别。

其三，教育的结果是“化”——外在的人类文化内化为受教者内在的素质，表现为受教者在知识技能、思想情感、价值观念等方面的提高，而不是生产出具体的、有形态结构的物；同时，获得的知识、技能、情感、价值又是可变的，或者是持续发展、进步的，或者是蜕变、倒退的。这种活动结果的内在性、内隐性、变化性是教育活动与其他如物质部门活动结果的根本区别。

如此三点，规定了教育之所以是教育，而区别于其他活动。因此，我们可以说，教育的特质就在“育人”。进一步分析认为，教育的“育人”特质表明教育的直接任务就是服务人的发展，直接促进人的发展。通过教育获得了发展的人才能够较好地去影响社会，参与社会生产力的提高、生产关系改善、上层建筑建设、文化娱乐活动。因此，我们前述一些关于教育本质的说法是将教育的作用看成了教育的本质。同时，教育的“育人”过程也是丰富的，既包括单纯理性的思维活动，也包括具体生动的实践活动，这些活动都具有实践的特征，因而可见教育本质的实践说也是将教育特质的表现过程扩大为教育的本质。

同时，将教育的本质规定为“育人”，这对于教育系统中的其他范畴、命题、领域还具有原发性意义。即可以教育的育人性去统领教育学的基本范畴，如以教育之育人性可以轻易地把握教育与人及其发展之间的关系，可以准确掌握教育与社会及其发展之间的关系，可以明辨各种教育功能和价值的学说，辩证地理解各种各样的教育目的观，更可以此去统领课程与教学的问题，还可以此去观察各种教育制度及其管理中的理论与实践问题。反之，其他关于教育本质的规定都不完全具备这样的性质。

二、教育属性的认识

通过上述多角度的探讨，我们将教育的本质规定为“育人”，教育这种育人的特质还有许多历经历史检验的重要属性。反之，这些属性在一定程度上又印证了我们关于教育育人特质的规定。

纵观整个教育的发展历史，任何社会形态的教育，任何时代的教育，任何国家制度下的教育，不论是正规教育还是非正规教育等等，虽然它们在其发展过程中呈现出了各种不同的特点，但是都贯穿着“育人”这一特质。同时，教育的育人特质还具体地表现出众多的延伸性特点。

第一，教育的永恒性。人类新生个体初期羸弱的生活能力、欠缺的生产能力都需要改变，这就决定了人类新生个体永远需要教育去“育”，由此延伸出了教育的永恒性。因此，教育不但从远古社会走来，还在古代社会里传承下来，并进入现代社会。在这个过程中表现出只要人类社会存在，教育也就会永远存在的特性。

第二，教育的传递性。教育在育人中传递着人类劳动和智慧的一切文明成果和结晶，体现出一种文化的传递。人类社会的发展、人类文明的延续、发展正是依靠教育的传递来实现的。如果没有育人，那么文化的传递也成为空中楼阁。

第三，教育的生产性。教育在育人中实现了人类个体的自我再生产——知识技能的增加、情感价值的丰富、思想境界的提升；同时，在育人中也传递、传播、发展、交流与整合文化，实现人类文化的再生产，使得人类与动物的区别能够保持和延续下去。个体劳动能力的增强、人类文化的传递进而形成人类社会的生产力，扩展了教育的生产性。

第四，教育的长期性。无论是人类个体成其为人的自然性提升、社会化提高的过程，还是人类群体的完善、完美过程，都是一个长期的过程，体现了教育之中“育”的过程性、长期性。这种特性在今天儿童从接受家庭教育、学前教育到接受系统的学校教育乃至博士毕业，其时间少则9年或12年，多则达16年乃至19至22年之久。所谓“十年树木，百年树人”就是此谓也。同时，教育的长期性延出其超前性、迟效性等重要社会现象。

第五，教育的历史性。教育的历史性是指在人类社会的历史长河中，虽然每个社会都需要教育，也都存在着教育，但是教育总是发生在具体的历史时期，每一段历史时期的教育有其不同的特点，它是与当时的人类社会的不同特点相适应的。这种历史反映不同历史时期教育育人的特殊性，也是教育之育人内涵丰富性的反映。

第六，教育的独立性。教育作为一种育人活动，如上述关于育人内涵的剖析，使得它异于其他社会活动，教育的这种独立性使得教育在社会系统表现出一定的超然性：或与社会发展同步，或超前于社会发展，或滞后于社会发展，并在这种自己的发展步伐中保持自己的精神追求、价值理念，学校或教育因此而远离尘俗、庸俗。由此使教育之地——学校成为人类重要的精神堡垒、社会的良心象征。

如上所述，教育具有多方面的属性。正是教育属性的多样性，体现了教育育人本质的丰富性、复杂性。当然，还要认识到教育属性的发展性，即上述教育属性是对教育活动历史与现实、形式与内容的普遍抽象的结果，其属性的具体内容是变化、发展的。

第三节 教育的发展

厘清教育的历史发展线索，有助于进一步认识教育的本质。因此，有必要对古代社会、现代社会以及未来社会的教育发展及其特征进行概括。

一、教育的发生及特质揭示

教育的发生包括起源与出现两个阶段。首先，关于教育的起源问题，古代人们简单信奉教育起源的神话说，认为教育与世界上其他的万事万物一样，都是由人格化的神所创造的。对教育起源问题的学术探讨，则是到了现代才出现的，并在探讨中形成了众多学说。关于教育起源的不同观点，我们已经在第一章进行了详细的论述，此处不再细说。

不管教育起源于什么，从人类进入原始社会时，教育就产生了，这是事实。

原始社会作为人类社会的最起始阶段，由于社会生产力极低，生产工具原始，其教育也呈现相应的特征。首先，教育目的的原始性——为提高新生代的生活、生产技能服务，目的是使年轻人通过获得参加社会劳动能力而保持生存的能力。其次，教育内容的原始性——传授简单的工具制作、采集果实、捕杀猎物，以及生活中的习俗、礼仪和规范等。再次，教育过程的原始性——生产力低下没有剩余产品，不可能出现“剩余”人员进而成为专门的教育者、受教育者，教育因此而在整个社会生产和生活中进行。最后，教育手段的原始性——没有专门的教育机构、场所、教育者、书本教材，教育活动主要是靠年长者的言传身教。此外，由于这一时期生产率低下，人人都是劳动者，生产资料共同所有，人们共同劳动、平均分配，形成平等的社会关系。因而教育也是平等的、无阶级性的。

为什么人类需要教育？这是与教育的“育人”特性分不开的。一方面，人类新生个体需要向前辈学习生活、生产的知识、技能才能够有效获取生存的资料，才能够保存个体生命；同时，习俗、伦理、道德、宗教乃至法律都是需要学习、践行的。另一方面，人类成人个体也需要通过不断学习以不断获得、提高生活、生产的技能，增加风土、人情、伦理、道德、宗教等方面的社会知识。因此，从教育起源的角度看，人类的教育仍然是人类对新生，对当代个体、群体教育的需要，反映其育人的基本特性。

二、教育的发展及特质揭示

(一)古代教育及其特质

当人类进入了古代文明的奴隶社会和封建社会时，教育在目的、内容、制度和组织规模等方面会发生一些变化。

第一，专门育人的学校出现。进入阶级社会后，人类的教育活动发生了分化：一方面，劳动阶层的教育继续在生活、生产中进行，父母担当教育者的角色对子女进行生活、生产知识与技能的传授活动；同时，父母与遗留民间的巫师还承担了对青年人风俗、习惯、伦理、道德、宗教活动等方面的教育。另一方面，统治阶层的教育则转移到学校进行。学校由此出现。如：中国夏商周时就有了“庠”“序”“校”“瞽宗”等教育机构，后期还发展了政治与教育合一的国学、乡学体系；古埃及也产生了宫廷学校，以培养文士为目标；古代雅典产生了文法学校、弦琴学校、体操学校以及青年军训团等教育机构；中国唐代形成了完备的学校体系，如京都的弘文馆、崇文馆、国子学、太学、四门学以及律学、书学、算学、医学等专门学校。国家办学的同时还有私人办学，如孔子在其居所的一棵杏树下设坛讲学，以其"有教无类"的博大襟怀，广开学门，教授弟子先后达三千余之众；柏拉图在其家乡阿卡德米开办了具有高等教育性质的"Academy 学园"。总之，学校的出现，使得人类教育也开始由此分野，其中学校教育的规模逐步发展、对象逐步扩大，逐步成为人类教育的重要形式。学校作为一种特殊的人类活动现象，它的出现，其目的是更好地"育人"：从教育形式的规范化、教育人员的专门化、教学内容的制度化等多个方面保证教育的质量，提高"育人"的水平与质量，反映了教育的基本特质。

第二，使人成为人的做人教育。古代教育还具有众多的特性，但其以伦理教育为基本内容是一个重要的特征。如古代中国，学校的教育内容一直是儒家经典，从奴隶社会的"六艺"（礼、乐、射、御、书、数），到封建社会的"四书五经"。在国外，情况也类似，如印度注重神学知识的学习；古希腊的雅典注重文化学习，斯巴达注重军事训练。不管是在古代的中国还是西方，生产劳动知识、自然科学都从未在学校占过重要地位。究其原因：古代生产、生活中的科学技术含量较低，不需要专门的训练；同时，在古代认识有限的情况下，也没有丰富的科学技术供学生学习。当然，最为重要的是包括风俗习惯、伦理道德、宗教信仰等让学生懂得如何做人的教育才是最为重要的。因为人类的社会性生活、生产及其所产生的复杂人际关系决定了各种规则产生的必要性，传授与学习的必要性。否则，不但自然人难以成为社会人，而且社会秩序也将被破坏而陷于无序。因此，做人的教育自然成为古代教育的核心。

同时，这种做人的教育也使古代教育衍生出其他重要特征：一是教育与生产劳动相分离。如上所述，学校从一开始就与自由民无缘。同时，以统治阶层子女为主要教育对象的学校教育自然也无须教以生产技能，仅仅学习军事技能、统治管理的基本知识即可。所以，学校教育并不关心生产方面的知识，相反还鄙视生产劳动及其从事者，如亚里士多德反对学习生产知识，孔子视"请学稼"的樊迟为小人。二是学校存在阶级性。古代学校教育的阶级性是明显的，一方面，劳动阶层的子女由于经济基础的限制等多方面的原因而被排除在学校教育系统之外，学校教育成为少数统治阶层的专利。如古代中国学校只招收王公贵族的子弟，即使乡学也只收奴隶主贵族子弟，为国家培养大大小小各种各样的官吏。在西方，古希腊著名的斯巴达和雅典的学校也是专为贵族而设；古埃及的宫廷学校只收王子、王孙和贵族子弟入学。同时，尽管古代学校以统治阶层子女为主要教育对象，但在统治阶级内部也存在教育的等级之分。如中国唐朝官学体系中，弘文馆和崇文馆只招收皇亲国戚的子弟，国子学只招收三品以上文武官员的子弟，大学只招收五品以上官员的子弟，四门学只招收七品以上文武官员的子弟，书学、算学和律学招收八品以下及庶人子弟入学。站在探索教育本质问题的角度看，古代学校教育无论是其非生产性还是阶级性，尽管教育局限于伦理道德、局限于部分人，但都是为了使人成其为人，自然也体现了教育的"育人"特质。

（二）现代教育及其特质

从 14、15 世纪开始，欧洲先后经历了文艺复兴运动、宗教改革、工业革命和资产阶级革命，到18世纪自英国开始的工业革命，人类由此进入了新的历史阶段——现代社会。与之相适应，现代教育也就随之产生，并在本质上继续体现自己的特质。

第一，教育对象扩大，使更多的人成其为人。随着生产力的发展，人类进入机器大生产时代，这就要求工人具有一定文化基础、掌握操作机器的技能，这个不能在传统生活、生产中获得的工业技术，自然需要专门的学校来承担；同时，这些人才需求是普遍性的，因而需要把大批的青少年送往学校，因此，先发展起来的工业社会，如英国便开始了普及义务教育的实践。同时，传统的小规模教学难以满足，因而需要采取班级授课等新形式来大规模地培训工人亦成为必需。教育对象的历史性扩大由此得以实现，人类教育由此从精英教育走向大众教育。同时，在普及义务教育的过程中，还出现了将学前教育纳入国民教育体系之中、逐步延长义务教育年限等趋势。按照教育的育人特质，不但教育对象的扩大意味着能够使更多的人成其为人，而且年限的延长还意味着从更长的时间范围促使人成其为人。

第二，重视教育立法，使教育实现更好地育人。为了保证这种适应工业化生产对技术工人的大规模需要，通过立法以保证义务教育的实施，从而保证工业时代技术工人的后备人才，使工业社会得以维持，那么，制定诸如义务教育法等法规自然也就成了进入工业化国家的必要条件。由此便出现人类进入现代社会实施教育立法的重要现象。如从最早的英国《初等教育法》，到后来日本的《教育基本法》，再到美国的《国防教育法》等。又如在我国1986年颁布的《义务教育法》，1994年颁布的《教育法》等系列重要法律。总之，重视教育立法，从法律上保证人们受教育的权利，有助于在法律上、制度上落实育人活动的进行。

第三，教育内容丰富，使人的发展越来越全面。进入工业时代后，人类增加了对自然界的认识，自然科学知识丰富起来，并且作为第一生产力而进入学校，成为学校教育的重要课程。学校教育的内容由此改变了传统单纯的社会规范教育，走向了自然科学与人文社会科学并举的新时期，教育内容由此逐步丰富起来。如英国教育学家斯宾塞在《教育论》中自问自答：什么教育最有价值？一致的答案是科学。在他的重要影响下，诸如物理、化学、生物等具有分化性质自然科学的学科教学逐步成为学校课程，进而成为后来学校教育内容的重要部分。当然，这种自然科学与人文社会科学并进的学校教育内容使得学生受到越来越丰富、全面的训练，人的发展也更全面，丰富了教育的育人内涵。

第四，重视教育研究，提高育人的科学性。进入科学化的现代社会，人们对时间与效率的普遍追求，使人们开始思考教育的有效性问题，出现了教育效率问题的研究；同时，诸如公平、正义、关爱等各种普世价值观不断深入人心，使得人们关注教育中的公平问题，特别是在种族歧视及其冲突、不同阶层价值诉求，人们还关注教育的道义问题等等，促使人们去研究教育问题。又由于统计方法的教育运用，结合其他教育方法，使得教育研究成为现实。正是这些教育研究，提高了现代教育育人的科学性，使育人的教育让人通过受教育后更好地成其为人。

第五，教育手段现代化，提高育人的效率。随着现代科技的教育运用，教育的设备、手段也逐步进入现代化，如无尘粉笔、移动黑板、广播、电视、录像、网络以及各种实验显示仪器等先进教学设备在学校教育中应运而生。同时，各国还不断加大教育投入、增加学校教育经费，使得学校教育物质条件得以改善。通过现代技术的教育运用，教育的设备条件得到改善，教育的质量与信息量得到不断提高，教育的育人效率也因此逐步得到提高。

(三)未来教育及其特质

在当前信息化、全球化、人本化等重要发展趋势的多重影响下,未来教育将面临比过去更为艰巨的挑战、更为深刻的革命,教育的各个方面,包括目的以及教育理念、教育制度、结构、手段、内容、教育思潮等都在发生一系列的深刻变化,初步反映出未来教育的某些重要的育人特质。

第一,教育终身化下的终身学习。教育终身化思想虽可追溯到古希腊哲学家柏拉图和亚里士多德等人那里,文艺复兴时期也有具有终身教育意义的成人教育,但现代意义上的终身教育却是1965年法国成人教育家保罗·郎格朗的《论终身教育》报告书的发表。它不但标志着概念化和体系化的终身教育的开始,而且引起了世界各国的极大关注与认同。终身教育在时间上贯穿人的一生,在空间上打通了学校与社会、家庭的阻隔,教育对象包括所有年龄阶段的所有社会成员,还包括对过去教育处境不利者提供补偿教育的机会。同时,终身教育对学校教育的培养目标和教学内容等也提出了新的要求,使传统教育各方面都发生相应的变革,更好地为个人及社会的发展服务。

第二,教育全民化下的全民教育。全民教育也是当代国际上影响力较大的教育思潮之一,它不仅成为当前世界各国教育改革的方向,还成为未来教育的发展趋势。全民教育侧重于普及教育,它认为教育对象不分国家、地区、种族等,教育向社会上的所有人开放。因为接受教育是社会成员的一项基本权利,全体社会成员都有接受教育的权利。

第三,教育民主化下的民主育人。教育的民主化是20世纪后半叶世界社会及教育改革的主流思潮,并逐步成为许多国家教育的基本政策。它具体包括教育的民主和民主的教育两个层面。前者是民主外延的扩大,即把政治上的民主扩展到教育领域;后者是教育内涵的加深,即把过去那种专制的、不充分民主的教育改变成充分民主的教育。教育的民主化的核心是教育的公平,教育的公平不仅包括教育的机会平等,还包括教育的起点、教育的过程、教育的结果等关于教育各方面一系列的平等。

第四,教育个性化下的个性育人。随着个性的解放、生产创新对个性发展的需要,人类社会进入了更注重个体个性发展的新时代。工业时代初期"标准化"思维下形成的抹杀个性的统一化教学早就受到了人们广泛的质疑、批判,重视个性、培育个性、张扬学生个性已成为未来教育改革与发展的重要取向。由此可以预见个性化育人即将成为教育的重要特质。

第五,教育多元化的多元育人。在人类逐步走向一个多元时代的情况下,教育的多元化也是题中之意。具体表现在:教育思想的多元化,可以预见未来社会教育中可以找到多种多样的教育指导思想;培养目标的多元化,在国家一统性目标被弱化、个性化的教育目标被突现出来的背景下,教育中出现各种各样的受教育动机;办学模式的多元化,适应多元教育需求的及其目标的教育模式也必然是多元化的。多元化的教育正好吻合了"不拘一格降人才"的理想,可使育人的教育更加丰富多彩。

第六,教育信息化下的科学育人。计算机的广泛教育运用形成了以计算机为核心的教育信息化态势,引起了教育从信息存在基础到课程内容存储与展现形式变革、教师任务与工作方式的转变、学生学习条件与学习模式的变化、课堂教学要素与组织形式的变革、教学测量和评价方式的信息化发展等等诸多革命性的发展。[①]如当前风起云涌的学生网络自主"淘

---

① 唐智松.教育存在的革命与教育系统变革[J].教育与现代化,2001(01):19-22.

课”、学校组织的网络“慕课”现象等。可以预见，在逐步克服当前教育技术缺陷中，逐步实现学科与网络的有机整合、实现传统课堂教学与网络教学的功能耦合后，加之教师角色的顺利转型，教育将借助于信息化条件而在更加友好、智能化程度更高、操作更为方便的条件下更好地促进人的发展、更好地反映其育人的特质。

思考题：

1. 如何解析汉语中的“教育”、西语中的“Educare”？
2. 你如何看待各种教育本质学说？
3. 教育的基本属性有哪些？
4. 古代教育的重要特征及其根据是什么？
5. 现代教育的重要特征及其根据是什么？
6. 未来教育的可能性趋势有哪些？

第四章

教育目的

本章导读——

教育的参与者都有自己参与教育的目的。教育目的作为在实施教育之前就拟定的预期期望，它具有主观性、预期性，以及宏观性、时代性等特点；实践上，通过学校培养、课程目标的落实而发挥激励、指导、评价等多方面的作用。综观历史与现实，影响教育目的制定的因素主要有社会生产力、生产关系、受教者身心规律及制定者等基本因素。由于教育目的提出或制定者的主体多元性，因而其内容表述呈现较为复杂的状态，有自然主义、新人文主义、完满生活、社会本位等众多价值取向的教育目的观念，还有外在教育目的与内在教育目的论、指令性教育目的与指导性教育目的、个人本位论教育目的与社会本位论教育目的等多种具有极性化的教育目的主张。因此，需要探讨教育目的的类型问题。在中国，教育目的有一个历史发展过程；同时1995年《中华人民共和国教育法》也作了明晰的规定，当然，在实践中还存在批判应试教育、倡导素质教育等现象。

学习目标——

1.相关概念

（1）教育目的，培养目标

（2）自然主义教育目的观，新人文主义教育目的观，完满生活的教育目的观

（3）指令性教育目的，指导性教育目的，外在的教育目的，内在的教育目的

（4）个人本位论，社会本位论

2.基础知识

（1）教育目的的重要功能

（2）影响教育目的的因素

（3）教育目的的层级结构

（4）教育目的之当代取向

（5）新中国教育目的之特质

（6）应试教育与素质教育的特点与影响

第一节 教育目的之内涵

人们举办或参与教育都有其目的，当然，其中作为在教育过程中发挥支配性作用的是政府或社会的教育目的。同时，教育目的作为教育参与者在实施教育之前的主观期望，它对教育的全过程具有多方面的影响。

一、教育目的的概念

（一）教育目的的主体

首先，“是‘谁’在提出教育的目的？”自然是探讨教育目的首先要探讨的问题。综观古今中外提出的教育目的，不外以下主体：政府、学者、社会团体。即政府或统治集团站在自己的角度向全社会的教育提出其目的或目标；学者或独自或与政府合作提出教育目的思想；社会学术团体提出自己的教育目的或目标。但是，无论是谁提出教育目的，这里面都有一个他们从外在把教育目的“加给”教育内部系统的问题，使学生及家长、教师及学校“接受”他们的教育目的并认真实践之。这种教育目的的外在性在今天日益受到人们的质疑。如张楚廷先生在其《教育基本原理》中站在教育公理角度提出以下质问：学校的那个教育目的到底是“谁”的目的——政府/社会的？学生/家长的？学校的？是否该存在不同的教育目的主体？不同教育目的主体有公认的教育目的吗？①

其次，教育参与者有没有自己的教育目的？答案是肯定的。众所周知，学生进学校读书都有自己的目的，这便是学生的教育目的。当然，这个目的不一定与家长、学校、政府/社会的目标一致；家长送孩子到学校念书，自然也有其目的，其目的自然也不一定与教师或学校、政府或社会的目的一致；政府或社会举办学校更是有其目的，那么它规定的这个学校教育目的是否与学生、家长的教育目的一致呢？答案也是多种多样的。从诸如此类的问题中我们可以初步获得一个认识：学生及家长、教师及学校、政府及社会等教育的直接参与者、间接参与者都有自己的教育目的，但他们之间的教育目的却不一定一致：或许完全吻合，或许部分吻合，或许完全错位。

最后，不同教育目的主体间又如何展开教育？尽管存在不同的教育目的主体，而且主体之间教育目的还不一定吻合。但教育活动最后还是开展起来了。这个里面就有一个不同教育目的主体之间的或强制，或妥协，或隐藏的各取所需问题。当然，一般的情形是政府提出，或社会提出，或通过学者提出其教育目的，并以其强权将这个外在的教育目的强加给学校，使其成为学校教育的目的。因此，我们所探讨的教育目的便是这样一种政府或社会的、外在而非教育主体内在的教育目的。

（二）教育目的的界定

基于不同的哲学观点及社会观，古今中外的思想家和教育家对于教育目的问题有着不同的回答。如在中国古代，孔子认为教育目标在养成具有“仁”德的君子，或全面修养的“成

① 张楚廷.教育基本原理——一种基于公理的教育学[M].长沙：湖南师范大学出版社，2009：112-130.

人”；孟子认为教育目标在“尽性”或发展本性，在个人方面为存心和立命，在社会方面为亲和仁民；荀子则认为教育目标在化性起伪，使人初为士，次为君子，最后为圣人；《大学》中指出：“大学之道，在明明德，在亲民，在止于至善”，具体为“格物、致知、诚意、正心、修身、齐家、治国、平天下”。汉代著名思想家董仲舒认为“夫万民之从利也，犹水走下，不以教化提防之，不能止也”，他一针见血地指出教育的目的就是要“化民成俗”。他的这个教育目的几乎代表整个古代中国社会政府的教育目的，乃至影响了中国古代教育很长时间。

近现代，许多西方教育家对教育目的问题进行了系统阐述。如卢梭提出教育的目的是自然的目标，即培养“自然人”；裴斯泰洛奇认为，教育应该依照自然法则，发展儿童道德、智慧和身体各方面的能力；斯宾塞认为为我们的完满生活做准备是教育应尽的职责；沛西·能认为一切教育努力的根本目的应该是帮助男女儿童尽其所能达到最高度的个人发展；涂尔干认为教育的目的就是在儿童身上唤起和培养一定数量的身体、智识和道德状态，以便适应整个政治社会的要求，以及他将来注定所处的特定环境的要求。以上这些关于教育目的的认识和思想，是当今认识教育目的实质的重要基础。

尽管教育史上人类的教育目的的内容是丰富的，但是，如果按照教育目的的服务对象的“指向”（即指向人或社会这两个向度）这一视角来对传统教育的目的进行分类就会发现，众多的教育目的大致可以归类为“社会本位”的教育目的——治世，“个人本位”的教育目的——育人，以及处于二者之间的“个社统合”（在“个社统合”论中，由于各自的立场不一样，因此在具体主张上存在着差异，如有的持个社等同的观点，有的则偏重于道德，有的偏重于人格，还有的偏重于文化）——兼顾社会需要与个人发展这样三种类型。可见，人类教育目的的变迁似乎也具有一定“规律性”——“游离”于个人本位与社会本位两个极端之间（包括两个极端）。而且，对众多教育目的提出的历史背景再加以考察，我们还会发现，教育目的的这种“游离”的基本趋势是：当社会失序时，人们往往把教育目的置于社会本位；在社会和平时期，则更多地转向对人本身的思考，将教育目的置于个人或教育对象的发展上。当然在这两种历史下，都有调和教育的“治世”与“育人”功能，因此主张二者结合的观点。

通过对人类历史上教育目的变迁的简单“勾勒”，获得人类教育目的上一些共性的认识。但是，如果进一步追问：上述教育目的是谁在制定？学生们认同这些教育目的吗？到此时，我们就会吃惊地发现：它们是教育者的目的！即在传统教育中，公开而为社会所认可的教育目的不是学生制定的，而是掌握着“话语”霸权的教育者制定的。而在此教育者的教育目的制定以及实现当中，学生处于“失语”状态。学生的理想受到了严重的遮蔽，学生被排除在主流教育理想之外，学生参与教育理想量定的权利被剥夺，在教育目标的制定过程中学生被严重地边缘化。①

总之，教育是人类的一种有意识依据自觉设定的目的所进行的对象性活动，是一种有意识、有目的、有计划培养人的社会实践活动。人们在进行教育活动之前，首先就要使自己所从事的活动结果化，在观念中设定一定的目的。可见，教育目的是人们在进行教育活动之前，在头脑中预先存在着的教育活动所要取得的结果，它指明教育要达到的标准和要求，说明办教育为的是什么，所培养的人要达到什么样的规格。可以说，教育目的就是人们在头脑中预先设想的教育活动所要达到的结果，规定着人才培养的规格。

---

① 唐智松，石峰. 网络下教育理想的批判与重建[J]. 渝西学院学报（社会科学版），2005（03）：7-8.

(三)教育目的特点

教育目的作为教育活动内部结构的重要组成部分,有其自身的特点。

第一,宏观性。它是国家指导全国教育事业的总要求,是制定各项教育政策和教育法规的依据,它规定了一定历史时期的教育的总目标和总任务。在内容上,教育目的不仅包括人才培养规格的要求,而且还包括达成这些培养目标的指导思想、原则和策略。

第二,预期性。它是指社会或个人对教育对象未来发展状况的期望,所展现的是一种预期的状态。国家对于人才培养的规格往往采用高标准,在一定程度上是超现实的,具有预期性和理想化色彩,这是由“目的”本身的性质所决定的。作为目的,一定是需要努力才能达到的,教育目的中关于人才规格的文字表述不可避免地要超越一定现实。

第三,强制性。它在内容上体现了国家的意志、政府的主张和政党的利益。教育作为社会制度的一项重要“设施”,又事关培养人才的规格,任何国家都不会放弃对于教育的管理和控制,只不过因国家教育管理体制不同,其强制方式有所区别而已。

第四,时代性。教育目的具有时代的气息,那种绝对普适性的超越时空的教育目的是不存在的。任何一个教育目的都是在特定的历史客观条件下所做出的主观选择。历史上的不同时期,由于国家教育所处的国际背景不同,教育目的制定者的哲学思想不同,在教育宗旨和教育目的的文本上都必然会留下时代的印记。

二、教育目的的层次

教育目的是从国家全局发展战略出发,从总体上指引教育方向,而在如何开展教育活动,以何种标准来评价教育结果及教育该培养何种规格的人等方面缺乏具体的指导和可操作的方案,导致在教育现实情景中,国家有明文规定的教育目的,学校有自己升学的教育目的,政府有自己特定的评价标准。这些内在的矛盾给教育实践带来了极大的困惑。要解决教育目的理论导向与教育实践工作之间的各种矛盾,需要建构一种既能推进教育方向,又能指导教育过程和评价教育结果的多层级的教育目的系统。

层次一:国家的人才规格。它是国家对教育所要造就个体在质量规格上的总的规定和对教育培养的个体在从事社会职业时的各种基本素质的规定。这一目的主要体现在我国用人制度对教育产品的要求和社会对人才的素质、知识、技能的要求方面。它指导和牵动着各级各类教育机构的运行方式和工作内容,是在教育实践和社会发展中对“人的全面发展”理念的追求,同时直接指导着学校的培养目标。

层次二:学校的培养目标。我国现代教育体系由各级各类学校教育组成,各类型学校的性质及各个教育层次中的需求和任务是不同的,统一的、概括的教育目的难以同时指导不同目标的教育实践。因此,要因校制宜,在“培养全面发展的人”的总体教育目的指导下,各级各类学校拟订与其教育性质和任务相适应的培养目标,一方面指引和协调它们具体的教育方向,另一方面为评价学校的教育质量提供具体标准。关于学校培养目标问题,则必须提及联合国教科文组织撰写的《教育——财富蕴藏其中》一书。该书提出,教育必须围绕四种基本的学习能力来重新设计、重新组织。这四种能力就是教育的四大支柱:Learning to know(学会求知);Learning to do(学会做事);Learning to live together(学会合作);Learning to be(学会生存）。具体而言“学会求知”就是认识掌握世界的工具；“学会做事”就是学会在一定环境中工作，而且也包括实际动手能力、人际关系处理能力、社会行为、集体合作态度、主观能动性、交际能力、管理和解决矛盾的能力；“学会合作”即在培养学生在人类活动中参与和合作的精神；“学会生存”亦即改造自己适应环境。

层次三：课程的教学目标。这是微观层次的教育目的，是一切教育活动的基础，也是进一步具体化的培养目标，它具有很强的操作性。课程是为实现教育目标而选择的教育内容的总和，它主要是确定传授给学生哪些知识，培养学生哪些素质、技能，并且通过教、学、评、考、督的具体适量的定性定量分析工作来建立测量和评价学生学业成就的基本标准体系，以检测教学所达到的要求和水准。在这一领域，布卢姆的“教育目标分类学”和加涅的“教育目标分类”给了我们很大的启示。布卢姆把教学目标分为“认知领域”“情感领域”和“技能领域”，各领域又包括若干具体的下属目标，如认知领域包括识记、理解、运用、分析、综合、评价六个方面的目标。加涅认为，课程目标就是形成学生五种能力——“智力技能”“认知策略”“言语信息”“运动技能”“态度”。我国学者戚业国、陈玉琨提出素质教育目标体系应当包括“知识领域”“情感领域”“动作技能与健康”等三个部分，其中知识领域包含“学科知识”“意会知识”“能力知识”“信息知识”四个知识群，情感领域包含“心理”“品德”“思想”三个方面，动作技能与健康包含“保健和运动知识”“运动技能”“生活习惯”等下属内容。总之，制定课程目标要着眼于学校的具体培养目标和课程本身的特点，以达到科学指导教学实践的目的。

各层次教育目的是总的教育目的的分解。上述各层次由整体到局部，由抽象到具体，构成了功能的等级性。结构的等级性与功能的等级性辩证统一，也构成了教育目的系统的层次性。层次中最高的教育目的是一般的、共性的，具有相对持久性、稳定性的国家人才规格。它确定整个教育的方向，并演绎出其他低层次的目标，是一切较低层次教育目标的基础。同时，高层次的教育目的的实现往往意味着需要完成许多具体化的教育目标，而较低层次的教育目标是落实最高教育目的的基本手段，在活动中为最高教育目的服务，它是特殊的、具体的。较低层次目标的实现，也意味着其下属目标的完成。总而言之，下属目标的制定是为了更好地遵循较低层次的目标，较低层次目标的实施是为了更好地实现最高目的，各个层级有机地结合，共同实现着教育目的系统的总目的。

综上所述，我们从内容和层级两个维度来探讨教育目的的结构。首先，从内容结构维度讲，教育目的的结构包括四大要素，分别是定性、定位、定向和定点。这四大要素分别是从教育目的的本质特性、价值取向、对受教育者的发展要求以及对受教育者人才规格做出的具体规定四个方面出发，组成了教育目的内容结构的全部。四大要素相辅相成、互为统一，在教育目的的制定与实施中发挥着重要作用。其次，从层级结构维度讲，教育目的的结构由高到低可分为三个层次：教育目的、培养目标、课程目标。各层次由整体到局部，由抽象到具体，构成了功能的等级性。对于层级结构更清晰的认识，有助于补正我国长期以来忽略教育的角色目的这一客观事实。由宏观到中观再到微观的教育目的的制定，使得教育目的更具有了层次上的具体性和准确性。具体来说是各级各类学校的教育目标在其根据自身特色制定的同时，不会偏离国家宏观整体的教育目的，而更具体的学校课程的培养目标的制定和实施也会依据国家的教育目的和各级各类学校的培养目标作为自身制定的依据。通过三层目的的统一和有机结合，使得教育目的的结构更加完善，能够充分发挥教育的角色目的。

三、教育目的的功能

教育目的的功能是指教育目的对实际教育活动所具有的影响。教育目的不仅是教育工作指导思想的核心,而且是一切教育实践活动的总纲,对于教育实践具有多方面的作用和功能,概括起来,主要有激励功能、指导功能和评价功能。

第一,激励功能。教育目的是对受教育者未来发展的一种设想,它立足现实,指向未来,因此具有一定的理想性且蕴含着观念价值。这种观念价值一旦变成现实,将给国家、社会和个人带来巨大的利益。这样,教育目的中的观念价值与期望值形成了一种吸引力,促进教育者与受教育者为达到自己的理想目的而努力工作与学习,直至将它变成现实。具体来说,达到我国现阶段教育目的要求,是具有较高水平的德智体等素质和相应的至善、求真、健身、立美等能力的人,在适宜的社会环境中,他们能够善于调节人际关系,与人为善、和睦相处,而且能创造物质、精神财富,这些人通常受社会欢迎,成为人们的仿效者。这种社会现象一旦内化为教育者尤其是受教育者的观念,跟他们心中已有的教育目的观念价值与期望值汇合,便会成为他们不达目的誓不休的力量。

要强调的是,教育目的的观念价值与期望值必须相互支持,才能形成较大的合力。否则,教育目的的激励作用会大打折扣。一般来说,只有那些被认为可能实现的且有价值的教育目的,才会成为推动学生努力学习的力量。因此,国家在制定教育目的时,通常要从主客观条件方面进行综合平衡。从主观方面讲,教育目的中规定哪些要素,各种要素的水平多高,反映着教育目的制定者及其代表的民众的主观要求。从客观方面讲,制定者在考虑自己的和民众的主要愿望的同时,还必须分析可能实现教育目的的客观条件,并根据客观条件调节它的各种要素及其水平的高低。否则,教育目的中的观念价值再大,也是可望而不可即的,不为理智者所取。这说明,教育目的是主客观的统一体,当其观念价值达到当时条件下允许的最大值时,就具有最大的推动力。

第二,指导功能。教育目的的指导功能,首先体现在指导行政部门制定有关方针政策上。教育行政部门的方针政策多种多样,其中部分方针政策是关于提高教育质量加速人才培养的。这类方针政策必须根据教育目的的要求制定,如进行课程改革的方针政策。提倡课程改革,是因为现实的课程不利于学生德智体等方面素质的发展,故需采取更有效的举措,制定出更合理的方针政策。只要检索近年来我国颁发的有关教育法律或法规,便不难发现,其中都提及教育目的或类似的问题,这就说明培养什么人是国家或有关管理部门制定方针政策时所不可忽视的问题。

其次是体现在调节教育实践活动的方向上,这主要通过如下方面得以实现:①制约各级各类学校培养目标,指导各个学校的教育方向。就我国目前情况而言,处于基础教育阶段的学校如中小学,其培养目标大多是统一的,而这种统一的培养目标是国家教育目的的具体化。即便是少数特色学校,其培养目标虽有不同,但整体上也不能超越国家教育目的的要求,也就是在全面落实国家教育目的的基础上形成自己的特色。就高等学校而言,虽然学校性质不同,培养目标千差万别,但只要看看各个学校的专业培养目标,人们就会明白,它们没有脱离国家的教育目的,而是在深刻理解国家教育目的的前提下对国家教育目的作了合乎情理的演绎。可见,教育目的对各级各类学校培养目标的制约作用是客观存在的。②引导教育内容、途径与策略等的选择。在这方面，教育目的主要发挥宏观调节作用，如教育内容方面，教育目的仅提示学校大体应该开设何种课程，讲授哪些内容；在教育途径与策略方面，教育目的只提供大致框架，因为在这些方面起直接制约作用的是学校培养目标和学科教学目标。但是，切不可忽视教育目的的这种宏观作用，因为作为一种存在于教育者或受教育者头脑中的观念，它会时刻提醒他们以之为标准反思自己的教育行为或学习行为，对偏离了教育目的的内容、途径和策略等及时进行调整。

第三，评价功能。教育目的为教育活动指明了方向，是检验、评价、衡量全部教育活动最终结果的依据和标准。根据这些依据和标准分别从宏观和微观方面，对教育活动的效果和质量做出判断，评价教育活动的得与失。最后评价现实的教育结果是否达到预期的要求。由此获得的评价结果，一方面可以说明教育实践是否与教育目的吻合，看到教育实践与教育目的的差距；另一方面可以考究教育目的是否切合实际，为修正教育目的提供依据。

不过，需要说明的是，教育目的功能作用的发挥是有条件的，最根本的条件之一是有与教育目的要求相应的环境，尤其是教育环境，包括师生的观念、各种教育资源等，这是以上所阐发的教育目的功能意义的前提。也就是说，若缺乏这种条件，教育目的的功能就会或多或少丧失。

四、教育目的的影响因素

（一）客观因素

第一，社会生产力的发展水平是制约教育目的的最终因素。教育目的的提出要受到一定社会历史条件的制约，受教育者只能在现实的社会生活条件下才能获得发展。这些条件主要包括生产力、生产关系以及建立在一定生产方式之上的政治关系和政治制度等等。其中，生产力发展水平的高低直接决定了社会能够提供给教育的物质条件以及个人在其一生中用于受教育的自由时间的多寡，从而也就从根本上决定了社会的每一个个体发展的可能性。另一方面，人的因素不仅是生产力的必要因素、最活跃因素，他的劳动不仅需要一定的体力，而且需要一定的智力以及必要的科学文化知识和劳动技能技巧。因此，劳动者的劳动能力是由体力、智力、文化知识、劳动经验和技术熟练程度等因素共同构成的。人的智力要靠教育来开发，劳动技术、劳动经验和各种生产知识要靠教育来获得，人类在生产实践中形成的生产力积累下来，一代代传递下去，也要靠教育才能做到。因此，一定的生产力总是要根据自己的发展水平，对劳动者的教育提出自己的要求。

第二，生产关系以及产生的其他关系对教育目的起着重要影响。在任何一个社会，对教育的要求总是在一定的社会关系中产生并受这种关系所制约，因此，一定的教育目的必定表现为一定条件下教育对周围现实的关系，必定由一定条件下的物质生活需要或物质经济利益所决定。在阶级社会里，不同的阶级由于经济利益和政治利益不同而有不同的教育目的。他们通过教育来造就合格的公民和政治统治人才，从而使受教育者具备本阶级所期待的世界观、人生观、政治立场、政治观点和思想意识等，使教育目的总是反映统治阶级的经济和政治利益，且集中体现统治阶级对人才培养的要求。因此，教育目的的性质和方向是由政治经济制度决定的。

(二)主观因素

第一,受教育者身心规律及其发展需要对教育目的具有制约作用。任何事物的发展变化都是事物的内因和外因共同起作用的结果。上述社会生产力发展水平和一定社会的政治经济制度对教育目的的制约都属于外因,而受教育者身心发展规律和其自身发展需要对教育目的的制约属于内因。任何教育目的离开了受教育者,教育目的本身就失去了其赖以存在的载体。因此,制定教育目的时必须考虑到受教育者的规律和特点。首先,要考虑受教育者的身心特点,如顺序性和阶段性、稳定性和可变性、发展速度的不均匀性以及个别差异性等特点[①],它们是确定各级各类教育目的(或目标)的重要依据。其次,要考虑受教育者的自身发展的需要。学生不是被动地、完全由外部条件塑造与规定,他们是有明显个性要求且不断发展变化的活生生的人,教育目的必须考虑到受教育者在不同环境、不同时代下的心理需求和心理动机。

第二,制定者的自身因素制约教育目的的确定。制定教育目的的主体即规定教育目的的个人或团体。这些主体一般包括立法、行政(包括教育行政)部门和政党,社会团体特别是宗教团体与能对教育活动产生影响的经济实力集团、教育团体、教育实体、教育过程当事人(如教师、家长等)。由于这些教育目的的制定受主体自身诸多因素的影响,如意识形态、政治态度、价值倾向、认识水平等,都可能左右着他们所规定的教育目的之内涵。正是这个因素的重大影响,才使得人类社会的教育目的在内涵上表现出形形色色的差异、特点。

第二节 教育目的之类型

如上所述,提出或制定什么样的教育目的,往往要受到多种因素的影响。因此,从这些因素影响下去剖析有关教育目的的取向,就会从另一个角度发现教育目的理论的丰富性、复杂性,亦有助于更好地认识教育目的。

一、教育目的之分类

(一)以制定教育目的的主体为标准的分类

制定教育目的的主体即规定教育目的的个人或团体。这些主体一般包括立法、行政(包括教育行政)部门和政党,社会团体特别是宗教团体与能对教育活动产生影响的经济实力集团,教育团体,教育实体,教育过程当事人(教师、家长等)。由于不同的团体或个人具有不同的价值观念,所以就有不同的教育目的分类。

类型1:外在的教育目的和内在的教育目的。所谓外在的教育目的,即作为主体的社会既定的教育目的,是一种通过合法化形式(法律法规、政策文件)而表现出来的教育目的,因而又称为“正规的教育目的”。这是一种既对社会进步又对增进社会个体福利有益的理想状态的描述,在性质上具有普遍的社会意义,因为在一般观念上它适用于社会全体成员,并且

① 南京师范大学教育系. 教育学[M]. 北京:人民教育出版社,2001:93-97.

理论上是一种在社会及教育生活中占据主导地位的支配性的价值观念在教育实践领域的反映,是基于社会生活对社会成员的普遍要求的意识而提出来的。

所谓内在的教育目的,则是作为个体主体的教育过程中当事人的目的,是一种直接对参与教育活动者的教育行为起作用的目的。它是有限制的,其特征是具体的、特殊的,适合于特殊的个人。它通常跟个人的物质生活环境及其利益、需要紧密地联系在一起。由于表现形式是内隐的、不明晰的,故亦称为"内隐的教育目的"或"非正规的目的"。

把教育目的区分为"外在的"和"内在的"两个范畴,意味着它使人们能够在思维中确定教育目的内在规定性的同一性中的差异性,又能在差异性中发现其内在的同一的规定性,从而划定教育目的功能发挥的前提条件界限。同时,这种区分还意味着,人们能够在给定的界限内通过对给定前提条件的探究而获得一种基本的原理,从而使人们在教育实践中,能够在"外在的教育目的"和"内在的教育目的"之间建立起一种有效的、合乎辩证法原理的转化机制。

类型2:指令性教育目的和指导性教育目的。所谓指令性教育目的是指立法与执政部门、执政党等制定主体以法定文献的形式规定的一定社会的受教育者的质量和规格。因而带有强制性,目的是维护社会的既有秩序,也可称为绝对的、向后的或制度化的教育目的。

所谓指导性教育目的是那些不拥有行政执行权力的部门和团体所提出的。由于它不具有法律赋予的强制性,所以只能是指导性的教育目的。指导性教育目的更多地从个人素质的培养来预示新的社会状态,所以也称为相对的、向前的或终身的教育目的。

(二)以教育目的主体价值取向为标准的分类

人类历史上长期存在着两种不同的教育价值观:一种是从个人发展出发,依据内在需要来确定的;另一种是从社会发展出发,依据外在需要来确定的。依据这两种不同的教育价值观,也就有了两种不同的教育目的价值取向:个人本位论和社会本位论。

类型1:个人本位论。个人本位论主张教育目的应以个人价值为中心,应主要根据个人自身完善和发展的精神性需要来制定教育目的和建构教育活动。在这种理论看来,首先,人生来就具有健全的本能,教育的职能就在于使这种本能不受影响地得到完善和最理想的发展。因此他们否定社会制度的权威,反对社会对个人的约束,强调个人自由权利至高无上,认为按照社会要求培养出来的人,其本性会被抹杀掉。他们主张教育的首要目的不在于谋求国家利益和社会发展,而在于发展人的理性和个性,使人真正成其为人。其次,个人的价值高于社会的价值。他们认为,有利于个人发展的教育就一定有利于社会发展,但有利于社会发展的教育不一定有利于个人发展,评价教育价值也应当以是否有利于个人的发展为标准。个人本位论的价值取向主要反映在自然主义和人文主义的教育思想中,其中主要的代表人物是法国思想家卢梭、瑞士的裴斯泰洛齐、德国的康德、美国的马斯洛和法国的萨特等。

类型2:社会本位论。社会本位论主张教育目的应以社会价值为中心,应主要根据社会发展需要来制定教育目的和建构教育活动。这种理论认为,首先,个人的一切发展依赖于社会。真正的个人是不存在的,只有人类才是真正的存在,人之所以为人,只因他生活于人群中并参与社会生活;人的身心发展的各个方面都靠社会提供营养,人的一切都从社会得来。其次,教育的一切活动都应服从和服务于社会。教育目的应当根据社会的要求来确定,个人不过是教育的原料，不具有任何决定教育目的的价值；教育的首要目的就是使个体社会化，使个人适应社会生活，成为对社会有用的公民。教育过程就是把社会的价值观念或集体意识强加于个人，把不具有任何社会特征的人改造成为社会的人。再次，以对社会功能的好坏作为教育结果的评价标准。离开了社会的需要，就无从对教育的结果进行评价。这种观点从古至今都存在，但其理论的高峰时期是在19世纪到20世纪初，它的主要代表人物是德国的纳托普、凯兴斯泰纳，法国的孔德和涂尔干等。

上述两种观点都有合理的一面，也都有片面过激的一面。

前者强调个体的个性化，认为教育应着力于增进个体的价值和能动性。一般说来，社会活力与社会的进步繁荣有赖于每一个社会成员的能动性与创造性，但也应看到能动性与随意性、创造性与破坏性的区别，看到个性跟社会整体利益和社会进步趋势可能是一致的，也可能是不一致的。后者强调个体的社会化，这无疑是有道理的，任何社会为了保持社会的稳定、延续和繁荣，都会对其社会成员的发展做出一定的规范，使他们认同社会普遍的价值观念和行为准则，但社会本位论主张的社会化不是跟个性化统一的社会化，而是非个性化的社会化。从根本和普通的意义上讲，其实并没有必要把人的个性化跟人的社会化割裂和对立起来，而应使二者尽可能达到某种统一，当然，这种统一应该是历史的具体的统一，而不是超历史的、抽象的和一成不变的统一。

（三）以教育目的存在方式为标准的分类

从教育目的存在的外在化方式上看，它又可以被分为两大类：一类是应该如此，即应然的目的，出现在国家教育方针的表述中，另一类是实际如此，即实然的目的。①

所谓“应然”的教育目的，即教育目的的制定主体以成文的、合乎规范的形式所规定并表述的教育目的。一般说来，它以法定的形式来规定教育目的，反映了国家或民族对教育要培养什么样的人的一种主观性的期待，因此具有价值判断性质。其特点是理论化、概念化、理想化、权威性、统一性等。所谓“实然”的教育目的，是指教育过程的当事人在理论层面进行理解、贯彻、执行的教育目的，其特点是大众性、可操作性、具体化。

由于国家教育目的在理解、贯彻执行过程中容易受当事人价值观的影响，所以，“应然”的教育目的并不等同于“实然”的教育目的，教育活动当事人观念中的教育目的也并不必然地反映社会总体的教育目的意识。在教育实际生活中发挥直接作用的，往往是“实然”的或“内在”的教育目的。如我国基础教育中长期存在的以应试、分数、升学为主要目标的教育观，在教育观念上的保守性、教育思想上的滞后性、教育目标上的片面性、教育对象上的少数性、教育方法上的机械性等弊端，也已跟“应然”教育目的相背离，成为严重阻碍素质教育实施的一大障碍。面对这种“实然”教育目的严重偏离了“应然”教育目的的指引方向，国家就会调动各种力量，采取各种措施对“实然”教育目的进行纠正，使它回到“应然”教育目的的轨道上。就是因为各个具体的教育活动当事人的内在教育目的跟社会总体的教育目的可能保持一致，也可能不一致甚至发生矛盾，所以有必要对两者及两者之间的关系进行深入的分析研究，努力寻求“应然”教育目的和“实然”教育目的之间一种有效的联系机制。这样可以避免由于对教育目的理论的曲解和实际贯彻中的片面性而带来的在实际教育工作中的混乱，

①孙孔懿.教育失误论[M].南京：江苏教育出版社，1997：77.

除此之外还可以使国家教育目的逐步具有可操作性，以利于由“应然”教育目的向“实然”教育目的转化。

二、教育目的之取向

（一）教育目的之传统取向

由于教育目的是一种关于教育过程预期结果的价值取向，而社会对于教育结果的期待和受教育者本身的条件情况较为复杂，从而存在多种抉择的可能性。事实上，不仅在不同的历史时期和不同的社会背景下，人们关于教育目的的价值取向会有所不同，即使在同样、同类生活背景下，亦可能产生各种不同的观点和取舍。由此形成了不同取向的教育目的观。除上述社会本位教育目的、个人本位教育目的外，还有如下取向的教育目的观。

取向1：自然主义教育目的观。18世纪中叶，卢梭提出培养所谓“自然人”的教育目的取向。他认为，教育的目的，不是别的，它就是自然的目标，即培养“自然人”。所谓自然人，完全是为他自己而生活，有独立的价值。其人格特点是：自爱，独自生活，诚实劳动，同时尊重别人的劳动；自主，不按部就班，不迷信权威或先例，自主选择行为方式；自立，自我依靠，不轻易求助于他人；自制，真正自由的人，只做喜欢做的事，而无超越个人能力的奢求。在卢梭看来，这种“自然人”更符合自由竞争时代对一个社会公民的要求。

取向2：新人文主义教育目的观。新人文主义是18世纪与19世纪之交在德国兴起的带有启蒙色彩的哲学、文化、艺术思潮，新人文主义旗帜下的教育目的取向旨在弘扬更加纯正的古希腊文化，发扬古希腊文化的自由精神，其核心理念集中体现为后来长期流行的口号：“一切潜在能力的和谐发展。”新人文主义教育目的观的代表人物有瑞士的裴斯泰洛齐，德国的席勒、康德、赫尔巴特等。裴斯泰洛齐认为：教育应该依照自然法则，发展儿童道德、智慧和身体各方面的能力，而这些能力的发展，又必须顾到它们的完全平衡。席勒认为：有促进健康的教育，有促进认识的教育，有促进道德的教育，也有促进鉴赏力和美的教育。这最后一种教育的目的在于，培养我们的研发和精神力量的整体达到尽可能和谐。康德认为：人的目的是“做人”，人只有靠教育才能成人，教育目的据以表达的理想是发展人所有一切自然禀赋和才能。赫尔巴特认为，在教育方面确定可以遵循的统一目的是不可能的。这是由于学生们将来成人后将会有种种目的，教师不能不事先为达到这些目的使学生做好内心的准备。因为人的追求是多方面的，所以教育者所关心的也应当是多方面的。新人文主义教育倡导者，都是卢梭自然主义教育目的取向的传承者，其贡献在于使“自然教育”人文化。

取向3：完满生活的教育目的观。19世纪中叶，英国教育家斯宾塞提出带有功利色彩的所谓“个人完满生活准备”说的教育目的论。他提出：怎样运用我们的一切能力使对己对人最为有益，怎样去完满地生活？这个既是我们需要学的大事，当然也就是教育中应当教的大事，为我们的完满生活作准备是教育应尽的职责。所谓“完满的生活”包括：直接有助于自我保全的活动；从获得生活必需品而间接自我保全的活动；目的在抚养和教育子女的活动；同维持正常社会和政治关系有关的活动；在生活中的闲暇时间满足爱好和感情的各种活动。这是一种带功利主义色彩的教育目的论，其出发点为“个人生活”，只是在个人生活中注入社会内容。

综上所述,近代以来人们在教育目的问题上曾经作过多种探索,提出了种种不同的教育目的取向。或以社会主体的道德需要为指向,着重强调人的精神存在,培养"道德理性人";或以个体生存需要为指向,着重强调人的自然存在,培养"生活自然人";或以社会客体发展需要为指向,着重强调人的社会存在,培养"现实社会人"。这些在不同历史阶段所体现出来的价值取向,是同一定社会的历史的具体条件和一定的理论方法密切相关的,它们既是一定历史阶段的产物,具有特定历史阶段的合理性和适切性,同时,也必然会带有一定的历史局限性。

(二)教育目的之当代转型

教育是一种价值活动,教育之于社会是被动适应还是主动超越,这取决于什么样的教育和培养什么样的人。教育对社会发展具有两重性,这种两重性体现在教育的"超前性"与"滞后性"。超前性是指教育通过文化的传承所带来的创新,它是指向未来的;滞后性则指教育在文化传承过程中的相对稳定性,它强调的是现实的适应性。

教育推动社会的目标取向,不失为一种良性的选择,但要达成这一目标,首先要实现的是教育目的价值观的转变。

转变一:由"客体论"向"主体论"转变。关于教育目的的确立,历史上影响最大的是个人本位和社会本位两大倾向。个人本位论中基于天赋论的人的自然的、自在的发展,是从存在的角度来考察的人的变化与发展过程,是一种无主体的发展。它与把人的发展看成是一种实践行为,认为教育的价值在于引导受教育者朝着理想的状态主动发展等现代教育理念大相径庭。社会本位论把社会的要求作为决定教育目的的唯一能动要素,必然无视人的主动性,把教育的过程视为一个塑造的过程,强调个体的社会化,从而把人塑造成社会所需要的工具。

由此可见,传统的教育目的论,无论是个人本位的自然发展观,还是社会本位的工具观,都没有把人作为主体来培养,也没有发挥人在教育过程中的主体地位。按照马克思主义的观点,人作为现实的实践活动主体决定了环境的形成和变革,人的发展决定了社会的发展,教育要根据人的发展规律为未来的社会培养人,这种人不是社会的工具,而是自身和社会发展的主体,培养变革社会、推动社会的主体人,必须实行以建构受教育者主体性为目标的主体性教育。

"建构"不是把人作为客体进行塑造,也不是人的自然发展,它是在人已有发展的基础上使人得到新的发展的过程。人的主体性发展和建构是现有主体性和可能主体性相互转化和循环前进的过程。这一过程十分复杂,它把人的发展与社会的发展,主体的发展水平与教育的要求(教育目的)等之间的矛盾协调统一起来。

转变二:"占有性个人主体"向"共存的类主体"转变。14 ~ 16 世纪,西欧的文艺复兴运动启蒙了个人的主体意识。从此,确立个人的主体地位,弘扬个人的主体精神,成为西方深层的文化意蕴,也是西方文明向现代化前进的动力。但是,建立在笛卡儿"我思故我在"第一原则基础上的主体性,是把人局限于单一的、自我的状态,把对方视为被动的客体,与之发生改造与被改造的对象性关系,所以,这种主体性一开始就具有"个人主义"和"占有性"的特征。在人与自然的关系中,人对自然完全充满了一种统治的冲动,培根的"知识就是力量",康德的"人是自然的立法者",显然确立了个人的理性的占有性主体性的绝对地位。这种主体性把知识作为人类征服自然的工具和手段,把人类的幸福建立在知识的积累上,其目的在于追求人类至高无上的境界或人类的解放。

在人与自然关系中形成的占有性个人主体性,作为一种观念和定式,它同样迁移到人与人的社会关系上占有性的个人,在满足对自然的统治之后,人类的生存家园也遭到了极大的破坏,"自然界也报复了人类";在人统治他人之时,人与人之间的矛盾也加剧了。

和平与发展,是人类迈向现代化的一大主题,人们希望生活在一个充满爱的社会环境和一个可持续发展的自然环境之中,这促使人们开始对传统的个人主义的理性主体性或占有性个人主体性进行反思,呼唤一种新主体性、一种共存的类主体性。类主体把促进整个人类发展作为最高目的,主张对待自家与国家、人与人之间的关系,要用民主代替独裁,用对话代替战争;对待人与自然的关系,要用可持续开发代替掠夺,用保护代替破坏;对待科学技术,要用人性化规范其应用,依靠类主体创造一个有别于工业文明的后工业文明。

随着人们对传统的人性和理性教育的反思,教育也应从培养孤立的个人主体转变为培养类主体,从发展占有性个人主体向共存的类主体转变。这样的类主体教育,包含两层含义:第一,它不是以个人发展为目的,而是以整个人类的共同发展为目的。人类是主体社会形态的最高层次,类的发展是人的教育所追求的最高目标和最终结果,但类的发展只有通过个人的发展来实现。第二,类主体教育作为面向个人主体的教育,它发展的不是"颈部以上"的认知方面,而是人的完整人格——真善美的统一;它发展的不是以征服占有为目的的个人主体性,而是人的"共存"或"交互"主体性。主体间性,这种主体性既具有个人的独立性,同时又具有交互性和人类性。联合国教科文组织在《学会生存——教育世界的今天和明天》中强调的"学习化社会"和"终身教育"这两个概念,可看作对类主体教育两层含义的呼应。因为,唯有全面的终身教育,才能培养完整的人。

第三节 中国教育之目的

中国教育在其历史发展中,提出了多种教育目的和教育观念,这从《学记》的"君子欲化民成俗,其必由学乎"到新中国的《教育法》关于教育目的的表述发展中就可见一斑。

一、中国教育目的之内涵

(一)中国教育目的之发展

阶段一:中华人民共和国成立前的教育目的。中华人民共和国成立以前的中国教育有着自己的目标追求,这种教育目的理念不但在教育实践中存在,而且在有关教育文献中也清晰可见,如较早的《学记》在开篇就提出"君子欲化民成俗,其必由学乎"。到了汉代,董仲舒的"防奸养士"成为统治阶级实际的教育目的,而且这个思想几乎影响着后来各个时期统治阶级教育目的的制定与实施。当然,除这些消极性防治教育目的观外,也有其他具有进步倾向教育家的教育目的思想,如孔子的学生子夏将孔子的教育目的概括为"学而优则仕",墨子要培养具有“兼相爱，交相利”品质的“兼士”，孟子要培养以德、仁为核心的大丈夫，唐代柳宗元认为教育在于“致性”，明代王阳明认为教育在于“学为圣人”等等。

到了近代，伴随教育环境的变化与挑战，教育目的也随之发生了变化。在清末和民国时期，对教育目的多用“教育宗旨”来称谓。在清末，中国实施新教育以来第一部由国家制定的教育宗旨始于1904年的《奏定学堂章程》。其中规定：“至于立学宗旨，无论何等学堂，均以忠孝为本，以中国经史之学为基，俾学生心术壹归于纯正，而后以西学瀹其知识，练其艺能，务期他日成才，各适实用，以仰副国家造就通才、慎防流弊之意。”此教育宗旨明显反映了“中学为体，西学为用”的指导思想。其中，中学以忠孝为本，以中国经史之学为基；西学以西方近代科学知识和艺能为主，以培养国家所需要的各种实用通才为目的。到1906年3月学部针对民权思想的流行和资产阶级革命派的活动，拟订“忠君、尊孔、尚公、尚武、尚实”的五项教育宗旨。这五项教育宗旨虽未脱“中体西用”的窠臼，但较以前仅一般说明中西学的关系要进一步，它对后三项的解释注意到了国民公共心，国家观念，身体素质和基本生活技能的培养，教学方法上学用结合等。

到民国初期，由于国体更新，教育部在1912年根据时任总长蔡元培的建议，决定以“注重道德教育，以实利教育、军国民教育辅之，更以美感教育完成其道德”的宗旨取代清末的教育宗旨。1929年3月国民党召开第三次代表大会，将制定教育宗旨和政策作为会议重要议题，4月明令公布：“中华民国之教育，根据三民主义，以充实人民生活、扶植社会生存、发展国民生计、延续民族生命为目的，务期民族独立、民权普遍、民生发展，以促进世界大同。”但这一教育宗旨实际上是国民党的“一个政党、一个主义、一个领袖”的专制主义统治在教育领域里的具体体现。1947年，《中华民国宪法草案》第158条规定：“教育文化，应发展国民之民族精神、自治精神、国民道德、健全体格、科学及生活智能。”由于当时是在抗日战争胜利后，全国上下要求和平建国的呼声越来越强烈，国民党为了安抚民情才对1936年的《中华民国宪法草案》作了修改，于1947年实施，所以这个宪法其实并没有真正代表国民对发展教育的愿望。此外，值得一提的是一些进步人士的教育目的观，如胡适基于教育救国而提出教育要为国家造就人才，鲁迅先生提出教育目的在“育新人”，陶行知要求以生活教育去培养“真人”，陈鹤琴更是提出教育培养“现代世界中国人”。

阶段二：新中国的教育目的。新中国教育通常是以“教育方针”的规定来表述国家的教育目的。新中国成立以来，我国的教育方针经历了几个阶段。第一阶段是解放初至1956年，这一时期新的教育需要在改造旧教育的基础上建立，国家多次提出有关教育目的但还没有形成指导全国各级各类学校教育的统一的教育目的。1951年教育部召开第一次全国中等教育会议后，直接规定“普通中学的宗旨和教育目标是使青年一代在智育、德育、体育、美育各方面获得全面发展，使他们成为新民主主义社会自觉的积极的成员”。1954年4月，政务院发布的《关于改进和发展中学教育的指示》中又提出“中学教育目的，是以社会主义思想教育学生，培养他们成为社会全面发展的成员”。第二阶段是1957年至1966年。1957年，毛泽东同志在《关于正确处理人民内部矛盾的问题》一文中指出：“我们的教育方针，应该使受教育者在德育、智育、体育几方面都得到发展，成为有社会主义觉悟的有文化的劳动者。”1958年中共中央、国务院在《关于教育工作的指示》中正式肯定了这一教育目的，并提出了“党的教育方针是教育为无产阶级政治服务，教育与生产劳动相结合”。第三阶段是“文革”期间。

在教育目的方面虽然仍用毛泽东在1957年提出的培养有社会主义觉悟的有文化的劳动者的提法，但在实际工作中已背离了这一要求。第四阶段是十一届三中全会以后。1981年，《中国共产党中央委员会关于建国以来党的若干历史问题的决议》中规定："坚持德智体全面发展、又红又专、知识分子与工人农民相结合、脑力劳动与体力劳动相结合的教育方针。"1985年，《中共中央关于教育体制改革的决定》中提出培养"有理想、有道德、有文化、有纪律""四有"新人的要求。1995年，《中华人民共和国教育法》中规定："教育必须为社会主义现代化建设服务，必须同生产劳动相结合，培养德、智、体等方面全面发展的社会主义事业的建设者和接班人。"至此，国家关于教育目的的规定成为法定文本，并沿用至今。

（二）中国教育目的之特质

总结新中国教育目的的发展及其表述，可以发现，我国目前教育目的的基本特点是：坚持教育的社会主义性质，培养社会主义接班人和建设者，促进学生在德智体等方面全面发展；同时，近年来，我国学者越来越认识到个性的激发与张扬、创新素质的教育与养成对我国学生的重要性。

第一，人才性质：社会主义建设者和接班人。教育在其发展历程中无一不受社会制约，而我国作为社会主义国家就明确了其教育目的的社会主义方向，所以我国教育目标的确立必定要体现这一社会性质。通过上述对新中国教育目的的确立的发展历程及其表述的认识，我们可以看出，这一教育目的不同于以往历史上任何社会所存在的教育目的，最突出的是为社会主义现代化的巩固、建设和完善而服务。青少年作为国家的希望，其所受到的教育目的的指引会影响他们是否能更好地成为未来社会主义现代化建设的中坚力量。因此为了坚持和维护社会主义利益、服务社会主义建设这一根本目标，我们的教育目的就要自始至终朝着培养合格的社会主义接班人和建设者这一目标而努力。

第二，发展方向：德智体等方面全面发展。我国的教育目的是把学生的全面发展作为其发展方向。一方面，这符合了马克思主义关于人的全面发展是历史的必然性这一理论学说，不仅继承了马克思关于社会主义教育观的理论思想，更进一步发展了这一理论内涵。另一方面，更好地做到了理论联系实际，依据中国当代国情进行具体问题具体分析，这为社会主义人才培养指明了方向。我国教育目的坚持和完善这一发展方向，使得教育更有利于丰富和培养学生的各方面素质，进一步推动社会主义现代化建设。

所谓教育目的坚持全面发展这一方向，指的是个体通过接受教育在其德智体等方面都得到共同的协调发展。德，即道德，指以善恶评价为标准，依靠社会舆论、传统习俗和人的内心信念的力量来调整人们之间相互关系的行为规范的总和。道德贯穿于社会生活的各个方面。智，即智力，是人们认识客观事物并运用知识解决实际问题的能力。体，即体力，指人在各种活动中所应具有的身体活动机能。这几方面不仅是个体存在和发展的基本素质，也是在社会主义现代化建设中不可或缺的基本素质。

诚然，全面发展是要求人的一切方面和能力都得到充分的发展，但是由于个体在其自身的身心发展过程中存在不同程度的差异性，从而个体的某一方面素质会在其基本素质（德智体等）共同协调发展之际有更高的、更充分的发展，这称之为个性发展。因此，人的全面发展和个性发展是相互联系、相互作用以及相互统一的。全面发展的教育目的要求学生的素质能够得到多方面的充分发挥;个性发展的教育目的是全面发展在不同个体身上的不同表现,体现出不同的特点。因此,教育目的的确立应在坚持学生全面发展的同时也兼顾其个性发展,从而更好地培养和提升人才的素质和能力进而服务于社会主义现代化建设。

第三,主体品质:个性张扬与活泼发展。学生是教育实施的主体,教育目的应充分依据学生个体的身心发展规律来确定。由于个体身心规律具有差异性和特殊性,教育一方面要坚持促进学生个体基本素质的全面发展,又要依据每个学生不同的身心发展特征,即个性特征,进行"因材施教",使个性的张扬与发展能够得到适时合理的满足,才能使得我国社会主义人才建设出现多姿多彩的景象。

当前我国的教育对"全面发展"这一教育目的的理解存在一些偏颇,认为"全面发展"在培养学生时要对其在德智体等方面进行统一的要求,使其达到某一个标准是实现教育目的的"全面发展"。这一认识和做法一方面背离了马克思主义对人的全面发展的基本立场,马克思主义的全面发展学说主张让每一个人的个性都得到充分而自由的发展。另一方面,也忽视了学生个体在教育过程中个性自由的发展,从而造成压制学生的很多兴趣爱好甚至消磨了其他素质潜能的发展这一事实。在当前的教育实际中,学生的个性张扬和发展遭到忽视之后,他们就无法享受学习中的快乐,也就被动地变为知识的接受者,而教师则成了死板的"灌输者",这样不仅违背了"教学相长"的原则,也没有达到全面发展的要求。

第四,特殊才能:提高创新素质。当今社会,全球经济和知识经济已成为国际社会的主流经济,参与其中所需要的不是一般的知识和能力,而是创新。创新能力的产生就需要各国国民在各方面有较高的创新素质的发展。在我国同样如此,处于政治、经济、文化等多方竞争的今天,要想身处不败之地,必须从学生教育开始加强国民的创新素质培养。

当前我国国民及各级各类学生的创新素质不高,大体呈现一种"依葫芦画瓢"的现象,即在各领域原有的成果和基础上,不能或者很少能做到"举一反三",主要表现在以下几个方面。首先,国家在国际社会的竞争中缺乏品牌和科技创新素质,以至于在国际经济竞争中处于劣势。其次,当前高校大学生在科研项目、学科实验和学术研究上缺乏创新素质,使得高校不能为国家和社会输送所需要充足的人才,不利于社会发展进步。最后,中小学教育在学生的技能拓展、兴趣培养上缺乏教授创新素质的意识,而将精力投入"应试教育"的"填鸭式"教学中,使得学生成为"考试工具"或者"书呆子",丧失了本该有的活力和激情,压制了儿童的身心健康发展。因此,我们的教育在实践中需要特别强调学生创新素质的培养。

二、中国教育目的之实践

多年来,我国在学校教育的实施过程中,人们的教育观念以及实施的具体内容和形式等诸多方面都不能适应社会对现代化高素质人才的要求。教育发展的整体水平不高,劳动者的整体素质较低,终生学习的观念尚未深入人心等是存在于我国教育中长期没有根治的问题,而首当其冲的该算是应试教育,它严重窒息了民族的创新意识和创新能力。

(一)审视应试教育

要想更好地实施素质教育,首先必须清楚地认识应试教育。应试教育是一种"考什么、教什么、学什么"的教育,它以分数或升学率作为教育质量的标准,突出教育的筛选、甄别功能,是一种"选拔适合于教育的学生"的教育。它是一种脱离社会发展和人的发展的实际需要,违反教育教学规律的一种传统教育思想和模式。

对于"应试教育",升学或为谋取未来较好的职业而获得一个好文凭是至关重要的,至于个人的身心是否全面发展无关紧要。应试是升学的唯一途径,因此应试就几乎成为教育目标了,其他的教育目标由于不具有升学的功利价值而被忽略。这种片面追求升学率的做法倾向把基础教育搞成升学教育、应试教育,使广大学生为争夺高学历高文凭而拼命学习,脱离了我国经济发展和社会发展对人才的实际需要。

在"应试教育"中,为了向上一级学校输送优秀学生,学校和老师把精力和时间都集中放在部分优秀学生身上,他们得到充分发展的同时却放松或忽略了对其他部分学生的培养。应试教育中,为了追求升学率,忽视学生个性的全面发展,出现了片面追求智育的发展,忽视甚至取消德育、体育、美育和劳动技术教育的现象。在智育上又只重书本知识和理论知识,轻创新能力和实践能力。在知识教学上,又是考什么、教什么、学什么、背什么,使学生形成唯书、唯背的心理定式,缺乏创新精神和动手动脑能力。应试教育中,学生在拿高文凭高学历的压力下,把大部分时间用在苦读书上,没有自己的自由时间,失去了青春乐趣。为了考高分,把自己封闭在狭窄的苦读的生活空间里,很多学生产生了"学习厌倦症""考试恐惧症",有的甚至产生"厌世症""自闭症""忧郁症",等等。

促成应试教育的原因有哪些?综合各种影响发现,促成应试教育的主要原因有:首先,应试教育是中国传统考试制度的产物。传统的考试文化及其观念的影响,从隋朝起一直到清朝实行了1300年的科举考试制度深刻地影响着我国文化教育。在当代,科举制度虽然已不复存在,但其价值取向却影响着现代人的教育观念。"万般皆下品,唯有读书高","十年寒窗"换来"金榜题名","学而优则仕"等这些传统观念在人们心中还根深蒂固。其次,应试教育是当前我国生产力不发达、就业岗位有限的产物。我国还处在社会主义初级阶段,生产力不是很发达,工业化水平不高。在过去长期实行计划经济的影响下我国经济成分单一,国营以外的其他经济成分很不发达,因此,劳动就业指标非常有限,就业门路不宽。在脑体差别、工农差别、城乡差别还将长期存在的情况下,升学、高学历、高文凭是通往高地位、高待遇、高消费的桥梁。再次,教育机会竞争激烈。在社会主义初级阶段,由于社会发展总体水平的局限性,社会提供的教育机会远远不能满足广大人民群众受教育的需求,我国的经济发展还没能力为教育大发展提供坚实的物质基础,教育资源上的供需矛盾还不可能彻底解决,因此教育机会上的竞争不可避免。最后,应试教育是我国教育思想和教育实践偏差的产物。人们只重视智育,忽略德育、体育、美育和劳动技术教育,智育过程也不全面,出现重知识、轻智力、高分低能的情况。升学率成为衡量学校教育质量的标准,考试分数成为评价一个学生好坏的标准。用人制度问题、教育结构问题、高考制度问题,教育评价问题等等,让应试教育愈演愈烈。

应试教育给学生的身心和谐发展以及社会和经济的发展带来了诸多不良影响,给我国教育造成了很大的危害:束缚了教育的视野,把教育引向考试的狭窄天地,抹杀了学生的其他兴趣。弱化了学生的能力,应试教育只能让学生在知识掌握方面停留在机械记忆、重复训练上,难以达到理解、贯通、灵活运用和创新的层次,以至于学生缺乏创新能力和动手动脑等能力。影响教育公平,教育偏重于有升学潜力的学生,致使大多数学生不能得到很好的培养。导致学生片面发展,学生为考试而学习,在德、智、体、美、劳上得不到全面和谐发展。局限了学生的思维,学生都以标准答案为准绳,不会发散思维和创新。加重学生学习负担,教学围绕“指挥棒”转,大搞题海战术,没完没了的作业、练习与考试等着学生来完成。加重教师工作负担。教师面临着客观存在的外在压力和很多难以左右的因素,也出于自身生存发展的考虑,往往会迎合考试的要求,增加教师大量反复性、机械性的工作。

(二)倡导素质教育

《中国教育改革与发展纲要》中要求大力加强基础教育这项提高民族素质的奠基工程,并提出:“中小学教育要由‘应试教育’转向全面提高国民素质的轨道,面向全体学生,全面提高学生的思想道德、文化科学、劳动技能和身体心理素质,促进学生生动活泼地发展。”可以说,从应试教育到素质教育的转变中,以素质教育统领教育是中国教育近20多年来发展的基本取向。有关文献表明,1986年,时任国家教委副主任柳斌先生在《人民教育》上撰文明确提出素质教育的理论。在我国,素质教育的提出有其深刻的历史与现实背景。素质教育是根据社会经济发展和人的发展的实际需要,以全面提高学生的综合素质水平为宗旨的教育。它是适应时代需要而产生的新的教育观念、教育思想和教育方法,而不是什么固定的模式。它是凸现以提高学生创新力为核心的主体教育,在教育与人的关系上坚持以学生为中心,它是“造就适合于学生的教育”,它是一种促进学生身心全面发展的教育,它包括学生的身体素质、心理素质、思想道德素质、科学文化素质、创新素质等等。素质教育的主要目的是强调在传播知识和发展能力的基础上,使人的身心得到全面和谐发展,成为既有高尚人文精神又有良好科学素养的人,其实质是促进人的内在身心和潜能的发展以及人类文化和知识向个体心理品质的内化。其核心是提高人的素养和品质,培养人的创新精神、创造能力和主体性。可见,素质教育是以提高国民素质为目标的教育,其终极目标是以个体素质和全民素质的提高为基础的人的现代化,即在发展个性的基础上,促进人的现代化,以增强个人适应社会的生存能力和改造社会的创造能力。

素质教育的特点有:①以人为本。素质教育以人为本,这是教育本质的体现,是教育本体功能的回归。②面向全体。素质教育是面向全体国民的教育,对各级各类学校而言,则是面向全体学生的教育。③突出主体精神。素质教育是以突出受教育者的主体精神为重要标志的教育。④关注终身发展。素质教育是体现教育的连续性和一贯性,强调学前经验和学校学习的结合,学校和学校后实践活动的结合,强调各级教育在组织和内容上的一体化,体现家庭、学校、社会的一体化,体现教育与生产生活结合的教育。[①]

为什么追求素质教育?这是因为有其存在基础。首先,现实中,人的异化与片面化向人的完善、全面发展的转变。素质教育是全面发展教育的具体落实,它通过德育、智育、体育、美育、劳动技术教育诸方面去培养学生全面发展的素质。其次,是对应试教育消极后果的纠偏作用。应试教育作为计划经济的产物,它仅仅强调学生的考试分数,忽视其全面发展、协调发展,并形成考什么、学什么、教什么的简单链条,进而形成考试方式、学校教育、政府管理相联系的简单而僵化的体制,所培养的学生难以获得革新生动、活泼而全面的发展。最后,它是知识经济时代的要求。有人认为:一个以知识和信息的生产、分配和使用为基础,以创

① 孙孔懿.素质教育概论[M].北京:人民教育出版社,2001:114-129.

造性人力资源为依托,以高新科技产业以及信息咨询业和管理为主的服务业为支柱的新时代即将来临。人们把这个新时代称之为知识经济时代。[①]在这样一个时代里,占优势、占主导地位的一定是有知识、有文化、具有高素质的人。

近年来,随着教育教学改革的深化,素质教育在我国推行了多年,各地不断涌现出实施素质教育的案例,积累了很多经验,也产生了很大的影响。但是从总体上看,素质教育未见很大起色,未取得突破性的进展,在实际工作中还存在着大量的问题。如当前我国多数中小学采取的教育政策是一方面要"应试教育",另一方面还要"素质教育",即应试教育和素质教育"两手抓,两手都要硬",因此就出现"上午应试教育,下午素质教育""课内应试教育,课外素质教育"等现象;在推进素质教育后,各中小学校"减负",作业量减少,课程难度降低,以适应素质教育的要求。但无论是家长、老师或学校都无法以科学的素质教育形式来填补这些剩余时间,他们让学生参加各种各样的培训班,认为这样可以提高学生的素质,把特长教育错认为素质教育。

虽然为了克服应试教育的弊端,各界提出了以素质教育取代应试教育。然而有些学校或政府部门借素质教育大行应试教育之道,对学生的考核不仅没有减少"主科"的分量,反而增加了各种"副科"的考试,大学里面增加了许多人文社科类选修课,规定必须参加考试而又不分析其实际作用。这些问题的出现 ,表明在大力提倡素质教育的今天,应试教育的色彩还没有淡化,中小学教育仍然未摆脱应试教育的惯性和影响。

当然,素质教育理论也是不断发展的,其内涵在发展中得到不断丰富,其中特别是学生素质的结构也应当随着时代的发展而更新,因此,《基础教育课程改革纲要》要求"义务教育课程标准应适应普及义务教育的要求,让绝大多数学生经过努力都能够达到,体现国家对公民的基本要求,着眼于培养学生终身学习的愿望与能力"。在此表述中,基本素养的教育成为基础教育重要目标、终身学习的愿望与能力成为素质教育的核心内容。这些对于指导教育实践具有极其重要的现实意义。

此外,由"应试教育"向"素质教育"转轨的问题已成为我国教育改革的焦点问题。而素质教育是在新的形势下为改革应试教育所带来的诸多不利影响而提出的一种新的教育理念,这两者有着本质的不同,理解它们的区别有助于教育教学的改革。

第一,教育价值观不同。素质教育和应试教育具有不同的价值尺度,是两种截然不同的教育价值观的反映。应试教育深受中国传统的教育价值观影响,如继承了"读书做官",而忽视了培养劳动者;培养少数"尖子",忽视提高全民素质;注重为社会发展的某些方面培养片面的人才,忽视培养其他方面的人才;通过教育博取功名的观念根深蒂固,忽视学生的身心和谐发展。而素质教育的价值观是以现代社会的期望方向促进学生全面和谐发展为取向和尺度的,是教育的外部价值和内部价值的辩证统一体。一方面,它以全面提高全部学生的身心素质为直接目的。这一目的是培养具有全面而丰富的精神世界的一代新人,体现出教育的崇高价值。另一方面,它追求教育现实的实用价值,培养社会所需要高素质的各类人才,促进个人与社会协调发展。

第二,教育内容不同。应试教育的内容以应试和升学为中心来设置课程安排教学内容,导致教育课程发生不正常的倾斜:重智育课程,轻德育、体育、美育等课程,这种不完全的偏

① 陈磊等. 素质教育新论[M]. 武汉:武汉理工大学出版社,2003:64.

科现象对人的全面发展非常不利。素质教育则紧紧抓住了时代的脉搏，从理论上把握了教育理想的价值取向，着眼于学生素质的全面提高，以完整的素质结构为核心设置课程。在提高自然科学教育质量的同时，加强德育、体育、美育和劳动技术教育。在培养读、写、算的同时，注重培养学生的观察、思维、动手、动脑等能力，注重选修课和课外活动的设置，培养学生的广泛兴趣。

第三，教育方法不同。应试教育是一种“授之以鱼”的方法，它只重视知识的灌输，课堂教学以注入式的讲授为主，要求学生按部就班地做好课堂笔记，强调背诵模仿，做大量的作业，这种重教轻学、重知轻能、重记轻思的教育方法只能挫败学生的兴趣和信心，使学生的学习变得被动。素质教育是一种“授人以渔”的方法，教师注重从学生的实际出发，采取各种有效途径调动学生学习的积极性和主动性。素质教育重视启发诱导学生，引导学生的思考方向，使学生建立符合自身特点的学习方法和学习习惯，强调把外部的教育影响内化为学生的个体素质；重视内化过程和内化机制的研究；重视多种教学方法的结合，特别是现代化的教学技术的运用，让学生亲自去体验所学知识。

第四，教育评价不同。应试教育是以升学为目标，因此它单以考分为尺度来评价学生，以学生的考分和升学率为标准来评价老师。素质教育强调全面提高教育质量，教育行政部门把全体学生全面素质的提高作为对学校教育工作的评价标准。因此它不仅仅看考试分数和升学率，更注重从实际出发，全面地、合理地、科学地评价学生、老师和学校。对学生的评价，除了考试成绩以外，更注重学生的思想品德、科学文化、生理心理等综合素质的提高。评价教师，坚持以教书育人的整体效果来衡量，注重教师是否创建民主的师生关系，促进学生的健康和谐发展等。评价学校，坚持教育思想、教育质量、管理水平的综合评价。

素质教育作为我国教育的新理念，走入实践没多久，对于素质教育的一系列理论问题，如素质教育的概念、目标与内容、过程与模式、方法与手段、考试与评价、教师队伍素质、教育管理与监督等问题还要进行认真梳理。同时，我们还需要辩证地认识应试教育的积极方面。首先，应试是一种教育手段，学生具有应试能力，能够在短期内熟记一些知识，具有良好的心理素质去参加考试，也是学生的综合能力之一，也是素质教育的内容之一。其次，教育离不开考试手段，考试具有选拔和评价功能，素质教育的结果同样需要考试进行衡量，高素质的人才也需要考试来选拔。问题并不出在要不要“考试”，而在于要改革考试制度，要全面地、科学地、多形式地、多途径地考，要改变考试的内容风格，那些内容相对僵化的、呆板的、机械的知识要少考，那些考学生的应用力、理解力和考学生的主观发挥、想象力、创造力、可持续发展能力、终身学习能力的内容等等要多考。因此我们要辩证地看待素质教育与应试教育。

思考题：

1. 教育目的之特点、影响因素有哪些？
2. 分析教育目的实现的层次目标体系。
3. 试比较个人本位教育目的观与社会本位教育目的观之异同。
4. 何谓外在教育目的、内在教育目的、应然教育目的、实然教育目的？
5. 我国当前的教育目的是什么？其基本精神和价值取向是什么？
6. 为什么批判应试教育、倡导素质教育？它们之间到底是什么关系？

第五章

教育内容

本章导读——

教育中教师教什么、学生学什么显然是教育过程中最为重要的问题，此即教育内容。自古以来，教育内容问题就引起了人们的高度重视。教育内容在中国以及世界其他国家的教育发展中显示出自己在特定文化背景下的个性特征。当然，经过教育历史的积淀，人类教育的内容逐步扩充为包括德育、智育、体育、美育、技育等在内的、促进人全面发展的范畴，这些教育内容之间既相对独立又相互联系。教育内容在教育中由相对稳定的、存在于课堂教学中的课程，与存在学校之内、课堂之外的校园文化两大部分构成。其中，课程作为教育内容的重要体现，随着课程概念的变化、扩大，人们对课程的特点、类型结构、分流与整合、实施模式等进行了深刻研究，在理论与实践上都取得了丰硕的成果。同时，校园文化作为教育内容的另一重要构成，同样具有重要的育人作用。因此，教育中，人们除了重视传统的课程资源开发与利用外，还越来越重视校园文化作为教育内容的开发、利用问题。

学习目标——

1.相关概念

(1)“四书”,“五经”,骑士“七艺”

(2)德育，智育，体育，美育，技育

(3)课程分流，课程整合，综合实践课

(4)校园文化

2.基础知识

(1)课程资源的类型

(2)“五育”各自概念与相互关系

(3)形式教育论与实质教育论

(4)课程的概念与特点

(5)课程设计的取向与模式

(6)校园文化的内涵与类型

第一节 教育内容的内涵

教育内容作为教育活动过程中教师教什么、学生学什么的问题，是组织教育、教学活动的重要载体，其重要性是不言而喻的：没有具体内容，则教育活动就无所适从！因此，必须首先认识教育内容是什么、教育内容的历史过程是什么等基础性问题。

一、教育内容的界定

（一）教育内容的概念

关于教育内容的概念历来就有众多说法，如德国存在主义哲学家雅斯贝尔斯指出：教育即生成。教育就是人的灵魂的教育。其目标就是培养全人。因而，他认为教育内容即是"导向本源之思"，即全部教育的关键在于选择完善的教育内容和尽可能使学生之'思'不误入歧途，而导向事物的本源。也有观点将教育内容等同于知识，认为教育是所有知识的载体，知识构成了教育内容。认为教育内容是为了促进学习者的发展，经过专家、教师、学生收集加工、整理的知识。教育内容是知识，是从文化中选择的有价值的知识，并且是传授给学生的知识技能、思想观点、行为习惯等的总和。总之，综观各种各样的教育内容的认识，一般认为，教育内容是指经选择而纳入教育活动过程的知识、技能、行为规范、价值观念、世界观等文化总体，它是指学校在教育目的的制约下，根据一定社会要求，向学生传授的知识技能、思想观点、行为习惯等的总和，包括德育、智育、体育、美育、技育、心育等方面。

（二）教育内容的构成

在2011年我国颁布的《基础教育课程改革纲要（试行）》中，指出了教育内容构成具有多样性、丰富性，如学校的图书馆、实验室、专用教室及各类教学设施和实践基地等校内教育资源；如校外的图书馆、博物馆、展览馆、科技馆、工厂、农村、部队和科研院所等各种社会资源以及丰富的自然资源等校外教育资源；网络、手机等信息化教育资源等。在学术界，由于将各种教育内容都以"课程"来统称，因而以课程类型的角度划分出众多的教育内容（课程资源）来，如泰勒根据其课程设计的程序，把课程资源分为四种类型，即目标资源、教学活动资源、组织教学活动的资源及制订评估方案的资源。

有研究总结指出：按照课程资源的功能特点，把课程资源划分为素材性课程资源和条件性课程资源两大类；按照课程资源的空间分布或来源，将课程分为校内课程资源和校外课程资源，它们都可以包括素材性课程资源和条件性课程资源；按照课程资源与人的关系来看，把课程资源的载体划分为生命载体和非生命载体两种形式。吴刚平先生还总结指出：根据课程资源的性质，可将其分为显性自然课程资源和社会课程资源；根据课程资源的物理特性和呈现方式，可将其分为文字资源、实物资源、活动资源和信息化资源；根据课程资源的存在方式，可将其分为显性课程资源和隐性课程资源[①]。以上这些划分标准各有短长，相对而言，划分越细，我们的认识也相应地越深入，对我们认识教育内容的丰富性、复杂性具有重要的启发意义。

---

① 徐继存，段兆兵，陈琼. 论课程资源及其开发与利用[J]. 学科教育（02）：1-5+26.

综合各种认识,可以将教育内容概括为自然环境资源、社会环境资源、文化资源及教育过程中教师和学生等人力资源四大种类。首先是自然环境资源。自然环境资源不仅为学生的发展提供了直接的物质基础,更对学生的精神陶冶、审美体验和人格发展等起到巨大的促进作用。恰如谢灵运所说:"山水含清晖,清晖能娱人。"自然环境优美宜人,生机无限,给人的身心感观带来无限的美感,给人的精神带来无限的灵性和智慧。其次是社会环境资源。社会环境资源是相对自然环境资源而言的,它主要涉及学生所在的学校、家庭、社区以及所生活于其中的整体社会范围中的物质条件和制度环境,如学校的图书馆、实验室、显在课程和潜在课程设置等,社区的科技馆、博物馆、动物园、植物园、少年宫等公共机构和场所,以及当代社会迅猛发展的信息技术资源等。它们是对学生影响最显著、最集中的社会环境资源,它一直是研究者普遍关注的焦点,在课程资源中占据重要地位。再次是文化资源。它是以生态价值观为指导的社会意识形态、人类精神和社会制度等资源,是促进个体身心全面和谐发展的重要精神资源,它为不同文化背景的学生提供平等的学习机会,有利于培养学生对本民族文化的接纳和认同,有利于培养学生的全球意识和跨文化交往的能力,养成以平等态度交流,以和平方式解决争端,以合作方式解决问题的能力,也有利于提高学生的文化选择与批判能力及文化创新的能力。最后是教师、学生及家长等人力资源。教育中要特别重视教师、学生和学生家长这些人力资源的开发与利用。

二、教育内容的演进

(一)教育内容的中国演进

夏及其以后的商、西周、春秋等时期,是中国社会的早期时代。自从那时产生教育后,教育内容就开始发展、丰富起来。首先,夏代作为有较为完整形态的第一个王朝,就开始了较早的形式化教育,设置了"序""校"等学校。其中"序"起初是教射场所,后来发展成为奴隶主贵族教育子弟的场所。"校"的教育内容与夏政权的性质有直接关系,教以习射等军体技能,以培养能射善战的战士为目标。此外,为了"皆所以明人伦"(《孟子· 滕文公上》)而进行人伦道德教育,以及在"夏道尊命,殷人尊神"(《礼记· 表记》)下的宗教知识教育。[①]到了商代,学校以培养尊神重孝、勇敢善战的未来统治者为目标,教以思想教育、军事训练。具体是把"孝"作为思想教育的中心内容,以射御为中心进行军事训练。同时,商代还重视礼乐教育和书数教育。此外,在商代,数量计算也是教育内容之一,目的是使奴隶主贵族子弟能适应自己生活中各方面计算的需要。西周出现了从幼儿教育到大学教育的学校体系、场所。从家庭教育开始,对幼儿从小就进行取食物用右手等基本生活技能、尊敬长辈礼仪规则习惯的教育。到了小学教育,其内容包括德行艺仪等方面。大学教育根据规模和等级分为辟雍和泮宫,大学学大艺、履大节,分科教学以礼乐为重、射御次之,另外还学习《诗》《书》。设在王都郊外六乡行政区中的地方学校总称为乡学,以德行艺为纲进行礼乐教育,其内容开始丰富起来。礼的内容极广,包括政治、伦理、道德礼仪,以至社会生活的各方面都不能没有礼;乐教包括诗歌、音乐、舞蹈,蕴含德育、智育、体育、美育多方面要求;射御即射箭和驾驭马拉战车的技术训练;书是指文字,数是指计算。由此可见,六艺教育包含多方面的教育因素,它既重

① 孙培青.中国教育史(修订版)[M].上海:华东师范大学出版社,2000:13.

视思想道德，也重视文化知识；既注意传统文化，也注意实用技能；既重视文事，也重视武备；既要符合礼仪规范，也要求内心情感修养。

随着春秋时期“经济下移”和“政治下移”，以及王权衰落、礼制破坏，出现了“学术下移”，加速了官学衰废，促进了私学的发展，打破了“学在官府”的传统，使文化知识传播于民间。其中，儒墨两家的教育内容集中体现了这一时期的教育思想。孔子创办私学，编订“六经”作为主要教育内容。墨子私学的教育内容主要围绕培养“兼士”展开，包括政治和道德的教育，例如：尚贤、尚同、兼爱、非攻、节用、节葬、天志、明鬼、非乐、非命，其中“兼爱”是核心。

战国后期，经过长期私学办学经验的积累，百家争鸣后学术思想的交流融合，出现了一批集中论述教育问题的理论著作。《大学》是儒家学者论述大学教育的篇章，中心思想是提出了大学教育的“三纲领”“八条目”，并进行了论证。《中庸》主要阐述了先秦儒家人生哲学和修养问题，提出了“中庸之道”。《论语》记载：“子以四教：文、行、忠、信”，即孔子以文献、品行、忠诚和信实教育学生。《孟子》继承并发挥孔子的教育思想，又在新提出的性善论的基础上，发展出“心性之学”。

进入汉代，统治阶级推行“罢黜百家，独尊儒术”的文教政策，四书（《大学》《中庸》《论语》《孟子》）、五经（《诗》《书》《礼》《易》《春秋》）成为主要的教育内容。汉代教育政策的重要体现者，董仲舒的教育思想具有重要影响。他认为道德是立政之本，提倡以“三纲五常”为核心的道德教育内容。“三纲”即“君为臣纲，父为子纲，夫为妻纲”，“五常”即仁、义、礼、智、信。“三纲”是道德的基本准则，“五常”是与个体的道德认知、情感、实践等心理、行为能力相关的观念。自此，儒家经典成为官学中规定的教科书。

隋唐时期的教育内容无论在儒家经典，还是专科知识方面，其范围、程度远远超过了前代。就儒家经典而言，唐代将儒经分为大经、中经、小经。大经包括《礼记》《左传》，中经包括《诗经》《周礼》《仪礼》；小经包括《周易》《尚书》《春秋公羊传》和《春秋谷梁传》，另外还有《孝经》和《论语》。在专科教育方面重视医学教育。

宋辽金元时期的教育内容主要是以《四书》为主。宋元时期出现了蒙学教育，蒙学教育的基本内容包括初步的道德行为训练和基本的文化知识技能学习。朱熹提出小学的任务是“教以事”，即“教人以洒扫、应对、进退之节，爱亲、敬长、隆师、亲友之道”，以及“礼、乐、射、御、书、数之文”。朱熹在总结前人教育经验和自己教育实践的基础上，把一个人的教育分为“小学”和“大学”。大学教育内容的重点是“教理”，即重在探索“事物之所以然”。到了清朝，崇尚儒家经术，提倡程朱理学。重视学习包括自然科技知识、军事知识和技能在内的经世致用之学。

进入近代，中国教育开始出现转变。洋务教育一般被认为是中国近代教育的开端，创办了不同类型的洋务学堂，教学内容始终在“中学为体，西学为用”的范围内，教育内容均以“西文”“西艺”为主，课程包括外语、数学、格致、化学等一般性课程以及和各自专业相关的科学技术课程，注意学以致用。区别于传统学校的经史义理和八股文章。“中学”也称“旧学”，四书五经，中国史事、政书、地图为旧学。“西学”也称“新学”，西技、西艺、西史为“新学”。维新运动之后提出全面学习西学，改变传统的教育内容，传授科学技术，培养新型人才。除了经、史、礼、乐等知识之外，还把诸多门类的自然科技知识、各种军事知识和技能正式列进教育内容，并进行分科设教。

(二)教育内容的西方演进

古希腊是现代西方文明的摇篮、现代西方教育的发源地。古希腊时期的教育又以斯巴达和雅典教育为突出代表。在斯巴达,教育被当作国家事业,完全由国家控制。首先,斯巴达人实行严格的体检制度,凡是经受不住考验或是被长老认为体质虚弱的婴儿就会被丢弃,以此保证种族在体质上的“优越性”,培养体格强壮的战士。然后儿童从7至18岁进入国家的教育机构,开始军营生活,学习“五项竞技”(赛跑、跳跃、摔跤、掷铁饼和投标枪)、神话和传说。同时,儿童也会参加祭神、竞技和各种仪式。通过上述严格的军事体育训练和道德灌输,培养儿童健康的体魄、顽强的意志以及勇敢、坚韧、顺从、爱国等品质。从18岁起,公民子弟进入高一级的教育机构——青年军事训练团接受正规的军事训练,直至达成军事训练的全部内容。雅典教育的目的就是把儿童培养成为集智慧、道德、健康、美感等品质于一身的公民,因而从教育内容方面来讲,对青少年实施智育、体育、美育、德育及军事教育等多方面的和谐教育。智育教授阅读、写作、算术、几何、法律、哲学、天文等知识,以及音乐、唱歌、朗诵、舞蹈等知识。体育受到特别重视,只有健康的新生儿才被允许抚养。到13岁左右,公民子弟需要进入体操学校(又称角力学校)接受各种体育训练,接受游泳、舞蹈、赛跑、跳跃、摔跤、掷铁饼、投标枪等训练,从而达到步履轻快、敏捷、姿势柔软美观的技能技巧和坚韧刚毅、勇敢进取的精神意志。雅典儿童从小就受到音乐、舞蹈、诗歌、建筑等艺术形式的熏陶,通过音乐和诗歌培养人的情感,陶冶人的精神,从而影响人的道德,激起人们的高尚情操和理想。雅典人的德育以古希腊的“四大德”即智慧、勇敢、节制、正义来教育青少年,内容广泛地体现在阅读、体育、音乐等课程中,教师尤其重视用《荷马史诗》中的人物做榜样来教诲自己的学生怎样做一个好公民。

5世纪末至14世纪文艺复兴运动之前的这段历史被称为中世纪,一方面由于战乱的破坏,另一方面限于占领者较低的文化水平,使得中世纪的知识教育被僧侣们所垄断等原因,因此基督教教育以及贵族气息浓重的骑士教育为这个时期的世俗社会教育做出了贡献。基督教最典型的教育机构是分散于各地的修道院,它集生产、生活、教育等多重功能于一身。基督教的知识观最典型的特征就是以神学为最高学问,科学要服从神学,神学理论高于其他科学。教育的最高目的是使人进入绝对真理的世界,成为具有纯粹信仰的人。早期的修道院学校主要强调宗教信仰的培养,知识学习的内容不过是简单的读、写、算,以后课程逐渐加多加深,“七艺”成为主要课程体系。骑士教育是西欧封建社会的一种特殊形式的家庭教育,其目标是培养勇猛豪侠、忠君敬主的骑士精神和技能,养成封建统治阶级的保卫者。骑士教育的内容并不重视文化知识的传授,而在于灌输服从与效忠的思想观念和训练勇猛作战的诸种本领。最初接受的教育内容主要是宗教知识、道德教育和身体的养护与锻炼,在贵族家庭中的学习也偶尔包括一些知识内容,如识字、拉丁文法等,但更多的是吟诗、弈棋、唱歌、奏乐等技艺。真正的骑士训练是从14岁到21岁的“骑士七艺”,即骑马、游泳、投枪、击剑、打猎、弈棋和吟诗的教育。

进入现代社会以后,随着社会的需求和科学的进步,新兴教育思潮不断涌起,欧洲教育也逐渐由注重书本转向注重经验,由注重思辨转向注重科学实践。从教育内容方面来讲,洛克首分德育、智育、体育,在他的著作《教育漫话》中,详细论述了培养绅士教育。首先,洛克把体育放在全部教育的第一位。洛克所说的体育,实际上主要属于健康教育的范畴。实施体育教育，需要通过家庭教育及早进行。儿童从很小的时候起，就应该进行户外活动，同时注意饮食、衣着和睡眠等，养成能忍耐劳苦的习惯。然后，洛克把德行放在比知识更重要的地位。一个绅士必须具备的道德品质包括理智、礼仪、智慧和勇敢等，尤其重视“礼仪”。对这些德育内容的培养，洛克强调早期教育、良好榜样、行为习惯等，而尽可能不使用体罚。在智育问题上，洛克强调德性重于学问，同时学问的内容必须是实际有用的广泛知识。这些内容不仅限于文化知识，而且包括各种技能技艺。洛克提出了广泛的书本知识内容，包括阅读、写作、图画、速记、外语、神学、地理、算术、天文、几何、历史、法律、自然哲学等等。技艺技能方面的课业有舞蹈、音乐、击剑、骑马、各种手工技艺等等。洛克是实科教育和绅士教育的早期倡导者，其教育思想尤其是德智体的教育内容的提出，成为资产阶级教育思想发展的一个新起点。

到19世纪，随着实证主义哲学思潮的涌起，西方教育思想也受到很大冲击，涌现出一大批反映时代要求及总结教育实践状况的教育思想家。反映在教育内容方面，以斯宾塞及其著作《教育论》为代表。他倡导科学教育，反对古典主义教育，在西方教育史上首次鲜明而正确地提出了“智育”“德育”“体育”内容的基本范畴，丰富了人们对教育内容的认识。首先，关于智育，斯宾塞提出学校应该开设以下五种类型的课程：一是生理学与解剖学，为准备直接的自我生存活动；二是首先学会读写算的基础知识，然后开设与谋生、设计和生产等相关学科，主要包括逻辑学、数学、力学、化学、天文学、地质学、生物学和社会学科等，为准备间接的自我生存活动；三是为抚养子女活动的一些教育学科，主要包括生理学、心理学和教育学；四是为将来尽公民职责做准备而开设的历史学和社会学；五是为满足人们闲暇时候休息与娱乐需要而开设的文学、艺术等。其次，关于德育，斯宾塞的道德观反映了英国资产阶级功利主义的价值观，他把道德教育的根本原则归结为对“自然后果”的利用，即用儿童自己的行为引起的必然反映和不可避免的后果来教育儿童。在道德教育中，要耐心地对待儿童表现出来的优点与缺点，不要过多地管教儿童，而是让他在自己的行为发展中逐步接受教育。最后，关于体育，斯宾塞对青年的健康与体育问题非常重视，他认为一个民族的繁荣、战争的胜负、商业上的竞争在一定程度上都与人的身体强弱和忍耐力有关，因而要求必须重视体育。他详细论述了进行体育教育及其相关的各个方面，包括儿童的食物、穿着、运动、游戏以及学习制度、人体的养护与锻炼等问题，从而使幼儿的养育与学校的体育制度都力图符合现代科学原理。

进入20世纪，关于教育内容出现了人文主义与科学主义之争，即作为主要解决“教什么”问题的教育内容，到底是着眼于人的科学素养还是人文素养。其中，人文主义教育既注重科学，又注重人文，它们统一于人的理性发展之中。后来，科学技术迅速发展，日益显示出巨大的力量，科学知识逐渐成为教学的中心内容。随之而来的“实质教育”偏重于科学知识的教学，“形式教育”偏重于人文教育。于是，在教育发展历史上，就有了关于“科学主义”还是“人文主义”的争论。科学主义教育认为教育目标上重视人的智力和潜能的发展，提倡以自然科学知识为主的科学教育。当代人文主义教育在继承传统的同时，针对科学教育被片面推崇、人文主义教育受到削弱所带来的一系列问题，以美国人文主义心理学家马斯洛和罗杰斯为代表，反对功利化和机械化，反对科学主义教育对人性、对人的价值的忽视，主张教育教学要关注人，弘扬人的个性，尊重人的尊严，培养整体的、自我实现的人和具备创造性才能的人。

由此可见，社会的发展及科技的进步，使得教育方面也要求纳入更多的内容，教育内容也越来越丰富和完善，尤其是自然科学的发展，使得自然科学不但进入教材而且占据着非常重要的地位。此外，美育以及劳动教育也成为教育内容中不可缺少的部分。但总的来讲，德智体始终是教育的基本内容，是任何时期教育内容的主体构成部分。

第二节 教育内容的构成

尽管历史与现实教育中，人们提出了形形色色的教育内容的主张，但是，综合这些教育内容的主张可见，它们主要包括德育、智育、体育、美育、技育等几个基本结构，自然它们也就构成了当代教育内容的基本范畴。

一、德育

(一)德育的内涵

德育是对受教育者施加系统的影响，把一定社会的思想观点、社会意识、道德准则转化为个体思想品质的教育，它的目标在于促进学生德性素养的提升。从教育内容关系上讲，德育对学生的思想灵魂、个体行为倾向、身心活动产生影响，因此它是各育的思想基础，对各育起着保证方向和动力的作用。实施中，除了德育有专门途径外，其他各育也是进行德育的重要途径。在当代教育中，由于面临众多的社会道德问题、青少年儿童发展中的道德异常现象，德育因此越来越受到重视，并发展出德育学这门重要学科。当然，在不同社会中，德育的内涵存在差异，其中，在中国，德育就是学校引导学生领悟无产阶级思想政治观点和道德规范，组织和指导学生的道德实践并培养学生的社会主义道德品德。德育是全面发展教育的重要组成部分、是实现全面发展教育目的的保证，加强对青少年的德育至关重要。同时，由于德育可以从思想上和政治上保证育人的方向性，使学生沿着社会所期待的方向发展，因此德育能体现教育的社会政治性质并对学生的发展起到定向和动力的作用，在我国社会主义现代化建设中居于非常重要的地位。

(二)德育的任务

德育的任务是指通过思想品德教育，在受教育者思想品德的发展上要达到的基本要求和规格，它反映了教育目的在道德领域方面的要求。在我国，德育的任务为：教育学生初步了解马克思主义的基本观点和建设有中国特色的社会主义的理论、路线、政策，热爱中国共产党、热爱社会主义祖国、热爱人民、热爱劳动、热爱科学；引导学生逐步树立把我国建设成民主、富强、独立的现代化强国的理想，养成为民族振兴、国家富强、人民富裕而艰苦创业的献身精神及实事求是、独立思考、勇于开拓的科学精神，形成社会主义的道德品质、文明行为习惯和抵制资本主义和封建主义思想侵蚀的能力；帮助学生逐步提高主体意识、公民意识、民主意识、竞争意识、自律意识和对改革开放的心理承受能力、应变能力。

在我国，落实上述德育任务的内容包括政治教育、思想教育和道德教育。它们之间既有联系又有区别，不能把它们机械地割裂开，或片面地强调某一方面。德育的内容很多但相对稳定的内容如下：世界观与人生观教育、社会主义方针与政策教育、爱国主义和国际主义教育、集体主义教育、热爱劳动和法纪教育等。

此外，叶澜先生等研究认为，我国当前德育工作的改革需要注意三个重要问题：一是坚持正确的德育改革方向，包括坚持社会主义方向性、全民性、民主性、开放性等重要方向。二是科学区分德育对象及其教育的层次性，即把对绝大多数公民的基本德育要求与对少数先进分子的党员和干部的较高要求既区分又结合起来，做到广泛性基础上的先进性。三是加强德育内容和方法的科学化和民主化，切实克服德育工作长期存在的“假大空”和“一刀切”的弊端现象，防止简单灌输与压服、损害人格尊严、抹杀人的独立性和个性的德育弊端，使德育的内容安排和方法选择符合现代社会的现代人发展的要求。

二、智育

（一）智育的内涵

智育是授予学生系统的科学知识、技能和发展学生智力的教育，它的目标在于通过作用于学生的心智，以促进学生知识的增加、智能的提高。从教育内容关系上讲，智育是授予学生系统的科学知识，形成学生的基本技能，是学生自身发展的认知条件，因此它是其他各育的知识和智力的基础，各育中都包含着智育的成分，为其他各育的实施提供着知识技能的准备和智力的支持，是实施其他各育的智能性基础。实施中，智育除了诸如语言、数学、科学、人文等专门学科途径外，其他各育也是进行智育的重要途径。值得一提的是，人们常常把智育等同于教学，由此窄化了教学的范畴，也把教育内容（智育）与教育途径（教学）混为一谈，其实它们是既有联系又有区别的两个概念。

（二）智育的任务

智育的任务是智育活动在知识认识、技能获得、智力开发等方面要达到的要求和规格，它反映了教育目的在智育领域方面的要求。概括各种智育任务的认识，智育的任务主要有：①向学生传授系统的文化科学知识。教给学生的知识必须是可靠的被实践所证明的、反映事物本质和规律且具有一定逻辑联系的知识体系。这些知识都是一些基础知识和基本理论。②培养训练学生形成基本技能和技巧。使学生获得在智力活动和体力活动中常用的具体行动方式，如智力技能、操作技能、社会活动技能等。③发展学生的智力，在这样一个科学技术如此发达和智力劳动占重要地位的知识经济时代里有目的有计划地发展学生的智力是智育特别重要的任务。它主要包括观察力、注意力、想象力、思维能力和创新能力，以及养成良好的自学能力、学习兴趣和习惯等，其中核心是思维能力和创新能力。要实现智育的各项任务必须通过相应的智育内容实现。

智育的内容具体体现在不同学习阶段的各门学科中，如小学阶段，应通过语文、数学、自然、思想品德等来培养他们的观察、想象、思维、记忆等能力。中学阶段要通过政治、语文、数学、历史、地理、化学、物理等来培养他们的理论思维能力和辩证思维能力。

三、体育

(一)体育的内涵

体育是指向学生传授体育运动和健身知识与技能,发展学生身体素质和运动能力,增强他们的体质的教育。它的目标在于促进学生体育知识的增加与锻炼方法的获得,以及体育风尚的提升。从教育内容关系上讲,体育促进了学生身体的发展,使学生具有良好的身体素质,因此它是各育的健康基础,是各育得以实施的物质保证。需要正确认识的是,体育不但表现为肢体运动而且表现为对运动及生理知识的认识,它并不等同于体力劳动,体力劳动体现的是人与客体的关系,而体育体现的则是人与自身的关系。同时,在体育活动中可培养学生的吃苦耐劳、坚忍不拔的品质和团结友爱、相互合作的集体主义精神;体育能使学生形体匀称、动作协调、姿态优美,培养美的感受与情感;体育能起到愉悦学生性情、缓解学习紧张、丰富学生生活,减轻学生负担,提高享受闲暇能力的作用。可见,体育不仅是全面发展教育的重要组成部分,而且是人的全面发展的必不可少的重要条件。

(二)体育的任务

体育的任务是指通过体育活动在体育知识、体育技能、体育风尚方面要达到的基本要求和规格,它反映了教育目的在体育领域方面的要求。体育的任务主要有:①指导学生身体锻炼,促进身体的正常发育和机能的发展,增强学生体质、提高其健康水平。②使学生掌握身体锻炼的基本知识和正确的技能技巧,养成锻炼的好习惯,不断提高身体运动能力。③使学生掌握卫生保健知识,养成良好的卫生保健习惯。④培养良好的体育道德品质。

体育的内容一般包括:田径、体操、球类、游戏、武术、游泳等活动。这些不但成为学校体育的基本内容,而且也是社会体育的重要项目。在实施途径上,体育的组织形式主要有:体育课、早操、课间操、眼保健操、课外体育活动等。

四、美育

(一)美育的内涵

美育是培养学生正确的审美观,发展他们感受美、鉴赏美和创造美的能力的教育,培养学生高尚的情操和文明素养的教育。美育能给人们提供区分善恶美丑的标准,培养学生健康的审美价值观,提高他们的审美能力,丰富学生的精神生活,提高他们的精神境界,促进社会主义精神文明的建设。从教育内容关系上讲,美育对其他各育都会产生影响,会影响学生对各育内容的美感体验,道德美、智慧美、形体美、劳动美是一个全面发展的人所必须具备的。美育具有形象性和可感性的特点,它通过美的事物的具体、鲜明、生动的形象感染人、陶冶人。美育可以潜移默化地影响人的气质、性格、情操和信念,可以培养人的美好心灵、陶冶人的思想情感、培养学生健全人格。美育是全面发展教育的重要组成部分,它渗透在全面发展教育的各个方面,使学生身心和谐健康地发展,使学生具有崇高理想、高尚品德、优良性格、健康体质,使学生具有美的特征。

(二)美育的任务

美育的任务是指通过感知美、欣赏美、创造美活动所要达到的要求,它反映了教育目的在审美领域的要求。美育的任务主要有:①培养学生感受美的能力。教学生通过自己的感官正确地反映客观存在的美,使学生发现美、产生美。②培养学生正确鉴赏美的能力。教学生运用相应的美学知识、正确的审美价值观和较高的鉴赏能力对事物的美、丑、好、坏进行恰当、正确、到位的评价与鉴别。③培养学生创造美的能力。培养学生从生活的各个方面来表达美,培养学生的艺术创作技能。

美育的内容比较丰富,从总体上讲,它们大体可以分为艺术美、自然美和社会美三大类,但具体讲,美育的内容一般包含音乐、美术、文学、舞蹈、电视、电影、戏剧等。

五、技育

(一)技育的内涵

技育是劳动技术教育的简称。技育是向学生传授劳动技术知识和技能,培养学生养成劳动观念和劳动习惯的教育。技育包括劳动教育和技术教育两个方面。技育使学生的素质在劳动中得以体现和检验,并从中获得发展和提高,它可以促进其他各育的发展和提高。技育有利于促进学生的全面发展,如劳动可以促进学生养成良好的道德品质,培养劳动观念、劳动习惯,增强对社会和集体的责任感;技育可以使学生把劳动知识和实际劳动联系起来,加深对劳动知识的理解,使理论和实际相联系、让学生获得比较完全的知识和掌握一定的生产劳动的技能;技育中要求学生初步掌握一般的生产基础知识和基本技能,所以它可为将来的专业教育或职业教育打下基础;加强技育是提高全民族科学文化素质的需要,也是解决当前学生缺乏劳动能力的现实需要。

(二)技育的任务

技育的任务是指通过劳动技术教育活动所要达到的要求,它反映了教育目的在技育领域的要求。技育的任务:①培养学生正确的劳动观点、良好的劳动习惯以及学习生产技术的兴趣。②使学生掌握初步的生产劳动知识和技能,学会使用一般的生产工具。③掌握组织生产和管理生产的初步知识技能。

技育的内容有工业、农业、手工业生产的知识和技能;服务性、公益性劳动的知识和技能;管理生产的初步知识和技能;日常生活中常用的科学技术知识和劳动技能。

此外,新课程改革注重课程的生活化和综合化,加强课程内容与学生生活以及现代社会和科技发展的联系,将劳动教育和技术教育分别纳入德育和智育中进行,尤其是智育中关于技能的教育涵盖了劳动技术教育。而素质教育的重要内容和目标之一,就是促使学生养成良好的心理素质,提高学生的心理健康水平,而最重要的方法就是全面系统地开展心理健康教育,因而,用心理健康教育替代劳动教育已成必然。

总之,德育、智育、体育、美育、技育是全面发展教育的有机组成部分,这五育是教育工作长期实践的抽象和概括。五育之间之所以不能相互替代,是因为各育之间是相对独立的、有区别的,各育都有自己特定的内容、内涵 、任务和功能,对学生的发展起着不同的作用,各育的特点和规律也各不相同。它们的社会发展价值、教育价值、个体发展价值都是通过不同的作用体现出来的，所以任何一育都不能相互替代。同时，五育之间之所以不可分割，是因为各育之间相互渗透，从教育内容上看最为明显，各育内容虽然有各自的独特性，但这些内容之间不可能存在绝对的界限，各育的教育内容是一种包含的关系。

“五育”并举并不是均衡发展。要求每一个学生都成为科学家、艺术家、运动员、哲学家是不可能的。全面发展，是指学生基本素质的发展，学生可以而且应当在基本素质全面发展的基础上保持并发展自己的兴趣和特长。所以，在教育工作中，要承认学生的个性特点，承认学生之间的差异，有针对性地培育学生，把全面发展与因材施教结合起来，使学生既有比较完善的基本素质，又有自己的特长和个性。处理五育的关系时，我们既不能只看到它们之间的联系，也不能只看到它们的区别，要辩证统一地看待它们的关系。

第三节 课程与校园文化

教育内容在教育实施过程中，如果按照存在空间及其表现形式、特点，可以划分为课程与校园文化。其中，课程是指由众多知识体系构成，以教材为重要载体，具有相对固定的形态特点；校园文化主要由校容校貌、校纪校风、领导作风、教风学风，以及价值观念等构成，以上述这些方式为基本载体，具有相对易变或弥散的形态特点。因此，有必要通过学校课程与校园文化进行分析以深入认识教育内容的实践性。

一、课程

（一）课程的内涵

1. 课程的概念

“课程”一词来源于拉丁文词根，指“跑道（racecourse）”，即将课程比喻成比较标准的场地，学生在上面跑向终点（获取文凭）。长期以来，关于课程的定义存在众多说法，较早的如斯宾塞认为课程是学校里科目设置及其进程安排。当代的如陈侠认为课程可以理解为为了实现各级学校的教育目标而规定的教学科目及其目的、内容、范围、分量和进程的总和；[①]也有学者认为课程是学习经验，即课程指学习者在学校的指导下获得的全部经验[②]。

一直以来，由于研究者研究视角的差异、研究兴趣的差别等，课程研究领域对课程的本质存在多种争论，“课程”也被认为是一个使用最普遍却是定义得最差的术语。目前，关于课程有如下观点。①课程即学问和学科。这是出现最早且流行甚广的一种观点，在我国许多教育专著和教育学教材中，普遍把课程看作是学科、教材或学问知识。如《教育大辞典》定义课程为：为实现学校教育目标二而选择的教育内容的总和……泛指课业的进程……学科的同义语，如语文课程、数学课程等。②课程即书面的教学（活动）计划。美国课程论专家比彻姆（G.A.Beauchamp）认为，课程是书面文件，可包含许多成分，但它基本上是学生注册入学于

① 陈侠．课程论[M]．北京：人民教育出版社，1989：13.

② 吕达．独木桥？阳关道？未来中小学课程面面观[M]．北京：中信出版社，1991:3.

某所学校期间受教育的计划。对课程的较全面把握，既注重对教学内容的安排，又强调教学活动过程的预设，在一定程度上丰富了课程的内涵。③课程即预期的学习结果或目标。为了区分课程与教学的概念，博比特（F.Bobbitt）、约翰逊（M.Johnson）等人把课程定义为预期的学习结果或目标。课程是包含许多成分的书面文件，可看作是学生注册入学在学校期间受教育的计划。④课程即学习经验。研究者将界定课程的视角转向学生的学习，从而把课程界定为“学生在学校内所获得的全部经验”。⑤课程即文化再生产。英国课程学者斯基尔贝克（M.Skilbeck）、劳顿（D.Lawton），巴西教育家弗莱雷（P.Freire）坚持这一课程观，即把课程看作是一种文化现象，并从文化产生、发展的现象和规律出发揭示课程的内涵。具体的观点有两种，一是着重阐释文化对课程的影响与制约，二是侧重揭示课程对文化的传承与创新。前者重点强调课程在维持社会现有社会秩序方面的功能，后者则力图通过课程改革实现对社会的改良。除以上的课程定义外，还有“知识和经验的重建”“生产的技术系统”“认知—情感内容和过程”“思维模式”“种族经验”等定义方式。

综合各种观点，可以说，它们各自从自己的独特视角揭示了课程的某些特质。因此，我们认为，课程是按照一定教育目标而确定的在教育过程中作为主要教育内容的所有学习科目及其进程安排的总和。它是随着社会的发展而不断演变的，反映了一定社会的政治、经济、文化要求，受社会发展以及学生身心规律的制约。

2. 课程的特点

结合上述各种课程观，我们认为课程具有如下特点：①客体性。相对于学习者来说，课程是一种外在于学习主体的客观存在，是学习主体认识和经验的对象，而不是主观性的自我意识或观念。②目的性。从人类教育活动所特有的育人目的性角度看，课程也无非是实现育人目标的手段，具有预期的目标指向性，如促进学生身心的全面发展。③经验性。作为一种重要的教育影响因素、一个教师和学生共同作用的对象，课程应该是可以通过认识和实践而转化为个体经验的，不管这种经验是知识性的，还是活动性的。④教育性。从内容性质看，学校课程应在学校环境中对学生具有教育意义和作用，缺乏教育性的经验不属于课程范围之列。⑤系统性。具有预期目标的课程不论其存在形式如何，脱离不了一定的结构系统，包括横向的组织与纵向的序列。

（二）课程的结构

课程结构是指课程各部分的组织与配合，它涉及课程的基本学习范畴的确定。关于课程的结构，存在较多对立的观点：①形式教育论课程观和实质教育论课程观。前者强调古典语言、文学和古代历史、数学、逻辑等学科的学习，重视这些学科的形式训练价值；而后者则重视自然科学的知识学习，强调课程和教材的实质性内容。②学科中心论课程观和儿童中心论课程观。前者强调课程的出发点是学科本身，以学科知识分类为基础，以学科教学为核心，以掌握学科的基本知识、基本技能为目标，自然有其强调知识的系统性而忽视儿童兴趣和心理发展的弊端；而后者的出发点则是儿童，主张按照儿童的需要、兴趣、能力及经验来设计课程，提倡活动课程、经验课程，强调课程要适应儿童和满足儿童自然发展的需要，当然也存在忽视知识本身系统性的问题。

在现实的学校教育中，课程结构上呈现学科课程、活动课程、综合课程、潜在课程并举的现象。此外,人们还从学生研习的角度将课程划分为必修课程和选修课程,从课程管理的角度将课程划分为国家课程、地方课程和校本课程。可见,课程的结构是多种多样的。其中,所谓学科课程就是分门别类地从各门学科中选择部分内容,组织不同的学科,并从课程体系出发,整体安排它们的顺序、授课时数及其期限,其重要代表人物有夸美纽斯、赫尔巴特等。学科课程强调按照学科知识而分科设置课程、强调学科知识的系统性、便于教师系统讲授,因而也带来忽视学生经验、脱离生活、压抑学生主体性等问题。所谓活动课程就是从儿童的兴趣、需要出发,以儿童的经验为基础,以各种不同形式的系列活动组成的课程。这种课程具有强调学生的自主性和主动性,强调通过学生自己的实际活动而获得直接经验、强调训练学生的综合能力和个性养成的特点;但由此也带来了课程内容及其安排缺乏严格计划性、不容易使学生获得系统、全面的科学知识和基本技能等问题。活动课程的重要代表人物是杜威。我国20世纪90年代后,开始由此提出“活动课”,并在最近的课程改革中将其升华到“综合实践”的高度,它包括了研究性学习、社区服务、社会实践、劳动技术教育等部分,由此形成与学科课程并举、相互补充的课程结构状态。所谓综合课程就是打破传统从一门学科中选取兴趣特定内容的做法,根据一定目的,从相近的几门学科中选取内容并将这些内容相互融合而构成课程(如人类的衣、食、住、行等);综合课程具有整体性呈现事物、增强学科之间横向联系、节省课时等特点,但这种具有相关学科综合的课程教学要求教师必须知晓相关学科,由此提出教学任务的难度高而教师难于胜任的问题。与综合课程相关的一个概念是核心课程,它是围绕人类的基本活动来确定学习中心内容的一种课程,它在兼顾学生需要和社会需要、增强学科联系方面,在结合学生的兴趣、需要以及认知特点方面,具有较适切性意义,但也存在如何保证知识的系统性的问题。所谓潜在课程中的“课程”并非实指,而是虚指,即教育中客观存在的、但又不容易控制的教育因素,它通常以潜移默化的形式对学生的情绪情感、认知方式、价值理念、行为方式等产生影响。

(三)课程的统整

1. 课程的分流

课程分流主要涉及中学阶段的文理分科的问题和普通教育与职业教育的关系问题。中学(主要是高中)课程设计是否采取文理分科的形式,历来是一个有争议的问题。我国目前在普通高中二年级开始文理分科,有不少学校为了应付高考,甚至在高一就开始文理分科。我们认为,普通高中不以文理分科为好,过早分流不但会影响学生建立宽广的知识基础,而且有可能扼杀学生充分挖掘自己潜能的机会,加剧片面追求升学率的倾向。从教育公平的角度说,课程分流不利于提供“人人平等”的课程,容易造成教育机会的不公平。这里的问题是,如果不实行文理分科,那么与现行高考制度的矛盾又该如何处理?我国高中课程采用“双轨制”,实行普通教育与职业教育的全面分流,即一部分初中毕业生进入普通中学,另一部分进入中等职业学校。其结果是,把升学竞争的压力降到了初中,让初中生在15岁左右毕业时就选择是升学还是就业,未免太不公平了。事实上,取消课程分流已经成为课程设计的一个重要趋势。一旦取消课程分流,便有可能与我国当前大力发展中等职业教育的政策发生矛盾,这又该如何处理呢?因此,课程的分流问题是一个涉及众多因素的复杂问题,需要系统研究,特别是在涉及实践操作时不但需要考虑理论上的合理性,也需要考虑条件的可行性。

2. 课程的整合

传统中小学的课程均采用分科设计，各个科目相互独立，单独教学。由于分科太细、科目过多，既缺乏横的联系，又缺乏纵的连贯，学生往往只学到零碎的知识，无法学以致用，影响了课程的品质。因此，减少科目，加强课程的统整，以比较大的学习领域取代传统的分科设计，重视科目间横的统整，进行统整的、主题式的合科教学，让学生融会贯通不同学习领域的知识，成为当前世界课程设计发展的一个方向。我国新一轮基础教育课程改革也提出，课程内容的组织要突破以学科为中心的模式，倡导从学生的兴趣和经验出发，结合社会、科技的发展，重组各门课程的学习内容，体现综合性。的确，课程统整有助于学生多方面能力的发展，但如不考虑师资培训、评价制度改革、非文本课程资源的开发利用等，则很难取得预期的效果。

此外，课程设计应充分考虑学生的个体差异，为各具个性的学生提供不同的适应性课程，是目前各国都比较重视的问题。通常的做法是，适度减少必修科目，增加选修科目，开展丰富多彩的以兴趣为中心的课程活动，尤其是针对课堂里的实际情况，为学生提供自主学习的机会。一般来说，学校和课堂层面的课程设计更易于照顾到学生的个体差异。

（四）课程的设计

1. 课程设计的取向

不同课程设计者的课程立场是不同的，课程设计的价值取向也是千差万别的。有研究者对已有的课程设计的取向进行了系统分析[①]，把这些取向描述为：①强调促进学生智力发展的认知过程发展取向，它关注的重点在于教师如何教，而不是教什么。②强调教学组织及效能的科技取向：这种课程设计的观点认为，课程的作用在于寻找有效的手段，用以实现一系列事先规定的目的。他们常为学生提供一系列按一定程序组织起来的教学活动，以改变学生的行为，并为学生安排不同层次的学习程序，让学生掌握课程内容的每个细节。③强调个人成长的自我实现取向：他们认为课程的功能在于协助儿童争取个人解放和自我实现。它关注课程的内容以及学习的过程，重视学习者的情感、态度和价值观在学习中的作用。在课程设计时，重视以下四大原则：人的基本需要是成长和自我实现；心理和社会健康依赖于“存在”的确认和整合；成长的基本工具是人际关系；学习模式应以个人的经验为主。④强调改革的社会重建取向：社会重建取向强调课程设计时重点考虑社会需要、社会改革和承担社会责任。它分化为两种取向：一是强调对社会的适应；二是强调对社会的改革和创造未来。他们认为课程的目的在于使学生掌握社会所需要的技能以及提高儿童的批判意识。因此，在选择课程内容时，他们遵循三个原则：真实、行动取向和价值教育。⑤强调教学内容的学术理性主义取向：它所关注的是一方面使学生获得继承文化传统的工具，同时使他们学习前人创造的伟大思想和事物。他们主张设置传统学科，以使学习者获得具有力量的、精确的和普遍性的思想。⑥强调人与环境关系的生态整合取向。它具有四大特征：一是强调个人对意义的追寻；二是假设个人信度（以至个人意义）是由整合自然及社会环境而获得的；三是未来取向；四是着重社会需求及个人获得需求之均衡而没有偏颇，并且强调学科内容以满足二者需求的重要性。

---

① 李子建，黄显华. 课程：范式、取向和设计[M]. 中国香港：香港中文大学出版社，1994：60-69.

2. 课程设计的模式

上述六种课程设计取向，反映了课程设计者的矛盾与困境，最好的办法是将学科、学生、社会及科技四种取向整合起来考虑课程的设计。在实际的教育情境中，很少有采取某一极端的课程设计取向的，课程的设计往往是各种理论取向的结合。

模式Ⅰ：目标模式。目标模式是根据课程设计者对学习者行为变化的期望而确定的教育目标进行课程设计的思路。该模式产生于博比特提出的“活动分析”课程设计方法，但作为一种理论模式被确定下来，则是由泰勒在《课程与教学的基本原理》一书中完成的。泰勒把课程设计过程概括为：确定教育目标、选择学习经验、组织学习经验、评价学习结果这样四个步骤或阶段。泰勒的目标模式确立之后，不少学者对它进行了补充和发展。其中，塔巴把泰勒的四个步骤的课程设计过程充实成八个阶段：诊断需要；形成具体的目标；选择内容；组织内容；选择学习经验（活动）；组织学习经验（活动）；评价；检查平衡性和顺序性。目标模式逐步形成系列特征：①以明确而具体的行为目标作为课程设计的中心，其他设计步骤都要围绕着预先制订的行为目标来进行。②强调目标的行为导向，要求确立明确而不含糊的外显性行为目标。目标模式的拥护者经常批评过去的目标设计过于笼统、模糊，因而意义不定，难以测量、预测和控制，不利于开展教育评价，更无益于课程内容、学习经验的选择和组织，因此，设计出来的课程就难以达到预期的教育效果。③重视目标的结构性，要求按不同的层次水平将各项目标组成一个完整的体系。④主张目标的“价值中立”。拥护这种模式的学者们认为，教育是一门科学而不是一门艺术，因此课程设计是一个技术问题，把价值和事实区分开来，不重视课程价值问题的研究，回避对目标进行价值判断。目标模式的可取之处是明显的。首先，目标模式强调明确具体的行为目标，一改以往教育目标的表述过于笼统以致难以理解和把握的状况，极大地推动了课程设计活动的科学化进程，有助于课程标准的制订，有利于学生了解将要学习的具体内容。这样一来，教学的效率就会大大提高。其次，目标模式在某种程度上促进了教育测量与教育评价的发展，加快了标准化测验的完善进程。但目标模式也存在局限性。一是忽视课程结构的整体性，把由多种成分或多种要素组成的课程结构整体分割开来，片面强调目标的特殊性，将目标置于至高无上的地位，凌驾于其他各要素之上。二是看不到教育也是一门艺术，割裂了教育过程中的事实与价值，看不到教育过程是一个价值创造和意义诠释的过程，使课程设计局限于技术理性的框架之中，导致课程设计的机械性和缺乏艺术性。三是强调目标的具体性、可预期性和行为化，必然忽视非预期的学习结果，这样的课程设计只看到了正式课程而忽视了潜在课程，因而是一种不全面的课程设计。四是重视了训练的价值，忽视了对教育内涵的真正把握。这样，就把学校看作是工厂，学生的主体地位就失落了，压抑了他们的积极性、主动性、独立性和创造性。正是在这个意义上，我们把“目标模式”又称作“工学模式”。

模式Ⅱ：过程模式。过程模式不预先指定目标，而是详细说明内容和过程中的各种原理。即指设计中详细地说明所要学习的内容，所要采取的方法以及该活动中固有的标准。学生所创造的“最终产品”，不是按照行为事先指定出来，而是在事后借助那些建立在该知识形式中的标准来加以评价。过程模式的思想渊源可以追溯到卢梭及以后兴起的进步主义教育运动，但第一次明确提出的是英国学者斯坦豪斯（L. Stenhouse）。他认为：“人们可以通过详细说明内容和过程中的各种原理的方法来合乎理性地设计课程，而不必用目标预先指定所期望达到的结果。”他还指出,人们可以从具有内在价值的知识形式中,挑选出那些足以体现该知识形式的内容。对这样的内容进行选择,不是根据它所要引起的学生行为,而是根据它在多大程度上反映该知识形式,这种内容本身不需要从外部加以论证。布鲁纳按照结构主义课程论设计的《人:一门学程》就是一个典型的例子,它适用于9岁至13岁儿童的社会科课程,包括教科书、影片、海报、录音带、参考资料和游戏等,系采用行为科学的观点及心理学、社会学、人类学等的研究成果作为课程内容的主要依据。阿特金(J.M.Atkin)认为,科学的课程设计如若只追求达成特定目标的效率,就会造成“教育公害”,因此,必须加以防范,而防止产生这种“教育公害”的办法就是采用“罗生门模式”:设定一般目标;实施有创造性的教学活动;论述;评价教学活动引起的结果。过程模式有其特征:①具有开放的设计思路。教学过程涉及的因素相当复杂,经常变动不定,诸如偶发事件、学生兴趣的转移等。所以,课程设计不可能完全按照预定的目标来进行,必须保持高度的动态性、开放性,针对具体情况不断做出调整。为此,过程模式主张课程设计应该是“研究性”“实践性”的活动,要能够提出改进教学的建议。②强调教育是一个过程。教育不是达成目标的手段,不是使学生获得预定的知识技能,而在于求得其智慧的发展。③强调师生合作,主张发展与探究学习,要求学生积极主动地参加到教学过程中。④强调教育是经验的改造,注重根据学生的实际情况,相对灵活地选择和组织课程内容,促进学生能力的发展。⑤注重形成性评价的实施。过程模式的拥护者十分强调对课程实施过程的形成性评价,通过对这一过程的详细考察、研究和分析,明确课程存在的问题以及问题的原因和性质,进而提出改进的策略。⑥过程模式并不排斥目标,而是主张设立“总目的”,总目的的表述方式是笼统的,有很强的原则性。

模式Ⅲ:自然设计模式。它是美国课程学者瓦克(Walker)提出的,其目的在于通过借鉴目标模式与过程模式两种设计模式的优点,关注课程实践中的实际进展,从而建构一种符合实践需要的、实用的课程设计模式。因此,自然设计模式往往被看作是一种实用折中的课程设计模式。自然设计模式既反对在单一的理论基础上建立起来的预设的课程目标,又怀疑脱离课程目标的课程设计手段,主张在设计课程时应综合考虑不同的价值取向,重视教育情境的实际状况,强调课程设计者在设计过程中的不断深思和持续反省,要求课程设计者根据实际情况做出决策而不是依赖于外在的权威或已有的原则。自然设计模式的以上特点与它的产生背景有直接关系。自然设计模式的产生不是直接的理论推导的结果,而是瓦克对已有的成功的课程进行总结的结果,瓦克对一个成功的美术课程设计案例进行研究发现,该课程设计小组的工作有如下特点:在开始阶段,该课程计划没有制订目标,而且目标在其余阶段只提供引导和参考的作用;课程设计工作主要由美术教师和专家进行,学生和其他学科的教师等人员很少参与其中;课程计划的设计以实践推理和慎思为主,通常的工作主要是辨别、形成和陈述问题,思考和表达解决这些问题的方案,以及讨论不同方案的利弊;课程计划所依据的资料并不属于理想的科学化——实证性内容,而是大多来自于小组成员自身的经验;在课程计划的慎思中,很少采用有关社会的资料;大部分的慎思论述并没有借助三个传统的课程决定因素,如学生、学科内容以及社会。瓦克根据以上这些实际的课程设计过程,提炼出了自然设计模式。

模式Ⅳ:情境分析模式。设计模式共有三个要素:立场(platform)、慎思(deliberation)和设计(design)。立场是指课程设计者的理论基础,其中具体包括课程设计者的信念、价值、假定、意向、目的以及行动的程序等。立场是课程设计者的行动纲领，也是整个课程设计工作的起点，它的重要作用在于给课程设计的决策者提供事实和逻辑的基础，为后续工作奠定基础。慎思是从立场向设计转化的中间环节，其主要作用在于形成多种变通的方案，并辨别各种方案的优劣，从而最终选择一套最为可行的方案。瓦克认为，在慎思的过程中有以下几个方面的重点工作需要解决：一是课程设计人员必须找出决策点；二是在这个决策点上形成变通方案；三是他必须考虑各个变通方案的优缺点；最后，他必须仔细考虑，做出选择。而其中的核心工作，就是为选择进行辩护，因此，课程设计的慎思过程主要是一个辩论过程，在辩论的过程中，原来的立场可能遇到无法回避的矛盾，这时就需要额外的实证资料参与进来，进而对原有立场进行修正，使其更符合实际课程设计工作的需要。因此，慎思过程和立场的关系不是单向度的，而是一种互动的过程。

模式Ⅴ：文化分析模式。课程学者们孜孜以求的各种课程设计模式对课程设计者真有帮助吗？答案可能是肯定的，但问题在于帮助的程度。事实上，模式在规范课程设计者的同时，也往往阻碍了他们（尤其是教师）的自主性和创造性。构建模式的目的不在于处处受其约束，更重要的是要超越各种模式的片面性或局限性，针对不同的情境，进行有创意的设计。因此，超越现有的各种模式，使课程设计模式走向多样化，是课程设计者的必然选择。

课程设计模式多样化的一个重要问题，是对模式的选择与重组。而模式选择与重组的关键是分析课程的要素。一般来说，课程的要素包括目的（相标）、内容（知识）、活动（经验）、资源、媒体、教学策略、评价等，课程设计者应针对具体的教育情境以及课程设计的不同层次（宏观层次，如课程计划的设计；中观层次，如课程标准和教学大纲的设计；微观层次，如课堂活动中师生的课程构建），侧重于课程的某些要素进行设计，如此则避免了模式的单一化，使走向多样化的课程设计成为可能。总之，课程设计不是机械的，而是动态的、富有创造性的活动。

二、校园文化

（一）校园文化的内涵

校园文化是指学校中以教学活动为核心而形成的一切价值观念和行为形态。对学校文化通常用“校园文化”称呼。广义的校园文化是指学校整体文化的总和，包括校容校貌、教学与管理制度、师生的共识、价值观与规范等；狭义的校园文化是指相对于正式的课程文化而言的，主要是指学校的校容校貌、校纪校风、领导作风、教风学风，以及深藏在这些表面之下的价值观念等内容。

校园文化具有自己的特点：一是定位的超前性，即校园文化是一种近乎理想、超越现实的文化，那种认为学校适应社会、继而在文化与其保持一致的观点是片面的。二是存在的稳定性。学校自身的封闭性、教育影响的稳定性和长期性使得校园文化保持相对的稳定。三是影响的广泛性。在校园的各个场合，都能感受到弥散于该校园文化的存在、约束。四是执行的自觉性。进入校园这特殊文化场中，产生无形的自我约束感，从而自觉遵守这些文化规定。五是内容的开放性。因为师生的出入而与社会文化保持交流，从而产生开放的效果（如社会流行文化影响校园）。

校园文化具有多方面的作用。按照不同划分角度可充分反映其作用:如果从校园文化的作用性质上看,其作用一是导向作用,它能将学校全体成员的思想与行为统一到组织的发展目标上来,不仅对学校成员的心理、性格、行为起导向作用,而且对学校整体的价值取向和行为起导向作用。二是陶冶功能,校园文化能对学校成员的思想、性格、兴趣起潜移默化的作用,特别是学生在其中受到这种“陶冶”,体现它的陶冶功能。三是激励作用,校园文化使学校成员看到学校的特点和优点,认识并形成对学校的荣誉感、自豪感,激励师生按照校园建设方向努力。四是凝聚作用,校园文化使成员自觉不自觉地接受学校的共同信念和价值观,从而把个人融于集体,减少内耗,形成归属感,增加凝聚力。

此外,如果从作用对象上看,校园文化的作用有:对学生有巨大的教育作用,对学校教职员工有多方面的影响,对学校所在社区有多方面影响。从影响方式上看,校园文化的作用有:一是校园文化具有“无声的说话能力”的功能,它提供了指引学校成员行为的各种表达性符号。二是校园文化具有“文化规定性”的功能,对学生的行为产生影响,美国人类学家博区斯就强调:文化具有通过教育和环境塑造人格的力量,人类的行为由于文化的传统来进行规定,故文化是社会生存最重要和最广大的基础。

(二)校园文化的类型

校园文化的丰富性决定了它结构的复杂性,按照不同的划分方法,可将校园文化的构成划分为以下类型:①从形态结构上看,校园文化包括制度文化(如学校价值观念、课程设置、校规守则等)和非制度文化(如校园民谣、非正式团体等)。②从层次结构上看,校园文化包括观念文化(如校园主体的思想观念、思维方式、价值判断、审美情趣、目标取向等),制度文化(如学校中显性的规章制度,学生守则、教师职责规定等);还包含未成文的但需共同遵守的制度、物质文化(如物质设施、物质环境等)。在实际的学校文化活动中,上述三个层面很难截然分开,同时需要明确的是,学校文化的结构之间存在着一定的差异。③从内容结构上看,校园文化包括信仰和观念体系;知识和技术体系;思维和表达体系;价值和规范体系;行为和作用体系;精神和态度体系;意识和角色体系;物质和环境体系。④从主体结构上看,校园文化包括教师文化、学生文化、职员文化。⑤从性质结构上看,校园文化包括:一类是离散文化与统合文化,前者是讲校园文化分属于不同的团体(文人相轻),后者指制度性共同占有某种文化(校规);二类是顺校园文化与反校园文化。

思考题:

1. 什么是教育内容?中国、西方教育内容的演进情况是怎样的?
2. 体育、德育、智育、美育、心育的各自概念、相互关系是什么?
3. 课程资源可以划分为哪些类型?
4. 试比较形式教育论与实质教育论?
5. 关于课程设计的取向有哪些主张?
6. 什么是校园文化?校园文化可以划分为哪些类型?

第六章

教育过程

本章导读——

教育过程中有学生、教师、教育内容等众多要素，这些要素在活动过程中自然就会产生许多复杂的多向关系。当然，人们一般认为，学生与教育内容之间的关系是这些关系中的核心关系。教学作为教育过程的具体化，其重要意义不言而喻，因此受到人们的高度重视。人们对其概念及其特质做了大量的探索，提出了诸如教学活动是“特殊认识活动”等种种有差异，甚至大相径庭的说法。同时，教学活动作为教学的活动形式，其内涵的丰富性、组织的规范性促使人们不断地对其进行总结、概括、创新，由此形成了比较丰富的教学原则、教学方法实践与理论，还发现了注入式教学到启发式教学的历史转变。教学组织活动作为教育过程的具体化，人们在长期的教学组织活动中不断地总结、创新出了多种教学模式。在具体的教学组织活动中，人类还不断总结、创新而获得多种多样的教学组织形式。

学习目标——

1. 相关概念

(1)教育过程、教学原则、教学方法

(2)因材施教原则、循序渐进教学原则

(3)教学模式、个别教学、班级教学

(4)道尔顿制、文纳特卡制、特朗普制、小队教学

2. 基础知识

(1)教育过程诸要素及其相互关系

(2)注入式教学与启发式教学

(3)各种教学方法的优势与不足

(4)教学模式的概念与种类

(5)各种教学组织形式的优势与不足

(6)教师教学工作的基本环节

第一节 教育过程的原理

教育过程是教育的实践环节的具体化体现，构成它的要素有学生、教师、教育内容以及教育途径、方法等，它们之间在活动过程中产生了多维的复杂关系。当然，其中学生要素、学生与教育内容的关系是这些要素与关系的首要存在。

一、教育过程的内涵

教育过程是为了实现教育目标，教师引导学生学习掌握基础知识、培养基本技能、发展智力与体力、养成情感与情操的过程。它作为教育目的及教学任务实现的载体、教师教授与学生学习的实践形式，在教育中居于重要的地位。

(一)教育过程的要素

分析教育过程的要素可知，其构成要素包括学生、教师、教育内容、教育方法及手段、教育环境等，其中，基本的要素是学生、教师、教育内容，当这三要素活动时便引出教育环境、教育方法或手段等要素。

第一，学生的存在是教育过程系统存在的基础。没有学生的存在，便没有了学校的存在、没有了教师的存在必要。所以，"学生是教师的'衣食父母'"是有道理的。学生是指在各种教育活动中从事学习的人，既包括在学校中学习的儿童、少年和青年，也包括各种形式的成人教育中的学生。学生是教育的对象、教育中的学习主体，是构成教育的基本要素，其自身存在生物实体与社会实体的矛盾及其转化。而培养自然性与社会性统一和谐发展的人，是全部教育活动的逻辑起点，缺此，整个教育就不复存在。学生所具备的可教性与必教性，是教育活动的重要基础，其他教育要素的存在是受教者完成上述矛盾转化的客观条件，而学生的主体性是实现上述矛盾转化的内在依据。

第二，教师是教育过程系统的组织者。教师作为专业工作人员，接受社会和家长的教育委托，直接担负教育受教育者的责任，成为教育过程系统的组织者、指导者、调节者、研究者，因而成为教育过程系统的重要因素。教师是对受教者在知识、技能、情绪、情感、思想、道德、人格等方面起到教育影响作用的人，学校教育中的教师是指在学校中担当教育教学任务的人。教师存在的逻辑基础、价值与任务就是帮助学生实现生物实体向社会实体的转化，这种转化过程具体表现为教师向学生有目的有意识地传授人类文化，以引起、促进受教者的身心按照一定的方向发展。

第三，教育内容是教育过程系统的载体和工作对象。教育内容是教育者为促使、实现受教者的生物实体与社会实体之矛盾转化而用来作用于受教者的教育影响，即课程。它是根据实现教育目的之需要、适合于受教者身心发展水平而经过选择和加工的、人类最为精华的文化部分，表现为显性的如教科书、教学参考书、课件等教学内容和隐性的如校风、教风、学风等校园文化。它所提出的教育目标集中体现了社会对不成熟成员的成长期望、受教者由生物实体向社会实体转化的方向。

有了学生、教师和教育内容三个基本要素，教育过程的静态系统就基本形成了。当三要素处于活动时，教育场景、教育方法或手段便出现了，教育过程的动态系统也就形成了。其中，当学生、教师和教育内容同时存在时，便是教学；有学生和教育内容而没有教师时便是自学。由此我们就可以辨识有关著述关于教育要素构成问题的说法了。

基于对学生、教师、教育影响（包括教育内容、方法手段、教育环境）等基本要素及其之间规律性联系的分析，可进一步探讨教育过程中的诸多矛盾及其占据主要地位的矛盾，在整个教育过程中包含一系列矛盾，其中的主要矛盾是表现为主体性的教育要求与表现为客体的受教育者的身心发展特点及水平之间的矛盾。

（二）教育过程的关系

如上所述，教育过程包含学生、教师、教育内容等要素，同时，深入分析发现，这些要素在活动中就会产生多种关系。

1. 学生与教育内容的关系

首先，学生与内容之间存在规定的社会关系。学生是一个准备掌握教育内容的教育要素，他们必须按照社会的要求接受教育，至少是基本的教育。一方面，无论是个体的生活、生存需要，还是社会的维系、发展需要，都需要学生作为人类的新生个体通过学习以掌握必要的生存智能、培育健康的心理素质、养成规范的德行。另一方面，教育内容作为上述学生需要形成品质的材料，它不但客观存在，而且以课程资源乃至教材等具体化的形式表现出来。可见，从学生社会化的必需、社会对人才的需求之间催生出了学生必须掌握教育内容、教育内容应当转化学生心智上的规定性关系。只不过这种关系是一种学生主体与教育内容客体的关系，其中学生表现出作为主体的主体性，教育内容作为客体体现出被动性而已。所谓"读书"就是学生的读与书之间的关系。

其次，学生与内容之间存在不对称的"同位"关系。一方面，教育内容作为从广瀚知识体系中按照需要而抽取出来的、经过符合学科逻辑与学生发展逻辑的组合的"智能晶体"，其范围是非常广泛的，远远超过学生的心智范围。另一方面，学生作为一个受教育者，从静态角度看，学生的智能、人格、德行所涉及的范围比反映人类知识范围的教育内容要"狭窄"得多，甚至几乎是"无知"的境地。从动态角度看，学生的生理、心理的不成熟性，比较社会的成熟化要求，还存在相当大的发展差距。所以，虽然要求学生掌握教育内容，但学生的智能与德行内容却远远小于教育内容的范畴，二者之间形成一个不对称的"同位"关系。

再次，学生与内容之间的关系是教育基本关系。长期以来，人们对教师与学生之间的基本教育的认识是有问题的。因为：一是教育为什么存在？从社会的角度看，需要对学生进行教育；因而从学生的角度看，学生自然需要受教育。二是如何实现对学生的教育？方式无外乎两种：教师指导下的学生学习和没有指导的学生自学。可见，有教师的情况下教育可以进行，没有教师的情况下，学生的学习照样可以进行。即使是教师的教，引用我国著名教育家陶行知先生的话来说也是：教学是教师教学生学——教育学生学会学习。可见教师是教育过程中必要而非充分的因素、重要而非基本的因素。教师的存在是因为他们可以提高学生学习的效率而已。

2. 教师与学生的关系

人们很早就注意到了教师与学生的关系，并且存在多种论说，如孔子的师生关系里，一是以“道”为凝聚力，形成政治理想至上的独特的师生关系，主要体现在：因道施教，因道设教，因道而终，把道作为凝聚师生关系的主要工具。二是以“礼”界定“仁”，严格恪守上下尊卑的伦理道德规范，主要体现在师生关系是协调而并非“民主”，和睦而并非“平等”，正如以孔子为中心的众星围绕北斗型的师生关系。20世纪以来，西方主要的教育哲学流派，如实用主义教育哲学流派、新传统教育派、存在主义教育哲学流派、人本主义教育流派等都对师生关系作了论述，并促进了师生关系理论的发展。特别是，布贝尔的师生观跳出了以往狭窄的师生关系观的窠臼，从关于人、关于人的关系世界的理念出发，把师生关系理解为一种纯粹的十足的“我—你”关系，亦即“对话”“包容”和“共享”关系。布贝尔的师生关系观对我们认识、研究和建立教学中的师生关系观具有深刻的启示。

从教育过程的任务完成的角度看，我们更要明白教师与学生的工作关系，以及由此而产生的人际关系。

首先是教师教与学生学的工作关系。有研究者认为：作为教育者的教师不能把对自己的要求降低到中小学生同一水平上，教师和学生虽然都是主体，但在教与学的关系中，两者不是也不应该处于一个层次上。教师需要、在事实上也必然地发挥着主导作用。教师在教学中是知识的传授者和学生发展的促进者，是平等中的首席。教学中的教与学的关系主要体现为一种动态的、平等的、民主的交往关系，是一种“对话”基础上的教学活动。教与学的关系具有多向性、相互性、自主性等特征，包括人与人（师与生、生与生）、人与机（计算机等媒体）、人与文本（教材）、人与环境（资源、课堂、校园、社会）等多种教与学关系的全方位互动。教与学的关系还体现在教学的基本含义中，即教师的教和学生的学，教师的教是为了学生的学，教与学的关系不是高级与低级的关系，而是教服务于学。随之，教学方法也从教师的单纯的教导性转向师生之间的对话。

其次是教师与学生间衍生出人际关系。教师与学生作为教育过程中的两个主体性存在，他们在教师教与学生学的工作关系基础上衍生出教师与学生之间的人际关系，因而人们通常认为师生关系是教学中最基本、最重要的人际关系，这种关系不同于教与学的工作关系，其中包含着诸如认知关系、情感关系、交往关系等。

3. 教师与教育内容的关系

教师作为一个已经接受过合格的专业教育、具备了相应的从教智能与德行的专业工作者，教育内容作为从浩瀚知识体系中按照实现某种目标需要而抽取出来的、经过符合学科逻辑与学生发展逻辑的组合的“智能晶体”，教师与内容之间是一种“等位”关系。这种“等位”关系意味着教师已经掌握部分反映人类知识的教育内容，意味着教育内容基本上吻合着教师的智能内容。

至于教师是什么、教育内容是什么，这个问题在其他章节有具体阐述。但从完成教育任务的角度看，教师与内容的关系中最为重要的是教师对教育内容的选择。从较为概括的角度看，教师在教育过程中的选择问题上面临如下重要关系的处理。

一是科学材料与人文材料之间的处理。教学着眼于人的科学素养还是人文素养，是理论界长期争论的问题。在教学最初孕育时，科学和人文一体。人文主义教育既注重科学，又注重人文，它们统一于人的理性发展之中。随着科学技术迅速发展，科学知识日益显示出巨大的力量，逐渐成为教学的中心内容。随之而来的“实质教育”偏重于科学知识的教学，“形式教育”偏重于人文教育。于是，在教育发展历史上，就有了关于“科学主义”还是“人文主义”的争论。科学主义教育观认为教育必须要适应社会不断发展变化的需要，因而在教育目标上重视人的智力和潜能的发展；在教育功能上认为教育以社会需要、国家需要为其存在基础，于是在社会与个人、物质与精神上，重社会、轻个人，重物质、轻精神；在教育内容上提倡科学教育，科学教育的主要成分是自然科学知识的学习，因而在学校课程的开设上重理轻文。当代人文主义教育思潮继承了西方古代和文艺复兴时期人文主义教育传统，针对科学教育被片面推崇、人文主义教育受到削弱所带来的一系列问题，以人文主义心理学为基础，以美国人文主义心理学家马斯洛和罗杰斯为代表，反对功利化和机械化，反对科学主义教育对人性、对人的价值的忽视，主张教育教学要关注人，弘扬人的个性，尊重人的尊严，培养整体的、自我实现的人和具备创造性才能的人。应该承认，两种教育思潮的主张都有其合理的一面，优劣互补。教学的最终理念是促进个体的全面发展，因而，我们认为理想的教育发展观应建立在科学主义和人文主义合理整合的基础上，也就是说，科学主义教育和人文教育需要融合在教学中。

二是直接经验与间接经验的处理。直接经验与间接经验是人类个体认识活动的两种基本途径。在教育过程中，长期以来，直接经验与间接经验的学习哪一种为主，一直是教学理论和实践中争论的焦点。“主知主义”以课堂为中心，以书本为中心，走的是间接认识的道路；“行动主义”以经验（直接经验）为中心，以活动为中心，选择的是直接认识的道路。在教学中，直接经验是学生通过亲身探索、发现、实验、操作等形式获得的知识；间接经验是学生通过听课、读书等方式，从教师（等他人）、从书本那里获得的知识经验。间接经验具有快速、高效的特点，有利于系统知识的学习，通过接受人类已有的知识与经验，人们可以避免重复前人的认识道路。因而，在教学中，间接经验是主要方式。当然，直接经验也有其独特的适应性和作用，它有助于学生亲身体验知识的产生过程以及获得知识的乐趣等。实际上，直接经验和间接经验是相互联系的。间接经验需要以一定的直接经验为基础，而直接经验又依赖于已经获得的间接经验，直接经验是在已有知识经验的指导下获得的。直接经验和间接经验的教学方式各有优点和不足，不可偏废，应力求统一。教学应努力克服把直接经验和间接经验割裂开来的偏向，强调从书本中系统地掌握间接经验的同时，给予学生实验、操作、探索、发现的机会，让学生从中体验掌握直接经验的乐趣，实现教学的目的。

三是知识传授与能力培养的处理。对于教学来说，科学知识的掌握是教学的基本目标；同时，增长人的智慧，提高人的智力和能力也是教学的基本任务。在教学的历史上，强调知识还是强调能力，存在着矛盾与争论。比如，“形式教育”和“实质教育”，一个偏重能力，一个偏重知识。凯洛夫教学体系和赞科夫教学体系，前者偏重于知识掌握，后者偏重于能力发展。20世纪80年代初，国内曾有学者提出知识的“智力价值”，认为所有的知识都有智力价值，不同的是知识所蕴含的智力是不同的，有类别和级别差异。[①]这种观点对于我们分析教学中知识与能力的关系具有很大的启发意义。因此，教育者需要辨明知识和能力间的关系，以更好地实施教学。知识与能力之间存在不能完全割裂的内在联系。没有任何知识能够完全凭借“灌输”而为学生所掌握，知识的获得总是个体通过蕴含一定能力的活动所得到的结果。一定的能力是学生获取知识的必要条件；一定的知识是能力形成和提高的基础。因此，

① 吴康宁. 知识的智力价值及其教学意义[J]. 教育研究，1981(2)：52-55.

学校教学需要密切联系社会，密切联系生活，从做中学，把知识的获得与能力的发展统一起来。教学需要对知识进行选择，教学内容的选择应当适当留有余地，并且能够规范和引导学生主动进行各种学习，促进他们去积极地形成概念、发现规律、总结法则等。在这样的过程中，真正将学习知识与发展能力统一起来。

（三）教育过程的意义

教育过程作为实现教育目标的途径，承担着重要的教学任务，具有重要的意义。

第一，教育过程是促进人类经验转化为个体经验的有效途径。即通过教育过程，可以将人类积累下来的文化精华有效地传向下一代人，使社会新生成员不必经过实践，而以间接经验学习的方式很快掌握人类积淀的智能精华，缩短认识过程、加速个体智能的提升速度。

第二，教育过程为个体的全面发展提供了科学的基础与实践。教育过程，尤其是学校教育中，通过创设适宜的学习环境、指派有效的教师指导、设置全面的学习内容、安排科学的教育进程，使学生得到全面发展的教育，从而促进学生全面发展。

第三，教育过程是学校教育工作的主体部分、教育的基本途径。尽管学校工作涉及行政管理、教学事务、后勤保障，以及学生工作、教师工作、党团工作等等头绪，但必须明确的是教育过程是核心，一切学校工作必须围绕教育过程而展开，坚持以教学工作为核心。反之，那种离开以具体工作为核心的学校工作安排，不但荒芜了学校教育，失去了学校的文明传递功能，而且也容易误导学生，以至于滑向错误的发展道路。这在新中国初期近30年忽“左”忽“右”政治运动的教育影响中已被人们深刻认识。

二、教育过程的主体活动

教育活动作为教师的教与学生的学的结合，自然包含着教师的教授方式、学生的学习方式两种基本的方式。

（一）教师的教

教师是教育活动的决策者、组织者、指导者和调控者，其主体性的有效发挥直接影响着整个教育活动的进程和学生发展的方向。教师活动中教师要根据一定社会的要求，有目的、有计划、有组织地引导学生掌握科学文化基础知识和基本技能，发展学生认识世界的能力。根据维果茨基的“最近发展区”理论，这个特殊活动中，教师的信息不仅要具有指导性，更要依据学生的身心发展，向学生提出经过他们努力能够达到的更多的教学要求，学生要在教师的悉心指导下才能全面地掌握必需的知识和技能。如果教师的教育内容过于粗滥、涣散、低俗、落后和杂乱，那么学生所获得的知识也必定不成系统，谈不上有效掌握，更不能用以指导实践。

教学活动离不开教师的教和学生的学，教师在教学活动中起着主导作用，学生是学习的主体，学生要在教师的指导下有序高效学习，学生的学是教学过程的出发点和归宿。教师根据不同的教学目的，精心设计和周密安排教学方案，采用不同的教学方法以取得最好的教学效果。在备课的同时更要“备”学生，学生已有知识能力水平、学生个体身心差异、学生生活环境特点、学生学习方式方法、学生性格气质特征等都是教师需要综合考虑的实际问题。只有对症下药、因材施教,才能最大限度地保证学生的全面发展。由此可知,教师不仅仅需要掌握本专业 、本学科的知识,还必须了解和教学过程密切相关的认识论、心理学、生理学、社会学等系统科学。教学相长,学生是学习的主体,学生的需要才是教学过程中真正需要解决的问题,懂得了学生真正的需要,教师也才能真正地发展自己。

(二)学生的学

学生作为未来社会的主人,是以学习、接受教育为主要任务的人。学生知识技能的获得方式越来越多样化。首先表现在现代教学媒体的运用的多样化。口耳相传,三尺讲台,一支粉笔的年代早已成为记忆,在教师的精心设计下,学生通过直观教具,如挂图、标本、模型、幻灯片等,让学生感知一些可能从未见过的事物,并对已有知识经验进行再加工。其次是教学实践活动的多样化。学生的课堂也不仅仅停留在教室,教师可以通过实验演示、实习参观、社会调查、生产劳动、趣味游戏等多种形式让学生获得更为直观的感性经验,开发学生智力,陶冶高尚情操。最后也更为重要的是,教师不仅要教给学生知识,更要培养学生高尚的人格。教师在塑造学生良好品德的同时,学生不可避免地会接受来自教师个人品格、精神魅力的持续影响,从某种意义上说,教师对学生的影响是根深蒂固的。

在教师有效教学的指导下,学生的认识和实践活动也具有特殊性:第一,认识对象的特殊性。学生通过教师系统传授的主要是前人已经总结出来的各门学科知识,主要是间接经验,是依据时代要求,需要学生掌握的比较精华的内容。学生可以在最短的时间内掌握前人经过漫长时间才获得的知识,并不断改造与创新,以适应发展需要。第二,学习任务的特殊性。教学这种认识活动,不仅要让学生掌握一定的科学文化知识,更要发展其认识世界的能力,促进其智力发展,最终达到身心的和谐全面发展。随着社会不断进步,学生身心发展过程中所出现的种种问题都提醒着我们要注意学生综合素质发展,不可偏颇。教书重要,更要育人。第三,认识与实践条件的特殊性。科技进步和社会发展为学生创造了优越的教育条件。前人探索未知世界的艰辛与苦难已不再是当代学子学习的主要障碍,教师可以利用学校的一切便利条件、综合有用完备的教学内容、运用科学有效的教学方法和适合学生身心发展水平的各种教学模式高效地引导学生完成学习任务。学生在现代化高科技辅助教学工具的帮助下,通过参加各种社会活动迅速有效地掌握知识和能力。

(三)教与学的互动

教学是"师生之间以交流、对话、合作为基础进行文化传承和创新的特殊交往活动",这种交往在教学实践中以对话的形式表现出来,师生在交往中不断地完善自我,实现自我价值。教学以师生的交往为一般存在形态,因此,教学是师生之间的一种特殊交往形式。季亚琴科认为,教学过程的本质首先在于这是一个教师与学生相互作用的过程,没有这种相互作用就没有教学。马克思在分析人的本质时指出:在其现实性上,人是一切社会关系的总和。可见,人的本质的获得离不开交往,人正是在交往中,在同他人的相互作用、影响、联系中生活,并通过交往获得人的本质。作为社会交往特殊形式的师生交往,同一般的交往相比,其特殊性主要有几个方面:其一,独特的交往目的——通过生动活泼的教学活动,促进每个学生的全面发展,使每个学生的人格日臻完善。其二,特殊的交往内容——经过选择、净化的人类文化精华。其三,特殊的交往主体——交往双方即学生和教师都具有特定社会角色、担负不同社会期望。其四，特殊的交往方式——一般交往在方式上具有自发性、盲目性和无意识性，而师生交往具有高度的自觉性和目的性，它是以教材这一文化中介进行文化传承和创新，以促进学生发展为目的的特殊交往。

教学是一种特殊的师生交往，并在教学实践中以对话的形式表现出来。对话构成了新的师生关系——“我—你”关系。在“我—你”关系中，师生双方并不把对方看作一个对象，而是一个跟“我”讨论共同“文本”的对话的“你”，师生双方均作为真实的完整的人而存在。可以说，“我—你”关系就是一种平等的“我们”的存在。教师的隐喻不再是“蜡烛”“工程师”“园丁”“水桶”等，学生也不再是“产品”“花朵”“仓库”“银行”等。师生的角色都有新的发展，教师成为平等中的首席，学生越来越成为学习的主人和文化的建构者。正如《学会生存——教育世界的今天和明天》中指出：未来的学校必须使学习者“成为他们获得知识的最高主人，而不是消极的知识接受者”。必须把教育的对象变成自己教育自己的主体，受教育的人必须成为教育他自己的人，别人的教育必须成为这个人自己的教育。

第二节 教学活动的原理

教学活动是教育过程的具体形式，关于这个教师教、学生学的过程，其本质或目标到底是什么，却存在众多的认识。同时，人们还在长期的教学活动中总结出了比较丰富的教学原则、教学方法。

一、教学的内涵

（一）教学的概念

我国学术界对“教学”一词有不同的理解和认识：①统一活动说。如王策三先生认为，所谓教学，乃教师教、学生学的统一活动；在这个活动中，学生掌握一定的知识和技能，同时，身心获得一定的发展，形成一定的思想品德。李秉德先生也认为：“教学”就是指教的人指导学的人进行学习的活动。进一步说，指的是教和学相结合或相统一的活动。另有学者认为，教学是一个复合词，本身就说明教和学不可分割，教为学而存在，学又靠教来引导。②广义、狭义的理解说。有学者认为，教学应从广义和狭义来理解。广义的教学泛指一切经验获得的活动，是能者为师，不拘形式、场合，不拘内容，如“父传子”“师授徒”等；狭义的教学是指学校教育中培养人的基本途径，即现在各级学校中进行的教学活动，即通常说的教学。另有学者认为，广义的教学是指教的人指导学的人以一定的文化为对象进行学习的活动；狭义的教学就是学校教学，是专指学校中教师引导学生一起进行的，以特定文化为对象的教与学的统一活动。

我国著名教育学家张敷荣先生在其译著《课程与教学的基本理论》中较早、较为系统地介绍了国外课程与教学的理论。综合众多学者对国外课程与教学理论的研究发现，国外学者对教学的含义，一般可整理分为五类。①描述式定义。教学的描述式定义指传统意义上的教学。早期的教与学是同义的，现在的教学的描述性定义是传授知识或技能。②成功性定义。教学的成功性定义指将教学作为成功。它表明教一定包含学,"教—学"是相互联系的统一体。杜威曾将教与学的关系作这样表述:教与学犹如卖与买。如果没有人买,也就无所谓卖。当没有人学的时候,也就无所谓教。"教学"是一种成功,不仅要求教学主体和客体之间发生某种关系,还要求学习者掌握所教的内容。③意向式定义。教学的意向式定义指将教学作为一种意向活动,即人们对教学的一种期望,期望教学能引导学习者的学。④规范式定义。教学的规范式定义指将教学作为规范性行为。这就要求教学必须符合一定的道德规范,这种道德规范是教师教学活动中必须遵守的条件。因此,训练和教导是教学的最基本活动;灌输和条件反射居于教学内涵的边缘地带,同教学密切相关。恐吓、诱惑、威胁和说谎等都不是教学。⑤科学式定义。教学的科学式定义指将教学界定为一个专门性、专业化,具有科学性的概念。

综上所述,从广义上讲,教学是指教育者指导学习者所进行的一切有目的的学习活动。教育者的行为会使学习者的行为产生一些变化。狭义上说,教学特指在学校中教师引导学生进行的一切学习活动。其中,教师有目的地进行教,以引导学生学习知识,形成技能、态度、能力,使其获得发展。

(二)教学过程的特质

首先,教学的过程是什么,在学术界存在不同的认识。根据王策三先生在《教学论稿》中的总结,主要有以下观点:一是认识发展说,认为教育过程是教师有目的、有计划地引导学生掌握基础知识和基本技能,发展认识能力,逐步形成辩证唯物主义世界观和共产主义道德品质的过程。二是双边活动说,认为教学过程是教师的教与学生的学相结合的双边活动过程。这种观点注重教师教的主体性发挥和学生学的主体性的发展,认为教学是教师和学生双方共同参与的认识和实践过程,教师和学生都是其中的认识者和实践者,都具有一定的认识和实践能力。三是多重本质说,认为教学过程既然是多层次、多类型的,那么教学过程的本质也应该是多级别、多类型的,从而提出教学过程的认识论、心理学、生理学、伦理学和经济学五个方面的本质。四是交往本质说,认为教学过程中教师和学生都是主体存在,师生之间只有通过交往,人的主体性才能确证、生成和发展,只有通过主体间的亲身感悟、理解和体验,人才可以展示自我、发现自我、发展自我。因此,教学过程完全可以视为师生交往的过程,交往即是教学过程的本质。五是认识和实践统一说,这种观点是从马克思主义的认识论角度来审视教育过程的,认为教学过程是一个包括认识和交往实践两个方面的活动过程,是认识与实践相统一的过程。

其次,在国外学术界,教育和心理学家从各自的哲学和心理学观点出发,对教学过程的本质形成了各种看法:一是活动说,以杜威为代表。杜威从实用主义教育哲学出发,认为教学过程是以儿童为中心的活动过程。二是刺激—反应说,以桑代克和斯金纳为代表。他们从生物化的哲学观出发,认为教学过程是安排刺激情境,控制反应,使学生形成适应的感应性,并通过练习和强化,最终形成习惯的过程。三是劳动说,这种观点源于雅科夫列夫。他认为教学是一种劳动,学校就是劳动场所,因此,教学过程都是劳动的过程。四是交往说,以斯卡特金为代表。斯卡特金认为教学过程是老师和学生相互交往的过程,没有这种相互的交往就没有教学。五是发现说,以布鲁纳为代表,认为教学过程是一个学生探究和发现的过程，在此过程中强调儿童的自主独立，强调积极主动的发现和探索。六是关系说，以罗杰斯为代表。他认为，教学过程是人与人相互作用，形成完好的人际关系的过程。

综观学术界对教学过程的讨论，可以发现，无论何种观点，无论从哪种哲学角度出发解读教学过程的本质，都不否认教学过程是一种特殊的认识过程这一基本观点。正如有学者指出的，新的探讨应该从更广泛的学科，多角度、多方面地进行，但是教学作为认识的一种特殊形式这一论点，经过一番反复，仍然得到重新肯定，并有所深化。教学的本质是教学的本体论问题，由客观存在的教学的根本属性或教学的主要矛盾所决定。由于研究者研究教学的角度和立场不同，其教学本质观往往也不同。教学的本质观不是一个静态的、单一化的意义，应该是多维发展的，而对于教学本质来说则应该是单一的、独特的。

同时，教学过程作为实现教育、教学目标的实践形式，它有其特殊性：一是教学目的的明确性。"师者，所以传道、授业、解惑也"，自古以来，教师的职责就是教书育人；社会不断发展进步，培育出新时代所需要的人才是教师们共同努力奋斗的目标。二是教学内容的针对性。教师传授给学生的知识要根据学生身心发展的不同阶段要求，有顺序、有差异、有层次地遵循量力性原则、循序渐进等教学基本原则有的放矢地传授。三是教学活动的全面性。教师的活动既是一门科学，又是一门艺术。实践证明，单一的教学思维已不能满足新时代社会的需要。怎么做到因材施教，让每一个学生都能获得全面发展，需要充分发挥教师职业的创造性和灵活性。

但是，也有学者指出，我国长期以来以"科学认识论"为基础的教学本质讨论，主要将教学视为一种特殊的认识活动。"认识论的中心问题从来是，现在仍然是知识增长的问题。"因而，以科学认识论为基础的教学，遵从"知识本位"的文化价值观，倡导"教师权威"的价值取向。它把理性知识看作客观存在的真理，将经典性的自然科学知识和能够被规范化、系统化、逻辑化的社会科学知识看作教学的全部内容。整个教学见"物"不见"人"，注重科学世界，忘却了生活世界，教学和生活分离，人和自然分离，培养的是知识化、理性化人才，剥夺了学生作为学习主体的地位和权利，剥夺了学生在教育过程中追问、批判和反思的资格和权利，剥夺了学生创造未来社会文化的资格和权利。

二、教学的原则

（一）教学原则的概念

原则指说话或行事所依据的准则或法则。依据对"原则"的定义，教学原则是在教学过程中要遵守的法则或标准。依据什么样的条件或标准来确立教学原则关系到原则本身的科学性。一般来讲，确立教学原则的依据主要包括：一是社会依据。教学是社会系统的子系统，教学具有社会性，确立教学原则必定遵循一定的社会依据，主要是特定社会的经济、政治、文化、人口等条件和需求。二是人的依据。人作为教学中的主体存在，离开了人，也无所谓教学。教学是以人为参与主体、以人为逻辑起点、以人为目的的活动。确立教学原则所要遵循的人的依据主要是人的身心发展规律、人的先天素质、人的后天条件、人的生存生活发展需要等。三是教学本身的依据。教学具有独立性、系统性、复杂性、规律性，确立教学原则必定也要以教学自身为依据，特别是教学自身的规律概括、经验总结等。

(二)教学原则的内容

在中国,人们总结出了一些重要的教学原则。如孔子提出因材施教和“不愤不启,不悱不发”的启发诱导等原则;孟轲提出循序渐进的教学原则;《学记》提出“未发先预”、及时施教、循序渐进、相观而善、启发诱导、长善救失、藏息相辅、教学相长等众多教学原则;颜之推提出尽量早教、均爱、慈严结合、重视语言与品德教育等原则;王守仁提出“随人分限所及”的原则,即要顾及个体差异及阶段差异;陶行知的“生活教育”理论提出教育与生活结合,学校与社会联系,教与学、理论与实践合一等原则。

在外国,人们也总结出一些重要的教学原则。如第斯多惠提出遵循自然、遵循文化、连续性与彻底性以及直观教学原则等。夸美纽斯提出以“自然适应性”为主的多条教育原则,如直观性、巩固性、量力性、系统性和循序渐进性原则。卢梭认为,“出自造物主之手的东西,都是好的,而一到人的手里都变坏了”,提出教育遵循自然的原则。裴斯泰洛奇第一个明确提出“教育心理学化”,即教育要遵循人的心灵活动规律。同时还提出教育与生产劳动相结合的要求。福禄贝尔提出统一原则、顺应自然原则、发展原则、创造原则。马克思、恩格斯提出教育与生产劳动相结合。新教育运动提出“新教育的七项原则”,强调活动以及儿童个人自由而完善的发展。杜威提出了“从做中学”的教学原则、方法,赞可夫提出了“高难度、高速度”等5条教学原则。

教育发展到今天,人们不断总结历史上教学原则的思想,并结合当今教育发展中出现的问题,获得了一些具有重要影响的教学原则。这些作为教学历史经验的总结,具有一定的合理性。但是,观察这些众多的教育学原则即可见其“混乱”!因而需要重新梳理。

第一,对象的角度:因材施教。基于学生个体与群体差异的存在,从营造适合于学生的教育出发,教学中应当重视学生的差异、尊重学生的差异,促进学生的差异发展,特别反对不顾学生差异的“一刀切”。这一原则包括一些具体的技术性原则,如①通过集体进行教育的原则:学校、班级,都是不同层级和规模的教育集体。这样的教育集体,不仅能提高教育效率,其本身还富有潜移默化的教育性。②严格要求与尊重信任相结合的原则:严格要求自不待言。尊重信任,则能建立平等、和谐、积极互动的师生关系,从而促进教学发展。

第二,关系的角度:主导—主体。从社会性的成熟度和知识的掌握上看,教师都“长于”学生,在呼唤学生主体性的时候,教师仍应该是“平等中的首席”。学生作为教学的基本要素之一,是学习的主体。因此,教学要遵循教师主导和学生主动相结合的原则。这一原则包括一些具体的技术性原则,如①充分发挥教师的指导、对话、修正的作用。②积极发挥学生的自觉和自动、自主与自为、继承和创造等多方面的主体性。

第三,内容的角度:学生适切性。即在教学内容的选择、处理和实施上都要适合于学生,满足学生经过一定能力能够掌握的水准。这一原则包括一些具体的技术性原则,如①可接受性原则:教学活动要遵循学生身心状况及已有知识背景,不可过于超前,亦不可落后,要找准学生“最近发展区”。②系统性原则,以促进学生的全面发展为目标,重视内容的系统与全面性,其中特别是要注意内容上智力因素和非智力因素相结合,既要发展学生的智力因素,也要发展其非智力因素;而且在教育过程中,要同时利用和发挥学生智力因素和非智力因素的作用。③巩固性原则:为了促进学生能长久理解、保持和运用知识。

第四,过程的角度:循序渐进。即教学要遵循知识系统的规律以及人的发展规律而循序渐进地安排教学过程，既要求“学不躐等”，也反对“拔苗助长”。这一原则包括一些具体的技术性原则，如①直观性原则：在教学中使用实物或极具形象性的影像、口头描述等，丰富学生感性认识，帮助学生学习，因为感性经验与理性经验结合，更易于理解，印象更深。理论联系实际的原则，主要是基于间接经验与直接经验相结合对人的发展的作用以及知识教学与技能学习间的关系而提出。②启发性原则：从“灌入”转变到“导出”，尊重和发挥了学生的主体能动性。③科学性和艺术性统一的原则：不但要遵照知识的客观正确性、不盲从和运用科学的方法、遵照科学规律，而且还要在教学的方法、方式、内容上渗透艺术性。④教学影响的连续性和一致性原则：基于人身心发展的连续性以及知识本身的逻辑发展性，教学影响亦应具有连续性；同时，这种影响应该具有同样的方向性和宗旨，而不是多种极端影响任意交替，如教学影响应贯穿“真善美”。

三、教学的方法

（一）教学方法的内涵

教学方法是教育者为了受教育者掌握知识、技能，提升情感、态度，获得身心发展等所采用的方法。教学方法既包括教师教的方法，也包括学生学的方法。但在一个具体的教育活动中，二者是连接在一起的，是教师的教授方式与学生的学习方式两大教学主体方式的有机复合。

纵观中外教育发展史，教育方法极为丰富，特别是不少教育名家留下了宝贵的教学方法遗产。如孔子提出学、思、行并重，并在世界上最早提出启发式教学，“不愤不启，不悱不发。举一隅不以三隅反，则不复也”。墨子提出“主动、创造”的教育方法，不满儒家“拱己以待”“扣则鸣，不扣则不鸣”，强调“随不扣必鸣”，批评儒家“述而不作”，强调“述”和“作”的紧密关系。颜元提出“习动、习行”的教育方法，即学用结合、讲练结合。陶行知的“教学做合一”。陈鹤琴的“活教育”思想体系中提出的教育方法有做中教、做中学、做中求进步；重视室外活动和生活体验；以实物为研究对象，以书籍为辅佐参考。西方苏格拉底的“产婆术”，通过谈话、辩论等迫使对方自陷矛盾，再逐步引导对方自己得出答案。西塞罗认为，培养雄辩家的方法是多诵文学精品及通过练习，特别是长期的写作练习，另外还要通过法庭的实际观摩。中世纪修道院学校主要是教师口授和学生记录、以诵读牢记为主的教学方法。中世纪大学的教育方法主要是讲演和辩论。文艺复兴时期的人文主义者拉伯雷认为应当采用直观教学、谈话法、参观旅游等。文艺复兴时期的天主教耶稣会学校重视教师讲解、推崇记忆、注重复习。福禄贝尔提出幼儿园教育方法有自我活动、游戏、与他人交往、社会参与等。

尽管人们总结的教育方法比较众多，但其基本形式主要有两类：接受式教学方法与发现式教学方法。接受式教学方法有其重要特征：①以掌握人类已有科学知识为基本教学任务。②以教师传授、学生接受为主的基本方式。③强调教学的规范性、可控性。④对学生的学习能力比较关注。因而它是一种以外在的诸如知识为中心的教育。发现式教学方法作为一种教师提供结构化的材料、引导学生自主操作、独立思考而获得发展的方法，有其重要特征：①以促进学生创新力为核心的能力发展为教学目标。②以问题解决为基本的教学组织形式。③规范教师与学生的各自角色，发挥教师指导、学生主体的作用。④对探索过程比较关注。

(二)教学方法的类型

在具体的教学实践中,涉及的教学方法众多,综合这些众多的教学方法,可以将其归类为几种主要类型:

类型1:以语言传递信息为主的教学方法。包括:讲授法、谈话法、讨论法、读书指导法等,其中,讲授法是运用比较广泛的一种教学方法,它不但要求讲授的内容科学,保证其科学性和思想性,而且也要求讲授的语言具有启发性、艺术性,否则就容易沦为灌输式教学。

类型2:以直接感知为主的教学方法。包括:演示法、参观法等,其中演示法是比较常用的方法,它要求演示前做好演示的准备,演示中正确指导学生观察,演示后组织学生总结。

类型3:以实际训练为主的教学方法。包括:练习法、实验法、实习作业法等,其中练习法、实验法是使用较多的方法。

此外,值得注意的是,基于面向未来社会培养创新人才的要求,在现代教学中,比较注重运用探讨探究教学方法,它最初产生于20世纪70年代的德国,由鲁道夫·瓦尔茨(Rudolf Waltz)率先提出。他注重采用直觉的教学形式,强调通过直觉与逻辑思维相结合的方式来完成知识的获得和问题的解决。探究教学方法是在教师组织、引导下,通过学生相对独立的探索和研究,创造性地解决问题,从而获得知识和发展能力的方法,其核心目的是使学生通过经历探究知识或问题的过程掌握科学的思维方法。

第三节 教学活动的组织

教学活动的组织是教育过程中更为“形而下”的层面,是教育过程具体的体现,人们在长期的教学组织活动中,总结出了多种教学模式、多种组织形式,以及较为具体的教学工作环节经验。

一、教学的模式

(一)教学模式的内涵

“模式”(model)原意是模式、模型、典型、范型等。它表示用实物或符号将原物、活动、理论等仿制、再现出来。教育模式是科学理论模型的一种,它是在一定教育理论指导下,对教育过程、组织、方式进行简要表述的教育科学研究方法系统。按照现代大教育观,教育是由不同层次水平构建的一个大体系。因此,可以从宏观、中观、微观三个层次上研究教育模式:宏观上,研究教育事业的发展战略模式;中观上,研究教育系统管理模式(即办学模式);微观上,研究各级教育教学过程模式(通常称教学模式)。现代许多从心理学、教育学出发去研究的教育模式,大多属于微观或中观的教育模式。这三级模式是紧密相扣的,而作为最基层的微观教育模式则是教育理念实施的具体保证。我们在此探讨的是微观层面的教育模式问题。

美国的乔伊斯和韦尔在其《教学模式》一书中认为:教学模式是构成课程、选择教材、指导在教室和其他教学环境中进行教学活动的一种计划或范型。即教学模式是反映特定的教学理论，并为达到一定教学目标而采取的一系列教学形式、策略的模式化的教学活动结构。但这种定义并不就是唯一确定的，相关的理解还有很多种。纵观国内外相关的研究，对教学模式的认识达成了两点共识：一是教学模式是在一定教学理论指导下形成的；二是教学模式是教学理论与教学实践的中介和桥梁。[①]

从教学过程来看，教学模式是一种教学活动结构或教学程序，它反映了教学活动各个环节之间的内在联系，是将教学内容、教育目的付诸实践的外在载体，抑或说是策略和方式，因而是在教育活动中优化教学实践、提高教学质量的重要因素。

教学模式反映了某种教育思想，是连接教学理论与教学实践的桥梁，即教学模式既是教学经验上升到教学理论的转化环节，又是基础理论应用于教学实践的转化环节，它具有以下特征：①整体性。任何教学模式都由一些基本要素组成，它本身具有一套完整的结构与一系列运行要求。②概括性。用少而精的文字或符号简要反映操作系统。③可操作性。教学模式把某种教学理论或活动方式中最核心的部分用简化的形式反映出来，提供了具体的教学行为框架，使得教师在课堂上有章可循。④有效性。教学模式作为一种既定框架，能迅速有效地实现教学任务。⑤条件性。每一种教学模式都有特定的目标、条件和适用范围。评价最好教学模式的标准是在一定的情况下达到特定目标的最有效的教学模式。⑥稳定性。教学模式在一定程度上揭示了教学活动带有的普遍性规律。但是教学模式总是与一定历史时期社会政治、经济、科学、文化、教育的水平联系，受到教育方针和教育目的的制约。⑦灵活性。在运用的过程中必须考虑到学科的特点、教学的内容、现有的教学条件和师生的具体情况，进行细微调整，以体现对学科特点的主动适应。

教学模式的功能有：①加强了教学理论与教学实践的联系。教学实践需要教学理论的指导，教学理论也只有通过教学实践才成为有意义的对象，而教学模式是沟通二者联系的桥梁。教学模式是在一定教学理论的指导下建立起来的可以付诸实践的框架或程序，从而有利于教学理论与实践的互补与共进。②可以促进教学改革，提高教学质量。教学质量的好坏，都可以通过教学模式的实践体现出来。优质的教学模式可以不断继承和发展，形成宝贵的教学经验；较差的教学模式可以通过教学改革而不断改进和完善，并最终促进教学质量的提高。③可以转变教师观念，提高教师素质。教学模式的运用，对教师提出了更高的理论与实践要求。教师在教学实践中，只有不断转变教学观念，运用新的教学技术与教育理念提升自己，积极创建新的教学模式，才会更好地胜任新时期教师的角色。

（二）教学模式的内容

在现代教育中，人们总结、创造出许多教学模式。如学者总结当代国外流行的教学模式主要有：①信息加工模式。以奥苏伯尔为代表，指导思想是有意义的接受学习理论及先行组织者技术，目标在于丰富学生认知结构，实现有效学习。基本结构为：呈现先行组织者；呈现学习课题或学习材料；认知结构的加强。该模式又可分为先行组织者教学模式、概念形成教学模式等。②非指导性模式。这是人格发展模式的一种，以罗杰斯为代表，指导思想为人本主义教育理论，目标是发展学生的人格和情感。基本结构为：确定帮助情境；探索问题；形成

---

① 乔玉香. 我国当代教学模式刍议[J]. 教学与管理，2002(19):3-5.

见识;计划和抉择;整合。③小组合作学习模式。这是社会交往模式的一种,以约翰逊兄弟为代表。指导思想为建构主义学习理论中的社会建构主义学习理论,目标是不仅培养学生主动求知的能力,且发展学生合作过程中的人际交流、交往能力。基本要素有,积极的相互依赖;面对面的促进性相互作用;个人责任;社会技能;小组自评。④行为修正模式。以斯金纳为代表,指导思想是行为主义心理学,目标是通过对强化刺激的系统控制,使学生做出合乎需要的行为反应。基本结构为:小步骤进行;呈现明显的反应;及时反馈;自定步调学习。

还有学者总结当代中国的教学模式主要有:①传递—接受教学模式。指导思想为赫尔巴特的四段教学法,目标是使学生掌握系统知识,为未来作准备。基本结构为:激发学习动机;复习旧课;讲授新课;巩固运用;检查。②自学—辅导教学模式。指导思想为教师主导、学生主体的教学观,目标是让学生主动参与学习,独立掌握系统知识,获得自学方法,提高自学能力。基本结构为:提出要求,呈现自学内容;学生自学;讨论交流,教师启发答疑;练习运用;及时评价;系统小结。③问题—探究教学模式。指导思想为皮亚杰的认知发展理论、布鲁纳的发现学习理论、建构主义学习理论、人本主义学习理论。目标重在训练学生通过收集事实来建立理论的科学思维能力。基本结构为:提出问题,形成假设;收集资料,分析整理;验证假设,形成解释;组织结论,展示交流;评价结果,反思探究过程。

不管上述哪种教学模式,它们的过程内容一般包括:①指导思想。这是每个教学模式建立的理论基础。②主题。每种教学模式都有一个鲜明的主题,贯穿和主导着整个教学模式,支配着模式的其他构成要素,并产生出与主题有关的一系列范畴。③目标。即要完成的主题所规定的任务,使主题更加具体化。④程序。是完成目标的步骤和过程。⑤策略。完成目标的一系列途径、手段和方法体系。⑥内容。教学模式的内容不是指超越学科课程标准规定的教学内容,而是指每一种模式均有适合自己主题的课程设计方法,以形成达到一定目标的课程结构。⑦评价。不同的教学模式均有适合自己特点的评价标准和方法。

二、教学的形式

(一)教学形式的内涵

教学的组织形式在历史上经历的发展过程:古代的个别教学——近代的班级教学——现代的多种教学组织形式。

在古代,个别教学组织形式是教师与学生个体的教学组织形式。从古代教育生产时,就主要采取个别教学组织形式。它是古代教学、现代高层次教学经常使用的教学组织形式。在个别教学组织形式中,教师对不同学生在教学的内容范围、内容深度与广度、时间与地点安排等方面都有所差异,体现一种因材施教的优势特征。个别教学组织形式适应学生人数比较少的情况,在教育规模化、制度化方面要求比较低。

到了近代,在大工业机器生产出现后,由于社会对产业工人的批量性要求,提出了扩大教育对象、扩大教育对象规模的要求,班级教学组织形式应运而生。班级教学形式就是把学生按照知识基础和年龄编成班,教师根据统一的课程规定、教学时间和地点,对全班学生进行统一教学的组织形式。班级教学组织形式具有学生固定、教师固定、教学内容固定、时间与地点固定度等特征,在教学规模效益、教学制度化等方面具有显著优势。但是,班级教学组织形式在教学中缺乏个别针对性，难以满足学生身、心特征差异性上的要求。

（二）教学形式的改革

人们在系统研究个别教学组织形式、班级教学组织形式的优点与缺陷的基础上，认识到两种教学组织形式的问题，开始寻求一种兼顾两种教学组织形式优势的新的教学组织形式，因此导致了教学组织形式多样化的发展。

“兰-贝制”：即导生制，由英国牧师贝尔和兰喀斯特创立。其组织形式是：教师先教年龄大的学生，让他们中的优秀者去教年龄较小的学生或者学习成绩较差的学生。此教学方法在教师不足、课程比较简单的情况下采用。但是，其教学质量难以保证。

“道尔顿制”：帕克赫斯特在美国道尔顿中学探索出的一种教学组织形式。其组织方式是：教师不再系统向学生讲课，而为学生指定自学参考书、布置作业，由学生自学和独立作业，有疑难时才求教教师；学生在完成学习任务后，向教师汇报学习情况和接受考查。此方法优点是重视学生的自学和独立作业，有利于调动学生的积极性、培养学生的学习能力和创造才能。但是，它否定了教师的主导作用。

“文纳特卡制”：美国华虚朋在美国文纳特卡中学实行的一种教学组织形式。其组织方式是：课程被分为两个部分。一部分按照学科进行，由学生个人独立学习，以培养学生基本的文化知识基础；另一部分则通过艺体和合作等团体方式学习，以培养学生的社会意识。其中，自学部分在内容安排、学习步骤、检查测量等方面的安排比较精细。

到了现代，教学组织形式呈现多样化的态势：一方面，在中小学阶段与高等教育阶段，班级教学组织形式仍然是基本而重要的教学组织形式；同时个别教学组织形式在研究生教育阶段仍然广泛使用；另一方面，许多新的教学组织形式被采用，如分组教学、特朗普制、合作学习、小队教学等新的教学组织形式被广泛运用。

“分组教学制”：二战以后在美国等使用。目的是克服班级教学的不足。其基本方法是：按照学生的学习能力或学习成绩，把他们分成不同的小组教学。其中，分组有两种情况：一是在传统的年级与班级内根据学习成绩分组；二是在不同年级内根据学习能力分组。分组教学的优点在于：比传统的班级教学组织更适合学生的水平与特点，便于因材施教，有利于培养人才。但是，分组教学后，也会引发学生骄傲、家长意见大等问题，也促使快、慢班的差距越来越大。

“特朗普制”：特朗普制又称“灵活课程表”，由美国教育学家劳伊德·特朗普创立。这种教学组织形式目的是把传统的班级教学、个别教学结合起来，采取大班上课、小班讨论和个人独立研究相结合的组织形式；并用灵活的时间单位代替固定的上课时间，以大约20分钟为单位计算课时单位（时间分配为2:1:2）。其中，由出类拔萃的教师对大班上课，由优秀教师对小组进行指导，由学生独立完成布置的个别作业。

“合作学习”：20世纪七八十年代以来，西方国家探索出的一种教学组织形式。合作学习理论认为：学生群体组织有合作的、竞争的和不相干的三大类。提出群体合作应该成为学生课堂学习的主要部分。其中，合作学习的组织类别有：1. 组内异质、组间同质——对学生的学习能力、兴趣倾向进行不同组间的分派，而不同组之间的结构基本相同。2. 任务分割、结果整合——各个小组在全班总任务中分配一部分任务，各个小组独立完成承担的部分任务，然后汇总全班任务、成绩。3. 个人计算成绩、小组计算总分——个人在小组中承担任务并计算成绩，要求学生个体既要完成自己的任务，又要帮助其他同学完成任务。4. 公平竞赛、合理比较——根据统计学的常模参照评价，按照优秀生、中等学生、差生分类别分组，让所有学生都有合适的竞争对手，在公平竞赛中获得好成绩，受到鼓励。5. 分配角色、分享领导——在小组成员分组中，确定协调员、读题员、记录员、操作员、计算员、报告员等角色，而且不断轮换，学生执行不同的角色、承担不同任务、获得不同成就。

“小队教学”：对教师进行组织的教学组织形式，它是根据教师的能力和特长进行的差异性组合，形成“互补性”的能力结构，由两名以上的教师共同承担教学任务。目的是发掘教师的特殊才能和潜力，提高教学效果。

三、教学工作

当前，学校教育活动的工作主要体现在以课堂为中心的教学工作上。作为落实教育任务、实现培养目标的实践性环节，教学活动的工作无疑具有极其重要的地位。

（一）教学准备

准备1：备学生。学生作为教学的对象，备课自然是首先要认识学生、了解学生的智能基础与发展需要。备学生的目的在于了解学生的学习需要。备课从了解学生的学习需要出发，而不是从以往的备教材出发，主要包括以下内容：了解学生学习新任务的先决条件或预备状态，主要指学生在认知、情感态度、心理动作等方面的预备情况；了解学生对学习任务的情感态度，主要涉及学生的学习愿望、毅力、动机、兴趣等；了解学生对完成新任务的自我监控能力，主要涉及学生的学习习惯、学法、策略和风格等。

准备2：备目标。教学目标规定了学生在教学活动结束后究竟能够表现出什么样的学习行为。一般来说，它可以分为四类：认知领域、心理动作领域、情感态度领域、人际交往领域。对备教学目标的具体要求是：教学目标不能用教师的教学程序式活动安排来表示；教学具体目标应采用可观察、可检验、可操作的句子陈述，包括行为、行为发生的条件和行为接受的标准；不要用抽象模糊的词语，如“理解”“欣赏”“培养”“体会”等陈述教学目标。同时，作为目标实现的延伸，还要进行检测。虽然检测的目的不只是评定学生成绩，还包括确定学生的学业表现情况，以明确教学的薄弱环节，为教学补救提供依据。

准备3：候课。候课是教师课堂活动的预备状态，它具有积极的意义：对教师来说，候课可以使教师在开课前及时准确地进入角色；对学生来说，教师的候课是教师守时、负责、爱学生的具体表现，它有利于唤起学生对这节课的重视，同时也有利于稳定学生情绪，以做好上课的心理准备。此外，教师在教室里候课，还有助于师生间的沟通与理解，融洽课堂气氛。相反，如果上课钟声响过，教师才匆匆忙忙走向教室，即使不迟到，教师也需要一些时间稳定情绪。另外，经常性匆匆忙忙地上讲台不利于树立良好的教师形象。

（二）教学实施

实施课堂教学就是通过教师对课堂教学活动本身的导入、课中及结束等过程的不断调控，顺利实施教学设计方案，以达成预定教学目标。

第一步导入。它是一堂课、一个新单元或一个新段落的开端，主要起着集中注意力、稳定情绪和进入教学情境的作用。导入一般不宜占用过长时间，过长则会影响整个的教学进程。实践经验表明，一般以2~3分钟较为适宜。导入的类型很多，课堂教学中常用的导入方法有直接导入、联想导入、实验导入、设疑导入、事例导入、故事导入、悬念导入等。

第二步课中。它是实施教学活动的主体部分，指从导入新课到结束前的时段。一堂课的教学效果最终如何取决于课中是否实施合适的教学策略。根据国内学者的研究，课中主要有以下几种教学策略：先行组织策略、问题教学策略、发散和集中教学策略、反思教学策略。此外，还有精讲精练策略、自主发展策略、学习指导策略、教书育人策略、因材施教策略、促进自我发展策略、自主学习策略和主题探索策略等。

第三步结束。它是课堂教学的最后一个部分，其实施的主要目的是完成课堂教学的“有序解散”。为此，教师需要课前做精心准备，同时在课堂上还要恰当地运用一些结束的方法或策略。常用的这类方法、策略主要有：①系统归纳。课临到结束时，教师让学生对所学内容作归纳总结，及时强化重点，明确关键，以达到画龙点睛的效果。②比较异同。将新学概念与原有概念，或者将并列、对立、近似的概念放在一起对比分析，找出异同，这有利于理解新概念，巩固旧概念。③巧作铺垫。在结束一节课时视需要为后面的课巧设伏笔，引起学生的注意和思考。④巩固练习。在结束部分恰当地安排学生的实践活动，以使新知识得到巩固使教学效果及时得到反馈。⑤曲终奏雅。课结束时教师可用诗画、音乐结尾，或最后将讲课推向高潮时再戛然而止，给学生留下想象、回味、思索的余地。当然，课的结束方法远不止以上几种，只要教师平时注意积累和探索，就会找到适合自己教学的好的结束方法和策略。

（三）教学监控

教学监控策略，是指为了保证达到预期的教学目标，教师在教学活动中对教学的全过程进行积极主动的计划、检查、评价、反馈、控制和调节所采用的教学谋略或措施。有效教学监控策略的制定和选择，需要以教学目标达成前提，以教学主体的互动为本，以课堂教与学的行为为中心，从教学情境实际出发，综合考虑教学活动的诸要素。

监控策略1：应付偶发事件。在课堂管理中，偶发事件是最令教师头痛的事。由于它是突发性事件，所以教师用来估计形势和选择处置办法的时间是很短暂的。这时需要教师尽快做出反应，这既需要教师的经验和机智，也需要一些策略。田慧生等提出，应付偶发事件的办法有三种：冷处理、温处理和热处理。以下仅介绍一下“冷处理”，“冷处理”即教师面对偶发事件时处之泰然，见怪不怪，不批评指责，以比较冷静的方式加以处理。常见的冷处理方式有发散、换元和转向。对其余内容有兴趣的读者可自己找资料深入学习。

监控策略2：促进师生互动。师生互动的策略指有利于促进师生互动的诸多教学策略的统称，主要有规范约束策略、营造和谐课堂气氛的策略、多向交往与合作学习策略、行为矫正策略等。作为课堂教学监控的重要途径之一，积极的师生互动也是教师采取一系列有效教学监控策略的结果。

监控策略3：教学信息反馈。教学中，教师需要运用反馈策略以对教学各环节及效果有一个准确而客观的认识，以评价自己的教学效果和学生的学习状况，从而改善教学，进一步对教学再监控。通常情况下，对教学活动的反思与评价是教师教学监控过程的开始。教学反馈策略包括多种形式。从反馈源上分,有教师反馈、专家反馈、学生反馈、同行反馈等形式;从反馈方式来看,有现场言语反馈、摄像反馈、测验反馈等。教学中采取何种形式的反馈策略最有效,教师需要具体问题具体分析。

思考题:

1. 教育过程的众多要素构成了哪些关系?其中最为重要的关系是什么?
2. 关于教学的特质问题,有哪些说法?
3. 人们总结了哪些重要的教学原则?
4. 试比较各种教学方法的优势与不足。
5. 教学模式的概念、种类有哪些?
6. 比较各种教学组织形式的优势与不足。

第三编

教育何为:教育的价值、功能及有限性

从教育活动对人的成长所给予的经验传递与文化熏染,以及从教育活动通过塑造人而完成的对社会稳定与发展的促进与推动来看,教育活动所具有的重要价值与功能毋庸置疑。

自古以来,人们对教育活动曾寄予无限的期待,甚至有人认为教育能够包治百病而具有万能之功用;当然也有人认为受社会政治经济以及个人内在遗传与个体的自主特性等因素的制约,教育会显得苍白无力甚至是无能。

事实是,无论是主张教育万能还是认为教育无能,均非对教育价值与功能之理性与客观的认识。

第七章

教育价值

本章导读——

教育作为人类社会特有的实践活动，从它诞生之初就具有了价值属性；教育价值的客观存在，决定了人们试图通过理性思考，探寻与揭示合理的价值取向，从而使教育实践活动更好地服务于个体与社会的发展。本章通过对教育价值的含义、特性、类型的厘定与阐释，对教育价值历史演进的梳理和分析，对当前教育价值的改革实践与反思，使学生获得有关教育价值的基本知识，引导学生透过中西比较的视域，从历史的脉络中来理解现实中的教育价值问题。

学习目标——

1. 相关概念

(1)教育价值

(2)教育的内在价值和外在价值

(3)教育的社会价值和个人价值

(4)教育的人文价值和科学价值

2. 基础知识

(1)教育价值的基本特点

(2)教育需要、教育目的、教育功能与教育价值的关系

(3)中西传统教育价值观的差异

(4)中国传统教育价值观

(5)我国素质教育的教育价值实践

第一节 教育价值的概念

对教育价值概念的界定，其基本理论依据应是其哲学基础，一般认为是价值哲学或哲学价值论。如果把哲学价值作为一般价值，教育价值则是特殊价值，教育价值就是哲学意义上价值的下位概念。因此，作为一般价值的特殊形态，把握教育价值首先要清理对价值的认识，进而结合对教育的理解，厘定教育价值的含义、特性、类型等。

一、价值、教育价值

（一）价值

价值作为一个哲学范畴，必然有其普遍的客观基础和存在形式。这个普遍的客观基础和存在形式，正是人类一种普遍的基本关系——主客体关系的一个方面，即：在主客体相互作用中，由于主体及其内在尺度的作用，使客体趋向于主体，接近主体，客体主体化，客体为主体的需要及其发展服务。国内对价值范畴的把握，还是以"关系说"较为常见。既然价值是客体满足主体需要的特定关系，价值本质必然存在于主客体关系之中，而这种主客体之间的关系一般表现为三种关系状态：主客体的认识关系、实践关系、价值关系。

第一，主客体的认识关系。这一关系意味着主体认识客体的程度和方式。主体认识客体，存在于主客体相互间信息作用、信息变换的过程之中。主体不是简单直观地反映客体，而是在对客体信息搜集、选择的基础上，根据主体的认识对信息进行加工、建构的过程。主客体认识关系的展开，既是主体作用于客体的过程，又是客体作用于主体的过程。

第二，主客体的实践关系。实践是主体有目的有计划地改造客观世界及自身的活动。实践体现着主体的创造性、能动性，但又受客观规律及客体条件的制约，主体的实践活动又是有限度的、被动的、受制约的，因此主客体之间的实践关系，显示出主体对客体及自身的改造程度。

第三，主客体的价值关系。它表明主客体效用或功能关系，即主体需要与客体属性间的效应关系。主体的认识、实践活动的最终目的是满足主体的需要，建立主客体价值关系是主体活动的必然，所以主客体价值关系是在实践环节上的双向信息建构过程。

从主客体关系角度理解价值，我们会发现价值关系建构的二项尺度：主体尺度与客体尺度。动物只是按照它所属的那个种的尺度和需要来建造，而人却懂得是按照任何一个种的尺度来进行生产，并且懂得怎样处处都把内在的尺度运用到对象上去；因此，人也按照美的规律来建造。马克思在这里揭示出人的活动对象的尺度与人的尺度，也即是主体的客体化与客体的主体化过程。基于这样的认识，有研究者指出，价值的本质是客体主体化——是客体对主体的效应，主要是对主体发展、完善的效应，从根本上说是对社会主体发展、完善的效应。通过实践和认识所实现的主客体相互作用内容，一般是这样两个基本过程：(1)客体对主体的作用和影响，表现为主体对客体的感受、反映、接纳以及对客体本性和规律的认知与"服从"；(2)主体对客体的作用和影响，表现为主体对客体的选择、建构、改造并使它为自己"服务"。另一方面就是所谓"价值"的实质内容。

总之,价值就是客体满足主体需要之间的一种特定关系,在讨论教育价值时应从教育活动的主客体关系中去把握。

(二)教育价值

国内有多种多样的教育价值界定。20世纪90年代,人们对教育价值本质内涵的认识可以归结为三种模式:其一,教育价值即教育价值主体与客体之间基于主体需要得到满足所建构起来的特定关系,这是基于价值哲学中关系说的价值论观点;其二,教育价值是教育价值客体的功能属性对于教育价值主体的意义,由价值哲学中意义说的价值论演绎所得;其三,关系说和意义说的融合,认为教育价值的本质是教育价值主客体在教育价值关系中达成的意义。对于把教育价值视为一种"有效性""效用"等实体说和属性说而言,关系说和意义说的教育价值概念界定模式在理论和实践层面均具有进步意义。在理论层面,关系说和意义说模式的教育价值概念将视线转向教育价值关系或意义之中的价值主客体实体和教育价值实现的机制,有利于教育价值研究的深入展开。从实践层面来讲,关系说和意义说关注具体的教育价值关系互动过程以及过程之中内在的"意义"。

与上述观点不同,另一种观点认为,教育价值是指主体的教育需求通过教育客体得到满足,是主体客体之间以教育为纽带的一种利益关系。这个界定的价值论基础也是主客体关系说,不过其中采取的大教育观(包含学校教育、终身教育的各种形式、自我学习、自我教育等等)和人类三种生产之中的人类自身再生产理论分析框架,有助于拓展我们的教育价值视野与辨析教育实践活动中复杂的教育价值关系谜团,进而从理论上严格区分教育价值和非教育价值,抓住根本的教育价值。

就直观和静态而言,教育价值是教育主体对教育客体和对象是否满足其需要的评价和态度;从深层和动态看,教育价值是教育主体改造教育客体和对象,使其变成符合其希望、理想、需要的客体和对象的过程和目的、结果。综合两者教育价值是教育主体对教育活动及其结果是否满足自己需要的评价和自己的教育需要、理想的对象化。

教育具有许多不同层面的价值,但这些价值都要通过培养人来实现,教育形成的人是实现诸多教育价值的根本。在一定意义上说,教育发展是教育主体对教育价值选择和创造的过程,而教育价值的判断又决定着教育价值的选择和创造,并为其提供着必要的前提,因此,教育价值判断得是否合理在整个教育发展中具有重要意义。价值判断是价值评价主体依据价值主体的需要,在衡量价值客体的属性是否满足价值主体的需要以及满足其需要的程度时而做出的一种判断。

二、教育价值的基本特点

厘清教育价值的基本特点以认识价值的基本特点为前提,再结合教育的特殊规定性,从而得出教育价值的特点。

(一)价值的基本特点

1. 潜在性和现实性的统一

客体及其属性和功能是价值的承担者,但它本身并不直接就是价值。因为离开主体和主体特定需求而独立存在的事物和属性，只能是“自在之物”和“自在属性”，不是现实价值的承担者。潜在的价值，指的是在社会生活中还没有出现但又可能发生的价值关系，它是我们在观念上的逆推或假定。客体的有用性或对主体积极的、肯定的作用和意义是多层次、多方面的，但当主体尚未认识到它的有用性，或者当主体还没有对它的有用性产生需要的时候，客体及其属性与主体之间的价值关系就处于潜在状态。一旦主体认识到了客体的有用性并对它产生了需要，价值观念便会从潜在状态转化为现实状态。

2. 个体性与社会性的统一

作为主体的人不仅是自然的存在物，而且是社会历史的存在物。作为具有社会性的主体的人，不但能意识到自身的存在和需要，同时还能意识到他人、社会的存在和需要。谈到价值就必然要联系到人的需要。人的需要在本质上是一种社会性的需要，需要的对象和满足需要的手段，都是社会历史的产物。在主体与客体价值关系中，既有个体参与其中，又有社会主体参与其中；既有个体需要的参与，又有社会需要的参与。因此，价值既有个体性，又具有社会性。

3. 多样性与层次性的统一

因为主体的需要与客体的有用性千差万别，所有客体的有用性和主体的需要建立起关系时，各种价值的现象在性质上的差异就明显地显现出来而体现出特殊性。价值现象的特殊性体现出价值的多样性。

价值的多样性并不意味着价值的混乱。价值现象尽管复杂纷繁，但是，在观念中我们却可以大致分为两大层次：个体主体与客体之间建立的价值关系，它是最基本、最广泛的价值关系；社会主体与客体之间建立起来的价值关系，是高层次的价值关系。这两大层次的价值关系还可以进一步细分。价值是多样性与层次性的统一，即在多样性中包含层次性，在层次性中体现出多样性。

（二）教育价值的基本特点

一方面，教育价值作为价值一般之个别或特殊，它必然具有一般价值的基本特征。也就是说，教育价值同样体现出是潜在性与现实性的统一、个体性与社会性统一、多样性与层次性的统一。

另一方面，教育价值作为一种特殊价值现象，还具有有别于一般价值的不同特点，即教育价值的自在性和自为性。

自在价值是满足包括自然人在内的自然存在条件的自然存在，是人意识到的满足自然“需要”的自然存在，是在主体对自己的需要和理想的自我意识、自我评价、自我创造，改造中形成自己的存在。

教育是人自己形成自己的活动，是人的价值的自我形成。教育的价值就在于发现、挖掘、发挥、形成、引导、限定人的价值。精神价值是人的最高价值，是人的价值与其他事物价值的根本区别，其实质是知识、能力和思想品德的价值。教育形成人的价值就是要通过有价值的知识、能力和品德等教育形成人的精神价值。

三、教育价值观念的理论分析

在教育史上,最早明确提出教育价值问题的是19世纪英国实证主义哲学家、社会学家和教育理论家斯宾塞(Herbert Spencer,1820~1903)。他在其名著《教育论》中提出"什么知识最有价值"的问题,认为凡是人们所学的各种知识都有一定的价值,但是价值的大小和性质却不一样。究竟什么样的知识才最有价值呢?这就必须首先确定知识价值的标准。在他看来,知识有无价值或知识价值的大小,应当看这种知识与人的生活的关系。他认为对于人们生活最有用的知识就是最有价值的知识。这是教育史上最早的知识价值观。自斯宾塞之后,教育界讨论教育价值问题风靡一时,尤以美国和德国最为盛行。

在美国,最有代表性的是实用主义哲学家、心理学家、教育家杜威(John Dewey,1859~1952)。他的主要贡献在于把价值分为"内在的价值"和"工具的价值",后者称为"外在的价值"。所谓内在价值,是表明人们珍视某事物的态度,觉得这件事物本身有价值。其价值大小依据人们欣赏它的程度大小而定。工具价值指的是某事物可以成为人们达到某种目的的手段。它是通过估量、比较、评判而产生的。当我们判断某事物的外在价值时,必须拿它与其他事物做出比较才能得出结论。根据上述观点,杜威认为课程中的各科目都有内在的价值和外在的价值,决定某一科目有多大工具价值的唯一标准是这一科目对于经验中各种直接的内在价值的贡献的大小。另一位美国教育哲学家波德(Boyd Henry Bode,1873~1953)则提出教育价值的"社会性标准"(Social Criterion of Educational Values)的概念,认为判断所有科目、课程、教材等价值的标准,就是看它能否有助于受教育者对其生活的社会环境有比较好的了解。

在德国,当时研究教育价值的代表人物是斯普兰格(Edward Sprange,1882~1963)和杜尔(Ernst Dürr)。斯普兰格的价值观总体上可以称为"文化价值观",他认为教育有两方面的价值:一方面在于由外部摄取客观文化价值来发展人内部的人格价值;另一方面在于由主观的内部创造新的文化价值。教育的目的是促使人们通过摄取外部客观的文化价值来发展其人格价值,并通过发挥其内部的主观作用去创造新的文化价值。由于外部客观的文化价值能陶冶人格,充实人格内容,促进人格发展,所以斯普兰格又称之为"陶冶价值",并仿照当时教育学上形式教育和实质教育之分将陶冶价值分为形式陶冶价值和实质陶冶价值。前者针对训练关于价值创造和价值体验的精神活动的根本方向的动作而言,后者则指由此而获得的价值的内容,两个方面相辅相成。杜尔的主要贡献在于将教育价值分为现实价值和理想价值。在实际生活中,教育的现实价值较为重要,教育决不能轻视之,宁可使理想价值从属于现实价值,这就是杜尔教育价值理论的最高原理:现实价值有大小之分,判断其大小的标准是看它能否维持与增进人类当下的幸福。

以上是教育史上关于教育价值研究的大致情况。由于每个人的哲学观点不一样,所以他们对教育价值的理解也不一样。但是,究竟应如何界定"教育价值",教育理论界尚没有一个公认的定义。大凡研究教育价值者,他们都从自己的思想体系出发,给"教育价值"作界定。这里仅选择几种主要的观点列举如下:

观点1　教育价值有两种含义:教育中的价值和教育的价值。前者指教育中应该在学生身上培养哪些价值;后者是指怎样的活动才具有教育上的价值,才能有效地获得那些教育中的价值。教育中的价值是指在教育活动中应该达到什么目的,实现哪些人生价值和应该教给学生一些什么价值内容;教育价值是指在教育活动中应该怎样活动,应该采取哪些方式方法才能达到教育的要求,收到教育的效果。①

观点2 教育价值就是教育的功效,从人的发展来说,教育就是对发展的一种价值限定。从社会来说,教育又是一种社会价值的创建,是社会价值所设计、创建的一种文化形态。②

观点3 所谓教育信息即教育对人的需要的满足。具体地说,就是通过教育的进行,培养一定的人,满足人的需要。教育的价值,就是教育对人的意义。③

观点4 教育价值,是指作为客体的教育现象的属性与作为社会实践主体的人的需要之间的一种特定的关系。④

观点5 教育价值指教育作为社会系统中的一种客体,对社会主体和个体主体的发展需要的一定满足(适合、一致、促进等)。⑤

总而言之,这些观点大体基于哲学上关于价值概念的三种理论,即需要论、属性论和关系论,更多的人从主客体关系的角度来认识,认为教育价值是主客体间的一种特殊关系⑥。

四、教育需要、教育目的、教育功能与教育价值的关系

(一)教育需要与教育价值

需要是主体对客体摄取的心理状态。教育需要是作为教育主体的个人和社会对教育的摄取状态。教育需要的本质是个人对接受教育获得知识、形成能力和品德的需要,同时也是社会对教育培养人才和提高国民素质的需要。

人对教育的需要既有客观性,又有一定的主观性,它伴随人自身对教育的认识和对理想的追求而发展,因此,人对教育价值的认识和实践也是发展的。

(二)教育目的与教育价值

教育目的是对未来教育实践活动的观念性超前预演,就此而言,它是一种观念形态的东西,是思维活动的产物。在思维过程中,人们往往会从各自利益和需要出发,在选择和取舍中体现出人们不同的价值追求。因此,教育目的的探索不能不和教育价值问题相联系,教育目的体现着教育价值的利益导向。

人对教育具有某种需要才能产生某种教育价值观,有了某种教育价值观才能产生发展教育,从事教育活动的动机和行动,确定教育的目的和目标以及内容、方法等,但教育达到的目的有时符合人的需要,与教育价值的要求相一致,有时则是事与愿违。

在教育目的和教育价值的关系定位中,还要认识到,教育目的是对教育价值的具体化和

① 傅统先,张文郁. 教育哲学[M]. 济南:山东教育出版社,1986:107.

② 孙喜亭. 教育价值问题再论[J]. 教育研究与实验,1988(01):2-6.

③ 王汉澜,马平. 浅谈教育的价值[J]. 华东师范大学学报(教育科学版),1991(01):27-32.

④ 王坤庆. 现代教育哲学[M]. 武汉:华中师范大学出版社,1996:125.

⑤ 王卫东. 教育价值概念的历史考察与理论分析[J]. 北京师范大学学报(社会科学版),1996(02):29-35.

⑥ 李长吉. 教育价值研究二十年[J]. 高等师范教育研究,2001(04):54-59+53.

现实化。教育价值从人的需要和教育属性之关系中产生出来，作为主体的人的需要要具体化，则表现出对活动的需要，否则主体的需要无法满足；教育的属性要具体化，则落实在对人的培养上，若不培养人，教育的属性何以体现？因此，教育目的对教育价值的具体化和现实化，体现出了对“活动—人”之间关系的探讨，这也进一步深化了教育目的关注的范围和矛盾。

（三）教育功能与教育价值

教育功能和教育价值并不是一回事。从概念的内涵上来看，功能是事物本身固有的属性，而价值则表示事物与主体之间的关系或意义。因此，可以从这一角度明确区分教育价值和教育功能，不能把二者等同起来。教育某种功能的实现并不代表其某种价值的实现。教育功能的发挥不等于教育价值的实现，教育本身是一把双刃剑。

教育功能是教育本质规定的对社会和个人的功效、作用、用途，教育的功能随着人对教育认识的深化而发展。教育具有什么样的功能就有可能体现出相应的价值。

教育价值是指教育功能的意义，它体现为人的需要与满足需要的教育功能之间的关系。教育功能是教育的属性，而教育价值则指这种属性因适合人的需要而显示出的意义。

教育具有多种功能，与人的需要发生关系，使教育价值也呈现多样性。不同的教育功能对同一个人具有不同的价值，而同一教育功能对不同的人也会显示不同的价值。这就造成了丰富多彩的教育价值取向，并导致不同的教育实践。如下图所示：

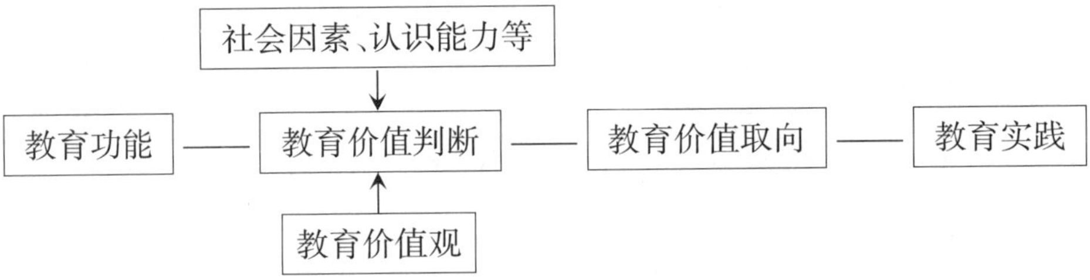

从对教育功能的认识到教育实践，经历了由判断、选择至行为的过程，这一过程受到各种主客观因素的影响，这是教育活动机制的一个重要特点。教育价值判断不同于教育价值本身，而是对教育价值关系的认识。这是根据判断者的需要，基于对教育功能的认识，对客观存在的价值关系做出的认定。这种价值判断可以是定性的，得出有无价值的结论；也可以是定量的，确认教育的效益。在对教育价值的认识中形成的相对稳定和系统的看法，即教育价值观，它是动态的复杂的观念体系，但教育价值观对教育价值判断有影响作用。教育价值判断还受判断主体的认识能力以及各种社会因素的影响。教育判断之后确定教育价值取向，这是从认识教育功能至教育实施的最终环节，在此基础上进行的教育活动包括制定教育目的、选择教育内容和方法等等。

综上所述，教育价值体现的是作为主体的人的教育需求和作为客体的教育活动属性之间的一种特定关系，教育目的体现的是教育主体对自身需要的规范化，即需要客观化的过程，教育功能的真正发挥体现的是需要主客化的程度，三者统一于教育实践活动中，其最终契合于“人”的培养中。简单来讲，教育目的在教育价值观基础上确立，在教育功能上得以实现;教育价值体现为教育功能的积极意义,教育功能的正常发挥促成教育目的。因此,教育需要、教育目的、教育功能与教育价值几者的关系辩证统一、不可分割。

五、教育价值的分类

(一)内在价值和外在价值

当教育内容或者要素成为教育的目的时,它具有内在价值属性,当它成为实现别的目的的手段、方法或途径时,它则被赋予外在价值属性。内在价值和外在价值不能截然分开,它们是相对的,同一客体在不同的关系背景中可能具有两种价值属性。教育的外在价值体现为实现别的目的的手段、方法或途径。教育的内在价值体现为为了知识而教育、为了能力而学习、为了真理而学习。

教育培养人的实质就是使人掌握知识、发展能力和形成良好的思想品质,形成德智体美等各方面全面发展的人,这是教育内在价值的根本。重新审视教育的价值就是强调教育的内在价值。

(二)社会价值和个人价值

教育的社会价值,是指教育对社会存在、延续和发展需要的满足,并在这一过程中体现出自身的价值。教育的个人价值,是指教育对人的生活和人自身发展需要的满足,在满足个人需要中体现出社会的价值。

当代教育是满足社会教育需要和个人教育需要、社会本位和个人本位统一的教育。教育应以促进人的社会化和个性化统一发展为不懈的追求和最高目标。

(三)教育中的价值和教育的价值

教育中的价值,是指教育中应该在学生身上培养哪些价值,这与教育目的相一致。它具体指教育活动中应该达到什么教育目的,实现哪些人生价值和应该教给学生一些什么价值内容。从这个角度来看,教育中的价值主要体现为经济价值、政治价值、科学价值、道德价值、美感价值等等。

教育的价值,是指怎样的教育活动才具有教育上的价值,才能有效获得那些教育中的价值,这与教育内容、方法、手段及教育进程相联系。在教育活动中应该怎样活动,应该采取哪些方式方法才能达到教育的要求、收到教育效果、实现教育价值。

(四)人文价值和科学价值

教育的人文价值在于人们接受人类精神文化,并在文化传递与接受文化的过程中,使每个受教育者的人格得到陶冶,这是教育的全部价值的核心。科学的教育价值观应是教育的德智体美等方面价值高度统一的价值观。当代教育改革的目的就是要形成新的教育价值指向,形成科学精神与人文精神统一的教育价值。

(五)继承价值和创新价值

人类要生存,必须继承传统;要发展,既要继承传统,更要超越传统和创造未来。要实现这一点,必须处理好传授、学习知识与培养、发展能力的关系,发展一般能力和发展创新能力的关系，形成创新精神、品德与形成其他良好品德、精神的关系，但首先必须形成开放和民主的教育。形成开放和民主的教育首先必须形成开放、民主和创新的社会，开放、民主和创新的社会是开放、民主和创新教育的必要条件或者基础。

(六)理想价值和现实价值

教育精神在一定意义上是一种乌托邦精神。教育的目的就是超越现实，去追求理想和实现理想。教育只有坚持乌托邦精神才能既立足现实又面向未来，克服工具主义教育价值倾向，实现教育的本体价值。

(七)教育的专门价值和公共价值

教育既有通过选拔培养专门人才、精英人才的专门价值，也有普遍提高公民科学文化和思想道德素质的公共价值。两者相辅相成，保持平衡发展。

第二节　教育价值观的历史演进

教育价值的追求穿行于教育发展历史中。梳理教育价值的历史演进脉络有助于进一步廓清对教育价值的理解。人类对教育价值的认识与追求，与一定的社会政治经济发展紧密相连，又与人们对教育的本质与功能的认识密切相关。有什么样的政治和经济形态就会有什么样的教育价值追求，因为价值观念同价值判断主体的世界观与需要相关，而任何主体的价值观念若能够得到广泛认同，盖由于单个主体实际上已经成为一部分社会群体的代言人，故对其教育价值取向，须联系它所产生的社会背景加以解释。迄今为止，人类的教育价值，大致摇摆于社会价值和个人价值之间，社会价值包括政治价值、经济价值、文化价值，个人价值包括个人的名利价值、人文价值等。

一、古代教育价值观

古代教育跨越原始社会、奴隶社会和封建社会，具有悠远历史的古代教育，实质上不过是一种‘人的依赖关系’的训练。在那种时代，人际依赖关系压倒一切，个人价值几乎被淹没了。这种荒诞的教育归根到底是自然经济土壤的必然产物。

(一)“为了人类自我生存”的教育价值

原始社会只有社会教育和家庭教育，而没有学校教育这一形式。原始的社会教育具有三个特点：一是教育与社会生活、社会生产相结合，社会生活和社会劳动是教育的载体；二是全体人员都要接受教育，并且都接受类似的教育，体现出教育的公平性；三是教育与政治、宗教联系在一起。当时的政治是全体人员都参与决定事务，民主决定产品的分配。在原始社会，由于人类认识自然和改造自然的能力有限，在自然灾害面前无能为力，于是便产生了信奉鬼神的宗教，宗教活动也成为社会教育的主要内容之一。原始社会经历了由群婚制向正式的一夫一妻制过渡的过程，无论是群婚制还是一夫一妻制，其家庭教育与社会教育交融在一起，其内容也类似。原始社会，由于没有社会分工，人类所积累的知识有限，缺乏产生专门教育机构的客观条件，只有原始的社会教育和家庭教育，这种教育价值取向就是为了人类自身的生存。

教育的外在工具价值得到了最充分的体现与实现！它使得人类得以保存和延续下来，知识本身所具有的直接使用价值和发展价值也得到了充分的实现！

（二）“服务于政治”的教育价值

伴随奴隶制社会的建立和文化的发展，统治阶级为了维护其统治地位，传播其意识形态，于是建立了专门的教育机构，即原始的学校。在奴隶制社会，虽然社会生产力有了一定的发展，产生了学校教育，但由于阶级矛盾的尖锐性，加上自然科学知识的生产量极其有限，统治阶级从创办学校开始，就看重教育的政治功能，追求教育的政治价值，其办学的目的是为政治服务，是维护社会的稳定和培养本阶级的子弟和接班人。

封建社会，虽然社会政治制度上有了质的变化，但由于社会生产力的发展仍未发生质的飞跃，统治阶级所追求的教育价值，仍然是它的政治性。儒家学派的创始人孔子认为，教育是“仁政”“德治”的基础，教育就是要培养“好礼”“好义”“好信”“仁德”的君子。孔子的教育目的观，深刻影响着中国封建社会的教育，使教育的社会政治价值始终占统治地位。特别是科举制确立以后，读书与为仕紧密相连，连民间私学也是为考取功名服务。此时，技术的传授都是父传子式的代代相传，或者是师傅带徒弟式的传授。虽然官方也办过医学类的专业学校，但相对而言，传授技术类的学校并不构成教育的主流。在这一时期，不仅中国如此，世界其他地区也如此，其所谓的差异，主要体现在宗教方面。在欧洲、亚洲和中东地区，教育与宗教紧密结合，传播宗教的教育具有一定规模。

教育价值的体现与生产力发展水平密切相关，古代人们还没有感受到科学技术对社会经济发展的巨大推动作用，教育的经济功能没有充分体现出来，因此，教育的经济价值也就没有被人们充分认识到。在统治阶级看来，简单的农牧生产技术可以通过家庭相传，不必通过专门的学校教育来促进发展。应当承认封建社会发展的进程中，生产水平仍在缓慢发展。科学技术对生产的促进作用也以不同的方式体现出来，但由于时代的局限，历来的统治阶级，始终都将维护本阶级的统治地位作为第一要务，追求教育的政治价值，使教育为政治服务。

（三）“注重人格塑造”的教育价值

中国的封建社会，教育等于道德教育，孔子提出“仁智统一”“未知，焉得仁”(《论语·公冶长》)，他追求的是“内圣外王”的教育理想，企图把教育道德化。这样教育的一个重要作用就是从道德人格（尊德性）与学问来影响社会，以便使教育本身和受教育者保持相应的道德品质，孔子本人主张“人能弘道”，而“非道弘人”，所谓“士不可以不弘毅，任重而道远”。这样的教育信念被后来的儒家学者继承、发扬。如董仲舒就提出“教化成性”，程颐主张“主敬”“存诚”，朱熹重视“涵养本原”等。对此，严元章先生把传统教育的宗旨、目的、理想概括成是“人生教育”。他认为，人生教育以“学的人”为主体，以培养“学的人”成人成才为宗旨；“成人”以养成“正人”为目的，进而以养成“通人”为理想；“成才”以养成“专才”为目的，进而以养成“全才”为理想。[①]

在古希腊，柏拉图从社会的角度，苏格拉底从美德的角度，亚里士多德从人自身的角度，将他们专注的焦点放在教育所能达到的目的——理想人格问题上来。对理想人格的思考与追求是人反思自身、确证自身的一个普遍性问题，是哲学的核心问题，它之所以与教育产生联系，是因为人们确信只有教育而非其他活动才能够完成这种人格的塑造。因此，教育之所以存在，是因为它能为塑造人格服务，一种教育是否合理，就要看它是否能够实现这一目的。

二、近代教育价值观

(一)教育的经济价值日益彰显

18世纪中叶欧洲发生产业革命后，科学技术对经济的影响逐步加深，大量农村劳动力向城市转移，实现了由农业经济向工业经济的转变。工业经济的产生，机器化大生产对人的素质提出了新的要求，突出了掌握技术，发展经济的要求。因此，在工业经济社会，接受教育不再像封建社会那样只是少数人的特权，而是惠及平民的教育。由于科学技术具有促进经济迅速发展的作用，人们深刻认识到了教育的经济功能，一些资本主义国家先后以国家法令的形式推行普及义务教育，如普鲁士(1767年)、法国(1793年)、英国(1870年)、日本(1872年)等，逐步重视发展高等教育。这样，以宗教救赎为目的的教育制度逐渐被淡化，教育的经济价值取向逐步被强化。特别是二次世界大战后，一些资本主义国家致力于发展职业教育，教育的经济价值进一步凸显。从发达国家的发展历程来看，工业经济的迅速发展建立在职业教育和高等教育迅速发展的基础之上，是教育经济功能的充分体现。教育促进了经济的发展，经济发展又强化了政府对教育经济价值的取向，从而进一步导致了社会经济的加速发展。

(二)个人本位教育价值的确立

欧洲中世纪末期兴起的人文主义教育思潮，从教育场域中朦胧地发现了“人”(个人)，这虽有深远的启蒙意义，但它所奉献的果实，却带有浓重的古典气息、偏重个人心理“官能”训练的“形式教育”，变相地压抑个人的发展。时至18世纪，资本主义方兴未艾，商品经济蓬勃发展，18世纪成为产生“孤立个人的观点”的时代，把人看作人、“把孩子看作孩子”，让孩子在教师精心、机智的辅导下“自己实现自己的意志”，最终由他自己把自身造就成“人”——学习“做人的天职”，发展其自身。概括地说，把教育的本质归结为主要由人(教育对象)自己把自己造就成“人”——自然人。从而在近代教育价值观念上开“个人本位”说的先河。

个人本位的教育价值取向与西方个人主义的哲学密不可分。雅典哲学家苏格拉底的教育价值目标是通过自我检查和自我分析来促进人的发展。德国教育家福禄培尔认为教育的主要价值是培养具有多方面兴趣的人。存在主义教育哲学认为，教育应以个人的“自我完善”为目标。在发现自我境遇的认识过程中进行个人的自由发展。个人唯一可以接受的价值观是他自己选定的价值观。个人本位的教育价值取向虽然在历史进程中有进步的意义，但在追求个人自由发展的同时剥离了个人与社会的关系。个人本位的教育价值取向走向了

---

① 严元章. 中国教育思想源流[M]. 北京：生活·读书·新知三联书店，1993：58.

绝对的抽象个人观。

(三)社会本位教育价值的进一步演绎

作为个人本位教育价值观的对立面,历史上社会本位的思潮泛起构成了教育价值取向的另一轮。19世纪70年代以后,社会本位的教育价值观在德国、法国及美国应运而生。康德早在18、19世纪之交提出"人类个体本位"思想,但在19世纪60年代才有影响,70年代产生了新康德主义,80~90年代形成了以纳托尔普为代表的新康德主义的"社会本位"教育观。19、20世纪之交,法国出现了以迪尔凯姆为代表人物的"社会本位"说,美国出现了杜威试图超越"个人本位"与"社会本位"界限而最终又倾向于"社会本位"的思想。

三、现当代教育价值观

现代教育价值观在教育实践中依然存在个人本位教育价值与社会本位教育价值之争,但同时出现了一些新趋势。

第二次世界大战之后,一种新型的教育价值理论——新人文主义教育在西方普遍获得推崇,这种价值观的核心在于强调人本身的情感、希望、恐惧和抱负,对人的存在、人的经验和人的境遇给予格外关注,因而主张教育必须尊重人的情感和人的自我形象,教育的价值在于实现每个个体的"自我"。美国著名心理学家罗杰斯所倡导的"非指导性教学"理论,便是这种价值观的实践表述。被誉为20世纪心理学"第三思潮"的马斯洛心理学理论,在教育价值取向上,同样关心人的发展,尤其是关心人还未充分发展的那部分潜能和价值的实现。马斯洛认为:儿童有两个基本需要——爱的需要和自我实现的需要,而就整个人类而言,其终极价值就在于自我实现、自我完善,教育可使人彻底地成为一个人,充分实现人的一切可能性。至于存在主义教育价值理论更是宣称:人本身就是人的最高目的,人的价值就在于他自身,所以教育的价值归结为实现人的价值,教育的目的就是使人全面占有自己的本质。人的存在是最真实的,"存在先于本质",它强调人的价值在于他是自由的。自由地选择生活、体验生活,并对自己的选择负责。对于"价值"的把握,存在主义者采取了"本体论"的方法,即通过审美的、道德的、情绪的个体存在去直觉地、体验地判定价值。存在主义者反对用实证科学方法来研究人及价值问题,认为科学方法把人当作物质力量、心理力量、社会力量、经济力量以及其他外在力量所决定的客体。

我国教育界曾经由于忽视人的主体性地位以及对个人与社会关系认定上的偏差,导致了教育更注重强调其外在工具性价值而忽视其内在价值的倾向。虽然我们也认为教育价值是工具性价值与内在价值的统一,这种思想也体现在我们的教育方针中,但在观念上及教育实践中是有偏向的统一,而不是真正的现实的统一,是按照社会需求的统一模式、规格打造受教育者的过程,而较少顾及甚至忽视个体的独立性需要和发展的需要,虽然这在一定的历史条件下有其现实的基础及存在的合理性,但在市场经济确立并发展的过程中随着利益主体的多元化,个人独立性、自主性地位的逐渐确立,这必然要求教育实现其促进人的发展的内在价值与促进社会发展的工具性价值的真实统一。我们目前对"应试教育"价值取向的反思及对素质教育价值取向的张扬,就是对教育价值观的重新调整。

四、中西传统教育价值观比较

(一)中国传统教育价值观

在中国教育思想史上,有众多的学术流派,其中产生持久影响的当数儒家和道家。儒家和道家的教育价值取向,构成了我国传统教育价值观念完整而独特的两大倾向。

纵观两千多年的教育发展史,儒家的教育价值观主导了中国传统教育的历史流向,成为古代确定教育方针政策、选择教育内容和评价教育价值的主要标准和基本依据。儒家文化作为封建政治构架的符号化表征,其教育价值取向带有明显的"工具论"色彩。儒家十分重视教育的作用,但几乎都是从国家和社会这个视角,来审视教育的价值。《学记》曰:"古之王者,建国君民,教学为先,君子如欲化民成俗,其必由学乎。"孔子提出了"庶—富—教"的施政大纲,也是把教育作为治国安邦的一个重要条件。孟子从仁政和德治角度,阐释了教育的价值,认为"欲得天下,必得民心;欲得民心,必须善教"。这就明确肯定了教育既要为统治阶级培养所需人才,又要形成美好的社会道德风尚,维护社会秩序。当然,古代的教育家们也并未忽略教育与人性的关系问题,但他们大都是从抽象的人性出发来阐述教育对人的作用的,从"性善论""性恶论"之争,再到后世的性混合说、性三品说,尽管他们对人性的认识大相径庭,但对教育作用的认识却是一致的,即都认为通过教育能使人性完善,以达到稳定社会秩序的目的。这样,教育的政治价值、道德伦理价值便是教育实践的出发点,满足社会需要便是教育的落脚点。《大学》曰:"格物而后知至,知至而后意诚,意诚而后心正,心正而后身修,身修而后家齐,家齐而后国治,国治而后天下平。""儒家偏重群体""外在价值"的观念,对我国社会教育影响至深,接受教育是为了将来在社会上施展才华、实现抱负,成为上至达官贵人、下至平民百姓的共识。科举取士制度确立后,"学而优则仕"的教育价值取向,便牢固地印在了中国人的思想深处。

与儒家不同,道家教育价值取向产生影响和作用的时间与范围,远不及儒家。可以说,道家的教育价值观几乎没有与中国封建社会的官方教育接轨,道家教育价值观的影响主要体现在"私学"中。从先秦老庄,到魏晋玄学,其教育追求都显示出退隐、出世的色彩。道家比较重视从个体发展角度来阐释教育价值,道家的教育价值取向具有鲜明的"本体论"倾向。在道家教育价值观中,个体"内在价值"重于个体"外在价值"。

(二)西方传统教育价值观

在西方教育发展史上同样存在着两种鲜明对立的教育价值观。一种是从人类自身需要出发,认为教育的价值应当由人的本性需要来决定,教育的目的在于焕发人的天性,启迪人的智慧,完善人的个性,使人成为完人。以人为中心的教育价值观在西方源远流长。古希腊的先哲们认为教育家的责任就不仅是为特定的国家培养公民。为了公正地对待人的天性,教育家还要培养青年为美好的生活做准备,并且认为后者才是"教育的最高目的"。因而,他们把教育看成是逐渐实现人的本质规定和自身和谐发展的最有效的手段。而教育的价值、目标、理想就在于使人的本质规定和人的和谐发展得以实现。到中世纪,教会在西方社会占了统治地位,认为教育的功能和价值在于拯救灵魂,使人类获得普遍的救赎。文艺复兴时期,人文主义教育运动一反中世纪对人性的摧残,倡导人性的尊严和自由,把学校办成了远离社会的“快乐之家”。人文主义教育家认为，教育的价值在于使人的天赋能力得到和谐发展。到了近代，随着自然主义思潮涌起，启蒙思想家卢梭主张社会和个人都应“归顺于自然”，提出了“必须在教育成一个人还是教育成一个公民之间加以选择”的命题，主张要“回到自然”，顺应儿童自然本性。20世纪初出了杜威，他试图把教育的个人价值和社会价值综合起来考虑，但实际上他对个人中心的强调似乎比他的前辈们走得更远。他认为“生活就是发展”，而“教育就是生活”，因此教育过程在它自身以外无目的，它就是它自己的目的。这种教育价值观一直延续到今天，存在主义的教育价值观是这一观点在当代的典型代表。

与此相反，持另一种观点的人认为，教育价值不应该由抽象的人的需要来确定，衡量教育价值的标准在于它是否满足、在多大程度上满足社会需要。社会需要是教育的全部出发点和归宿，主张为了社会而不是为人自身来培养人。这种价值观的典型形式是以国家为中心，即把教育的一切方面全部纳入国家需求的轨道，使教育成为统治阶级进行统治的工具。西方以国家为中心的教育价值观在近代随着德法两国的兴衰而抬头，与救亡相关。1806年，普鲁士败于法国，国家主义思潮深入人心。费希特痛感国难当头，高声呼吁教育的价值在于养成真正的“祖国爱”。1870年法国败于德国，国家主义思潮同样盛行起来。涂尔干认为，教育绝不是以个人及其利益为唯一或主要目标，它首先是社会用以不断更新它自己的生存情况的方法。这种以社会需要为目的的教育价值观，对于以后的教育理论和实践一直产生着重大的影响和作用。

总之，西方在教育价值观演进的历史就是教育的理想价值和教育的工具价值不平衡演进的历史，前者以个人的发展为出发点，主张教育的价值集中体现在促使个体不断发展和完善，尤其是促使个人在人格、审美和精神生活领域里的自我实现。后者则以教育的“社会效率”为出发点，强调教育对社会发展的促进作用，教育的价值就在于具有从事社会物质生产能力，并在道德上符合社会行为规范的劳动者和建设者，以保证国家的统一和民族的富强。导致人们教育价值观发生变化的根本原因在于：人类社会是一个不断发展的过程，个体自身也是一个不断发展和完善的过程，教育价值观伴随着人类社会的发展和个体自身的发展而不断发展。所有社会形态的教育有一点是共同的：教育就是使个体适应日益变化的社会生活，人的认识能力、意志和个性的发展，其最终目的仍是赋予个体生存的本领。

（三）中西传统教育价值观比较

1. 中西传统教育价值观存在差异的原因

从中西教育价值观的嬗变中不难看出，中西教育价值观存在着很大差异，这主要表现在：中国重视教育的社会性、重知识的应用价值、重教育的世俗性，西方则注重个性自由和主体意识、重知识的内在价值、重教育的宗教性。造成这种差异的原因很多，但主要表现在以下四个方面：

第一，经济基础和政治统治方式不同。任何一个国家的教育制度都受其政治、经济制度及其生产发展水平的制约并服务于政治和经济。与此相适应，为一定的政治统治服务的教育就会折射出不同的教育价值观。中国传统的教育价值观植根于中国传统社会的生产力发展水平以及相应的阶级关系之中。在中国漫长的奴隶社会和封建社会中，一方面，生产力的发展长期处于手工操作的水平上，这种以经验和体力为主要构成要素的生产方式，客观上决定了当时生产力的维护和稳定对学校教育没有直接的要求。这样，学校教育始终远离生产，为统治阶级的政治文化所独占。另一方面，与古代中央集权和严密的宗法制度相适应，我国古代文化体系以儒学纲常、伦理为核心，而政治与伦理道德结为一体，所谓政治道德化、道德政治化，而教育则是实现德政和教化的手段。学校教育始终以灌输伦理知识、进行道德训练为中心任务和内容，这就决定了我国古代阶级社会中一直占统治地位的“政治—伦理”教育价值观左右了人们的教育价值取向。

近现代以来，西方社会是发达的商品经济，虽然中世纪时期农业曾一度占主导地位，但中世纪后期，早期资本主义经济开始繁荣起来，由于不断扩大产品销路的需要，驱使资产阶级奔走于全球各地。它必须到处落户，到处开发，到处建立联系。资产阶级，由于开拓了世界市场，使一切国家的生产和消费都成为世界性的了。这样，资本主义世界展开了激烈的竞争，同时，为适应商品经济发展的要求，资产阶级提出了“法律至上”“契约自由”等一系列统治原则。资本集团为追逐更多的剩余价值，高度重视个人的教育，教育的经济价值备受推崇。

第二，民族文化传统不同。从文化传承的规律来看，一种经过成百上千年时间沉淀于一个民族深层心理结构中的传统价值观念一旦形成，往往具有巨大的惯性、渗透性。正如著名比较教育学者康德尔所指出：教育的问题和宗旨各国有不少类似之处，唯其解决方法各因其特有的文化和传习而互异。中国人文主义传统精神导致产生了这样的教育信念，即人能趋向完满，教育主要是修身养性的教育。中国从汉武帝的“罢黜百家，独尊儒术”起，儒学在意识形态领域取得了统治地位，并成为传统文化的核心。由于儒家思想一直是中国社会的正统思想，所以儒家的“道德至上”“政治至上”等教育思想对中国社会，包括意识形态、大众心理、社会治理方式等都有过深远影响。儒家重视“人与人”的关系，重视“仁”“义”“礼”和重视个体内在道德的倾向，导致形成了以道德理想主义为特征的传统人文主义的教育价值取向。

西方社会历来强调以个人为中心，运用理性以获得真理是西方文化自古希腊以来的一贯精神，是外在超越的西方价值系统的具体表现。这就使得西方的文化传统带有强烈的个人主义、对抗主义的色彩。社会生活的各个方面充满着竞争，以竞争为特质的传统文化渗透于西方教育理念，从而决定了西方社会建立的是一套重视个体，重视权利，崇尚个人自由发展的“民主”教育。

第三，哲学观的不同。哲学是支配人的思想的最深层观念，不同的哲学观会产生不同的教育价值观。中国古代把什么东西都归为“五行说”。黑格尔认为，这反映了在中国人普遍的抽象于是继续变成为具体的东西，虽然这只是符合一种外在的次序，并没有包含任何有意义的东西。这就是所有中国人的智慧的原则，也是一切中国学问的基础[①]。中国传统哲学凸显对人生的意义与价值的体认，“道”“仁”“心”“理”皆为伦理实体，儒家教育哲学的逻辑起点是本体论、人性论、道德论、教育论的统一。在儒家文化两千年的发展过程中，儒家教育的价值问题总是围绕道德论展开的，总是以教育来沟通天人关系，说明教育与社会、教育与现实社会结构与封建道德原则的合理性与同一性、融通性。基于此，在教育领域的一切取舍根本上以儒家为标准，力求“依五经之法言，同圣人之是非”，谋求道德主体的完善，形成了整体

① 黑格尔. 哲学史讲演录(第1卷)[M]. 贺麟，王太庆，译. 北京：商务印书馆，2009：134.

教育价值取向。

西方哲学的根本精神重要一维可以用理性主义来表征，这种理性主义致力于把主客体分离开来，把人和自然对立起来，强调“天人相分”。在他们看来，自然是人类征服的对象，人类为达到自身目的必须征服与改造自然。为了生存，无所不为。物竞天择、优胜劣汰，不仅是自然界的规律，而且是人类生存的法则。实用主义强调通过经验的不断改造，人和周围环境的相互作用来创造世界。于是，崇实尚物、个人本位主义渗透于社会生活的方方面面，自然也成为其教育的价值倾向。

第四，思维模式的不同。人类在改造客观世界的实践过程中，同时也在改造、提高和发展自身的认识和思维能力，并形成相对稳定的思维模式。思维模式是人类文化的重要组成部分，它有较大的相对稳定性和连续性，是某个民族文化最深层的内核。从人类认识的发展规律来看，朴素的整体有机思维模式是人类思维的起点。中国自古以来朴素的整体有机思维模式始终占主导地位，强调事物的普遍联系，重视整体思维，把物体、时空看成一个完整的整体，注重变化的统一性和整体性;重思辨，强调变化的相对性、模糊性和对立统一性;强调权威理论对具体理论的统帅性以及由一般向特殊的推演，在思维中常渗透着情感尺度，对事物的评价常受人们好恶态度的影响，情感因素常影响着思维结果的真实性。在这种思维模式影响下，把伦理道德教育看成教育的核心，教育始终围绕着人的社会道德问题而进行，形成了大一统的教育价值观念。

在西方，朴素的整体有机思维模式中蕴含着的形式分析思维模式得到进一步的发展，以至长期以来占主导地位。在这种思维模式指导下，希腊哲学家发明了形式逻辑。所以，西方人善于突破整体感，从对事物的各部分和要素入手，着重对具体事物的深刻把握。他们通过理性即严密的、科学的、逻辑形式的纯知识性的推理、演绎及论证的程式，理智地抽象出教育的价值观，把教育放在帮助人的自身发展理性潜力上，追求所谓的自由、民主、理性、个性的和谐发展。

2. 中国传统教育价值观的不足与反思

通过对西方传统教育价值的梳理以及与中国传统教育价值的比较，我们发现：中国古代教育价值观，在起点上与西方教育价值观相比并无二致，孔子的“有教无类”思想、孟子的“英才教育”、墨子的功利主义教育价值观、荀子的自然主义教育价值观、老庄的无意志自由理论等，构成了教育价值取向上“百家争鸣”局面。然而，中国教育思想同整个中国社会一样，专制主义的统治和儒家正统思想的束缚使其表现出明显的局限性。在中国，教育根本上都是置于国家统治之下的，这就决定了教育思想立足为政治制度服务这一基本特征。中国历代知识分子的悲剧命运从秦始皇一手制造的“焚书坑儒”开始，到明清多次大兴“文字狱”，他们身上逐渐积淀起来一种奴性人格和中庸思想。随着皇权的统治，知识阶层被控制，从教育这一角度建立起一套限制思想自由、禁锢学术繁荣的统治网。于是当西方近代以来不断地进行教育价值观思考上的突破时，中国还沉溺在大一统帝国的美梦中。当西方人通过普及教育大幅度提高国家实力时，中国人还在津津乐道着封建教条。这就从根本上注定了中国近代被动落后的悲剧命运。西方近现代教育在价值追求上的顺时顺势而转，究其根本原因在于几千年的中国传统文化思想体系造成人们落后、保守的心理以外，最直接的原因就是中国教育价值观的片面和固化。教育的政治价值压倒教育的经济价值，教育的社会道德价值压倒教育的文化科学价值。在这样以政治伦理为特征的片面教育价值观念支配下，怎么会有教育实践的创新？教育要想获得发展，必须有以某种创新为目的的价值观念支持，这要来源于人们价值取向的多元碰撞，而中国却缺乏这样的社会环境。

中华人民共和国成立后的最初几十年，由于传统文化的传承性和思维方式的惯性，教育价值观仍以社会本位为中心。十一届三中全会以来，随着工作重心的战略转移，教育为经济建设服务的目的论也随之而提出。应该承认，从一味追求教育的政治功能到强调教育的经济功能，这是教育价值观的一大进步；尤其是在教育严重脱离经济发展的背景下，作为一种历史的回归，这自有它的积极意义。然而，作为教育的指导方针，它的偏颇必然导致教育功能的偏斜，就是说，如果把经济建设服务作为教育的唯一功能来追求，那么，这同时潜伏着一种危机：造成人的片面发展，最终也无法满足社会的需求，并将导致教育功能的异化。

教育是人的教育，教育价值观离开了重视人这一本体价值，我们这个世界将是一个没有创造力、没有个性的世界，无视个体发展价值的社会与人类历史背道而驰。

第三节 教育价值观的现实反思与变革

教育实践活动总是在一定教育价值指引下进行的。针对现阶段我国的教育改革，通过反思教育价值的选择与确立，我们应当确立对教育价值的切适性认识。

一、当前我国素质教育价值观变革与反思

自20世纪80年代中期我国提出由“应试教育”向“素质教育”转变以来，特别是90年代以来，在教育理论研究和实践探索的基础上，素质教育最终成为一种全新的教育观念与教育价值导向。1999年中共中央、国务院公布了《关于深化教育改革全面推进素质教育的决定》，素质教育逐步成为我国占主导地位的教育价值观，对教育的发展发挥着价值导向作用。自此，素质教育也就成为人们普遍认同和追求的教育价值取向。

（一）素质教育的基本价值取向

1. “以人为本”，注重教育的本体价值

教育是培养人的活动，其目的在于促进人的丰富性、成才和全面发展，弘扬人的价值，它本质上是一种主体的活动。由于传统教育价值过分追求教育的实用功能，忽视对人的个性、情感、意志、态度、价值观、美感能力等方面的发展。因此，要找回失去的精神家园，保持人类和个体生存质量的提高，素质教育就必须坚持“以人为本”的精神指向，重视教育的本体价值，把关注人本身、开发人的潜能、指向人存在等作为教育的价值追求。

2. 个体价值和社会价值的统一

素质教育主张教育的最终目标是促进人的全面发展，全面发展必须体现个体价值和社会价值的有机统一。一方面教育要为我国社会主义现代化建设培养全面发展的人才，体现人的社会价值和教育的社会功能；另一方面，教育又要张扬个性，培养受教育者的独立人格，

完善人的个性，提升人的主体地位。

3. 促进人文价值与科学价值的融合

在现代社会，科学技术的迅猛发展，教育的科学价值已得到充分体现，学校教育中要把科学知识作为教育的主要内容。在教育的科学价值被极大关注的同时，人文价值却受到了极大的冲击而被忽视。素质教育强调人的知识、能力和素质的和谐与均衡发展，人文价值和科学价值应该受到同样的关注和追求。只有这样，才能实现人的科学文化素质和人文精神品质的高度统一。

4. 人的全面发展和个性发展统一

教育的目的在于成人、成才和促进人的全面发展。素质教育主张还教育以本来面目，强调教育关注人的发展的全面性，重视学生思想道德素质、科学文化素质、身体心理素质、审美素质和劳动素质的全面发展。全面发展不等于均衡发展，素质教育使学生在基本素质得到发展的基础上，保持并发展自己的兴趣和特长，以形成不同的个性品质和特长。教育只有把全面发展与个性发展结合起来，才能促进学生智能的发展和人格的完善，使人成为健全的人、完整的人。

（二）对素质教育实践的教育价值反思

反思素质教育始于20世纪80年代后期，90年代末推行基础教育新课程改革以来，素质教育实践存在"倡导素质教育轰轰烈烈，推行应试教育扎扎实实""素质教育雷声大、雨点小"等乱象，究其根本原因，主要在于素质教育倡导的教育价值没有得到真正的确证与解读，应试教育思想及其实践"根深蒂固"。

1. 学生观的价值错位——压抑了学生个性的发展

在很长一个时期，我国基础教育的价值取向实际上是在倾学校之所有，执着地培养所谓"聪明的孩子"。你看，能够知道作业题的准确答案、能够听懂老师讲授的内容，善于吸取知识并且能够按时完成作业，认真听课（对听课有兴趣）并且喜欢自己学习，凡此种种，不正是许多学校矢志培养的"好学生"的主要标准吗？问题意识的淡薄，创新冲动的窒息，想象能力的枯萎，这些问题吞噬着教育原本应该有的巨大活力，这种错位的学生价值观导致了对学生个性的压抑，其主要表现为：

第一，单向传承的文化知识教育，压抑了学生个性发展。在教育过程中，把人类已经积累的知识经验看成不变的范式，把教育看成了社会向儿童进行的单向文化传承活动。在这种观念指导下，教师只是一味地灌输知识、原理；学生只能一味地接受。然而，儿童也是一个充满活力的多彩的文化主体，教育作为"主体间的文化传承"活动，是双向的，包含着儿童向成人进行文化传承。可惜我们却剥夺了他们的机会和权力，因而严重压抑了其个性发展。

第二，道德规范教育灌输压抑了学生个性发展。在教育者看来，作为成人社会的道德准则，是以学生行为规范和教学活动中的权力秩序的形态来约束学生言行的，我们一方面明明知道给学生过多过严的约束，不利于学生养成其灵气；另一方面却总是担心放松了管束会使学生得寸进尺、无法无天，因而仍旧抱着那"不以规矩，不能成方圆"的古训不放。于是上课时教师依然不苟言笑，举止严谨，学生必须得正襟危坐，不可乱说乱动，这显然严重压抑了学生的个性发展。

2. 教师观的价值扭曲

在现实学校教育中，存在这样“司空见惯”且“理所当然”的现象：我们总是在“教书育人”的名义下，按“完人”的标准对教师提出近乎苛刻的要求。无论是在社会上还是在学校里，教师总给人知识渊博的专家形象，给人智慧无比的权威形象，给人不犯错误的楷模形象，给人高风亮节的长者形象。这种把教师“天使化”的做法，是基于我们把教育的基本功能错误地理解为“塑造”而不是个体的自然“生长”，因此我们每每要让教师成为人类灵魂的“工程师”，设计学生的学习和人生。正因为教师承载着如此沉重的社会责任，所以，教师注定要成为社会的厚望。

然而，在这种教师“天使化”的背后，却蕴藏着师道尊严这一传统的教育价值标准。我们把教师“天使化”，是为了树立教师在学校教育中独一无二的权威，以确保代表社会意志的教师能准确而有效地“塑造”年轻一代。因此，学生对教师的顺从、服从乃至屈从便成了这种教师观的价值诉求。于是，就有了我们前面提到的错位的学生观。应该充分认识到，在这种教师观主导下的中国基础教育，不同程度地在扼杀学生的个性，扼杀学生的创造性，从而背离了人生生长的精华所在，也背离了教育的真谛所在。

3. 教育误入“科技至上”的歧途，影响了人文精神的培养

培养学生的科学素质与人文精神，是教育本体价值的两个基本方面，但是，近现代以来，由于科学技术在创造财富满足人的生活需要甚至精神诉求上发挥了巨大作用，“知识就是力量”的信念日益深入人心，科学教育被提到空前的高度。从现行教育的运作模式看，这一弊端主要表现为：

第一，课程设计上严格的技术化倾向影响了人文精神的培养。目前所开设的课程，存在着严格的“技术化”倾向：目标设计，“每一章、每一节都定出了明确的目标”，“说话、写作、阅读、计算、实验、劳动等各种各样的能力训练被分段而单一地提出”[①]；内容设计，从“整体性文化中支离出来。语文、数学、自然、地理、历史等学科自成体系，传递着各自线性的、逻辑的、系统的知识。”[②] 这种严格的逻辑性与系统性，体现出“科学至上”“知识中心”精神，人文精神的培养，则几乎完全被忽略。

第二，课程实施上过分程序化倾向影响了人文精神的培养。看一看当今教学，几乎都是依照知识的逻辑和认知的程序来展开的，即使有所变序、变式，也没有跳出刻板的知识结构框架。客观上讲，这些认知性的内容比较便于量化或明确表述，而情感、习惯、心理品质这些非认知方面的素质，既无法量化，也无法作为教学过程展开的逻辑依据，因而，在课程实施中很少有人敢于按学生的心之所爱、情之所钟设计和组织教学，人文精神的培养便被排挤到“被遗忘的角落”。

第三，课程评价的单一化倾向影响了人文精神的培养。尽管我们知道通过单一的考试来评价学生的素质非常片面和不合理，但是时至今日，考试热不但没有降温，而且还在升温，一些环节（如中考、高考）甚至达到白热化状态。有时候，我们通过“督导”“综合调研”等方式来消解这种评价方式的单一化，推动素质教育，然而往往治标不治本。这种考试，只能检测学生对知识、技能的掌握状况，没法检测情感、意志等心理素质，此时，教育被导入歧途，摧

① 刘继平. 课程的迷失与回归——一个人文主义者的追索[J]. 教育理论与实践，2001（03）：35-38.

② 刘继平. 课程的迷失与回归——一个人文主义者的追索[J]. 教育理论与实践，2001（03）：35-38.

残了学生的身心，削弱了其人文素质的培养。

由于教育压抑了学生个性发展，忽视了学生人文精神的培养，学生在人格上往往表现出两种极端，一种是缺乏主体性的奴性人格，一种是缺乏人文关怀的占有性人格。

反思教育的迷失让我们意识到：教育的真正价值在于寻求一条人、社会、自然之间和谐相处、可持续发展之路。其一，拓展教育空间。传统教育之所以束缚学生个性发展，影响教育本体价值的实现，一个根本原因就是它的极端封闭性。它严格地将学生约束在课堂、班级和校园里，使其失去了广阔的活动空间。教育回归生活，前提是要向学生开放教育的空间，拆除观念和制度的"围墙"，把课堂延伸到校外、到家庭、到社会、到广袤的大自然，让师生拥有足够的活动空间。其二，富纳教育资源。人的开放性是把人看成一个动态的系统，他要与外界其他系统进行物质、能量、信息的交流。人与外界的这种开放性交流的充分性直接标志着人类的生产活动水准。教育要引导学生进行全方位吸收和内化习俗文化、人际交往、现代科技等资源，形象地、动态地、交互地、合作地把握"科学世界"，获得健全的发展。其三，整合课程。各不相同的教育资源，对人具有不同方面的发展价值，但是，教育作用并不是分别发生的，而是整体发生的。专家们认为，综合课程是适应科学技术发展趋势、符合生活世界理论、有价值的课程形式。它能够在比较大的程度上体现生活的整体性特征。教育回归生活，就是要改变以分科单列为特征的课程体系，以生活为载体将不同学科融为一体，使之产生教育的整合效应。

二、《国家中长期教育改革和发展规划纲要（2010—2020年）》的教育价值观解析

2010年7月29日，我国发布《国家中长期教育改革和发展规划纲要（2010—2020年）》（以下简称《纲要》）。《纲要》涉及学前教育、义务教育、高中教育、大学教育、职业教育、特殊教育、民族教育等，对各个方面的优化和改革提出了纲领性规定与实施方案。《纲要》提出，"坚持以人为本、全面实施素质教育是教育改革发展的战略主题，是贯彻党的教育方针的时代要求，其核心是解决好培养什么人、怎样培养人的重大问题，重点是面向全体学生、促进学生全面发展，着力提高学生服务国家服务人民的社会责任感、勇于探索的创新精神和善于解决问题的实践能力。"其基本工作方针是"优先发展、育人为本、改革创新、促进公平、提高质量"，反映了国家在新时代背景下对教育价值的新理解。

（一）明确教育的优先发展是对教育价值认识的提升

教育"优先发展"确立了教育在国家发展战略中的领先地位，有利于争取教育的发展环境。《纲要》指出：百年大计，教育为本。教育是民族振兴、社会进步的基石，是提高国民素质、促进人的全面发展的根本途径，寄托着亿万家庭对美好生活的期盼。强国必先强教。优先发展教育、提高教育现代化水平，对实现全面建设小康社会奋斗目标、建设富强民主文明和谐的社会主义现代化国家具有决定性意义。国运兴衰，系于教育；教育振兴，全民有责。在党和国家工作全局中，必须始终坚持把教育摆在优先发展的位置。为此，《纲要》拟定了教育发展战略目标："到2020年，基本实现教育现代化，基本形成学习型社会，进入人力资源强国行列。""实现更高水平的普及教育。基本普及学前教育；巩固提高九年义务教育水平；普及

高中阶段教育，毛入学率达到90%；高等教育大众化水平进一步提高，毛入学率达到40%；扫除青壮年文盲。新增劳动力平均受教育年限从12.4年提高到13.5年；主要劳动年龄人口平均受教育年限从9.5年提高到11.2年，其中受过高等教育的比例达到20%，具有高等教育文化程度的人数比2009年翻一番。”

《教育规划纲要》提出了优先发展教育的保障措施，各级党委和政府要把优先发展教育作为贯彻落实科学发展观的一项基本要求，切实保证经济社会发展规划优先安排教育发展，财政资金优先保障教育投入，公共资源优先满足教育和人力资源开发需要。充分调动全社会关心支持教育的积极性，共同担负起培育下一代的责任，为青少年健康成长创造良好环境。完善体制和政策，鼓励社会力量兴办教育，不断扩大社会资源对教育的投入。

（二）育人为本的教育价值取向

“育人为本”是教育的内在追求，体现了教育的内在价值。“育人为本”在实际教育工作中就是要坚持德育为先。《纲要》明确了坚持德育为先，践行“育人为本”的基本原则，“坚持德育为先，把社会主义核心价值体系融入国民教育全过程。加强马克思主义中国化最新成果教育，引导学生形成正确的世界观、人生观、价值观；加强理想信念教育和道德教育，坚定学生对中国共产党领导、社会主义制度的信念和信心；加强以爱国主义为核心的民族精神和以改革创新为核心的时代精神教育；加强社会主义荣辱观教育，培养学生团结互助、诚实守信、遵纪守法、艰苦奋斗的良好品质。加强公民意识教育，树立社会主义民主法治、自由平等、公平正义理念，培养社会主义合格公民。加强中华民族优秀文化传统教育和革命传统教育。把德育渗透于教育教学的各个环节，贯穿于学校教育、家庭教育和社会教育的各个方面。切实加强和改进未成年人思想道德建设和大学生思想政治教育工作。构建大中小学有效衔接的德育体系，创新德育形式，丰富德育内容，不断提高德育工作的吸引力和感染力，增强德育工作的针对性和实效性。加强辅导员、班主任队伍建设”。如上规定从两个方面突出了以人为本的教育价值取向，其一，道德人的培养；其二，知识人的培养。

（三）张扬“改革创新”的教育价值观

《纲要》指出，“把改革创新作为教育发展的强大动力。教育要发展，根本靠改革。要以体制机制改革为重点，鼓励地方和学校大胆探索和试验，加快重要领域和关键环节改革步伐。创新人才培养体制、办学体制、教育管理体制，改革质量评价和考试招生制度，改革教学内容、方法、手段，建设现代学校制度。加快解决经济社会发展对高质量多样化人才需要与教育培养能力不足的矛盾、人民群众期盼良好教育与资源相对短缺的矛盾、增强教育活力与体制机制约束的矛盾，为教育事业持续健康发展提供强大动力”。这些充分体现出张杨教育的自主创新的价值倾向，即不断改革创新。系统分析《纲要》，以上精神主要反映在如下规定之中。

1. 基本普及学前教育

《纲要》指出：学前教育对幼儿身心健康、习惯养成、智力发展具有重要意义。遵循幼儿身心发展规律，坚持科学保教方法，保障幼儿快乐健康成长。积极发展学前教育，到2020年，普及学前一年教育，基本普及学前两年教育，有条件的地区普及学前三年教育。重视0至3岁婴幼儿教育。

2. 加快普及高中阶段教育

《纲要》指出：高中阶段教育是学生个性形成、自主发展的关键时期，对提高国民素质和培养创新人才具有特殊意义。注重培养学生自主学习、自强自立和适应社会的能力，克服应试教育倾向。到2020年，普及高中阶段教育，满足初中毕业生接受高中阶段教育需求。

3. 完善特殊教育体系

《纲要》指出：到2020年，基本实现市（地）和30万人口以上、残疾儿童少年较多的县（市）都有一所特殊教育学校。各级各类学校要积极创造条件接收残疾人入学，不断扩大随班就读和普通学校特教班规模。全面提高残疾儿童少年义务教育普及水平，加快发展残疾人高中阶段教育，大力推进残疾人职业教育，重视发展残疾人高等教育。因地制宜发展残疾儿童学前教育。

（四）追求“促进公平”的教育价值观

教育公平是现代教育的基本价值追求，也是体现和谐社会发展的价值基石。为此，《纲要》把促进公平作为国家教育发展的基本精神。教育公平是社会公平的重要基础。教育公平的关键是机会公平，基本要求是保障公民依法享有受教育的权利，重点是促进义务教育均衡发展和扶持困难群体，根本措施是合理配置教育资源，向农村地区、边远贫困地区和民族地区倾斜，加快缩小教育差距。教育公平的主要责任在政府，全社会要共同促进教育公平。同时，形成惠及全民的公平教育。坚持教育的公益性和普惠性，保障公民依法享有接受良好教育的机会。建成覆盖城乡的基本公共教育服务体系，逐步实现基本公共教育服务均等化，缩小区域差距。努力办好每一所学校，教好每一个学生，不让一个学生因家庭经济困难而失学。切实解决进城务工人员子女平等接受义务教育问题。保障残疾人受教育权利。

为保障教育公平，《纲要》提出的基本措施包括：一是推进义务教育均衡发展。均衡发展是义务教育的战略性任务。建立健全义务教育均衡发展保障机制。推进义务教育学校标准化建设，均衡配置教师、设备、图书、校舍等资源；二是切实缩小校际差距，着力解决择校问题。加快薄弱学校改造，着力提高师资水平。实行县（区）域内教师、校长交流制度。实行优质普通高中和优质中等职业学校招生名额合理分配到区域内初中的办法。义务教育阶段不得设置重点学校和重点班。在保障适龄儿童少年就近进入公办学校的前提下，发展民办教育，提供选择机会；三是加快缩小城乡差距。建立城乡一体化义务教育发展机制，在财政拨款、学校建设、教师配置等方面向农村倾斜。率先在县（区）域内实现城乡均衡发展，逐步在更大范围内推进；四是努力缩小区域差距。加大对革命老区、民族地区、边疆地区、贫困地区义务教育的转移支付力度。鼓励发达地区支援欠发达地区。

（五）倡导质量至上的教育价值观

教育质量是办学的生命线，提高质量是教育价值的重要价值追求。为此，《纲要》把提高质量作为教育改革发展的核心任务。树立科学的质量观，把促进人的全面发展、适应社会需要作为衡量教育质量的根本标准。树立以提高质量为核心的教育发展观，注重教育内涵发展，鼓励学校办出特色、办出水平，出名师，育英才。建立以提高教育质量为导向的管理制度和工作机制，把教育资源配置和学校工作重点集中到强化教学环节、提高教育质量上来。制定教育质量国家标准，建立健全教育质量保障体系。加强教师队伍建设，提高教师整体素质。

《纲要》要求全面提高高等教育质量。高等教育承担着培养高级专门人才、发展科学技术文化、促进社会主义现代化建设的重大任务。提高质量是高等教育发展的核心任务，是建设高等教育强国的基本要求。到2020年，高等教育结构更加合理，特色更加鲜明，人才培养、科学研究和社会服务整体水平全面提升，建成一批国际知名、有特色、高水平的高等学校，若干所大学达到或接近世界一流大学水平，高等教育国际竞争力显著增强。

综上所述，《纲要》把"坚持以人为本、全面实施素质教育"作为教育改革发展的根本精神，以新的教育价值观引导教育全面进入人的世界。

一方面，重视对个体生命的终极关怀，实施人性化教育。教育的最终目的是人类群体的发展和个体生命的发展，在其实现过程中，对个体生命的终极关怀处于优先的地位。然而，被现实功利和扭曲的质量观迷惑了视线的教育，只是片面强调知识的传授和技能的获得，漠视了生命及其价值的实现，致使本该充满生命活力的学校和课堂失去了应有的活力与激情，甚至酿出扭曲生命、残害生灵的种种悲剧。教育的本质是培养、提升和扩展人的生命价值与生命意义，教育最根本的起点在于生命本身，教育因人的生命而发生。教育是为了人的生命得以丰富而进行的社会活动，是"以人为本"的社会中最体现生命关怀的一种事业。中国正在致力于建设"以人为本"的和谐社会，为教育的"以人为本"提供了社会基础。在此基础上，教育应高扬生命的神圣和不可侵犯性，走进生活。更进一步，教育更应负起自己的使命，关注学生的生命，实施人性化的教育，即以人性为出发点，将关怀意识渗透于整体教育过程中，突出学生的价值主体地位，培养具有完满人格的人。任何教育实践和教育理论都有自己的人性观并受其影响，但如果未能全面深刻地理解人性的内涵，教育实践就会背离人的全面发展的宗旨，甚至摧残人性。教育只有重视人的价值存在，尊重人的生命需要，使自己更加人性化，才能很好地完成自己的使命。实施人性化教育，建构起对人性的深刻理解，使人的知、情、意和谐共进、相得益彰，才能真正实现人的全面发展，同时亦促成教育理论的不断更新和教育实践的持续改革。

另一方面，高扬"以人为本"的教育价值理想，尊重人的个性发展。教育的对象是人，而教育的过程是改造人，人是教育的出发点，也是教育的归宿。人在教育交往与活动中成长和发展，人是教育的基础，也是教育的根本。所以，一切教育都必须"以人为本"。教育的"以人为本"，就是把教育与人的幸福联系起来，与人的自由联系起来，与人的尊严联系起来，与人的终极价值联系起来，使教育真正成为人的教育，而不是机器的教育；使教育不只是人获得生存技能的一种手段，而且还能成为提升人的需要层次、丰富人的精神世界的一种途径。以现代人的精神培养现代人，是以人为本的应有之义。

思考题：

1. 反思现实教育，试分析教育负功能与教育价值错位现象。

2. 通过对政府官员、校长、教师、学生或家长进行调查或访谈，试分析目前不同群体的教育价值观与相应的教育行为，以及对学生发展的影响。

3. 深入领会《教育规划纲要》精神，如何进一步完善和实施"以人为本""促进学生发展"的教育价值？

第八章

现代教育功能

本章导读——

教育作为培养人的社会活动，具有其他活动不可比拟的独特功能。长期以来，教育在促进个体和社会发展的过程中起着至关重要的作用。伴随社会的不断发展，人们对教育功能的认识与研究也逐渐深化，因而，教育功能得以形成和释放的条件也得到进一步的改善和提高。但是，教育这一社会活动，其功用既不像人们想象的那样万能，也不是人们诟病的那般无用。由于教育受社会政治、经济、文化等多方面影响，它在促进社会和个体发展方面具有一定的局限性，甚至有消极的作用。因而，正确认识和准确定位学校教育功能显得尤为重要。

学习目标——

1. 相关概念

(1)教育功能
(2)教育价值
(3)教育目的
(4)正向功能
(5)负向功能
(6)有限性

2. 基础知识

(1)关于教育功能的概述
(2)教育功能与教育价值、教育目的的关系
(3)教育功能的特征
(4)教育功能的形成与释放
(5)教育功能的分类
(6)教育功能的理论派别
(7)教育功能有限性

第一节 概述

教育自产生之日起，便被赋予了其特定功能，伴随时代的发展，教育功能的内涵也在不断丰富。然而，教育不是万能的，其现实功用的实现需要多方面条件。切实实现教育功能，就必须深入理解其内涵与特征，厘清它与教育目的、教育价值的关系，把握教育功能实现的条件。

一、教育功能的内涵

对教育功能的理解受制于对教育本质的理解。所以在回答了“教育是什么”这一本质问题后，紧接着要探讨的就是“教育能够做什么”“教育应该做什么”的功能问题。理解教育功能的内涵，首先需要明确什么是“功能”。功能是指事物或方法所发挥或具有的能力、力量和作用、影响。它体现着“是什么”“具有什么作用”。对功能的进一步理解尚需依据其他学科对功能内涵的认识。在哲学意义上，功能是指由事物的结构所决定的该事物的特性和能力。美国社会学家默顿认为，功能是指可观察到的客观结果而不是对结果的主观愿望，正因为未能区分客观结果与主观意向，导致了功能分析的混淆，把主观动机与客观功能等同起来是不正确的。

综合以上观点，功能是指有特定结构的事物或系统在内部和外部的联系中所表现出来的作用。这一作用有两个方面：其一，它在该活动或系统内部所具有的特定作用，完全由该事物的结构决定；其二，它在更大的系统中或整个社会系统中所具有的特定作用，即该事物对其他事物的作用，是由该事物的结构和外部事物的结构共同决定的[①]。进而，教育功能指具有特定结构的教育系统在内外关联中所起的作用与影响。

二、教育功能与教育价值、教育目的的关系

深入理解教育功能的内涵，应该进一步明确教育功能与教育本质、教育目的、教育价值的关系。对于教育本质与教育功能的关系，教育本质是回答“教育是什么”的问题，教育功能是回答“教育能够或应该做什么”的问题。两者之间的联系是教育功能的认识与表述受制于对教育本质的认识，同时，教育功能认识的深化有助于促进对教育本质的理解。教育功能是由教育结构和属性决定的，教育具有什么样的结构和属性决定了教育具有什么样的价值。教育结构的多样性决定了教育功能的多样性。选择哪种教育功能就说明哪种教育功能具有教育价值，所以教育价值就是不同主体对教育功能的选择，而教育功能对不同主体的意义就是教育价值。教育功能是客观存在的，是教育所固有的属性，站在特定的价值立场，教育功能具有正、负两大维度，即正功能与负功能；教育价值则是教育主体对教育客体的选择，依据特定的时代背景，教育价值既有主观性又有客观性，同时亦有正负之分。

教育功能的多样性使人们有多方面的选择，由于人们的政治、经济、文化背景和社会关系不同，人们的教育目的也不同，对教育功能的价值选择也不同。因此，价值判断与社会实

① 全国十二所师范大学合编. 教育学基础[M]. 北京：教育科学出版社，2008：31.

践活动的目的总是联系在一起,确定什么样的教育目的在很大程度上取决于主体的价值倾向。教育目的是指教育要达到的预期结果,反映了教育在人的培养规格标准、努力方向和社会倾向性等方面的追求。广义的教育目的特指一定社会(国家或地区)为所属各级各类教育人才培养所确立的总体要求。狭义的教育目的是指对教育活动具有指向作用的目的领域(也有人称目标领域),含有不同层次预期实现的目标系列。[①]教育目的既是教育功能的确定性指向,也是教育制度、课程、教学等得以展开的核心。

概言之,三者的关系如下,教育作为一种社会实践活动,它对个体和社会的影响和作用就是教育功能,它是教育的“实然”表现,是教育价值在教育实际中所释放出来的实际效果,它体现了教育应该做什么的问题,是由教育的结构和本质决定的;它反映了“应该干什么”的教育价值在教育实践中“实际干了什么”。教育主体对于教育功能的选择意义就是教育价值;在人们期望用教育干什么的时候实际上就对教育目的和内容做了选择。教育价值和教育目的反映了人们对“好”教育的期待,反映了人们认为的“教育应该干什么”,它是教育的“应然”表现。所以,教育价值的选择决定了教育目的的制订,教育目的体现了一定的教育价值观,同时教育目的的实现又会促进教育功能的发挥。

三、教育功能实现的条件

教育功能不是万能的,它的发挥是有条件的,尤其正向教育功能的发挥。这就需要我们进一步明确正向教育功能实现的条件和途径。

(一)教育功能的实现

教育功能的实现过程包括两部分,即教育功能的形成和教育功能的释放。从宏观上来看,教育功能的形成发生于教育活动的过程中,而教育功能的释放则属于其影响与作用的进一步展开。

1. 教育功能的形成

人们对教育进行一定量的投入,这在客观上存在相应的功能产出,这就是人们所期望的教育所产生的效果。但是,产出的结果有时候很难量化,因为教育内部有很多制约教育功能形成的因素,比如,教育者的素质、受教育者的基础条件、教育内容的科学性和教育过程的有效性等。因此我们在现实中应该充分注意这些影响因素。我们说教育功能的形成发生在教育活动的过程中,它主要源自社会和个人发展的期待和发展的要求,最终指向是教育结果的出现,这一过程大体经历三个阶段:教育功能取向的确定、教育功能行为的发生、教育功能结果的初步呈现。

2. 教育功能的释放

从教育功能取向的确定到教育功能行为的发生,再到教育功能结果的出现,即形成了教育功能释放的过程。这一过程,通常表现为两种基本形态:凝固形态和流动形态。其凝固形态表现为教育功能的即时性展开,它与静态的教育时空相一致;其流动形态表现为教育功能的流变,它与教育背景的变迁、教育内部结构的重构相契合。

---

① 全国十二所师范大学合编. 教育学基础[M]. 北京:教育科学出版社,2008:59.

(二)教育功能实现的条件

教育功能的形成过程和教育功能的释放过程合二为一,体现出教育功能的实现,通过深入细致地分析教育功能的形成和释放过程,我们明白教育功能的实现是有条件的,既有内部条件又有外部条件。由于教育功能的实现包括形成和释放两条路径,所以我们从教育功能的形成和释放两个方面来分析教育功能实现的内部条件和外部条件。

首先,教育功能形成过程的制约因素。这一过程主要是发生在教育活动的过程中,在教育活动过程中主要的影响因素有:教育者、受教育者、教育内容和教育手段等,这些影响因素也制约着教育功能的形成。有时候同样的师资水平、教育内容在不同的学校,其教育功能的结果却不同;另外,教育过程的有效性也制约着教育功能的形成。这就是教育功能实现的内部条件;就社会而言,教育制度、教育目的的制订,教育决策、教育经费等都影响教育功能的形成,这是教育功能实现的外部条件。

其次,教育功能的释放过程。这一过程主要是发生在社会活动过程中,教育功能的释放主要包括两个过程:人才和精神文化产品的输入以及人才和精神文化产品的利用。在这两个过程中,社会要提供相应的岗位和机会给教育所培养的人才,还要为新的精神或科学文化产品的应用提供实验、实施的条件以及传播和推广的条件。如果教育所培养的人才以及精神文化产品得不到推广应用,那么教育功能的释放就无法形成,这是教育功能实现的外部条件。教育功能的实现不只是受教育功能外部条件的影响和制约,还受教育所培养的人才以及精神文化产品自身的影响。人才和精神文化产品的质量和规格必须符合社会发展的需要,如果教育所培养的人才没有接受恰当的训练,那么这些人才就不能满足社会的需要,这表现为“用非所学,学非所用”,这样教育的功能就不可能得到释放,精神文化产品的应用价值也就制约着教育功能的释放。

四、教育功能的特征

教育本质上是一种培养人的社会实践活动,这种实践活动对个体发展和社会发展所产生的各种影响和作用就是教育功能。由于教育功能由教育的结构和本质决定,教育功能的实现过程包括教育功能形成和教育功能释放两部分,教育功能的形成发生在教育活动过程之中,教育功能的释放则是属于它的社会活动过程。这就决定了教育功能具有以下特征:客观性、方向性、复杂性、层次性、确定性、整体性、阶级性、社会性、民族性、时代性等,下面仅就其中几个方面明确其特征。

客观性:任何事物必然存在着一定的结构,并施行特定功能,教育亦是如此。教育旨在培养人,促进人和社会的发展。教育功能是教育固有的,它客观存在于教育之中,不以人的意志为转移,不受教育内部、外部诸多条件和因素的影响。从教育功能的实现来说,教育功能的实现包括从教育功能形成过程到教育功能的释放过程,这两个过程都是客观存在的。教育功能形成过程主要是发生在教育活动过程中,这个过程要受教育者、教育接受者、教育内容和教育手段等的影响,而教育者、受教育者、教育内容和教育手段等这些都是客观存在的;教育功能释放过程主要是发生在社会活动过程中,这个过程主要是人才和精神文化产品的输入以及人才和精神文化产品的利用,人才和精神文化产品这些也都是客观存在的,所有这一切决定了教育功能的客观性。从教育功能的分类上来说，教育功能从不同的角度有不同的分类：从作用的对象来看，教育功能可分为个体功能和社会功能；从作用方向来看，教育功能可分为正向功能和负向功能；从作用的呈现形式看，教育功能可分为隐性功能和显性功能等等。通过前面分析我们可以看出教育的这些功能都是客观存在的，随着教育实践活动的开展而存在，只是存在的方式和状态不同。再比如说，教育的正向功能是我们提倡的，早在20世纪80年代曾有学者指出：教育功能也具有双向功能，教育具有“双重性”，教育对社会发展的影响，搞得好，是积极的；搞不好，也可能是消极的。所以尽管我们不提倡教育的负向消极功能，但是它客观存在于教育活动的展开过程之中。

方向性：教育功能是由教育结构和属性决定的，它关系到教育在社会和人的发展中的地位、作用，以及教育与社会、个人各方面的关系。教育对个体和社会的影响和作用既有正向的积极作用又有负向消极作用。所以教育功能的实现指向一定方向，即教育的正向功能和教育的负向功能。教育的正向功能指教育的积极作用，教育的负向功能则指教育在发挥积极作用的同时对社会和个体发展所产生的消极作用。

复杂性：教育功能是教育活动和系统对个体和社会发展所产生的各种影响和作用，这是由教育结构和本质所决定的，教育的结构复杂多样，同时人和社会也是多层次、多方面、复杂的，人和社会的发展制约教育的发展，制约教育功能的性质及表现；反之，教育的发展也制约教育功能的发展，制约人和社会的发展，教育功能和人、社会都是相互作用的。所以教育功能也必然表现为复杂多样。比如，教育具有社会功能和个体功能，社会功能又可分为政治功能、经济功能、文化功能、科技功能、人口功能、生态功能等等，还有教育的隐性功能和显性功能、基本功能和派生功能等。

层次性：教育作为社会这个大系统的组成部分，它对社会的运行与发展所产生的一切作用或影响就构成了教育功能。教育本质上是培养人的社会实践活动，这种实践活动的要素主要包括：教育者、受教育者、教育内容和教育手段等。这些要素之间的相互作用则构成了教育活动的场内结构。教育者通过教育内容运用一系列教育手段对受教育者施加影响，使受教育者得到发展，这一过程就是教育活动的运行过程，所以，教育的场内功能表现为对受教育者的发展所起的作用，即教育的个体发展功能。另外，教育是社会中的一个子系统，这个子系统与政治、经济、文化、技术、人口和生态等共同构成完整的社会场。社会场中的要素主要有生产力和生产关系。生产力和生产关系的相互作用产生矛盾，在矛盾的不断推动下促进社会发展，教育通过对生产力和生产关系的影响，整体影响社会发展的功能。由此可以看出，教育功能必须通过具有相应结构的教育实体的运行来实现，比如，教育者和受教育者，由教育者和受教育者进行的许多实践活动才使得教育功能能够实现。教育的结构及教育主体活动具有丰富的层次性，它也决定教育功能的内在层次性。由于教育功能具有内在的层次性，我们在研究教育功能时必须对其进行逐一分解。

确定性：就个体而言，教育功能通过教育活动的影响和作用促进个体发展，而且教育功能是在既定的时间空间内，通过特定教育实践活动，对特定的受教育者施加影响，达到培养教育者的目的。时间空间的确定、既定的受教育者以及教育实践活动的有限性决定了教育功能的确定性。另外，教育培养人的全面发展是一个整体的全程性工作，一定阶段的教育只能实现其阶段的培养目标。最终的目标和阶段培养目标既密切联系又相互制约、相互区别。例如基础教育是促进人的全面发展过程的一个奠基环节,可为受教育者实现最终的目标打下最坚实的基础,但又必然离不开其前期的基础学习和后续的继续学习。教育活动的主体及其活动范围的确定性,就是教育功能所表现出的确定性。

整体性:教育自身作为一个完整的系统,通过一系列实践活动作用于个体和社会,从而促进个体和社会的发展。教育功能包括个体功能和社会功能,社会功能又可分为政治功能、经济功能、文化功能、科技功能、人口功能、生态功能等等,教育的这些功能密切联系,相互依存,它们都是从属于教育功能这个大系统的,作为整体作用于个体和社会。这就是教育功能的整体性。

第二节 教育功能的历史溯源

教育以培养人为目的,服务于物质生产和人的再生产,是人类社会所必需的基本社会实践活动之一。中国早期马克思主义教育理论家杨贤江曾指出:"自有人生,便有教育。"在原始人群中,教育便是帮助族群成员适应社会和生产活动的一种手段,人们通过言传身教的方式,发挥并利用教育的功能,推动着社会前进和人的发展。

一、中华民族文化视野中教育功能定位

(一)儒家文化视野中教育功能定位

教育推动社会发展,社会发展又对教育不断提出新的要求,从而推动教育功能的拓展与更新。中国历来重视教育,也是学校教育萌芽与发展较早的国家。学校教育的产生说明教育的展开已经是有目的、有组织、有计划的,教育功能的发挥则受到其教育目的的引导。儒家学派之前,古代社会贵族和仕通过"师"与"巫"接受传统的六德(智、信、圣、仁、义、忠),六行(孝、友、睦、姻、任,恤)、六艺(礼、乐、射、御、书、数)的社会化教育。至春秋战国以后,中国逐渐步入漫长的封建社会时期,儒家思想的诞生与发展,为中国的政治与文化带来极大的影响,并主导着中国古代教育的发展与功能定位。

儒家学派的创始人孔子第一次打破了统治阶级垄断教育的局面,变"学在官府"为"私人讲学"。"儒"的字义是"文士"或学者,刘歆说儒家"游文于六经之中,留意于仁义之际"。华夏民族在农耕生活环境中长期形成了价值观、习俗惯例、行为规范和准则等文化要素,儒家学派吸收了这些文化要素并将其上升到系统的理论高度。在儒家思想的传播中,孔子所编订的《诗》《书》《礼》《易》《乐》《春秋》被奉为经典,这六经是中国古代最宝贵的文化遗产,儒家使中国传统文化教育普及整个民族。儒家学者也一直以传播这些古代文化遗产为己任。

在儒家思想中,教育的社会发展功能占有重要地位。孔子认为教育是治国齐家的一个重要条件。他认为立国治国要处理好"庶、富、教"三个方面关系及遵守特定顺序:首先是"庶",要有充足的劳动力满足生产需要;其次是"富",要使人们有丰富的物质生活;最后"教",即要让人们受到政治伦理道德教育,让其知道如何安分守己。孔子教育立国的思想更侧重于此,通过教育建立一套完善的道德秩序让人民百姓遵从,以避免社会的动乱,但他洞

悉到教育具有多种社会功能。其次孔子把教育看成是实施社会政治统治的最具持久效力的重要手段。在儒家思想主导下的教育，通过确定名分来教化天下，以维护封建社会的伦理纲常、政治制度。儒家思想认为教育可以感化人、征服人，使被征服者心悦诚服地接受统治。孔子说："道之以政，齐之以刑，民免而无耻；道之以德，齐之以礼，有耻且格。"要管理好子民，依靠行政手段和刑罚虽然可以在一定程度上遏制百姓的犯罪行为，但会招来更多的怨恨而不会让人们理解；如果通过道德与礼教教育引领良风美俗，引导人们认识到什么是廉耻从而自觉地奉公守法，这样国家进行自上而下的治理便容易得多了。

儒家的另一重要代表人物孟子继承并发展了孔子的思想，把教育看成是统一和安定社会的起点和基础。他说："桀纣之失天下也，失其民也；失其民者，失其心也。得天下有道：得其民斯得天下矣。得其民有道，得其心斯得民矣。"（《孟子·离娄（上）》）孟子用令人诚服的逻辑推演，把教育与社会政治统治的关系说得很明白：要想得天下就必须得其民，要想得其民就必须得其心，要想得其心就必须实施教育，"善政，不如善教之得民也"（《孟子·尽心（上）》）。此外，孟子还把教育看成是判断一国国力高低和个人苦乐的重要标准，这在中国古代教育思想中是很罕见的。

根据儒家思想通过教育影响社会政治统治的根本方式，即造就贤明的统治者，这些人遵道爱民，礼贤下士。董仲舒进一步阐发了教育的这项功能。他认为，帝王要想治理好天下，需要一批"尊王明伦"的贤士来辅佐。因此主张广开学校、兴教化，并提出"开创太学""改革选士制度"等重大建议，将理论与他所倡导的文教政策联系起来，"夫不素养士而欲求贤，譬犹不琢玉而求文采也。故养士之大者，莫大乎太学。太学者，贤士之所关也，教化之本原也。……臣愿陛下兴太学，置明师，以养天下之士，数考问以尽其材，则英俊宜可得矣"（《举贤良对策》）。董仲舒将养士、选士与辅政联系起来的思想对我国古代教育功能的发挥影响很大。一方面，它增强了读书人的做官意识；另一方面又增强了统治者把学校作为统治工具的意识，亦是教育功能发挥的重要方面。另外，普遍提高民众的仁义道德水准，培植良好社会风气，从而保证社会统治顺利实施亦是教育功能发挥的重要方面。"圣王之继乱世也，扫除其迹而悉去之，复修教化而崇起之；教化已明，习俗已成，子孙循之，行五六百岁尚未败也。"（董仲舒，《举贤良对策》）

在教育与人的发展的关系问题上，儒家教育思想十分强调教育对人的塑造。首先，"性相近也，习相远也"（《论语·阳货》），并说"吾非生而知之者，好古，敏以求知者也"（《论语·述而》），这鲜明表达了通过教育后天习知的观点。其次，人人都有受教育的可能和必要，但是，在大致相同的教育条件下，教育效果会有不同，这是由于个人的先天禀论及其后天成长环境的差异造成的。大多数人可以通过良好的教育而成为践行道德礼俗的良好民众。再次，好的教育能够使人向善，坏的教育则会使人向恶。第四，荀子还重视教育选择人才的功能。他极力主张通过教育选贤任能，"决德而定次，量能而授官"（《荀子·王制》），"虽王公士大夫之子孙也，不能属于礼仪，则归之庶人；虽庶人之子孙也，积文学，正身行，能属于礼义，则归之卿相士大夫"（《荀子·王制》）。这种把人的道德修养看成是选用政治人才的重要标准，把教育看成是实现社会分层的重要途径的观点，亦表现出明显的片面性，这些观点对中国古代教育产生了深远的影响。

中国古代儒家思想家和教育家们关于教育功能的论述虽然深刻，但由于时代与阶级的局限，他们虽注重教育的政治功能、文化功能和促进个人发展的功能，却很少真正接触处到社会底层的劳动人民，没有充分认识到存在于劳动人民中间的教育功能。对于教育促进生产发展的功能、教育的经济功能等方面没有给予展开思考。此外，儒家文化是一种伦理性文化，因而，在教育成为一种独立形态的古代社会中，道德伦理教育具有至高无上的地位。学校教育的功能主要是为巩固政治制度服务的，教育为促进个体发展服务的功能是处于从属地位并被统治阶级利益所左右，着重强调教育在形成人们道德伦理观念方面的作用，忽视教育在促进人的智力发展、身体发展等方面的作用。这种状况使以儒家思想为主导的古代教育在促进人的道德伦理发展的功能方面畸形发展，而促进人的身体和其他方面发展的功能被悬置起来。

（二）道家文化视野下的教育功能定位

道家，先秦时期的重要思想派别，以老子、庄子、杨朱为主要代表，被誉为中国传统文化之根。道家崇尚自然，有辩证法的因素和无神论的倾向，其思想精髓是“无为”与“自然”，“无为而无不为”。依据庄子的观点，“儒家游方之内，道家游方之外”。儒家强调人的社会责任，道家强调人的内在自然，认为天道运行有其自然而然的规律之所在，直接从天道运行的原理切入，开展了以自然义、中性义为主的“道”的哲学。社会只是一方存在的客体，其中生存的人们，应有其独立自主的自由性，不受任何意识形态的束缚。道家从维护个人利益的角度出发，在教育领域阐发了“人本”的思想观点，主张通过维护每个人的个人利益来达到社会的和谐繁荣，对以天下为根本的政治观点持批判态度，认为这是“悉天下奉一身”的罪恶表现。

在游方之外的“人本”思想主导下，道家的教育思想定位于“出世”与“无为”。老子宣扬唯心主义世界观和以退为进的社会历史观，全盘否定所谓“文化”教育的价值。“道”作为宇宙万物的普遍法则是“无为”，即顺乎自然。“无为”的对立面是“有为”。老子认为，真善、真知是不能用语言解说的，凡是用语言言说的东西，都是对真善、真知的损害。人类创造的文化，包括道德、法令以及一切智慧的表现都与“道”背离，文化的产生和发展是人类社会堕落的标志。老子指出，“大道废，有仁义；智慧出，有大伪；六亲不合，有孝慈；国家昏乱，有忠臣。”“故失道而后德，失德而后仁，失仁而后义，失义而后礼。失礼者，忠信之薄而乱之首也”，“法令滋彰，盗贼多有。”（以上出自《老子》）这就是说，“大道”之世，自然无为，人们和谐相处，不需要人为的道德约束，也不知道德为何物。及至“无为”法则被破坏，才有圣者、智者出来，制订道德规范，传授知识，进行教化，于是产生了是非、善恶等观念，毁誉褒贬、争名逐利的现象纷至沓来。道德不足以约束，又制定法令，结果引起更多的纷争和更大的混乱。这就是人类社会堕落的轨迹。人的本性是“无知无欲”朴素无私的，从“无私”到有私，是对人类本性的背叛，人为的教育则加速了这种背叛的趋势，这种教育只是把人引向错误，促使人类堕落。庄子继承老子“道法自然”的观点，否定教育的文化、政治等功能，倡言“无以人灭天”，即不要用人力去改变自然。仁义礼乐只能戕害人的本性，对于权势者则不过是欺世盗名的工具。道家认为儒家的社会理想有其合理的成分，但有其局限性，它主张不需要人为地提出什么人为的社会理想并通过教育实现。

根据道家的教育功能观，人性的自由与解放，即人性“复归”，一方面是人的知识能力的解放，另一方面是人的生活心境的解放。人性“复归”的途径便是“绝圣弃智”，即毁灭文化、取消教育、主张“绝学”。道家真正强调的是“无为”与“自然”式的生存智慧，这种智慧表现为在任何历史情境的社会之中都行之有效的生存之道，返璞归真，行不言之教，育成自然之道是其对教育功能的根本诉求。

（三）儒道互补视野下的教育功能定位

儒家学说所倡导的伦理道德适应了古代中国根深蒂固的家族制度，符合封建统治者的统治需要，因此儒学成为两千余年来中国上层建筑中的主流意识。儒家或道家都不能单独承载中国数千年来的文化，只有儒道互补才代表了中国主流文化的精神。人们常说孔子重“名教”，老庄重“自然”，中国传统思想中的这两种倾向，相当于西方思想史中的古典主义和浪漫主义两种传统。儒家的“游方之内”与道家的“游方之外”，入世与出世两种趋势彼此对立，却也是相互补充的。人性存在自然性与社会性的对立与统一，孔孟注视着人的社会性和人类文明与秩序的前进与发展，老庄关怀人类的自然性与心性的和谐与自在。伴随社会的进步以及两家学说的发展，儒道互补格局的形成有其必然。

道家尊重和关怀自我，崇尚自然、本真、自由、逍遥的心性人格，把个人发展和社会发展对立起来，把促进个体身心潜能的发展，培养具有独立、自主、自由精神的人作为教育的价值追求。儒家主张克己复礼，以礼仪规范、诗歌音乐引导和制约人情，通过对人心性的控制、调节和规范，整合与维持社会秩序，实现天下大治、天下归仁的社会理想。应当指出的是，儒家将礼乐神秘化、神圣化，在与君权建立神圣同盟时，使对语言文字、圣人经典的信仰敬畏变成普遍的民族文化心理，这实际上就已把作为人类思想工具的语言，变成了奴役人思想的沉重大山，将人的工具、人思想的工具变为把人工具化、禁锢人的思想的可怕实体。从某种意义上可以说，使儒家经学自由思想笼罩上了厚重的黑袍，将诗乐、语言由思想情感存在的家园，变成了牢笼。

可以大致把道家的教育看作以个人为本位的教育，儒家的教育是以社会为本位的教育。在儒家的理念下，学校教育的功能主要为巩固政治制度服务，教育为促进个体发展服务的功能处于附属地位，并被统治阶级利益所左右，它强调教育在形成个人道德伦理观念方面的作用，这样的教育以牺牲个人的发展换来社会的稳定发展。道家通过主张“不言之教”否定语言文字、圣人经典、君权政治，关注个人的精神自由，强调得更多的是人在社会中生存的智慧。儒道互补的视野下，教育既重视社会的发展也关注个人的发展，每个人的发展是整个社会发展的条件，社会发展的根本又是为了人的发展，个人的发展与社会的发展相辅相成。

二、西方文化视野下教育功能定位

（一）西方传统的教育功能观

1. 注重政治功能的传统

西方传统的教育功能观主要论及西方近代以前的著名教育家、思想家对教育功能的见解。在西方教育史中，古代希腊、罗马的教育相当发达，雅典、斯巴达以及古罗马的教育，一直在西方教育史中占据着重要位置。 在教育功能研究方面，教育的政治功能在西方传统教育中也被放在主导地位。

柏拉图是西方教育史上第一个指出教育具有巨大政治功能的思想家。柏拉图认为，教育与国家相辅相成，理想国家的建立只有在理想的教育下才能实现，因为适当的教育是形成维系正义的社会分层与秩序的最佳手段；由于柏拉图把教育看成是建立和巩固他所倡导和期望的那种理想社会秩序的有效工具，所以，他极力主张由国家来控制教育，并告诫国家的统治者，要特别重视掌握和管理好国家的教育。

亚里士多德也十分重视教育的政治功能，与柏拉图一样，他主张国家应承担起兴办教育的职责。与柏拉图有所不同的是，他主张的是通过教育的手段，使公民适应现存奴隶制国家的政治制度和社会生活的要求。

2. 强调教育发展人的功能

除重视教育的政治功能，西方很多教育家、思想家很早就注意到教育促进人的身心发展的功能。比如亚里士多德看到了教育既具有实用价值，又具有促进人的自我发展的价值，并系统地阐述了教育促进人的天性、习惯、理性和谐发展的作用。他还指出教育促进人的身心发展是有条件的，只有遵循人的身心自然发展的特点和谐地进行教育，才能最大程度地达到受教育者天性、习惯和理性的统一，因此他一贯强调教育必须遵循自然，激发儿童天性中的潜在能力。

夸美纽斯高度评价教育的作用，认为教育在塑造人、发展人方面具有不可替代的重要功能。假如要形成一个人，就必须由教育去形成；只有受过恰当教育之后，人才能成为一个人。他提出：在这一点上，夸美纽斯超出同时代其他思想家的地方在于：一方面他承认人的智力有高低之分，另一方面又坚信每一个人都有一定的天赋，“假如教员肯充分卖力气，人是可以被琢磨好的”。

作为西方传统教育的主要代表和集大成者，赫尔巴特明确提出把教育学建成一门独立学科的设想，并为此付诸实践，建立了一个较为完整的教育思想体系。在赫尔巴特看来，教育就是要发展人的多方面的兴趣，使人的各种能力得到和谐的发展，进一步来讲，教育的这些工作可以总结成一个概念——道德。因此，比起教育的政治功能，赫尔巴特亦看重教育提升的个人功能。他所提出的教育性教学原则正是为更好地发展人的多维能力、养成高尚的道德观念。

3. 教育的经济功能

夸美纽斯是促成独立形态的教育学开端的教育家，他对教育功能的阐述除了指明其对个人发展的功能外，还从教育与经济关系的角度阐明教育具有更好地改造社会、建设国家的功能。假如人人都受到良好的教育，有知识，懂礼节，那么这个社会就可以减少黑暗、烦恼、倾轧，增加光明、整饬、和平与宁静。他在《论天赋人才的培养》一文中指出：有教养的民族会很好地利用世界上的自然力量和地下的矿藏来造福人类，不会让一寸土地荒芜，不让一点物质白费掉，会把土地耕种得“象在天堂”里那样好，并能应付不测；而在没有教养的人那里……甚至连“最好的气候、最肥沃的土地、最适于航行的河道都不会利用。[①]即有良好教养的民族能够更好地开发自然资源，发展生产，建设国家。强调教育对于更好地改造社会、建设国家的作用，并且在一定程度上触及教育的经济功能，这对于教育功能的研究有很大价值。

① 曹孚等. 外国古代教育史[M]. 北京：人民教育出版社，1981：199.

4. 教育的文化功能

西方传统的教育功能观中政治功能和发展人的功能普遍被认同，对教育文化功能的认识虽未得到重视但也有所涉及。19世纪俄国著名教育家、俄罗斯国民学校和教育科学的奠基人乌申斯基便十分重视教育的继承和发展民族文化的功能。乌申斯基十分反对在教育上盲目模仿外国的风气，认为每个国家都拥有自己的优秀文化传统，都有自己的民族语言，正是这些民族传统文化维系着整个民族的团结与繁荣发展。因而，他主张每个民族都应建立适合本民族历史文化实际情况和传承的特殊教育体系，最大程度地发挥出民族教育继承和发扬民族文化传统的功能。教育传承文化的功能与发展人的个性、智力的功能相辅相成，两者结合能更有效地培养学生爱祖国、爱劳动的精神，坚强的意志，丰富的感情、高尚的品格。

乌申斯基关于教育功能的论述虽然是基于特殊的历史背景并表现出一些狭隘的民族主义成分，但其发展和深化了西方教育史中教育文化功能的思想，阐述了教育与民族文化继承与发展的相互关系，具有很大的进步意义。

概言之，教育发展至近代资本主义时期，人类关于教育功能的认识较之古代已经有了很大的发展。虽然教育思想家们论述教育功能的角度和依据不尽相同，但也表现出了一些共通的方面，从中可以看出西方传统教育功能的基本定位。随着西方资本主义制度取代封建社会并迅速发展，人们越来越注重人自身价值的追求，符合封建统治需要的"遗传决定论""天赋君权"等说法已表现出违背社会发展的弊端并遭到人们的否定。教育思想家们开始重视教育造就人的价值。教育家们首次将人的发展的三个基本方面德、智、体，与教育的三个方面德育、智育、体育联系起来，这不仅强化了多方面教育的思想，而且为后人研究教育功能提供了更宽广的视野。

(二)现代欧美教育思潮视野下的教育功能观

20世纪以后，特别是二战以后，世界的政治、经济、文化、科技各个领域都发生了巨大变化，尤其是在世界新格局下的世界经济、科技以前所未有的速度飞速发展并推及全球，全球化浪潮风起云涌。与这种趋势形成鲜明反差的是各国文化仍然保持并追求多元化的态势，正是这种一体化趋势激起了人们更加注重到本民族文化的特色与价值。它包括各国仍趋向于保留自己民族的语言、宗教、习俗及其他各种文化传统。各国在注重国际交往、合作的同时，更加注重国家的主权、独立以及以科技、经济力量为主的综合实力的竞争。现代社会的变化已影响到人们生活的各个角落，人们更加注意到教育为当今社会和个人发展带来的巨大推动作用，教育功能的更多方面正在为各个领域的学者所认识并得以实际践行。随着社会向前发展，教育已经开始全面影响社会各个方面，预示着教育全面发挥其功能的时代即将到来。在这种充满张力及活力的社会背景下，现代西方出现许多重要的教育思潮，主要有进步主义、改造主义、要素主义、存在主义、结构主义和分析哲学等等。他们大多以哲学的各种流派作为理论基础，从不同的视野审视教育，并进一步提出了各自对教育功能的理解。

1. 进步主义的教育功能观

20世纪初，以实用主义哲学为基础的进步主义教育思想逐步形成并很快发展成为一场声势浩大的教育改革运动。进步主义是一种较激进的教育哲学理论，它直接对抗于传统的保守的教育思想，并与整个社会改革运动联系在一起。杜威、克伯屈、康茨等都是这一思想的重要代表。

第一,教育即生活,培养儿童现实生活的能力。进步主义教育重视适应和诱导学生的兴趣、爱好和现实需要,反对机械学习和死记硬背,重视活动、问题解决、设计方法以及学生对经验的体会、改造和积累,反对用传统的分科形式下的常规教材进行教育,重视活动过程和实际方法的掌握。第二,发展儿童的创造力。这个观点与进步主义对世界变动性的哲学思考有关。既然世界是不断变动和发展的,那么,培养儿童的创造力以适应并把握变动的世界就比专注于继承过去的文化遗产更重要。文化遗产只有参与到现实问题的解决中才有价值。因而,克伯屈所创的设计教学法,其教学过程的模式与人类进行探索、发明和创造的模式颇为接近,即创造情境、引起动机、确定目的、制订计划、实行计划、评价成果。第三,培养儿童的民主与合作精神。这不仅反映了进步主义在教育功能上的认识而且反映了对人与社会关系的认识,同时也体现了进步主义教育思想是当时美国整个社会改革运动的一部分。

从历史发展的结果来看,进步主义在传递系统的文化遗产和促进学生掌握必需的文化基础知识和技能方面有一定局限,但是,它在塑成美国社会和美国人的民主意识和民主传统方面却功不可没。

2. 改造主义的教育功能观

一般认为,改造主义是进步主义的一种发展,不过进步主义侧重于自发教育在促成儿童自然、自由成长方面的功能,而改造主义侧重于强调教育在改造社会方面的功能。其代表人物布拉梅尔德等人自称是进步主义教育的继承者,认为强调点滴改良的进步主义教育只是用于社会稳定的时代,而改造主义则是危机时代的进步主义教育哲学。他们急于通过教育来改造社会是基于这样的前提:当人类在发明和科学发现方面达到了一个高度发展的水平上时,人类的文化仍停留在一个相对较低的水平,这使得人类在原子武器的时代,无法完全控制自己的命运。在这种情况下,教育的真正价值只能是迅速减少文化价值与技术价值之间的差距,在世界尚未毁灭之前来改造它,从而创造一个人类能完全控制自己命运的新社会。

改造主义宣称,教育的主要功能就是改造社会以解决当代的文化危机,促进社会新秩序的形成。强调以教育为工具,按照主观设想的蓝图来改造社会,学校课程要围绕社会改造的中心来进行,在教学上提供以人文学科为主体,以问题为单元组织的教学。改造主义者认为教育不仅应该注重社会改造,而且能够成为社会改造的设计师,因为教育既与人类的现实生存紧密联系又与人类的未来发展紧密联系。

3. 要素主义的教育功能观

要素主义教育思想大约兴起于20世纪30年代,在审视进步主义教育思想的过程中基于实在论哲学思想逐渐形成。要素主义教育的代表人物有巴格莱、科南特、贝斯特、里科弗等。要素主义关于教育功能的思想十分明确。他们认为在人类文化遗产中存在永恒不变的、共同的要素——“一种知识的基本核心”,学校的主要任务即把这些文化的共同要素传授给青年一代,因而主张传授基础科目,强调系统学习、智力发展和基本训练;注重教学过程的严肃性、计划性,重视天才教育,反对儿童中心论,树立教育者的权威。他们主张,通过教育传递民族经验和社会文化遗产比让学生体验个人的经验更重要。根据上述原理,要素主义者强调摈弃当时繁杂的生活课程,设计具有文化要素意义的基本课程,并强调是否掌握这些基本课程不应以学生的兴趣为转移。

4. 永恒主义的教育功能观

永恒主义代表了一种比较保守的或者传统的教育观。其代表人物有赫钦斯、艾德勒、阿兰、利文斯通等人。永恒主义教育宣扬宇宙精神、真理的永恒存在，人的理智是永恒的，知识存在于永恒不变的普遍真理中，因此提倡以掌握永恒真理为己任的教育。永恒主义认为，教育最大的价值在于探索、继承和传递真理，基于这种认识，永恒主义者反对那种以职业教育为主的课程，提出要以“永恒学科”作为课程的核心，主张古典的人文学科应居于课程中心，反对儿童发现式学习；提倡以理性行事，反对听任儿童的表现，他们坚信对于处理一个人可能遇到的问题来说，熟悉具有永恒价值的事物比起侧重有意关心任何特定时刻的社会，是一种更好的准备。教育应是生活的准备，否认学校仿效“真实生活”的情境，强调给儿童一定的基础科目，反对进行专门的职业训练。艾德勒提出过：如果人是理性的动物，在全部历史时代中，其本性都是永恒不变的，那么，不管是什么文化或什么时代，在每一种健全的教育计划中都必须有某种永恒不变的特色。

教育的功能在于创造一种人为的环境，通过提供永恒的文化要素（如人类社会中永恒的真理以及关于读、写、算方面的基本技能）来为学生今后生活做准备，学生在这种特定的环境中，发展智能、兴趣并了解到什么是文化遗产中最好的东西，这样他们就能以不变应万变。赫钦斯曾指出理想的教育不是一种特殊的教育，不是一种指向眼前需要的教育或者一种专业前的教育，也不是一种功利主义的教育，而是一种发展智能的教育。

5. “人力资本”的理论视野下的教育功能观

教育自其产生时起，就具有为社会生产服务的功能。但是，由于古代社会生产过程主要依据手工技艺和经验指导，加之商品经济不发达，教育的经济功能始终没有切实体现出来。中外教育家虽然对教育与经济的关系的论述有所涉及但都比较浅显。工业革命的蓬勃发展使资本主义生产完成了从工场手工业向机器大工业的转变，这场以机器取代人力，以大规模工厂化生产取代个体工场手工生产的生产与科技革命使教育与科学对社会生产的推动作用逐渐明晰。随着现代工业社会的发展，经济增长越来越多地依赖教育与科学，这首先引起了经济学家对教育经济功能的注意，并促成了“教育经济学”的诞生与发展。

人力资本理论率先由美国经济学家舒尔茨提出。20世纪60年代，美国经济学家舒尔茨和贝克尔创立人力资本理论。该理论认为，全面资本的概念包括人力资本和物力资本两个方面：物力资本是以物质产品为载体的资本，包括厂房、机器、设备、原材料、土地、货币和其他有价证券等；人力资本则是体现在人身上的资本，即对生产者进行教育、医疗卫生、职业培训等支出及其在接受教育时的机会成本等资本形式的总和，表现为通过教育内化于人身上的各种生产知识、劳动与管理技能以及健康素质等方面的总和。

人力资本理论认为，人力资本投资的作用大于物力资本投资的作用，资本积累的重点应从物力资本转向人力资本。该理论第一次把教育投资看成是一种生产性投资，并且指明教育投资是提高人各方面能力而进行投资的主要部分。教育远不是一种消费活动。相反，政府和私人有意识地作出投资，为的是获得一种具有生产能力的潜力，它蕴藏在人体内，会在将来做出贡献。舒尔茨指出，由于学校教育形成的资本储备正迅速增加，其速率超过物力资本再生产储备的增加速率，学校教育投资收益率等于或高于物力资本收益，因而，教育已经成为促进经济增长的重要推动力。这种认识无疑构成了对几千年来教育是一种消费事业的传统观念的巨大冲击。

(三)后现代主义的教育功能观

20世纪下半叶美国率先进入丹尼尔·贝尔所说的“后工业社会”,即以服务型经济占主导地位的信息时代。在这种社会环境下,以消费为重要特征的大众文化模式使以往的精英文化受到挑战,科学技术所产生的副作用使越来越多的人对科技理性产生怀疑,计算机的普遍应用改变了人们的时空观念,人类的主体个体性从未像现在这样得到张扬。后现代教育思潮便是对这样一个后工业时代的回应。后现代主义教育思想作为整个后现代哲学思潮的一部分,在人们为了使教育适应“后工业社会”,对教育功能的“现代性”进行深刻反思的基础上形成。

1. 强调个性化培养

后现代主义教育思想强调多元,崇尚差异,主张开放,重视平等,推崇创新,否定绝对真理的合法性。他们对现代教育培养同质化“完人”的功能质疑,在教育促进人的发展方面,更加重视使个体个性化。教育是要促进学生的各方面发展,但并不强求每个受教育者都得到“全面发展”,教育应该重视人的主体性和创造性的发挥,培养出“符合学生自己的特质和他生活中的特殊性的人”才是教育功能的实质。

2. 克服现代社会生存危机和文化危机

教育的社会功能在于克服西方资本主义社会各种利益相互冲突的状态,建立文化与社会环境与自然和谐相处的社会文化环境;促进学生对社会的认识,培养学生的生态意识、培养社会责任感,造就一批具有批判能力、适应多元化信息社会的公民。后现代主义教育在其功能发挥上强调要处理好教育与多元文化的关系。他们认为,主流文化所反映的一套东西是霸权意识形态的产物,代表的仅仅是某一阶层、某一身份地位的人。教育尤其要倾听那些处于边缘地带人群的声音。

第三节 教育的正向功能与负向功能

按照教育作用的性质不同,教育功能可划分为正向功能和负向功能。

一、正向功能与负向功能

正向功能和负向功能是美国社会学家默顿在20世纪50年代末提出的功能分析的一个维度。默顿认为,在功能分析所依赖的理论、方法与资料三者中,方法是最薄弱的环节,人们在分析功能时对方法的选择与运用是不够重视的,这点从术语运用的混淆便可以看出。他通过对“一个术语,不同的概念”以及“一个概念,不同的术语”的分析,指出术语运用的混淆将主观的动机误认为客观的功能,摒弃了清晰的功能探究,进而提出:社会功能系指可见的客观结果,而不是主观意向(目标、动机、目的)。若不能区分客观社会后果与主观意向,则必然导致功能分析上的混乱。默顿作为一个客观功能论者,对以往功能主义对功能的三种假设，即“社会功能一体”、“泛功能”和“不可或缺性”，给予了批评，认为功能作为客观的结果，不一定都表现为正向的促进与提升，同时亦可体现为负向的抑制与阻滞。由此，他提出了正向功能和负向功能（反功能）的功能分析维度。正向功能是指那些有利于一个系统的稳定或调整的可以观察到的结果，是一种“贡献”性功能。与此相反，负向功能是指那些不利于一个系统的稳定或调整的可以观察到的结果，是一种“损害”性功能。

二、正向教育功能与负向教育功能

（一）教育的正向功能

正向教育功能是指那些有利于社会进步和个体发展的教育影响和教育作用，我们把那些认为教育对社会和个体的发展只有正向功能而没有负向功能的观点和理论统称为教育的正向功能观，其代表人物有迪尔凯姆、帕森斯等。

迪尔凯姆是正向教育功能观的早期倡导者。在他看来，每个人都有双重人格，一个是“个体我”，一个是“社会我”，教育的目的便是塑造“社会我”。迪尔凯姆认为，教育是年长的几代人对社会生活方面尚未成熟的几代人所施加的影响。其目的在于，使儿童的身体、智力和道德状况都得到某些激励与发展，以适应整个社会在总体上对儿童的要求。迪尔凯姆进一步指出，教育的功能在于使儿童产生：(1)他所属的社会认为其每个成员不应该不具备的某些身心状况。(2)他所属的特定的社群（社会等级、社会阶级、家庭、职业）认为其全体成员必须具备的某些身心状况。迪尔凯姆的教育功能观把教育功能与教育目的混为一谈，其所讲的“教育”其实是一种理想状态下的教育，教育的功能也不是现实教育所产生的“作用”，而是从教育目的出发，规定教育“应有”的功能。

帕森斯是继迪尔凯姆之后的又一个持教育正向功能观点的代表人物，并将教育正向功能观进行了系统化阐释，提出了“AGIL”功能分析模式（图1）。

	手段性功能	目的性功能
对外功能	A 适 应	G 目标完成
对内功能	L模式维持	I 统 合

图1 AGIL功能分析模式

帕森斯认为，一个系统的存在主要表现在系统内部结构的一致性，而要实现一致性就需要结构之间具备一定的功能，通过各自功能的实现来进行统合，进而维持系统的稳定与整合，因此，社会现存系统的任何结构都是有意义的。他所讲的“功能”指的是系统中的结构或要素对整个系统的“贡献”，也就是正功能。帕森斯的教育功能观对其后的教育功能研究产生了重大影响，他认为教育只有正向功能而没有负向功能，这在某种程度上导致其后的教育功能研究重点关注教育的正向功能，忽视教育负向功能的态势。

教育的正向功能是客观的。教育作为社会系统的重要组成部分，在促进社会的进步和人的全面发展方面起着不可代替的作用。教育的正向教育功能观彰显出教育的积极作用，并将继续保持和发展这种积极作用。但是仅关注教育的正向功能有其局限性。

（二）教育的负向功能

负向教育功能是指那些不利于甚至阻碍社会进步和个体发展的教育影响和教育作用，我们把那些认为教育对社会和个体的发展存在着负面影响的观点和理论统称为教育的负向功能观。负向功能观又分为客观的负向功能观和激进的负向功能观。

所谓客观的负向功能观，是指从教育作用的客观结果出发，承认教育的正向功能的同时又明确指出教育的负向功能的观点。这种观点可以追溯到美国社会学家默顿，他认为，功能是为我们所观察到的后果，正功能有利于一个体系的适应或顺应，反功能则削弱体系的适应或顺应。默顿将功能看作是一种客观结果，而不是主观意识，作为一种客观结果，功能就必然存在着正向与负向的影响，教育功能也不例外。例如，我国的学校教育，伴随素质教育的提出与推进，学生的主体地位被人们逐渐重视，并提出了学生中心的教育观点，这意味着教育致力于学生发展的功能定位。在提倡教学过程中以学生为中心之后，我们可以看到学生的地位越来越被尊重，体罚的情况有明显减少，学生的课业负担也在逐渐减轻，学生在课堂中开始变得活跃。这些都是我国学校教育改革对学生发展所产生的正向功能。应引起重视的是学生中心论被强调与绝对化，产生了学生学习态度懒散、课堂教学秩序混乱等情况，此时，教育亦对学生的正常发展产生了负面影响，可谓负向功能的输出。因此，对于教育，我们不仅要看到其正向功能，还应理性认识到其负向功能，从而尽量减小负向功能的影响。

所谓激进的负向功能观，是指那些认为教育对社会进步和个体发展只存在负向功能而没有正向功能的观点。20世纪60年代在美国产生的“学校消亡论”，以及当今社会中所流传的“读书无用论”等都属此类。激进的负向功能观，大部分是从社会公平的角度出发，认为教育非但不能维护社会的公平正义，反而是造成社会不公平的根源之一。其分析思路如下：一方面，教育再生产了社会关系，造成了社会不平等的合法化；另一方面，教育使学生养成适合于等级制社会分工需要的个性品质。因此，他们提出要对教育进行“重构”。显然，这种观点片面且极端，它只看到了教育在影响社会发展中的负面效应，却没有看到教育对社会进步所作出的贡献，是对教育功能一叶障目式的认识。

第四节　教育功能的有限性

教育促进社会及人的发展毋庸置疑，但是教育并不能解决一切社会及人发展的问题，“教育万能论”早已被历史证明为“乌托邦式”的教育功能观。正确、理性地看待教育功能的有限性，是全面客观地理解教育功能的必要前提。

一、教育功能有限性及其根源

学校教育作为社会系统中的一个子系统，在促进个人和社会的发展过程中起着非常重要的作用。在知识经济和信息社会的背景下,为适应政治、经济、文化发展的需要,我国制定并践行科教兴国的发展战略,教育事业得到飞速发展并取得举世瞩目的成就。伴随教育在经济、社会发展中的作用的凸显,近年来,社会上出现了泛化教育功能的现象,其实质即片面夸大教育的作用。教育功能泛化的突出表现有"教育万能论"和"教育即学校教育"等。"教育万能论"主要观点是:教育功能的范围不断被扩大,人们肆意夸大教育促进个体和社会发展的功能;将人在社会发展中所依据的各种能力素质完全归功于教育的功能输出,将人们对教育的美好期望或者理想归结为教育功能等等。"教育即学校教育"表现为家庭和社会把本应属于家庭教育和社会教育的内容和责任推给学校,寄希望于学校来完成所有的教育任务并承担所有教育责任。当教育未能达到预期,人们便开始怀疑教育甚至诟病教育,因此,"教育无用论"和"教育负功能论"便应运而生。

泛化教育功能和贬低教育功能都根源于对教育本质认识的偏差以及对教育功能定位的失当。因此,在分析和评价教育功能时,我们要一分为二地看待教育,既要看到教育促进人和社会进步的功能输出,又要看到教育功能的有限性,避免夸大或贬低教育功能等肤浅认识。追溯教育功能有限性的根源,就必须考量构成教育的基本要素:教育者、受教育者和教育影响。从现代教育理论的基本观点出发,教育的三要素中,教育者和受教育者都是人,由于人具有其自身的有限性或者说局限性,教育也必然会有其有限性。此外,考量教育影响亦应基于特定的教育时空,并理性认识教育功能的有限性。

二、教育功能受制于个体发展的条件

教育功能的发挥离不开教育者和被教育者的努力与合作,教育者和被教育者都是生命个体,具有生命和精神上的双重存在。为了摆脱生命和精神有限性的束缚,人们希望通过教育来实现对这种有限性的超越,这是正当的,应该理解与尊重。然而,受制于个体有限性的教育并不能绝对满足这种超越的诉求。

(一)受教者自身的有限性

教育必须遵循受教育者的身心发展规律,教育在很大程度上是受教育者不断内化知识,塑成能力的过程,它受制于受教育者身心发展的性质、水平等。不能将所有的责任都加于教育,应该充分尊重受教育者自身的条件。遗传因素作为影响个体成长、成才的因素之一,其作用不容忽视。生物学表明:遗传素质是指个体从祖先继承下来的生理特点,也称天资、天赋、禀赋,是与生俱来的解剖生理特征,如机体的构造、形态、感官和神经系统等特征。遗传素质是个体身心发展的前提,只有基于此,教育功能才能得以实现。我国古代就有"上智下愚不移"的说法,这也证明了遗传素质对个体发展的重要性。心理学的研究进一步证明,人的智力发展水平存在差异,虽然后天的教育能缩小其差距,但是提高的程度也是在遗传素质所提供的可能范围之内。此外,非智力因素如气质、性格也会影响教育的功能输出。例如,不同个体具有不同的气质类型,在制订学习策略、社会适应过程中都会表现出截然不同的风格进而实质性影响教育的功能发挥。

在教育过程中,受教育者不是被动地接受教育,更多地体现为受教育者对知识的主动建构。在整个过程中,受教育者的主观能动性根本性地制约着教育功能的发挥。常言道:"你可以把马儿引到河边,却不能强迫马儿饮水。”在教育过程中,个体的学习兴趣和持之以恒的意志等都会影响其接受教育的效果。根据马克思主义基本原理,事物的发展是内、外因共同作用的结果,内因是事物发展的关键因素,外因对事物的发展只能起到加速或延缓的作用。因而,遗传素质、学校教育和环境影响都必须通过个体的主观认识、判断和选择才能发挥其作用。主观能动性强的人,能够利用有利条件或者积极创造有利条件来促进自己的学习,主观能动性不强的人则不然。在个体的主观能动性中,意志是其核心要素。一个意志坚强的个体,能自觉地为自己拟定目标,即便克服重重困难,也会努力实现目标。墨子曾经有“志不强者智不达”的论断,这也从一定意义上说明了个体主观能动性对个体发展的重要价值。在现实生活中,那些意志坚定、志向远大的人和那些胸无大志、意志薄弱的人的最终发展会截然不同。通过对受教育者的遗传素质、主观意识的分析,不难看出,教育只是个体发展过程中的一个因素而已,个体的发展是包含教育在内的多个要素共同作用的结果,教育对个体的身心发展只能起着加速或延缓的作用。

(二)教育者自身的局限

在个体发展的过程中,教育者的素质、能力也是影响教育功能正常发挥的重要因素。教育对学生的促进作用主要是通过教师的教学来实现的,但是教师在教学活动中的作用却不是万能的。现代教育是一个开放系统,教师的素质也是一个开放的系统。教师的综合能力包括:专业知识、教学技能、专业理想等,教育教学在很大程度上受制于教师的教学综合能力,然而,教师专业素质的培养与完善不仅受限于教师自身的主、客观条件,同时也受限于学生群体的需求状况。从客观上说,教师的能力总是有限的,不可能满足学生群体学习上的所有需求,况且,在整个教育过程中,学生始终是学习的主体,教育的最终效果只能通过学生来体现。教师在教育教学的过程中总是有着良好的愿望,但是,由于教师自身的局限,加之教育教学过程中的一些不可预料因素,教育功能的实现并不总是体现为教育目标的实现。例如,在微观教育中的课堂教学过程中,突发事件时有发生。此时,教师只能即时性处理。在这样的情况下,教师要做到尽善尽美几乎是不可能的。

在教育现实中,人们通常会觉得老师无所不能,然而事实并非如此。当今社会认为学生的发展都系教育所为,因而教育要对学生的一切负责,以至于国内出现了“没有教不好的学生,只有不会教的老师”等论调。法国的遗传学家阿尔贝·雅卡尔也曾经指出:在一个孩子接受教育的过程中,他所犯下的错误从根本上讲总是显现了教师的错误。以上理念没有错,在很大程度上说明了教师应该永远对学生抱有期望,这说明了教师在学生学习成才过程中的重要作用。但是,如果仔细推敲其理念的因果关系,问题就出现了:学生逃课,那一定是老师讲课没有吸引力;学生自杀,那一定是教师给予压力过重;学生品德不良,那一定是教师只重知识教育而不顾其他;学生缺乏创新能力,那一定是教学过于专制。难道学生的不良行为一定就是老师导致的? 当人们把这些罪责都推给老师的时候,有没有想过家庭和社会的责任? 有没有想过老师也只是普通人? 由于教师自身的有限性,由教师执行的教育也注定是有限的。

以上分析了教育功能受制于个体发展的有限性,说明了依赖于个体来完成的教育也必然具有有限性。教育作为社会系统中的一分子,其功能的发挥除了受制于个体的有限性以外,还受制于社会发展的有限性的束缚。例如,社会政治、经济、文化发展水平、性质等。

三、教育功能受制于社会发展的条件

教育作为社会系统中的一部分,与社会其他系统存在千丝万缕的联系。任何教育都是在特定的政治、经济、文化背景下,依赖于一定的教育资源,通过特定的教育者和受教育者在特定的时空中进行的。社会系统中的政治、经济、文化、人口及教育资源等等因素都会对教育功能的发挥产生牵制,从而使教育表现为有限影响与作用的状态。

(一)教育受制于社会政治、经济、文化的发展状态及水平

教育是一种社会现象,其运动、发展及功能实现,必然与社会中的其他因素发生关联并受到制约。

政治是一种社会现象,影响着社会中的每个成员和组织,教育自然也不例外。教育作为一项公共事业,深受政治的影响,体现着所处社会的政治特征。教育作为政治的工具,总是按照统治阶级的意志来维护现行社会制度的稳定。政治决定着教育的性质和功能,在任何国家,统治阶级都会用手中的权力支配教育,教育制度、法规和规章的制定,教育资源的分配、教育人员的选拔和任用、教育内容确定与筛选都反映着统治阶级或主流社会的需要。例如,日本由文部省审定教科书,我国历史上的科举制度以及现行的公务员考试资格等都反映着教育受制于社会政治的这样一种关系。

在讨论教育与政治关系的同时,人们已普遍关注教育与经济的问题。教育学、经济学及教育经济学等学科都在研究教育与经济之间的关系。教育受制于经济的发展水平是不言自明的事实,经济发展状况直接决定了教育发展的速度和规模。在市场经济背景下,当代高等院校批量化"生产"的人才根本上以市场需要为参照,以至出现教育"市场化"的倾向,这是教育受制于经济的明确表现。教育发展所需的资金投入依赖于经济的发展状况,教育受制于经济发展的另一表现就是高等院校毕业生国家"分配"体制的瓦解,随之而来的以市场需求为导向的人才录用制度产生。此外,从教育观念层面来看,社会经济的发展必然引起人们观念的变化,进一步转变人们的教育观。

作为社会系统中一份子的文化与教育有着非常密切的关系,教育是文化系统的一部分,是构成社会文化的一个基本要素。文化作为政治、经济作用于教育的"中介",主动地传导社会政治、经济的要求,再加上自身的相对独立性,所有这一切都使其对教育产生着非常重要的影响。文化同时也是教育发展的动力,特定的民族文化特点总能催生出特定的民族教育模式,一个民族的文化素质往往是该民族教育功能实现的标尺。例如,教材、教学参考书等都作为文化的载体影响着教育。此外,教育功能的发挥也受制于社会的文化水平、文化氛围、文化设施以及文化变迁的影响等。文化心理学研究表明:社会文化发展的水平决定着生活在其中的儿童的认知结构的内容和水平的发展,进而影响到教育功能的实现。

教育作为一种社会活动,自然与构成社会的基本成员之间有着一定的关系,人口虽然不能决定教育的发展,但是对教育目标、结构、战略等却有重要的影响。人口分布、密度会影响教育结构、布局、规模以及教育经费和教育目标的实现,从而制约教育发展的整体战略。例如,不同学龄阶段的入学人数影响着不同阶段、级别教育机构的规模,进而影响教育设施和

教育经费;人们不同的求学或就业需要影响着职业教育和高等教育的设置;人口的地区分布和密度会影响到地区教育的布局。众所周知,人口问题是我国面临的一个重大难题。人口基数大、新增人口多、农村人口比重大、地域分布不均、人口素质相对较低等制约因素严重影响教育功能的正常发挥。

(二)社会环境、家庭教育的不利因素对教育功能发挥的影响

接受学校教育的本来目的是学习知识以提高自身综合素质,而不是急功近利,以图通过接受教育来谋求较高职位、获取更多报酬。近年来,在市场经济大背景下,金钱、权利成为衡量成功与否的标准,社会物质化、利益化的现实使得人们期望通过学校教育来改变自身的不利境地。事实证明,当代教育促进社会阶层流动的功能已经不再那么明显,“学优未必能仕”成为我国当前教育功能发挥的真实写照。或许是受美国教育经济学家T· W· 舒尔茨的影响,人们不仅希望通过教育促进人的知识、技能的提高来推动经济的发展,也希望通过教育带来更大的社会效益,诸如解决社会的就业、文盲、犯罪、暴力、色情、腐败、战争乃至宗教偏执等社会问题,这一切都体现了人们对教育功能发挥上的极致性追求。当前,接受教育的功利心理使得教育功能的本真不复存在,社会上一些不良风气的影响使得教育在人们心中不再神圣。“知识不如经验”“能力不如关系”“实力不如背景”便是教育功能异化的鲜明体现。教育在灰色的社会环境中举步维艰,知识在金钱面前屡遭冷落。当前高等教育在未能保证质量的前提下批量化生产,使得人们对教育(尤其是高等教育)失去信心、嗤之以鼻,教育功能发挥陷入一场新的危机。由此可见,扭曲的社会环境对教育的发展具有非常重要的影响,显示出教育功能发挥过程中的局限、软弱及无力。

在功利化的环境里,家庭作为社会的细胞与社会往往保持着高度的一致。家庭教育是人成长过程中最初的,也是影响最深的教育形式,“三岁定八十”即反映了家庭教育在人的成长、成才中的重要性。在现代社会,教育的工业化生产催生了从幼儿教育到大学教育的一套完整的教育体制,并逐渐成为整个教育体系的核心。社会对学校教育功能的泛化,渐渐弱化了家庭教育的功能。新时期,家庭结构和家庭观念的变化都给教育带来了很大的影响。例如,很多家长没有精力、时间或能力来承担家庭教育的任务,使得当前学校教育承担着过多的职责,那些原本属于家庭教育的任务只能通过学校教育来实现。受制于诸多因素的影响,学校教育很难做到包罗万象、面面俱到。家庭教育功能的颓废或者丧失,给学校的教育教学形成了很大的负担,学校很难在保证知识、技能教学的同时去兼顾并保质保量地完成家庭教育的内容。现代社会婚姻观念的改变,也给教育带来不少负面的影响。例如,单亲家庭、父母有不良嗜好家庭的孩子,其学习和生活也容易受到家庭的不良影响,给教育教学带来压力。此外,由于社会环境的影响,家庭教育无意识地传递着社会主流思想,甚至是一些过激的观点。一些家长利用自己的社会关系和权力地位为孩子谋求优越的学习环境或工作单位,而不是鼓励孩子去学习、拼搏以获得成功。这种畸形的家庭教育必然会对教育事业带来伤害,制造新的教育不公平,从而阻碍教育的正常发展。

由于以上相关因素的制约,加之教育自身功能的有限性,我们应该明白,任何泛化和夸大教育功能的做法都是不恰当的,将教育作为实现人发展的唯一途径,或者把教育作为实现人美好愿望的手段的做法都是不合理的。我必须正确认识到教育功能的有限性,把教育功

能与教育理想区别开来,并努力为教育的发展创造良好的条件,教育功能才能得到最大程度的发挥。承认教育功能的有限性不仅无损教育的社会形象,反而有利于我们认识教育和发展教育,从而实现社会政治、经济、文化的全面发展。

思考题:

1. 教育功能观有哪些?
2. 教育对个体发展有哪些作用?
3. 教育对社会发展有哪些作用?
4. 如何理解学校教育功能的有限性?
5. 如何认识学校教育有限性的极端形式——学校教育的负功能?
6. 简要阐述一下各理论流派对教育功能的认识。

第四编

谁是主体:教育中的角色解读

在社会生活中,每一个体都扮演着不同的角色,而每种角色都被社会赋予不同的权利、责任、行为规范及相应的行为模式,教师和学生也不例外。

在教育这种社会实践活动中,教师和学生是教育活动中的两个主体,二者具有交互作用的主体间关系。作为教育活动的基本构成要素,教师和学生各自在教育中的地位、作用以及相互关系决定着教育目标能否最终达成。教师是教育活动的决策者、组织者、指导者和调控者,其主体性的有效发挥直接影响着整个教育活动的进程和学生发展的方向。而作为教育活动另一重要主体——学生的主动参与和能动性的发挥更是直接关系到他们最终的发展状态。

第九章

教师

本章导读——

按照今天人们的一般理解，教师是履行教育教学职责的专业人员，承担着教书育人、培养社会建设者的重要使命。不过广义地说，教师泛指以一定的方式把一定的知识、技能、思想、品德等传递给教育对象的人，所以唐代韩愈说“道之所存，师之所存也”。因此可以说，自人类诞生之日起，就有了教师这种社会角色。只不过随着人类社会的变迁，教师角色的内涵也有变化而已。本章通过对教师角色历史发展的梳理，引导学生立足社会背景理解教师角色的当代变革，并认真思考如何实现教师这一社会角色。

学习目标——

1. 相关概念

(1)教师角色

(2)教师专业化

(3)教师隐喻

2. 基础知识

(1)古代教师角色的经验化

(2)近现代教师角色的专门化发展

(3)当代教师角色的多重转变

(4)教师劳动的特点

(5)教师角色的实现途径

按照今天人们的一般理解，教师是履行教育教学职责的专业人员，承担着教书育人、培养社会建设者的重要使命。不过广义地说，教师泛指以一定的方式把一定的知识、技能、思想、品德等传递给教育对象的人，所以唐代韩愈说“道之所存，师之所存也”。因此可以说，自人类诞生之日起，就有了教师这种社会角色。只不过随着人类社会的变迁，教师角色的内涵也有变化而已。

第一节 教师角色的历史发展

一、古代教师角色的经验化

（一）古代中国教师角色的特点

具有专门特性的教师职业是伴随着学校的出现而产生的，但早在学校出现之前，就有了不同于今天意义上的“教师”这一角色。例如《尸子》记载：“燧人之世，天下多水，故教民以渔”；又说：“伏羲氏之世，天下多兽，故教民以猎”；《易·系辞》记载：“神农氏制耒耜，教民农作”；《孟子·腾文公》记载：“后稷氏稼穑，树艺五谷，五谷熟而人民育”等。燧人氏、伏羲氏、神农氏、后稷氏等可算作是最早的教师，他们的教育活动是与远古时期的生活境况相吻合的。那时的人类刚刚脱离动物界，还完全受制于自然环境，缺少最基本的生存能力。要生存就必须不断培养最基本的生存技能。上古时期承担教师角色的人往往都是在社会生产和生活中自然产生的，即“技而优则师”，也就是说，一部分优秀的人在长期的实践活动中发现了某种有利于人类生存的技能，于是传授给他人，有的还被拥戴为王。如《韩非子·五蠹》记载：“上古之世，人民少而禽兽众，人民不胜禽兽虫蛇；……民食果蓏蚌蛤，腥臊恶臭而伤腹胃，民多疾病。有圣人作，钻燧取火，以化腥臊，而民说（悦）之，使王天下，号之曰燧人氏。”后东晋王嘉在《拾遗记》中记录：“遂明国有大树名遂，屈盘万顷。后有圣人，游至其国，有鸟啄树，粲然火出，圣人感焉，因用小枝钻火，号燧人氏。”

原始社会时期，为了生存和发展的需要，人类开始普遍以氏族和部落为社会团体组织起来共同生活，并结伴进行物质生活资料的生产和劳动，人与人之间必然会发生一定的社会联系并积累一定的社会生产和生活经验，并且产生了为族群的生存和繁衍把生产技能、生活经验和风俗习惯传授给下一代的需要。于是，部落和氏族的首领、老人、能人和妇女成了教育实践活动的主要承担者，他们的教育活动便是以后教师职业产生的萌芽，虽然在文字产生以前的漫长时期，经验的传递只能靠一代一代的口耳相传。这样的教育活动开始主要是在生产劳动过程中进行，但随着生产力的提高和发展的需要，慢慢地就产生了脱离生产劳动，研习并传授某种技艺的人，这样的场所也即后来学校的雏形。记载最早的学校是五帝时代的“成均”。郑玄认为“均，调也。乐师主调其音”。由此可见，“成均”乃乐师作乐的地方，是教授音乐舞蹈的地方。在五帝时代，氏族和部落经常要举行宗教仪式和聚会，这时音乐舞蹈必不可少。而从事这些活动的人只可能是那些有条件脱离生产劳动，进行专门研习的人，这样的人也同时担负着传授技艺的职责，从而部分地担当着我们今天所说的教师的角色。不过，总体而言，原始社会时期主要是“长者为师”，且没有固定的教育者和受教育者，师生关系带有很强的偶然性，教育内容也因时因地而异。

一般认为，我国学校最早产生于夏朝的"庠""序""校"等机构。实际上有文献记载原始社会时期即出现了"庠"。《说文》指出：庠，"从广羊声"，即食羊者所居之处。在原始社会羊为美肴，一般只有氏族长老才有资格享用，故庠原为氏族敬老养老的地方。又由于在原始社会教育新生一代的任务通常由老人承担，庠后来便演变成为教育的场所。有经验的长者自然是教育者。大约在公元前21世纪，我国历史上出现了第一个奴隶制国家——夏朝，其后经过殷商和西周的朝代更迭，从而使奴隶制社会具备了学校产生和发展的基本条件：第一，生产力已有较大发展，能为社会提供相当数量的剩余产品，一部分人能脱离生产劳动，专门从事教育和学习活动；第二，脑力劳动和体力劳动有明显的分工，出现了专门从事文化活动的知识分子，其中一部分即承担着教师的角色；第三，文字的出现和对经验的记载和整理达到了一定的程度，使人类的间接经验有了良好积累和传播的条件；第四，阶级分化和阶级对立的形成，使统治者需要利用和控制教育手段来培养本阶级的继承人。

在文献记载中，"庠""序""校"被认为是夏代的学校。夏朝的"庠"是从原始社会时期的"庠"直接沿袭下来的，所不同的是夏朝的"庠"养的是奴隶主贵族的"国老"，也是掌握在奴隶主贵族手中的一种统治工具。关于"序"，《孟子·滕文公上》："序者，射也。"因此"序"可能是贵族子弟学习射箭的场所，因为夏朝的统治者非常重视军事训练，重戎、尚武成了夏代教育的主要特点，故有"夏后氏以射造士"之称。至于"校"，《孟子》中说："校者，教也"，夏朝的"校"同"序"一样，也是一种军事体育性质的教育机构。在这里，奴隶主贵族子弟不仅受到内容相当广泛的军事教育训练，而且还需要通过十分严格的各项考核，所以夏朝的"校"实际上已是一种发展较完备的学校。经过殷商和西周的发展，学校的规模和等级性质也得到一定的发展，如西周时期就有国学和乡学之分，国学专门为统治阶级贵族子弟设立，乡学为地方官学，因地方区域大小的不同，也分有塾、庠、序、校等。

此后在几千年的封建社会里，朝代虽有更替，学校虽有发展，但教师这一角色却具有共同的特点。概括起来，古代社会教师这一角色的特点包括：

1. 官师合一

西周时期，古代典章文物，俱掌于官府；礼、乐、射、舞器，都藏于宗庙。民间无书无器，学术专为官有，教育非官莫属，非官莫能，这就是西周时期典型的"学在官府，官师合一"，即担任教师角色的人一般都是官员。即便到了春秋战国时期，学术繁荣，官学衰落，私学兴起，并因诸侯争雄而导致乱世繁荣，表面看教育冲破了"官师合一"的局限，但实际上主持私学者也多为退隐的朝廷官员，这些官员往往也是通过自己的讲学维护和巩固封建统治，并大多接受朝廷的物质支持。至秦朝，为了统治舆论，钳制思想，秦始皇采纳丞相李斯的建议，在焚书的同时禁止私学，规定"若欲有学法令，以吏为师"，从而在全国建立起更为严苛的"以法为教，以吏为师"的教育制度。

汉朝建立后，统治者总结秦朝在轰轰烈烈兼并六国后，又迅速土崩瓦解的亡国历史教训，对文化教育政策实行了改革，解除了教育方面的禁令，允许开办私学，加上政局不稳，官学未立，私学乘势发展，并实际上承担起了培养人才、传播文化、发展学术的任务。私学活动不仅没有受到汉朝统治者的干预，而且相应地恢复了秦以前士阶层在社会上受到的礼遇。汉朝统治巩固起来后，开始实行官学与私学并举的教育办学体制，官学分为中央官学和地方官学两种，私学分为书馆和经馆两种。由于朝廷实行官私并举的教育政策，汉朝私学发展很快，其办学的规模和接受教育的普遍程度曾一度超过了官学，这种繁荣的景象在魏晋南北朝时期也曾出现，但这只是私学在历史发展过程中呈现的相对的繁荣，总体而言其地位仍然不及官学。尤其到了隋唐时期，尽管私学仍然有所发展，但官学的主流地位及其发展的完备程度是私学所不及的。而且尽管官学和私学其后一直并行发展，但官学无论在规模上还是地位上都显著高于私学，而且私学在不同程度上都会受到统治阶级的管制。以下以书院这种特殊的私学制度为例。

书院之名始见于唐代，但发展于宋代。宋代的书院最初为私立的学馆，多由富室、学者自行筹款，于山林僻静之处建学舍，或置学田收租，以充经费。到了后期，书院出现官学化的倾向，这是由于书院受制于政府，被纳入了官学体系，这有两种情况。一是私学举办者受仕途利诱，将所建的书院斋舍及田产设施等，捐赠给政府，以学舍入官，谋得一官半职。这类书院已改变过去私立的性质，变为官学，如应天府书院等。二是一些地方政府利用公款公物直接兴建书院，办成地方官学，如石鼓书院等。这种倾向导致了私学官化，也是这个时期私学少有创新的重要原因之一。后由朝廷赐敕额、书籍，并委派教官、调拨田亩和经费等，并逐步由政府控制，从而变为半民半官性质的地方教育组织，仁宗庆历年间，各地州府皆建官学，一些书院还与官学合并，神宗时朝廷还将书院的钱、粮一律拨归州学，书院一度衰落。南宋时由于朝廷偏安，官学困难重重，管理不善，由私人兴办的书院则又呈繁荣之象，且管理有方，教学质量高。元朝灭宋后，对书院采取鼓励兴办并加强控制的政策，在一些热心教育人士的倡导下，书院以官学形式进行重建。

到了明清时代，私学经过历史的积累在规模上虽然空前宏大，但在明清统治上下500年的历史长河中，私学并没有展现出历史上曾一度出现的那种学术交流异常活跃的生动局面，学术文化成果也缺少创新，除王守仁、王廷相和黄宗羲、王夫之、颜元等几人外，私学大师寥寥无几，对后世教育的影响也远不及前人。明代的教育发展，初期以官学为主，书院沉寂，后来士大夫们开始由不满官学到远离官学，纷纷创办私学，复兴书院，施展自己的教育抱负，传统的著名书院（如白鹿洞、岳麓、武夷、石鼓等）相继复兴，新兴书院不断涌现，但其自由的学术交流风气再次遭到打击，统治者对书院进行了残酷的取缔，上演了中国历史上自秦以来第二次针对教育文化的大浩劫。明朝中后期的四次禁毁书院事件，对教育文化的浩劫，客观上也是加剧明王朝灭亡的重要原因之一。清初仍然实行对书院严厉抑制的政策，从康熙年间起，教育政策开始宽松，书院再次复兴起来，其中有民间私人创建的，也有士大夫和地方官员的崇教之举。之后的几代皇帝还亲手为一些著名的书院如白鹿洞、岳麓、紫阳等书院赐颁御书，送匾额，肯定书院的成就，提供资助，支持书院的发展。到清末，书院数目超过了以往任何朝代，但在办学方式上书院仍然逐渐由官助转向官办，重又走向官学化的老路，再次沦落为科举的附庸。光绪二十七年八月，清王朝采纳张之洞、刘坤一的建议，下诏将各省的书院改为学堂。至此，古代书院制度宣告结束。

书院作为中国教育史上一种独具特色的制度，其产生之初应该说主要是一种私学，但在后来的发展过程中主动或被动地接受了统治阶级不同程度的影响甚至控制。总之，我国古代社会官即师，师即官，官师合一，政教合一的现象成为主流。

2. 重道德教化

应该说，在古代社会的各个历史时期，承担教师角色的人所传授的教育内容是很广泛的，但在生产力条件不同的各种社会环境下，教育内容有显著的差异，这也是毋庸置疑的。如原始社会，生产力低下，所谓教师即具有某方面生产技能的人，他们在生产和生活中把自己发现和积累的技能通过口耳相传和示范模仿的方式传给他人。夏商时期至周代，在私学兴起之前，能真正接受学校教育的是王裔贵族子弟。统治者认为"国之大事，在祀与戎"，因此，学生以"习礼"与"习武"为主要学习内容，习礼包括祭礼和乐歌，由专门的乐师负责教授，射、御是主要的学习内容，由师氏负责教授，他们既是军官，也是军事教官。"师"的最初含义就是军事的意思，师氏也是国家的重臣。

在私学兴起及与官学并行发展的漫长的封建社会，政治权威是王权，而文化权威则是占主流的儒家著述，二者高度统一，形成中国社会政教合一、圣王一体的格局。这一格局也深刻地影响了中国的传统教育，"学校教育通过对统治集团意识形态的传播来为政治服务，与此同时又依赖经典的预设性权威，借助与最高权力者和传统习俗的结盟使自己具有了存在的合法性"。也因为如此，承担教师角色的人，其主要职责是进行道德教化。当然，这种情况主要指的是从生产劳动中分离出来的一部分专门从事教育教学活动的人，而且所谓道德教化的内涵是很广泛的，除了礼仪教化这一核心内容，也包括与之相关的文化知识教育。

3. 教师地位悬殊

一方面，古代社会有师道尊严的传统。儒家经常把师与君相提并论。孟子在跟齐宣王对话时，就引用《尚书》中"天降于民，作之君，作之师"的说法，把师与君并列。荀子也说，"国将兴，必贵师而重傅；贵师而重傅，则法度存。国将衰，必贱师而轻傅，贱师而轻傅，则人有快，人有快则法度坏"，"天地者，生之本也；先祖者，类之本也；君师者，治之本也"，即把教师的地位提高到与天地、先祖与君主并列的高度。也因此，旧时读书人家多将"天地君亲师"牌位或条幅供奉于中堂。祭天地源于自然崇拜，中国古代以天为至上神，主宰一切，以地配天，化育万物，祭天地有顺服天意，感谢造化之意。祭祀君王源于君权神授观念，在封建社会君王是国家的象征，故祭祀君王也有祈求国泰民安之意。祭亲也就是祭祖，由原始的祖先崇拜发展而来。祭师即祭圣人，源于祭圣贤的传统，具体指作为万世师表的孔子，也泛指孔子所开创的儒学传统。

另一方面，封建统治阶级并非在所有时候把所有教师都看得如此尊贵。只有那些博学多识、才气纵横的大师，即所谓天子之师和一代宗师才受人尊敬，政治经济地位高；而广大童子之师，即私学中的一般塾师，则地位低下，待遇菲薄，因为一般塾师的经济来源主要靠收取学生的学习费用，私塾一般规模较小，学生大都来自贫寒家庭，因此塾师的政治、经济地位均较低。此外，教师在古代社会也屡遭贬抑，如元代有"一官，二吏，三僧，四道，五医，六工，七匠，八娼，九儒，十丐"之说。清朝文人郑板桥在《教馆诗》中写道："教馆本来是下流，傍人门户过春秋。半饥半饱清闲客，无锁无枷自在囚。课少父兄嫌懒惰，功多子弟结冤仇。"这是对旧时广大普通教师生活的真实写照。

（二）古代西方教师角色的特点

古代西方，总体来说，教师的社会地位较低。在古希腊文中，教师由"教仆"演化而来。

“教仆”一词，希腊文原意为“儿童指导者”，他们通常是奴隶中一部分专门侍候和陪伴贵族、奴隶主子女上学的人，后来才把从事教育的人称为教师。教师之间的地位悬殊，这主要取决于教师的学识水平。在雅典，初级学校的教师多半是被释放的奴隶或残疾军人，政治经济地位低下，而对青年进行教育的“智者”却有较高的地位，他们创立并系统传授文法、修辞和哲学，教给学生以争辩的艺术，因而在贵族中有较高的盛名。在古希腊罗马时期教师地位低下的另一重要原因是教学方法落后。那时，主要依靠记忆的方法。因此，教师的作用如同监工一般，专门惩罚记不准的学生。

在西欧封建社会5世纪末到14世纪。教会具有至高无上的权利，教会学校是主要的学校类型。教师由祭司担任，他们具备记录和解释上帝意志及自然现象的权利，所以在社会上也是很受尊重的。他们一方面教授语言，另一方面还教授历史、神学、天文学、气象学等方面的知识。但主要进行的是宗教教育，强迫学生信仰和记诵《圣经》，教学方式机械、呆板。

中世纪，大学得到很大的发展，教师的职业培训在大学里也变得尤为重要。中世纪大学为教师提供的培训主要是学科内容方面的。文科教师必须通晓从古代传下来的“七艺”。法律、神学、医学的教师要通晓其专业学科知识。学位的获得就等同于取得了教学资格。在中世纪晚期和文艺复兴时期，教师职业训练只是为高级学校提供完全能胜任工作的教师。中等教育则没有得到同样的发展。

可见，古代社会东西方教育和教师角色的发展存在很大的地域和文化间的差异。例如，中国有深厚的官师合一的传统，而西方则经历了很长的教会人员把持教育的历史时期；中国尽管也有一定程度的分科教育，但道德教化是教师的主要任务，而西方即使在中世纪教会把持教育的漫长时期，也发展出了具有现代大学雏形的分科教育，教育内容比中国更广泛；在中国，集中的私学机构比较普遍，而在西方则一直有贵族聘请家庭教师教育子女的传统。不过，中西方的古代社会教育也存在共同的特点，如教师之间地位悬殊，且往往只是处于经验化层次的“兼职”角色，换言之，教师这门职业尚没有达到专业化的程度。

二、近现代教师角色的专门化发展

教师作为一种社会职业和社会角色，其产生是源远流长的，但在整个古代社会，其发展却是缓慢的。到了17世纪，资本主义的发展需要大量具有一定知识和技能的劳动者，于是义务教育开始发展并在西欧各国陆续推行。1619年德意志魏玛邦国率先公布了“义务就学规定”，规定父母应送6~12岁的男女儿童入学，否则政府强迫其履行义务，这就是“义务就学法”的开端。随后其他国家纷纷效法，到19世纪末，义务教育制度在各主要资本主义国家开始全面确立。

义务教育的发展意味着教师数量的急剧增加和教师职业专门化的发展需要，加之学校教育制度的日趋完善，教师职业开始进入了一个大发展的时期。1681年拉萨尔在法国首创师资培训学校，标志着师范教育的诞生，西方国家教师职业走上了规模化和专门化发展的道路。但是在早期的师资培训学校，培训以“学徒制”为主，教师的培训仅被视为一种职业训练而非专业训练。在对教师进行专门的师范教育训练的同时，一些西方国家开始探索实施教师资格证书制度，以维护教师行业的质量和社会地位。法国是最早实施教师资格制度的国家。在19世纪初期，法兰西第一帝国就实施了初等教育教师考核和证书制度，之后其他欧美国家纷纷效仿。但直到20世纪中叶，教师资格标准主要还体现在对学历的要求上。

我国的近代教育改革起步比西方晚很多，20世纪初"废科举，兴学校"才拉开了中国近代教育的序幕。政治和教育制度的变化使教师职业呈现出新的特点。首先，教师职业中不再存在政府官职的教师，有官职者若在大学任教也只是兼职教师，"官"与"师"的分离对于教师群体职业意识的独立性和民主意识的产生有着重要的作用。其次，普及教育的提倡，中小学的大量开设，师范教育的兴办，使教师群体的数量激增，教师作为一个独立的、专门的职业特性进一步显现出来。第三，近代教育在教育内容上的重大更新和分科教学的加强，使教师传授学科知识的意识得到强化，对学科知识的掌握和具有教授这些知识的能力与方法，成为教师能否具有教师资格的基本条件。

进入现代社会后，为适应社会经济和科学技术飞速发展的需要，各国普遍加强了对具有新的教育思想、知识广博、知识结构合理、教育能力强的教师的培养。采取的措施主要有：第一，提高教师的学历水平，初等和中等学校的教师普遍要求具有本科学历的毕业生担任；第二，扩展师范教育中教育学科的门类，加强教育实习；第三，开辟多种渠道，加强教师的在职培训和脱产进修。总之，教师职业越来越成为一项专门性强、从业人员需经过长期而严格的培养才能充任的职业。

纵观近代以来至20世纪中叶以前的教师职业发展，其特点是：教师从兼职发展成了一个专门的职业，教师的任务以传授科学文化知识为主。人们对教育教学工作的复杂性有了一定的认识，教育的专业性开始凸显，教师的专门培养和资格控制成为必要，教师职业迈向专业化发展的历程。但由于受到历史条件的限制，以及教育理论发展水平的制约，人们对教师职业内在价值和劳动本质尚缺乏深入的思考和论证。"智者为师"和"学者为师"是这一时期占主流的教师角色观。换言之，教师职业的专业化发展处于较低的水平。

伴随现代科学技术和生产规模的迅速发展，教育与国家、人的发展关系日益密切，从政府到公众对教师职业有了更全面的认识和更高的要求，希望教师面对日趋复杂的教育问题时，能像医生、律师那样，提供成熟自主、公正自律、富有成效的教育服务，而不是凭直觉、经验和知识技能开展教育工作。20世纪中叶以后，教师的专业化开始向纵深方向发展。1966年，联合国教科文组织在巴黎召开"关于教师地位的政府特别会议"，会议通过的《关于教师地位的建议》明确提出："教育工作应被视为专门职业。这种职业是一种要求教员具备严格而持续不断的研究才能获得并维持专业知识及专门技能的公共业务；它要求对所辖学生的教育和福利具有个人的及共同的责任。"这是世界上第一次由多国教育学者和政府人士共同讨论，给予教师以专业的确认和鼓励。1996年，联合国教科文组织召开的第45届国际教育大会，以"加强变化世界中教师的作用"为题，明确指出"专业化——作为一种改善教师地位和工作条件的策略"。

在我国，1986年6月21日，我国国家统计局和国家标准局发布的《中华人民共和国国家标准职业分类与代码》中，把各级各类教师列入了"专业、技术人员"这一类别。1993年10月，《中华人民共和国教师法》首次提出"国家实行教师资格制度"，并实行"教师职务制度"，逐步实行"教师聘任制度"。1995年，国务院颁布《教师资格条例》，2000年9月，教育部颁发《〈教师资格条例〉实施办法》，教师资格制度在我国正式启动。这一系列政策措施的相继出台，充分表明我国政府已经把实现教师职业的专业化摆上了议事日程。

第二节 教师角色的当代变革

教师职业作为一种特定的社会历史现象,其演进有着自身内在的逻辑和规律。首先,社会生产力的发展始终是制约教师职业产生和发展的根本原因,生产力的发展为教师职业的产生和发展奠定了物质基础,同时又规定着教师职业量的发展和质的要求。其次,教师职业的产生和发展受社会政治制度和教育政策的影响和制约,不同的政治制度决定着教师的社会、政治、经济地位,也决定着民众受教育权利的大小和人数的多少,从而也影响着从事教师职业人员的数量和质量。此外,科学技术的发展制约着教师职业的发展状况,对教师的从业素质也不断提出新的和更高的要求。另一方面,教师职业的产生和发展也推动着社会生产力的发展,影响着社会政治制度的变迁和科学技术的进步,促进人们的社会意识和观念的不断改变。

一、教师角色分析

不同时期的教师形象为我们勾勒出了一条教师形象变迁的清晰轨迹。如果单单停留在语言层面上,也许有牵强附会的地方,但如果深入到话语和语用的层面上,我们就会看到这些方面实际上已经影响了社会对教师这一职业的期望和教师自身的工作实践,迫使我们对“教师的形象究竟应该是怎么样的?”“教师的作用究竟是什么?”等一系列问题进行联想、反思与质疑。

我们以最常见的两种教师角色隐喻——“蜡烛”和“园丁”为例。

(一)“蜡烛”隐喻

“蜡烛”这个隐喻由来已久。在人们的记忆中,将老师比作蜡烛是对教师奉献精神的褒扬。古人有诗云:“春蚕到死丝方尽,蜡炬成灰泪始干。”教师是那无私奉献、甘于牺牲的蜡烛,燃烧自己,用明亮的烛光扫除学生心灵的黑暗,指明学生前进的方向。这无疑是对传统教师社会形象的生动描绘。将教师比作蜡烛不仅仅是对教师工作本身的肯定,更是对奉献精神的褒扬。人们在说“教师是蜡烛”时所表现出的敬意,是对广大教师终身从教的深情鼓励和安慰。每个学生都可以有远大的理想,而教师的理想就是帮助学生实现理想。因此,将教师比作蜡烛,从某种角度来说是最贴切不过的了。

然而,今天越来越多的老师已经不再欣赏这种比喻,尽管抱着“为社会主义事业培养接班人,为了学生的成长甘当红烛”的教师不能说没有,但不会是大多数。以前报考师范大学可以加20分,之后师范生有专业奖学金,现在的免费师范生则包分配,加上现在教师收入有了一定幅度的增加,而且老师还有寒暑假,这些外在的“实惠”对很多人的吸引力远远超过教师工作本身的吸引力,这是一个让我们很尴尬的事实,所以我们有意无意地在回避,但是回避却并不能掩盖事实。

从人性的角度出发,社会实际上没有理由要求教师必须“无私奉献”而不考虑自己的前途与幸福。而且,蜡烛这种隐喻容易对教师角色的定位产生误导:忽视教师的持续学习与成长,淡化教师的内在尊严与劳动的快乐。蜡烛灭,光也灭,而教师不在,影响常在;蜡烛不稳定，弱不禁风，而教师精神持久，能坚如磐石；蜡烛不会根据人的需要而变化光的强度，而教师可以根据学生的实际情况改变工作方式，蜡烛的光诞生于泪水中，而教师的光应该产生于理智和激情中；蜡烛的燃烧会产生污染，而教师的工作却可以净化灵魂。

（二）"园丁"角色

比较而言，把教师比作"蜡烛"显得太悲壮，而把教师比作"园丁"似乎显得更形象、更朴实，也更富有田园诗意。教师是园丁，学生则是幼苗，老师的职责就是通过自己的辛勤耕耘和细心浇灌把幼苗培育成祖国的花朵。

不过，教师既可以是一名优秀的园丁，也可能是一名拙劣的园丁。拙劣的园丁要么拔苗助长，要么用统一的方法培育不同的幼苗。只有优秀的园丁才懂得每一棵幼苗都具有不同的胚胎和自然生长特性，所以他会照顾学生的个体发展差异和身心特点，用不同的方法进行因材施教，就像园丁会对不同的幼苗进行不同的浇水和施肥方式一样。

此外，"园丁"这种隐喻还隐含着一种极大的危险：似乎学生的发展是固定的，教师只是辅助其生长，对那些学习行为有偏差的学生，就应该像对待那些病怏怏甚至只是长势不太好的幼苗一样，将其拔掉或者弃之不顾。学生在被"移植"到学校之前，这株树苗是先由家庭培养的。除了家庭的培育之外，社会这片土壤也是小树苗能否健康成长的重要因素，被污染的土地自然很容易长出不良之材。因此，教师是园丁，但也仅仅是园丁。他们只能力所能及地将一些可造之材培养成材。

此外，网络上曾流行着一段话："老师可以当警察，因为整天在班里破案；老师可以当主持人，因为整天为公开课想游戏和花招；老师可以当演员，因为一会儿态度和蔼，一会儿暴跳如雷；老师可以当清洁工，因为整天扫地、擦玻璃；老师可以搞工艺美术，因为整天抄黑板报、写黑板；老师可以当作家，因为整天写计划和论文；教师可以当图书管理员，因为要管理班级图书，登记借阅情况；教师可以当会计，整天为学校收这个费那个费……老师还可以到市场上叫卖东西，因为练出了高音和厚脸皮。"尽管仅仅是对教师这份职业的调侃，却也折射出当今教师的种种无奈。

二、当代教师的多重角色转变

教师职业的发展经过了古代社会经验化和近现代社会专门化发展后，现在正处于向专业化方向纵深发展的进程中。当代社会，教育日益成为社会发展和变革的核心力量，教师职业在这一过程中更是起着举足轻重的作用。一方面，教师作为一个崇高而神圣的职业，被社会给予了多种隐喻，如春蚕、蜡烛、园丁等，这些隐喻体现了教师这个职业被社会赋予了较高的社会地位，也反映出社会对教师提出了更高的要求。另一方面，这些隐喻在新的时代条件下已经不足以勾勒出一个真实、灵动的教师形象。教师角色的单一性已经不能适应当今中国全面推进素质教育的需要，学校、家庭、社会、时代都呼唤教师实现多重角色的转变，从教师教育教学活动动态过程的角度，至少要进行如下三个方面的转变：

（一）由课程的执行者向设计者转变

我国长期以来一直采用国家统一的课程设置，全国中小学基本上沿用一个教学计划、一套教学大纲和一套教材，缺乏灵活性和多样性。在这种传统的课程体制下，教师都是按照教学大纲的要求被动地执行计划、教授教材。20世纪80年代末和90年代初，我国课程改革的步伐开始启动，1996年原国家教委颁发的《全日制普通高级中学课程计划（试验）》规定，学校应该“合理设置本学校的任选课和活动课”。进入21世纪后，课程多样化的趋势进一步加快，《基础教育课程改革纲要（试行）》明确提出：“实行国家、地方、学校三级课程管理。”新课改对教师在课程设计和开发中的地位和作用进行了充分的肯定，新课改的进一步深化也要求教师由传统的执行者的角色向设计者的角色转变，尤其要积极参加到校本课程的开发中来。

教师参与课程的目的是使学校课程更加适合学生的需要，促进学生最大程度的发展，对教师而言则是在课程开发的实践过程中促进自身的专业发展。教师参与课程开发不仅是编制出一系列的课程文本，更重要的是参与课程开发和设计过程本身。为了有效地推进新一轮的基础教育课程改革，教师必须具备课程意识，形成相应的课程观念。这些观念包括：①课程制度观。三级课程政策的实施，打破了原有的大一统课程体系，而建立了多元化的课程观。国家只制定各学科的课程标准，对课程进行宏观控制。教材则趋向多样化，学校可以选择任何经国家认定准予发行的教科书，这样就要求教师树立统一性与多样性相结合的课程制度观。②课程价值观。在教育实践中，我国的课程价值取向基本上有两种情况：一是以是否对升学有用来衡量课程的价值；二是过早专门化与职业化，以是否满足当前社会的需要来衡量课程的价值。这些是课程设计时必须考虑的，但课程的最重要价值在于增进个人的幸福，也就是说要考虑课程是不是满足了学生的需求。教育毕竟是一种造就人的事业，人是教育的出发点，所以课程的开发必须以人的发展为其逻辑起点。③课程类型观。1949年以来基础教育的课程基本上是单一的国家课程，三级课程的试行，意味着课程的形态发生了质的变化，学校中将是国家、地方、校本三种课程并存。教师和学生在一定程度上可以开设和选择自己感兴趣的课程。这样就为学校特色的形成，学生不同兴趣、个性和特长的发挥留下了空间。④课程开发观。三级课程政策把部分课时留给学校自己开发，这就要求教师在学校认可的前提下自己确定开设什么课，这门课的教学目标是什么，具体的教学内容有哪些，如何呈现这些内容，教学效果如何评价等等。如此就必须改变教师作为单一的教授者、课程消费者的角色，而要把自己定位为既是教授者同时在一定程度上又是课程的开发者。与此同时，教师的课程知识得到积累，课程开发能力得到提高，即将约束在单个学科中的教师的专业特性扩大到学校教育的主体；将与课程有关的决策重点从原先的“上意下达”的方式转变为教师之间的“讨论”方式；教师既是教学的实践者同时又是课程的开发者和研究者，因而大大增强了行动研究的意识和能力。

（二）由知识的传授者向学生全面发展的促进者转变

传统的教师主要是作为知识传授者的形象出现的，教师是知识的拥有者，学生是知识的接受者，学生在教师的控制和监督下进行学习；教学以知识的传授为主旨，学生的品德、情感、意志、兴趣、性格等方面却不太受教师的关注；教学方向、内容、方法、进程、结果和质量等，都由教师决定和负责，学生的任务和责任就是“应试”和接受评定。这种重智力发展和知识增长的传统模式已经远远不能适应今天社会发展对教育提出的要求，不变不足以应对新的挑战。当然,知识的传授毫无疑问仍然是教师的一项重要任务,但教师的任务不能仅仅在于知识的传授,而应该着眼于并着力于促进学生的全面发展。所谓全面发展,指的是包括德、智、体、美、劳等在内的身心和谐发展,即形成健康的身体、健全的人格、良好的综合素质,并最大限度地促进学生的创造潜能得到充分开发。

即便是知识传授过程,教师也应该以促进学生全面发展为宗旨,在传授的具体方式上进行一系列的改革,例如:①由统一规格教育向差异性教育转变。要改变让每个学生、每个学生的每个方面都按统一规格平均发展的“一刀切”“齐步走”的模式,因为正如世界上没有完全相同的两片叶子一样,教师也找不到完全相同的两个学生,教师应该研究学生的差异,实行因材施教。②由重教师“教”向重学生“学”转变。传统教学是以教定学,让学生配合和适应教师的教,这种以教师为中心的教学,不利于学生的主体性发展和潜能开发。③由重结果向重过程转变。传统课堂教学十分突出的一个问题就是教师在教学中只重视知识的结论、教学的结果,让学生去背诵“标准答案”,结果造成学生严重的“消化不良”,并逐渐丧失对知识的兴趣。今天的教师应该重视揭示知识的发生过程,重视学生思维水平的发展和培养学生把知识运用于实践的意识和能力。④由单向信息交流向综合信息交流转变。课堂教学应该是由师生共同组成的一个信息相互传递和交流的动态过程,把学生个体的自我反馈,学生群体间的信息交流,与师生间的信息反馈、交流,及时普遍地联系起来,形成多层次、多通道、多方位的立体信息交流网络。

(三)由权威的审判者向平等的对话者转变

长期以来,教师一直是以管理者、指导者的身份出现的,是知识的绝对富翁,他对学生有至高无上的权威,是学生获取知识的唯一来源,“一入门墙,终身弟子”的传统师生关系,使得教师和学生只能是高高在上的“指教者”与亦步亦趋的“被指教者”,教师处于至高无上的权威地位,学生只能被动接受教师的评价和审判,这种不平等的师生关系不但导致学生主体性的丧失和学习兴趣、能力的下降,而且容易造成学生的逆反心理和情感对立,教育效果也因此往往事倍功半。在新形势下,教师必须变革传统的教育观和学生观,民主平等应该成为现代新型师生关系的核心要求。信息时代知识更新的速度越来越快,传播的途径越来越多,教师已无法垄断知识,学生更不可能再如以往那样对老师盲目迷信。因此,对话式的新型师生关系不仅是新形势的要求,也是教育取得实效的需要。

所谓对话,就是要求教师把学生当成和自己完全平等的人来对待,这种平等包含三层基本含义。第一,身份平等。师生平等对话的前提就是身份平等,没有身份上的平等,就不能保证平等对话的进行。在师生进行对话时,双方要把自己的身份忘掉,教师不再是教师,高高在上,学生不再是学生,唯唯诺诺,双方是互相欣赏、彼此信任的朋友。第二,地位平等。地位平等是师生平等对话顺利进行的保障,这种平等应该体现在教师和学生交往的各个细节中,例如教师要尽量俯下身子,降低自己的高度,拉近教师和学生的距离,这就是很多幼教专家说“蹲下来和孩子说话”的原因所在。如果教师找学生到办公室谈话,不能教师坐着,学生站着,教师应该搬一个板凳放在自己面前,请学生坐下,面对面,盯着对方的眼睛,才能打开彼此的心扉。只要真正把学生放到和自己同一个位置,师生间的对话才会和谐、愉悦。第三,话语权平等。师生平等对话的实质在于话语权平等,不能全部由教师一人来唱“独角戏”,应该允许学生发表观点和意见。正如现在流行的一句话“我不同意你的观点,但我誓死捍卫你说话的权利”,只有建立在话语权平等之上的交流、沟通,才能达到真正的理解、融合。

第三节 教师角色的实现

教师角色的实现是以教师对自身角色的认同为基础,把这一角色所决定的一系列规范和模式外化为教师的职业行为的过程,而且这一过程显然并非轻而易举。教师角色的实现是一个非常复杂的课题,也是一项艰巨的任务。之所以说很复杂和艰巨,首先与教师劳动的复杂性和艰巨性这一职业特点是分不开的。

一、教师劳动的特点

(一)劳动任务的综合性

教师任务的综合性首先表现在教师需要同时完成培养学生多方面发展的任务上,即教师应使学生在德、智、体、美、劳等方面得到良好的发展。其次表现在每一学科的教师都有责任和义务关注和指导学生身心和谐发展。由于我国长期实行分科教学,一度又以发展学生的基础知识和基本技能为主要教学目标,客观上造成了学科教师只重视发展学生的学科知识和认知能力,而忽视了学生的整体教育和发展的不合理现象,因此现代教育要求教师应能综合地完成指导学生全面发展的任务。第三,教师要善于协调来自家庭、社会等方面的教育影响,以指导学生良好发展。现代教育越来越朝着社会化和终身化方向发展,尽管如此,学校教育仍是学生接受系统影响的主要场所,学校教师仍是学生发展的主要指导者,为整合各方面的教育力量,合理地设计学生的发展方向,教师必须善于协调各方面的教育力量,尽量避免学生受到不良影响。

(二)劳动对象的复杂性

与其他类型的劳动不同,教师劳动的对象是有自觉意识、有感情、理智和个性的生命体,这决定了教师劳动的艰巨性和复杂性。教师劳动对象的复杂性首先表现在其具有较强的自主性和能动性。学生在成长和发展的过程中一旦形成了自己的主观意志,就会对社会影响、对来自教育者的作用有很大的选择性。他们既可能欣然接受来自教师的影响;也可能对教师的教育采取排斥甚至抵触的态度。在教师劳动中,学生不仅是教师认识的客体,而且也是接受教育的主体。其次,在教育过程中学生主体意识的参与客观上影响并改变着教师的教育方法和手段。这表明,学生在教师劳动中不是无能为力的。尽管这些特性的存在是教师在施教中可以充分利用的有利因素,但同时它们又给教师的劳动增加了复杂的程度。教师除了需要智力和体力参与劳动过程外,还需要对劳动对象有清楚的认识,并善于调动学生参与教育活动。

(三)劳动过程的创造性

教师劳动的创造性是由教师需综合地完成培养学生德、智、体、美、劳诸方面的品质和任务所决定的。首先,教师要有极强的创造意识和创造能力才能有效地完成培养学生全面发展的任务。其次,教师担负着完善学生个体的重任。学生个性各异,用一个模式来发展不同学生的个性既做不到,也是不必要的。这也需要教师创造性地运用教育的力量去影响学生。第三,教师劳动的创造性表现在帮助学生实现"内化"的过程中。也就是说,教师要帮助学生把各种知识转化到学生原有的知识结构中去,形成新的认知结构。教师在这一过程中需要从学生的心理上而非外部去"雕琢"对象。正因为这样,人们才赞美教师为"人类灵魂的工程师",但缺乏教育创造性的教师是难以完成此任务的。第四,教师劳动的创造性表现在灵活地运用其智力上。教师的劳动既不属于一般的体力劳动,也不同于其他形式的脑力劳动,如自然科学家、科技人员、社会学家和文学家,他们的劳动过程止于精神产品的创造。这些劳动过程的程序、进度、成效比较易于受劳动者意志调控,而教师的劳动则相对地比较难于以意志为转移。另外,各个学生有着不同的生活环境、经历、兴趣爱好、天赋才能、气质、性格、意志、情感与思想行为,这决定了教师的劳动没有统一的操作规程,没有一套可供教师选择的、在任何情况下、对任何教育对象都行之有效的固定模式。学生是具有不同个性的人,这决定了教师的劳动没有统一的规程。教师自身的条件和能力的不同需要教师形成独特的教学风格,加之教学任务的综合性和教学过程的多样化等特点决定了教学过程的创造性。

(四)劳动成果的潜隐性(长期性)

教师劳动的最终目的是培养社会所需的人才。这是一个长期的过程,首先,从人的整体发展来看,人才的成长不是一朝一夕的事。一个人由无知到有知,从不成熟到成熟是一个长期的过程。教师劳动不可能在短期内出"产品"。教师为学生所做的一切很难立竿见影。检验教师劳动成果的主要和根本途径是日后学生走向社会时的工作实践。其次,就学生某一具体、局部的发展来看,也往往要经过一个长期的发展过程。一方面是因为一个人的知识、技能、情感、态度的形成本身就是一个十分缓慢的过程,另一方面还因为每一个学生也是一个能动的个体,特别是随着年龄的增长,他们的独立意识将增强,其批判倾向也将越来越明显。在教育过程中,当教师的影响无法引起学生的共鸣时,学生将不会朝着教师引导的方向发展,因此,教师对学生的影响常常是点滴的、反复的,甚至是无效的。另外,学生在其整个发展中还会遇到来自家庭、社会等许多经常变动着的、难以控制的因素的影响。教师要在这纷繁复杂的情况下把各种影响加工成每一个学生都能接受的信息,转化为他们自己的思想、习惯和行为,无疑是一项艰巨而长期的工作。

二、教师角色的实现途径

教师角色的实现可以分群体和个体两方面,在教师职业走向专业化发展的今天,教师角色的"实现"即是教师实现"专业化"。教师专业化是指教师在整个职业生涯中,通过专门训练和终身学习,逐步习得教育专业的知识与技能,并在教育专业实践中不断提高自身的从教素质,从而成为一名合格的专业教育工作者的过程,具体包括教师群体专业化和教师个体专业化两方面的内容。

(一)教师群体专业化

教师群体专业化的实现主要包含四个方面的内容:

1. 教育理论知识的体系化和科学化

实际上，可以说从来没有哪一个学科对其自身的困惑比教育学来得更甚，教育学自诞生之日起，对其作为一门学科的合法性的质疑、争论就从来没有停止过，关于“教育学的立场”问题的探讨也一直不绝于耳，2005年在内蒙古师大召开的教育基本理论年会即以此为主题。尽管教育学的学科地位遭遇诸多质疑，但教育学作为独立的学科或知识门类的地位是应该肯定的。教育学诚然建立在其他学科的基础之上，但教育确实是这个世界中最为复杂的现象域，也因此，教育学形成了最为复杂的“问题域”，教育学在人类知识体系中处于高级地位，一切人类的知识要想对人的个体发展和社会建构形成影响，从而成为真正意义上的知识——人的知识，都需要在教育学的研究域中进行最严肃的知识批判，教育学的生命不是站在规律的立场上，恰恰站在批判的立场上，是在教育这一问题域中形成对一切知识进行反思的批判思维，不是对规律，而是对人类个体和社会命运的最高关注，而这是一切知识的最高使命。①任何一门科学都永远处于未完成的发展状态中，今天或明天的教育研究者和教育实践工作者，都应该按照教师专业化的要求和标准，努力使教育理论知识不断地实现体系化和科学化。

2. 教师教育的专业化

教师教育的专业化包括职前与职后教育在内的专业化的教师教育。就前者来说，主要涉及高校师范专业人才培养的改革与完善。20世纪初以来，世界上发达国家的教师教育，先后经历了从师范学院的独立培养到综合大学的本科教育直至专门的教育课程训练的转变。这一转变的实质，既是教师教育的质量提高，也是教师专业水平的提升。著名的综合性大学如哈佛大学、斯坦福大学等许多大学都建立了规模不同的教育学院或教育系，开设本科和研究生课程，担负师范教育任务，授予教育专业学士、硕士与博士学位。我国也在2001年《国务院关于基础教育改革与发展的决定》中提出完善以现有师范院校为主体、其他高等学校共同参与的、开放的教师教育体系。一些师范学院、教育学院并入综合性大学，在综合性高校设置教育类专业。学生在相关院系选修学科专业课程，在教育系学习教育专业课程，通过国家统一的“教师资格考试”，获得教师资格证书。这样可以充分利用综合性大学和师范大学学科门类齐全、设备设施条件优越等教育资源，提高师范生专业水平、教学水平，保证教育质量。

3. 教师资格的制度化

教师资格制度是国家对教师实行的一种法定的职业许可制度；教师资格是国家对准备进入教师队伍、从事教育教学工作人员的基本要求，教师资格制度规定了从事教师职业必须具备的基本条件。国家实行教师资格制度后，只有具备教师资格（持有国家颁发的教师资格证书）的人，才能被聘任或任命担任教师工作。依法实施教师资格制度有利于体现教师职业特点，使教师地位和队伍素质形成良性循环；有利于把住“入口关”，解决不合格教师问题，优化教师队伍，提高教师队伍整体素质；有利于形成开放式教师培养体系；有利于推动教育人事制度改革，吸引优秀人才从教。教师资格作为一种国家法定的职业资格具有很高的权威性。世界上的多数发达国家，一般都是对少数几种社会影响大、素质要求高、责任重大的职业实行国家职业资格制度。我国到目前为止依法实行国家资格制度的职业只有教师、医师、律师、注册会计师等几种职业。教师的劳动是科学的创造性的劳动，教师的这种职业性质决

①吕丽艳.教育学学科知识地位的回归——也谈教育学的立场或地位问题.教育研究与实验[J],2011(03):28-32.

定了并不是有了知识就能当教师，而只有通过专门培养、训练和严格选拔的人，才能担任教师工作。国家实行教师资格制度，体现了教师职业的专业性质和它的严格性，为教师任用走上规范化和法制化轨道奠定了坚实基础。

4. 教师活动的团体化

教师活动的团体化，指建立各级各类教师专业团体或称教师专业共同体，通过团体和共同体的支持和约束提高教师职业活动的专业水平。如全美教师协会在美国就享有极高的声望，它可以对美国的教育政策产生一定的影响力。教师专业团体的作用主要体现在：第一，保证教师个体与群体之间的学术交流，帮助教师提高专业素质；第二，保障教师的合法权益不受侵害；第三，对教师的职业活动产生一定的监督和约束作用；第四，扩大教育专业和教师职业在社会中的影响力和权威性，从而提升教师职业的专业地位和社会地位。教师专业共同体在西方已经是一个显性的研究课题，而我国相关的研究与探索才刚刚开始。有些学校试图摒弃教师单干式的职业生活方式，尝试通过教研组集体备课、学徒制和基于问题的学习共同体等形式来组建教师共同体，意在形成教师自我发展与创新的新机制。但由于对教师专业共同体的理论认识不到位，误认为集体备课、学徒制等合作形式就是专业共同体，因而实践效果参差不一。

（二）教师个体专业化

教师个体专业化指教师个体在专业知识、专业技能、专业伦理、专业人格等方面的专业化，其基本途径包括：职前教育、入职培训和在职学习。根据辩证法，内因是根据，外因是条件，外因通过内因起作用。各种形式的教育和培训能否对教师产生作用，或者说在多大程度上发挥作用，这取决于教师自身的因素。美国学者波斯纳曾提出一个教师成长的公式：教师的成长=经验+反思。

随着知识更新急剧加快，教师如果不能不断进行知识更新，就无法胜任教师的工作。终身学习是21世纪的生存理念，对教师这一职业而言尤其如此。教育不仅要跟上时代的发展，而且要面向未来，这对教师传统的教书匠角色提出了挑战，要求教师必须转变为终身学习者。从教师应该具备的知识体系来看，教师至少应该具备：第一，专业学科知识，即教师所任的某一学科的专业知识，这是教学活动的基础；第二，教育学科知识，又称条件性知识，如教育学、心理学、教育技术等知识，这是有效、成功开展教育教学活动所必备的知识；第三，普通文化知识，教育是传承人类各种文化并不断创造新文化的社会实践活动，因此努力拓展自己的学科视野，具有深厚的文化底蕴，这是教师走向专业成长的必由之路。

思考题

1. 教师这一社会角色在中国古代社会具有哪些特点？
2. 为什么教师角色在近现代进入专门化发展的阶段？
3. 试分析并评价1949年后几种教师角色隐喻。
4. 当代教师角色正面临着哪些转变？
5. 简述教师劳动的特点。
6. 教师群体专业化包括哪些方面？

第十章
学生

本章导读——

从广义上说，所有学习的人都可以称为"学生"。当然，这里有两种情况，一种是自学者或生活经验中的学习者；另一种是纳入学校教育系统，在教师的指导下从事有目的、有计划的学习工作的学习者，二者具有不同的特征。我们这里所论及的"学生"是指在学校教育系统中从事学习的人，尤其指在校的儿童和青少年。本章通过对学生双重角色及其社会地位的分析，引导学习者学会运用辩证的思维思考教育与学生发展之间的关系，从而树立科学的学生观和教育观。

学习目标——

1. 相关概念

（1）学生的双重角色

（2）加德纳智力多元论

（3）《儿童权利公约》

2. 基础知识

（1）学生的双重角色

（2）儿童的基本权利

（3）中小学生身心发展的时代特点

（4）学生主体性和教师主导作用的关系

第一节 学生的双重角色

学生既是教育的对象又是学习的主体。就“学生”这一概念的本质属性来说，学生的第一角色是“教育的对象”；而“学习的主体”这一角色，从根本上说则是实现前一角色不可缺少的派生角色。正确认识和理解学生的这一双重角色以及由此决定的、学生的特殊地位和发展规律，是教育工作的出发点和归宿。

一、学生是教育的对象

学生首先是人，具有人的本质属性，是生活在一定社会关系中具有社会属性的人。但除了人共有的本质属性外，学生还具有其特有的一些本质属性。

（一）学生是人：学生是发展中的人

人的生命与动物的生命不同，动物只有一种本能的生理生命，但人的生理生命只是人生存的生物前提，人的生命更在于他的精神文化追求的应然性。任何生活在现实中的人不仅具有进行新陈代谢的生理生命，而且具有精神、意识和社会性的价值生命。前者是后者存在的前提和物质基础，后者是前者的灵魂和提升。生命的完整性要求教育必须促进学生的全面发展，在内容上包括智力、体力、品德、美感的全面发展，在形式上包括人的知、情、意的发展。学生是不成熟的个体，是正在成长的个体，学生身心发展的不完善与不平衡是发展过程中的产物，是发展过程中的不成熟，因此在学生身上存在这样或那样的问题是正常的现象。因此教师对学生一方面不能求全责备，要正确地对待学生身上存在的问题；另一方面要用发展的眼光看待学生成长过程中出现的种种问题，而不能用静态的思维方式看待发展中的学生，应该用发展的观点对学生充满期待与希望。

（二）学生是儿童：具有发展的可能性和发展的需要

说“学生是儿童”，就是要把儿童与成人区别开来，不能以成人的标准来要求学生，学生作为儿童，有其独特的发展价值和特点。遗传素质为儿童的发展提供了可能性，这种可能性要转变为现实性，还取决于儿童的后天发展。学生的发展是多方面的，包括身体素质和心理素质两大方面，两方面都需要得到必要的帮助和引导。和自然界其他动物个体比较，人类的新生个体其实是很脆弱的，他们在相当长的时间内都需要得到父母和家人的精心养护和照料，否则很难存活。伴随着身体的健康发育和成长，儿童的认知、语言、情绪和情感、思维、意志等心理素质也需要不断得到发展，从而实现个人的社会化和协调发展。在这个发展过程中，教育是必不可少的重要因素。潜能是多方面的，发展上会有先后之分，所以，有人学习快，有人学习慢；有人进步快，有人进步慢；有人天生聪慧，有人却总是大器晚成；有人起步就加速，有人慢慢提速。空间上表现为东方不亮西方亮，每个人都会有一点别人所不具备的特长，因此我们不能要求大家一样。教学中我们就只能因材施教，不能只用一把尺子去量每一个人，如果那样，我们看到的将全是问题和不足，前途一片黑暗。

(三)学生是受教育者:学生是教育的对象

学生是一个特有的角色,作为一种社会角色,有其特定的角色规范,只有遵循并践行这些规范,才被认定为是该角色。作为学生,应该履行的规范有:

第一,学生以学习为主要任务。以学习为主,这是学生质的规定性。虽然学生在生活中可能承担多种角色,但作为学校的学生,一个受教育者,学习是他的主要任务和主要职能,这种特点区别于日常生活和工作中的学习,也是学生区别于社会上其他人的特点,无视这一特点,就会从根本上取消学生这一角色。受教育,是公民的一项基本权利,也是一项基本义务。尽管学生也可以一边学习一边以某种方式参加一定的社会活动,如勤工助学、社会实践、志愿服务等,但这不能改变学生以学习为主这一基本事实。实际上,各类社会实践活动也是今天学生学习的一种延伸,或者说是必要的学习内容和学习方式。

第二,学生的学习是在教师的指导下进行的。从心理学的角度看,学习是经验和行为的变化,人一生的不断变化,都可以归为学习的结果,人时时、处处都是学习者。但学生这个学习者有点特殊,他是在学校里由教师指导进行学习的人,这是学生与日常生活中从事学习活动的其他学习者的区别。尤其是当代,知识量剧增,在有限的学校教育期间,要获得系统的知识,更需要教师的指导。教师的指导是学生有效学习的保证。

第三,学生的学习以规范化学习间接经验为主。学生的学习不是漫无目的的,学什么、怎么学,都是在教师的引导下进行的,而且学习的方向还要符合社会的要求。所以,学生的学习是有目的、有计划、有组织进行的,它是以一定的计划、制度保障的。学生和教师都是相对稳定的,有固定的教育场所,有精心设计的系列教育活动。在教育过程中师生之间还负有制度所规定的权利和义务。另外,学生学习的内容是经过严格筛选的、由前人实践总结的认识或成果,即概括化的经验体系,它主要以书本知识的形式体现出来,尽管在强烈呼吁学校教育要打破书本知识局限的今天,这仍然是无法改变的。

二、学生是学习的主体

在教育过程中,教师及其教育内容共同构成学生学习的客体,但学生的学习不是被动的、盲目的,虽然其学习目的不一定和教师所期望的教育目的在价值上同构,但毫无疑问,学生在其学习活动中是能动的主体角色,具有以下特点:

(一)能动性

人的生命与动物的生命有着本质的不同。恩格斯在《自然辩证法》中说:“动物仅仅利用外部自然界,简单地用自己的存在在自然界中引起改变;而人则通过他所做出的改变来使自然界为自己的目的服务,来支配自然界。”换句话说,人是有意识、有目的的自然存在物,是能动的主体。按照马克思主义思想,劳动是人类能动性的集中表现,而教育和学习都是人类特殊而复杂的一种社会劳动。因此,离开了学生的能动性、主体性,学习就无从谈起。教师不能压制他们的主体性,而应该为他们主体性的发挥创造条件,从而使他们自觉参与到教育过程中来,促进他们精神的主动发展。如果教师把学生完全当作消极被动地接受教育影响的人,而不是把他们当作认识的主体、发展的主体、学习的主体,那么一切教育都是空谈。

(二)独立性

正如世间没有两片完全相同的树叶,世间也没有两个完全相同的人,即便是孪生兄弟,虽然具有相同的遗传基因也会因后天生活环境、教育、实践活动的不同,而出现不同的发展,形成不同的个性。教育面对人,就是要承认和尊重生命的独特性,为生命独特性的实现创造条件。教育就是要在每一个个体独特生命的基础上去促进他们成长、发展和完善,而不是去遏止、压抑和抹杀这种个性和独特性。教育的目的就在于使人成为他自己,变成他自己。每个学生都是一个独立的人,都有自己的躯体、自己的感官、自己的头脑、自己的性格、自己的意愿、自己的知识和思想基础、自己的思想和行动规律。因此,每个学生都是不以教师的意志为转移的客观存在,决不是教师想让学生怎么样,学生就会怎么样。学生既不是教师的四肢,可以由教师随意支配;也不是泥土或石膏,可以由教师任意捏塑。教师要想使学生接受自己的教导,首先就要把学生当作不以自己的意志为转移的客观存在,当作具有独立性的人来看待,使自己的教育和教学适应他们的情况、条件、要求和思想认识的发展规律。

(三)差异性

美国哈佛大学教授霍华德·加德纳在《心智的结构》一书中提出多元智能理论,他认为智力并非像我们以往认为的那样是以语言能力和数学逻辑能力为核心、以整合方式存在的一种智力,而是彼此相互独立、以多元方式存在的一组智力。按加德纳的说法,每个人的智力或智能都是由10种互相联系却又各自独立的能力组合而成,包含如下10种:(1)数学智力;(2)空间智力;(3)语言智力;(4)自然智力;(5)音乐智力;(6)身体运动智力;(7)存在智力;(8)人际交流智力;(9)个人内在智力;(10)情感智力。根据该理论,每个学生都拥有自己具有优势的智力领域和智力类型,因而表现出极大的个体差异性。此外,在教学活动中,学生既是教学活动指向的对象,又是自身发展的主体。学生的发展除了受到外在教学活动的制约外,自身主观能动性的发挥也是一个重要的决定因素,而产生主观能动性的一个重要基础,是学生在教学活动开始时所达到的发展状态。在任何一种教学活动中,学生已有的发展水平都会制约其学习的可能性,包括学什么、在哪里学、何时学、为什么学以及如何学。要真正发挥学生的主观能动性,就必须重视学生在教学起点上差异发展的状况。

第二节 当代学生的社会地位

学生的社会地位是指他们作为社会成员应具有的主体地位。长期以来,成人社会习惯把学生看作是按家长、老师和社会的意志进行教育和管理的对象,没有或很少把学生看成是有独立尊严和价值的生命存在,忽视学生自己的兴趣与需要,侵害学生身心健康的现象屡见不鲜。儿童是社会的未来,是国家的希望,有着独立的社会地位,并依法享受各项社会权利。从法制的角度讲,儿童不仅享受一般公民的绝大多数权利,而且受到社会的特别保护。

一、儿童的合法权利

儿童是社会权利的主体，享有法律规定的各项社会权利。我国宪法与法律规定儿童的合法权利有：

（一）生存的权利

我国宪法规定："父母有抚养未成年子女的义务。"未成年人保护法更具体规定："父母或其他监护人应当依法履行对未成年人的监护职责和抚养义务，不得虐待、遗弃未成年人，不得歧视女性未成年人或者有残疾的未成年人，禁止溺婴、弃婴。"对儿童的生存权利法律给予保护。

（二）受教育的权利

我国宪法第46条规定："国家培养青年、少年、儿童在品德、智力、体质等方面全面发展。"义务教育法明确规定："国家、社会、学校和家庭依法保障适龄儿童、少年接受义务教育的权利。"我国教育法又从总体上规定："中华人民共和国公民有受教育的权利和义务。公民不分民族、种族、性别、职业、财产状况、宗教信仰等，依法享有平等的受教育机会。"从法律上对少年儿童享有的受教育权给予保证。

（三）受尊重的权利

我国未成年人保护法第21条规定："学校、幼儿园、托儿所的教职员工应当尊重未成年人的人格尊严，不得对未成年人实施体罚、变相体罚或其他侮辱人格尊严的行为。"并在其他条款中具体规定："任何组织或者个人不得披露未成年人的个人隐私。""对未成年人的信件、日记、电子邮件，任何组织和个人不得隐匿、毁弃；除因追查犯罪的需要，由公安机关或者人民法院依法进行检查，或者对无行为能力的未成年人的信件、日记、电子邮件由父母或其他监护人代为开拆查阅外，任何组织或者个人不得开拆查阅。""国家依法保护未成年人的智力成果和荣誉权不受侵犯。"

（四）安全的权利

我国未成年人保护法第21条规定："学校、幼儿园、托儿所不得在危及未成年人、人身安全、健康的校舍和其他设施、场所中进行教育教学活动。""禁止任何组织、个人制作或者向未成年人出售电子出版物以及网络信息等，出租或者以其他方式传播淫秽、暴力、凶杀、恐怖、赌博等毒害未成年人的图书、报刊、音像制品。"另第37条具体规定："任何人不得在中小学校、幼儿园、托儿所的教室、寝室、活动室和其他未成年人集中活动的场所吸烟、饮酒。"

二、《儿童权利公约》的基本原则

1959年11月20日，联合国大会通过了《儿童权利宣言》，明确了各国儿童应当享有的各项基本权利。1978年，联大决定制定一份具有法律效力的《儿童权利公约》并成立了起草工作组。1989年11月20日，联大通过了《儿童权利公约》（以下简称《公约》）。1990年9月2

日，《公约》在获得20个国家批准加入后正式生效。目前《公约》已获得193个国家的批准，是世界上最广为接受的公约之一。

根据《公约》，凡18周岁以下者均为儿童，除非各国或地区法律有不同的定义。《公约》规定了世界各地所有儿童应该享有的数十种权利，其中包括最基本的生存权、全面发展权、受保护权和全面参与家庭、文化和社会生活的权利。《公约》第2、3、6、12条还提出了四项倡导性的儿童权利保护基本原则，即无歧视原则、儿童最大利益原则、尊重儿童基本权利原则和尊重儿童观点原则。我国是《公约》的缔约国，在保护儿童权利时应遵循该四项原则：

（一）儿童权利最大原则

儿童权利最大原则，是指针对有关儿童问题应以儿童为本位，从其根本利益、长远利益出发分析问题、解决问题。儿童的利益应被视为与成人的利益一样重要，而不是将考虑的重点仅仅局限于父母的利益或国家的利益。《公约》第3条第1款规定："关于儿童的一切行动，不论是公私社会福利机构、法院、行政当局或是立法机构执行，均应以儿童的最大利益为首要考虑。"也就是说，无论对儿童采取何种措施，应当优先考虑儿童的利益最大化。就全体儿童而言，在进行立法或进行其他规范、调整时，应当考虑大多数儿童的最大利益；就儿童个体而言，对其进行的保护性活动或采取的保护性措施，都应当首先考虑该儿童利益的最大化。

儿童权利最大原则也称儿童利益最佳或儿童利益最大化原则，这一原则对我们的教育也提出了更高的要求。然而，目前我国教育对此尚没有进行比较具体的规定，因此在现实的教育活动中，不但没有实现儿童利益最大化，反而侵害儿童合法权益和利益的现象还比较突出。

（二）尊重儿童尊严原则

儿童拥有独立的、完整的人格，必须尊重儿童的人格尊严。《公约》第6条第1款规定："缔约国确认每个儿童均有固有的生命权。缔约国应最大限度地确保儿童的存活与发展。"即每一个儿童都享有生存发展的权利。任何危害儿童身心健康的行为都是违犯公约的，是损害儿童尊严的，应当采取一切措施，包括立法、行政等促进儿童的健康成长。无可否认，儿童在生理、心理上都是弱小和不成熟的，因此当然需要成年人来保护。但是，保护不能替代儿童行使自己的权利，保护更不能抹杀对儿童权利应有的尊重。凡是涉及儿童生存与发展的问题都要认识儿童、了解儿童、尊重儿童、造福儿童，而不是伤害儿童。

每个人都具有至高无上的内在价值与尊严，人的尊严是个人获得他人和社会尊重的理由，尊重与自尊是每个人创造生活、创造自我时的相互承认，是社会形成共享价值的基本条件。康德在论证"人是目的"时，认为人作为目的时，人的尊严即普遍人性的尊严，存在于一切人格的共同人性中，现实的人性尽管有复杂性和多样性，但人性中有着向善的可能性。人格间的相互承认是对人性在美好生活中的价值的充分肯定，也是对人们的价值共享、道德共契、生存互利的充分信任。人格的尊严对任何人来说都是均等的，不管地位、年龄、才智、经济的差别多大，人本身作为应该被尊重的主体，具有绝对的价值。因此，尽管儿童尚未成年，需要得到成年人的教育和帮助，但其作为独立的个人，其尊严同样不容侵犯。尊重是对人格的承认，也是人格实现的基本条件，即主体自我发展的根本条件。教育及其他社会实践、体制、组织与单位、群体与他人，都必须根据这一原则而选择自身与其他个体的交往活动方式。

(三)尊重儿童观点与意见原则

尊重儿童观点原则,又被称为儿童的参与权。参与权是保障儿童有获得参与社会活动的权利,让儿童享有参与社会活动的权利,积极主动地参与到关系自身权利的各种活动中去,儿童才能真正地成长和发展。《公约》第12条第1款规定:"缔约国应确保有主见能力的儿童有权对影响到其本人的一切事项自由发表自己的意见,对儿童的意见应按照其年龄和成熟程度给以适当的看待。"也就是说,在进行影响儿童利益的行为时,应当征求有自己理解能力的儿童的意见,并充分尊重其按照自己意见做出的选择。虽然儿童处在生长发育期,但他们也已经形成一定的思想,他们应当被看作一个独立的、拥有权利的群体,并应当受到尊重。在儿童能力允许的范围内,在所有影响儿童权利的事项上,都应当倾听和尊重儿童的意见。

苏联教育学家苏霍姆林斯基说过:"教育是人与人心灵的、最微妙的相互接触。"由于从身体的发育到人格的完整,需要相当长的一段时间,因此,长期以来,世俗社会、家庭长者,对未成年人持有的,往往是一种居高临下式的对待与教育。这种对待与教育,由于年龄差异、形体差异而表现得十分不对称,社会、家长是主动的,未成年人是被动的;社会、家庭是强势的,未成年人是弱势的。在这样一种状态下,未成年人的表达就显得那样的无力被动。放下架子才能获得真情,换位思考才能加深了解,板着面孔只会招来白眼。要了解孩子们的心愿,就必须改变这样一种现实状态,使"居高临下"的大人们在和孩子的成长密切相关的社会各个环节,放下"架子",弯下"身子",持着平等平和的心情,建立平等的语境,去和孩子们交流,倾听孩子们的表达,了解他们的意愿,触摸他们的感受。进而根据他们的要求建立一种适宜、有利于孩子们身心健康发展的社会文化环境。

(四)无歧视原则

无歧视原则,也称平等原则,要求公约所列的所有权利都适用于全体儿童。《公约》第2条第1款规定:"缔约国应尊重本公约所载列的权利,并确保其管辖范围内每一儿童均享有此种权利,不因儿童或其父母或法定监护人的种族、肤色、性别、语言、宗教、政治或其他见解、民族、族裔或社会出身、财产、伤残、出生或其他身份而有任何差别。"缔约方为确保儿童的福祉,应采取一切适当的立法和行政措施。各相关部门和机构在制定和落实相关政策中以儿童利益最大化作为首要考虑。

教育是最应该体现公平、人道精神的一种人类社会实践活动。因为教育播种什么,未来我们的社会才会收获什么。学生的家庭经济条件、学习能力、交际能力、心理状况等存在着巨大的个体差异,如果不科学、不公正的教育评价观推波助澜,就会加剧班级中部分学生占据优势位置,部分学生处于不利地位。教育应不管儿童来自何种文化背景,不论贫富、男女、正常或残疾,都让全体儿童得到平等的对待,而不受到任何歧视或忽视。

第三节 教育与学生的发展

学生既是教育的对象,又是学习的主体,然而教育如何积极适应并正确应对这一双重角色,从而有效促进学生的全面、健康的发展,在今天的时代条件下面临着各种各样的挑战。

一、中小学生身心发展的时代特点

(一)生理成熟期提前

科学界对人类医学记录的研究早已证实,女孩月经初潮的年龄越来越提前。对男孩性成熟年龄的研究以往缺乏可比的数据,戈尔德施泰因通过研究欧洲5个国家男性各年龄组死亡率曲线的方法间接弥补了这一空白。德国马克斯·普朗克人口研究所2011年一项研究证实,至少自18世纪中叶以来,男孩性成熟的年龄平均每10年减少2.5个月。该所所长戈尔德施泰因说:“如今18岁的男孩生理发育成熟程度相当于1800年的22岁。”他还提出,男女性成熟越来越早的主要原因是人类营养状态不断改善。

儿童生理成熟期提前的趋势在我国也有大量的研究和生活事实证明。据有关资料统计,20世纪五六十年代,我国男子的生理成熟期是25岁左右,七八十年代为20岁左右,九十年代至今则为十七八岁,甚至是十三四岁。在现实生活中,十三四岁的女孩自愿与人发生性关系的事例也逐渐呈上升趋势。生活水平的提高,各种富含激素的食品被大量推广,促进了中学生生理的提前成熟。生理一成熟,自然就产生了对性的渴望和要求。如果控制不当,就会产生越轨行为。

除了营养状况不断改善这一原因,至少还有两个不能忽视的因素。一是互联网——这种凝结了高科技的网络媒体正以几乎无所不能的功用向各年龄段的学生传递着各种各样的信息,使学生接受信息的速度大大加快了,渠道大大拓展了,一些色情网站和网吧的违法行为或直接或间接起着教唆、引诱和帮助作用。二是西方性自由思想的影响,很多青少年学生向往西方的所谓自由和开放,认为国内的传统是老一套的、是落伍的,加上自主意识增强,认为自己的身体自己做主,只要两人双方愿意就可以实施性行为。

(二)思维活跃,但心态浮躁

今天的学生生活在一个相对而言经济发达、环境开放、信息丰富的时代,因此他们的思维比以往任何时代都更为活跃。但与之相伴的是学生心态浮躁,学习积极性整体不高。

很多家长和老师都有共同的感受:今天的小学生比以往任何一代小学生都聪明,他们思想活跃,见多识广,但整体而言对学习的积极性不高。上课开小差、完成作业不主动不认真等现象是令家长和老师都感到头疼的一种现象。

处于青春发育期的中学时期是个体的生理和心理发生急剧变化的特殊时期,心理学上把这一时期称之为“危机期”,这是个体从幼稚走向成熟,从家庭走向社会的重要转折期。身心的急剧成熟给青少年带来了巨大的困惑和压力,而伴随着这个年龄特征的学业压力、人际关系压力、自我适应压力等都使青少年面临着严峻的考验,加上今天的中学生面临着比以往的中学生更为复杂的社会环境,因此今天的中学生思维更加活跃,但心态也随之更加浮躁,难以静下心认真学习。

毫无疑问,今天的大学生思想活跃的状况更为明显。大学生在学习上和生活上都有了更多的自由和自主的空间,没有中小学时期受到的严格的约束和监督,环境更开放自由,信息更为丰富和多元化,来自外界的影响和诱惑也更强,因此他们普遍呈现思想活跃,但心态浮躁的现象。今天,大学生就业难已成为一个全社会关注的问题,转型时期的社会问题、高等教育跟不上社会的发展等固然是大学生就业难的重要原因，但大学生自身存在的问题也是不容忽视的。有学者通过调查认为，“大学生就业难的症结”除了高校扩招导致人才培养质量下降和专业设置脱离社会经济发展的实际外，还有“大学生自身缺乏核心竞争力，有业就不上”和“大学生的择业取向脱离社会现实，有业不想就”的问题。

（三）价值观念多元化

改革开放以来，中国社会发生了巨大的变革。经济上更为发达，文化上日趋多元，多元化的现代文化对青少年的人生价值观产生了强烈的冲击，尤其是20世纪90年代苏联解体和东欧剧变，国际共产主义运动跌入低谷，各种西方文化思潮蜂拥而至，青少年在人生观和价值观上面临更多选择，从而也遭遇了极大的困惑。1991年12月，上海一位化名“梅晓”的大学生在写给《青年报》的信中写道：“现在人注定要捧着灵魂生活，既不愿把它交给天使，因为这样太吃亏，也不愿把它交给撒旦，因为这样太卑鄙。我想问，在今天，天使和撒旦分别是什么？有没有既不吃亏又不卑鄙，既完善人格又不碰得头破血流，既有价值又不失感官生活的快乐之道可走？”这封信，似乎标志着另一次价值观讨论的开始。1992年，中国的社会形势发生了转折性的变化，社会转型进入了一个新的历史阶段。以邓小平南方谈话和中共十四大为标志，深化体制改革和加快社会主义市场经济建设成为中国社会发展的两个基本主题。邓小平南方谈话中关于判断社会进步与发展的“三个有利于”的论述，打破了长期困扰人们的一些思想禁锢，使人们的思想得到了更大程度的解放，这意味着社会的主导价值取向又一次发生了重大变化。青年开始正视现实生活中的一切，重新审视和寻找自己的精神支柱，调整自己的价值观念和心态，物质生活追求高质量、高档次、高消费，精神生活追求高格调，追求“物质是快乐的源泉”。

今天，在利益分化、重组异常频繁、激烈的社会大变革中，青少年的价值取向相应地继续发生着多样化的转变，从一元到多元、从主导型向大众型、从社会本位或整体主义向个人本位或多元化、从“利他不利己”到“利他亦利己”转变，在这一系列的转变中，青少年的自我意识逐渐加强，个体逐渐受到关心和尊重，这是既关心国家、集体利益，又兼顾个人利益最合乎公平的、合乎理性的真实选择。我国当代青年价值取向的多元化在很大程度上是前所未有的。与前辈相比，现代青年摆脱了旧体制的束缚，但失去了铁饭碗的保障，也没有福利房的安乐。他们获得了更大的自由发展空间，却要承受更大的谋生就业的压力与风险。在实现自我价值的途径上，他们既强调个人的奋斗，又对家庭、学校、社会产生依赖性。这一代的青年突出的是从物质生活到文化生活，从社会流动到社会开放等方面更深刻的变革，进取精神、风险意识、首创观念获得更高的推崇。

在今天的信息化时代，网络文化已经成为现代人文化生活的一种基本形态，它在一定程度上对青少年的思想观念、价值取向、生活模式、思维方式以及想象力、创造力都有积极影响，有利于青少年的健康成长。但网络文化对青少年的影响是双重的，既有积极健康的一面，也有消极不利的一面，网络文化中的“垃圾信息”对青少年思想和行为的误导也是显而易见的，网络环境的开放性使得价值观念出现多元化，使青少年价值观的选择更加困难。信息网络是一个开放的体系，通过信息网络传播和提供信息的人来自不同的社会制度、不同民族，具有不同的宗教信仰、生活方式和价值观念。青少年正处于思想迅速发展，价值观、人生观、世界观逐步形成的重要阶段,他们思想单纯、可塑性强、极易受到外界环境的干扰,在这一背景下,青少年的价值观念也日益呈多元化和复杂化的态势。

(四)心理问题增多

调查表明,心理问题和心理疾病在目前各个阶段的学生群体中呈上升趋势。由于社会竞争、升学、就业压力等不利因素,近年来门诊逐渐增多的是各种原因作用于独生子女而造成的情绪问题、行为问题等各种各样的心理卫生问题。从门诊情况看,青少年的心理问题主要表现为感到学习压力大;偏执、敌对;人际关系紧张,总感到别人对自己不友善;抑郁,表现出对学业、前途、未来没有希望,产生轻生的念头。其中,感到学习压力大是当前青少年中存在的最严重的心理问题。

目前小学生的作业普遍存在作业量大,内容单调重复,完成作业时间较长,户外运动和玩耍的时间太少等问题。小学生的书包越来越重,然而小学生对学习的兴趣却越来越低。很多学生表示学习累、心里烦、对学习缺乏热情,有些小学生还借口"头疼""肚子疼"逃避上学;很多孩子做起作业来,不是找本子就是找铅笔,几个字要写半天,磨磨蹭蹭,学习效率很低。这种情况当然和学校、老师片面追求分数和成绩有关,也和家长"望子成龙""望女成凤"的不良心态有关。加上现在的孩子基本上是独生子女,从小就享受着小皇帝、小公主般的溺爱,在溺爱环境中长大的孩子,往往养成任性、自私等不良习性,而这种习性则成为诱发独生子女心理疾病的病灶,导致他们产生性格孤僻、承受力差、对交际恐惧、逆反心理强、自闭等心理问题和暴力倾向及行为。

调查显示,越来越多的中学生存在心理问题。焦虑、抑郁、恐惧等心理问题最为突出,嫉妒、自卑等心理也比较常见,反叛家庭、有离家出走倾向的学生也不少。随着年级的提高,心理问题渐趋增多。根据调查数据分析,学习压力仍然是中学生心理疾病最大的诱因。心理专家指出,压力并不全是坏事,但超越了限度,就会产生一系列的心理问题。在应试教育的模式下,学校、家长、学生都在过度追求分数。学习压力的沉重,易导致产生逆反、厌学等情绪,甚至限制中学生正确成才观的形成。一些学生往往只看重学习成绩的好坏,如果设定的目标不能马上实现,就认为自己"一切都完了",从而走极端、陷入崩溃,甚至自杀。父母的精神支持与物质给予严重失衡,高压、高期望值,让孩子远离了心灵的快乐;学校教育与社会实践活动脱节等,都有可能使青少年的人生坐标发生严重倾斜。此外,父母感情不和、离异等,也容易导致中学生出现心理问题。专家认为,如果中学生的一系列心理问题得不到关注,一些不良行为得不到正确的引导,则可能导致心理疾病的发生,严重的将酿成犯罪、自杀等悲剧。并且,这些心理危机如果没有得到及时干预,悲剧即使不在中学时期爆发,也会在大学或走上工作岗位以后爆发。

进入大学后,大学生的生活环境、学习方式、人际关系、个人角色等都发生了重大变化,这就要求个体能够在较短的时期内在上述方面做出相应的调整、改变,以适应环境的变化。如果个体自身改变与环境变化脱节,就容易出现适应问题。如果这一问题得不到及时解决,还会带来其他心理问题,影响大学期间乃至今后的学习与生活。大学新生要经过分离、过渡、融合三个阶段的洗礼,才能真正适应大学生活。分离是大学新生适应大学生活的起点。从离开家庭走进大学校园的那一天起,就意味着与家庭和昔日中学朋友的分离。分离意味着个体要重新定义与家庭和昔日朋友之间的关系。过渡是指新生适应新的、自然的、社会的和精神的环境。融入指新生在新环境中形成了适当的学习和生活方式，建立起新的社会网络。在以上三个阶段中，最为重要的是第二个阶段——过渡。因为分离事实上是由入学客观造成的，而融入是适应的最终目的和结果，新生过渡期延续的时间长短以及他们在过渡期的状况直接影响这一结果。大学生的心理问题和中小学相比，则显得更为复杂和多元，其中人际交往、就业压力是最主要的两个原因。按照新精神分析学派的代表人物之一埃里克森的自我发展理论，大学生正处于"亲密—孤独"的特殊时期，这个时期的学生有着与同龄朋友和异性产生亲密关系的强烈渴望，而且在多元文化的冲击下，今天的大学生不再像以往的大学生一样约束自己的这种渴望，而是积极追求友情和爱情。但是，今天的大学生又普遍存在表面独立，内心敏感、脆弱的心理缺陷，因此，当遇到人际交往的种种问题和恋爱受挫时往往不能调整自己的心态和行为方式，而是要么怨恨他人，要么产生自卑心理，消极的情绪如果得不到及时化解，就很容易演变成比较严重的心理问题甚至心理疾病，甚至以某种伤害他人和自己的方式爆发出来。

二、教师如何应对学生的角色变化

目前课程和教学改革的理论研究和实践探索十分活跃，同时，也提出了一系列新问题需要深入思考，其中比较突出的一个问题是:在强调学生主体地位和作用、构建民主平等师生关系的教学过程中，教师的角色应该怎样定位，究竟应当发挥什么样的作用，才能适应新课程的要求？实际上，学生既是教育的对象，又是学习的主体，教育应该适应学生的这种双重角色，做到"该引导的引导，该放手的放手"，这样才能真正充分发挥其应有的作用。

(一)学生的主体作用需要张扬

人类进入新世纪，不仅意味着年代上的更新，而且意味着开启了社会进步的新时期。21世纪的中国，需要富有创新精神和实践能力的新一代人来建设，21世纪的教育发展模式必须为学生提供更为宽松的发展空间。只有让新一代人在选择中学习选择，在尝试中学会负责，在参与中发展自我，才能使其具备主动发展自己、积极完善自己的基本素质，才能使教育走向有效和成功。当前我国的教育一方面取得了巨大成就，一方面也存在着不足和薄弱环节，其中最突出的就是束缚了学生主体性的发挥，因而限制了学生创新意识和能力的养成。

主体性作为人的特性，表现为人所特有的能动性、主动性和创造性等。学生作为未成熟的人，也应当具有主体性，虽然在某种程度上看，学生的主体性不够理智和冷静，但这正好反映了他们的可塑性和生命力。一个没有主体性的人将是没有生命力的人，也是没有创造力的人。

(二)教师的主导作用不能消解

教师在教育教学过程中居于主导地位，应当起主导作用，虽然存有争议，但历来是我国教育界多数人在理论上和实际教学工作中形成的共识。但随着课程改革的实施，"教师主导论"面临着诸多质疑与挑战，正在被许多"新"的名词、话语、提法"消解"。在要求"转变教师角色"的阵阵热潮中，种种"消解"和否定教师主导的"依据"被提出来，其主要观点是:(1)把

“教为主导”与“学为主体”对立起来，认为教师主导必然导致教师专制，压制学生的主体地位和作用，乃至某地“课改经验总结”提出要“让学生主动起来，让课堂活起来”，就得“让教师从主角、主讲的舞台上退下来”；(2)教学过程是师生互动的过程，教师与学生是“合作伙伴的学习共同体关系”，不存在“谁主导谁”的问题，再提教师主导就会造成师生不平等；(3)当代学生在许多方面都超过了教师，教师已失去了昔日“权威”，不可能再起什么主导作用；(4)也有论者提出，“教师主导”不能“一概而论”，教师只是在学科讲授中起主导作用。此外，尽管国家关于素质教育和基础教育改革的决定都一直强调教师是实施素质教育的关键，课改专家也指出教师“决定着课程实施的走向”，但是很多课改文件和论著对“教师主导”却有意无意间加以回避。

随着课程改革的不断深入，越来越多的教师用发展的眼光确立以学生为主体的教学观念，并在教学活动中加以实施，在课堂教学中力求把课堂交给学生，注重学生自主学习。但由于矫枉过正，忽视教师主导作用，刻板强调学生自学，课堂上由于教师主导不得力，有导致课堂教学失控的现象，学生的“自主学习”出现了随意性和盲目性，热热闹闹一节课下来，学生对教学内容没有清晰的认识，该解决的问题没有得到很好的解决，老师也感到有些茫然，觉得没有达到预期的教学效果。由此看来，在倡导“以学生为中心”，让学生“自主探究”的同时，教师的主导作用也是不容忽视的，学生在学习探讨过程中产生疑难时，教师要及时指导点拨，在要紧处扶学生一把，在学生能动的创造性学习过程中发挥教师的主导作用，就能减少学生学习的盲目性，真正实现学生的自主发展。

因此，在课程改革的新形势下，教师面临着一场严峻的挑战。新的课堂教学要求教师的主导不是包办告知，但学生的自主也不是随意放任。教学活动中发挥好教师的主导作用，真正体现学生自主学习，是要求教师花大力气储备自己的知识，提高自己的教学技能；还要下功夫研究教材、研读学生、研究自己，构建和谐、开放、有效的自主合作学习模式，熟练地驾驭课堂教学秩序，防止“自主、合作、探究”的学习流于形式，避免学生自主学习的盲目性和随意性。

思考题

1. 如何理解学生的双重角色？
2. 简述《儿童权利公约》规定的四项保护儿童权利的基本原则。
3. 中小学生身心发展具有哪些时代特点？
4. 教师如何应对学生角色的时代变化？

第十一章

师生关系

本章导读——

构成教育的主要因素是人，不管教育方针、目标、课程对教育过程做出多少规定，教育功能最终得以实现的前提是必须通过师生共同参与的教育活动，而在共同的教育活动中必然存在着或阻碍或促进教育活动开展的师生关系。本章立足对师生关系基本内涵及其重要意义的分析，引导学习者理解理想师生关系的基本特征及其影响因素，从而思考如何构建理想的师生关系。

学习目标——

1. 相关概念

（1）师生关系

（2）角色冲突

2. 基础知识

（1）师生关系的基本内涵

（2）师生关系在教育中的意义

（3）理想师生关系的基本特征

（4）影响师生关系的主要因素

（5）理想师生关系的构建

第一节 角色互动中的师生关系

在教育教学活动中，教师和学生扮演的角色并不是单一的，而是多重角色之间的互动。师生之间的关系是不断变化和丰富多样的，可以从哲学、教育学、心理学、社会学、文化学、管理学、政治学等学科视角进行分析。实际上，各种视角的师生关系都和教育存在着复杂的联系，并对教育产生着重要的影响。

一、师生关系的基本内涵

师生关系是人—人关系，这是由教育对象的特殊性所决定的。与其他各种类型的实践活动不同，教育的对象是具有独立人格，具有自主性、能动性的，活生生的人。另外，教育活动并非只有单一主体，而是具有复合主体、交织着“教”与“学”两类活动类型的社会实践。教育活动的这些独特性，特别需要教师能够正确认识和对待教育活动中的另一主体——学生，要尊重其独特的人格，重视其在教育过程中的地位和作用。

（一）社会关系

师生之间的社会关系是教师作为成人社会的代表与学生作为未成年的社会成员在教育教学过程中结成的各种社会关系。师生的社会关系是规范性的，是人与人的各种社会关系在教育教学中的反映，具体指师生间因在教育教学过程中所处的地位和履行的职责不同而形成的，由一定的组织和制度决定的一种相互依存关系。这种关系是在特殊的活动领域——学校当中形成的，教师、学生在学校中都具有各自的社会角色和任务，因而，它属于在学校这一特殊活动领域中形成的人际社会关系。

师生之间的社会关系具体包含几个基本的内容：第一，代际关系，即教师充当着学生的临时监护人，因此对学生的人身安全和身体健康负有监管的职责；第二，政治关系，即国家、社会与个人关系在教育中的反映；第三，道德关系，即社会利益关系和道德规范在教育教学中的反映；第四，法律关系，即现代社会人们之间的权利、义务关系在学校生活中的具体体现。简单地说，教师作为社会的代言人和临时的监护人，担负着向下一代传递政治文明和社会文化的使命，并对学生负有临时监护的职责，而且这种教育活动需要在一定的法律和道德规范下进行，教师和学生作为公民具有法律保护的权利和义务，教师要尊重和维护学生的合法权益，学生也要尊重教师的合法权利。此外，师生关系也可以被看作是一种间接的契约关系，教师、学生分别与学校发生契约关系，从而，他们拥有了共同的契约对象——学校，并拥有了共同的契约目标——完成教育任务。因此，师生关系还是一种以完成非功利性的教育任务为中心的责任关系。

（二）教育关系

教育关系是师生关系中最基本的表现形式，也是师生关系的核心。师生之间的教育关系是为完成一定的教育任务而产生的。这种关系是从教育过程本身出发，根据对教师与学生在教育活动中各自承担的不同任务和所处的不同地位的考察，对两者关系做出的教育学意义上的解释。一般来说，在教育活动中，教师是促进者、组织者和研究者，而学生一般是参与者、学习者，同时又是学习的主人和自我教育的主体。这种关系形式，并不随教师和学生的主观态度而转移，而是由客观条件所决定，并且在教师和学生的积极活动中得以表现。在教育关系中，教师与学生的活动中心都与教育目标有关，并体现着学校教育工作的任务与特点。这种关系既应符合教育科学规律，又应体现教育创造艺术；既能为师生双方提供最大的发挥主体力量的空间，又能使双方的力量形成有效合力，从而使学生获得和谐发展。

师生之间的教育关系在理想状态下也是一种合作的工作关系，它主要表现为教育活动中教师和学生协调一致的合作关系。这种良好工作关系的建立首先取决于教师的教育水平，它直接受制于教师的专业知识、教育技能、思想品德和人格力量以及对师生关系的正确理解等。具有较高教育水平的教师能够有效地控制整个教育过程、协调与学生之间的关系、建立起既不专制又不放纵的工作关系，使双方能在严肃、认真、活泼、友好、合作的气氛下顺利地完成教育教学任务。

（三）心理关系

师生之间不仅有正式的教育关系，还有因情感的交往和交流而形成的心理关系。它主要指师生间建立起来的、亲密友好的交往关系，主要表现为师生在交往的时间上频率增加，在空间上距离缩短，在这一交往过程中建立起来的心理关系，是师生为完成共同的教学任务而产生的心理交往和情感交流，这种关系能把师生双方联结在一定的情感氛围和体验中，实现情感信息的传递和交流。师生在教学活动中的情感关系是一种互动关系，教师与学生在教学活动中的感情体验存在着差异，教师的情绪、情感和表达方式影响着学生的情绪和情感，也影响着最终的教学效果。因此教师需要调控好自己的情绪状态，根据教学内容恰当地体现自己的情感，用一种积极的情感去感化、激励学生。在学习中，当学生感受到来自教师的深厚情感时，他们就很乐意接受教师的引导。

师生心理关系是伴随着教学活动的开展而自然形成的，是教学活动中一种客观而基本的师生关系，它受到教学过程和结果的直接影响。由于教育教学活动是师生之间的互动过程，所以师生之间的心理关系在教育教学活动中也起着举足轻重的作用，并贯穿于师生关系的全过程。师生心理关系对教学活动具有重要影响，是教学活动得以展开的心理背景，并制约着教学的最终结果。同时，良好的教学过程和教学结果，会促进师生情感关系更加融洽、和谐，所以加强师生之间的相互理解和沟通，直接关系到学生的学和教师的教，甚至会对学生世界观、价值观的形成产生很大的影响。因此优化师生心理关系是师生关系改善的现实要求。

（四）伦理关系

教育作为一种特殊的社会活动，折射着社会的一般伦理规范，同时又反映着教育活动独特的伦理矛盾，因此师生关系也表现为一种鲜明的伦理关系。师生之间的伦理关系是指在教育教学活动中，教师与学生构成一个特殊的道德共同体，各自承担一定的伦理责任，履行一定的伦理义务。这种关系处于师生关系体系中的最高层次，对其他关系形式具有约束和规范作用。学生的道德观念有很大部分是从教师那里直接获得的，教师会潜移默化地对学生施以道德方面的影响。这就需要教师不仅有广博的知识，还应该有高尚的人格和正确的道德思想,而这正是建立良好的师生伦理关系的关键。

长期以来师生伦理关系在教育理论上没有受到应有的重视。师尊生卑是古代社会师生伦理关系的特点,而在现代社会,师生互相尊重、人格平等则成为师生伦理关系的基础。人的全面发展是现代社会的基本价值追求,人性解放、民主自由是现代伦理的基本精神,因而,只有充分体现现代伦理基本精神的师生关系才是真正意义上的现代师生伦理关系。作为现代教育伦理本性的具体化和集中表现,现代师生伦理关系应具有促进学生全面发展、体现教育崇善的基本特性,这也是师生伦理关系改革的方向所在。

二、师生关系在教育中的意义

古今中外教育家都十分重视师生关系,并对良好的师生关系给予了高度评价。那么,什么又是良好的师生关系呢?教学实践证明,影响良好师生关系形成的主要因素有三个,即师生之间的认知、情感和行为。良好师生关系是指师生之间的相互认知,情感亲密、融洽,行为统一、友好、默契。具体讲,在认知上,就是教师的思想、道德、人格、个性、理想、世界观、兴趣、气质、性格等方面的修养程度和基本素质给学生留下了深刻的印象,并潜移默化地影响着学生,学生以其为榜样,对老师的认同度高。在情感上,师生之间相互了解、相互沟通、相互宽容、相互关心、体贴,教师热爱学生,学生尊重教师,彼此心心相印,感情融洽、和谐,达到情感共鸣、心灵相通。在行为上,师生之间行动一致、行为友好,教师主要依靠自身的专业知识、良好素质与学生建立平等、融洽的关系,在学生面前,教师敢于自我批评,学生听课注意力集中、情绪愉快、思维积极、师生配合默契,课堂上充满了团结友好的气氛。

建立良好的师生关系,是教师与学生共同的心愿。正如赞可夫指出,就教育工作效果来说,很重要的一点是要看师生之间的关系如何。苏联教育家苏霍姆林斯基也提到过,课堂上一切困惑和失败的根子,在绝大多数场合下都在于教师忘记了,上课,这是儿童和教师的共同劳动,这种劳动的成功首先是由师生间的相互关系来决定的。”无数的教育教学实践证明,师生关系越好,教学效果就越好;反之,则越差。因此,建立良好的师生关系在教育教学中具有十分重要的意义。

(一)良好的师生关系有利于调动教师教学的积极性

良好的师生关系是调动教师教学积极性的原动力。因为教学是一种双边活动,在充分发挥教师在教学中的主导作用和学生的主体作用,即教师在“导”着学生前进的同时,学生必须发挥自身的主观能动性,换句话说,导的效果在很大程度上依学生自觉性发挥程度而定。如果一个教师得到学生的尊敬,师生关系良好、融洽,学生对教师持肯定的态度,欣赏教师,从而对学习产生积极的态度和兴趣,则会对教师产生巨大的感染力,给教师的教学产生推动力,激发教师对教学的热情和积极性,并不断激发教师更新教学观念、充实自己的专业知识、改进教学方法、以极大的热情投入到教学改革和完善的探索活动中,并形成独特而有效教学风格的积极性,从而进一步营造良好的教学气氛,使课堂生动活泼,气氛和谐,收到良好的教学效果。反之,如果教师得不到学生的尊敬,师生关系淡漠、压抑,甚至紧张,那么教师往往会丧失自信心和工作热情,怀疑自己能否胜任教师这一职业,也懒得深入钻研业务知识,提高业务水平,讲课时没有激情,课后不愿主动与学生交流,对学生比较冷淡,这样会使师生关系进一步陷入僵局，导致教师教不好、学生学不好、师生相互抱怨，教学质量不可能提高。

（二）良好的师生关系有利于调动学生学习的积极性

生理学研究表明，当师生之间产生融洽、亲密的情感时，这种积极的情感往往能使学生的大脑皮层处于兴奋状态，从而使学生能更好地接受新知识，提高学习活动的效果。反之，如果师生之间情感对立，相互持敌视的态度，那么就会抑制大脑皮层活动的积极性，从而对学生的学习造成消极的影响。也就是说，无论积极情感还是消极情感，都会对人的认识活动和学习效率产生放大的效应。一方面，人的认识活动是情感产生的基础；另一方面，情感反过来也能调节人的认识活动。实践证明，积极的情感常常能推动人的认识活动积极进行，消极的情感则会阻碍人的认识活动顺利进行。良好的课堂气氛能营造一种具有感染性的、催人积极向上的教学情境，而生动活泼、积极主动的课堂氛围又能激发学生的学习兴趣。并把兴趣培养成为学生学习的一种心理需求。这样，学生才能保持住学习的积极性，从而积极参与到教育教学活动中来。美国教育家布卢姆也认为，决定教学效果的主要变量有三个：认知、情感和教学质量。其中，情感是影响教学效果的主要变量之一。布卢姆认为，那些带着兴趣和热情进入学习任务的学生比那些没有兴趣和热情的学生学习更容易、速度更快，成绩更好，这就说明了良好的师生关系为激发学生的学习兴趣和热情提供了“能源”，是教学活动得以顺利进行的重要条件。

（三）良好的师生关系是教师和学生身心健康发展的重要保证

教育教学活动是教师和学生的生命活动，特别是精神活动的方式，教育教学中结成的师生关系是教师和学生生存方式的具体表现，因此也是衡量教师和学生学校生活质量的重要指标。良好的师生关系有利于教师保持愉快的心情、健康的身体和健全的人格，反之，长期压抑、冲突的师生关系容易导致教师心理出现问题，身体健康受到损害。同样，师生关系对学生的身心健康也有着重要的影响。教学过程是提高学生认识能力的过程，也是促进学生身心发展的过程。心理的发展包括认知、情感和意志的发展。学生情感的发展不是自发的，它需要多方面的努力，其中最重要的方面就是教师要给学生提供一个良好的情感环境。著名教育家赞可夫指出：“学生在课堂上应过着一种积极的，有血有肉的，甚至可以说是沸腾的生活。否则，学生就会终日处于冷漠、惊恐的环境下，常受到无端的指责与呵斥，他们就不可能正常发展。”由此可见，良好的师生关系有助于学生的健康发展。

第二节　角色冲突：影响师生关系的重要因素

角色冲突是社会学角色理论中的一个重要概念，是当一个人扮演一个角色或同时扮演几个不同的角色时，由于不能胜任，造成不合时宜而发生的矛盾和冲突。角色冲突可分为两大基本类型：一是角色间冲突，即个人同时承担两种以上的角色，因角色规范的要求不同而引起的冲突；二是角色内冲突，即个体在承担某一社会角色时，因这一角色自身各种规范相互矛盾，使角色扮演者在行动时左右为难，或是由于角色扮演者在角色领悟与角色行为之间存在差距而引起的冲突。两种冲突可能互相转化，尤其是角色间冲突往往转化为角色内冲突，通过角色内冲突的形式得以表现和完成。

教师和学生分别担当着不同的角色，当教师或学生任何一方没有或不能很好地扮演自己的某一种角色时，都有可能导致师生关系出现问题，甚至演变为师生冲突。我国当前正处于急剧的社会转型时期，在社会变革与教育变革的双重压力之下，教师和学生的角色冲突也日趋激烈，并对师生关系的建设产生着极大的影响。客观分析、正确认识这些冲突，并在此基础上探讨合理解决这些冲突的思路与对策，对于改善师生关系，提高教育质量具有十分重要的意义。

一、角色间冲突与师生关系

角色间冲突是指一个人所担任的不同角色之间发生的冲突，两者都可能对师生关系产生影响和破坏。主要表现为两个情形：

（一）空间时间上的冲突

一位教师，他肩负着教书育人的工作任务，又承担着照顾老人、养育儿女的家庭责任，当这些任务在时间和空间上存在矛盾甚至严重的冲突时，教师就可能处于超负荷工作和劳累的状态，从而必然导致不能很好地履行教师这一角色所赋予的责任，进而导致学生对教师的不满和抱怨，于是师生冲突在所难免。

同样，一个学生，他肩负的首要任务是学习，但一般来说，学生不可能纯粹地作为学生这一角色而存在，例如，部分学生在学校或班级里承担着一定的学生干部的角色，或者根据自己的兴趣和爱好加入了一些校内社团甚至校外社团。当这些社团活动对学习造成了一定的冲击，导致学习受到一定程度的影响时，也可能引发师生关系产生冲突，例如一位数学成绩本来很好的学生因为频繁参加科技兴趣小组活动而导致数学成绩大幅下滑，从而引起数学老师的不满和批评。

（二）行为模式内容上的冲突

一个人改变了旧角色，担任了新角色，并且新的角色与旧角色在性质上存在一定区别时，也会产生新旧角色的冲突。例如，一位英语教师通过自己的幽默和对学生的宽容和学生建立起了比较稳定、融洽的师生关系，但新学期开始，应学校要求，这位教师开始兼任该班班主任，工作不到一个月，师生关系就出现了前所未有的危机，原因在于这位教师没有很好地适应从科任教师向班主任的角色转变，仍然完全按照以前的工作模式和交往模式与学生相处，结果发现班级在纪律、管理等方面出现了一系列的问题，于是自己也开始着急上火，转而运用简单、粗暴的方式对待学生，导致师生关系出现裂痕。

学生在升入高一级学校的时候，面对新生活的不适应也是一种角色间冲突的典型例证。例如从小学升入初中，在校时间明显延长、活动课减少、科目增加、节奏加快等一系列的变化会让很多学生突然觉得压力增大，变得紧张。小学六年级为应付考试往往就只剩下语、数、英三科，到了初中一下子变成十几门功课，每门都有不同的要求，课堂节奏变快、新课的进程加快，用于复习的时间却大大减少，这些都与小学的授课方式完全不一样。这样，成绩中等或中等偏下、基础不是很扎实的学生就很容易掉队。小学生阶段是老师手把手教，初中阶段则十分看重自学的学习习惯，因为初中的知识点繁多，讲究知识系统性。很多学生因为自己不能主动学习而很难适应快节奏的学习生活，从而对新的学习和生活不习惯甚至产生厌倦，表现出学习、行为等方面的一系列问题，这时候，如果老师对学生不是给予帮助和引导，而是忽视甚至进行简单粗暴的批评和惩罚，那么师生关系就会出现问题，从而加剧学生的角色不适应，二者形成恶性循环。

二、角色内冲突与师生关系

角色内冲突是指同一个角色，由于社会上人们对于他的期望与要求的不一致，或者角色承担者对这个角色的理解的不一致，而在角色承担者内心产生的一种矛盾与冲突。角色内冲突往往是由角色自身所包含的矛盾造成的，其突出表现是，当一个人在面临对某种角色进行行为模式的选择，尤其是冲突性的选择时，因为存在两种甚至多种对立性质的规范，行为者必须通过内心的冲突较量来做出选择哪一种行为模式来实现这一角色的决定。典型的例子如“范跑跑事件”，由于范美忠老师对教师角色的认知和体验与社会的主流期待和相当一部分学生、家长，包括老师的观点存在严重的冲突，所以才会成为一件引起社会广泛关注和讨论的事件。这一事件无论对当事人的师生关系，还是整个教育大系统的师生关系，可以说都产生了一定程度的、微妙而深刻的影响。

就学生方面来说，角色内冲突导致的师生关系紧张也是很普遍的。例如有的学生缺乏基本的学习意识，学习态度不端正，不遵守基本的纪律规范。另一方面自尊心又很强，受不得一点挫折和批评，当他们违纪违规受到教师批评时，常常用激烈、不理智的方式随意顶撞老师，从而导致师生关系紧张。有些成绩好的学生，自视过高，虚荣心过强，受到教师的批评时也会不高兴，甚至和老师顶撞，学生干部在班级工作上与班主任的意见不一致也会发生冲突。

第三节　角色协调：理想师生关系的构建

教育是一种历史现象，是人类社会发展到一定历史阶段的产物。从有教育现象或教育活动起，就有了教师与学生。一部教育发展史，从某种角度上说，也是一部师生关系发展、演变史。在不同的社会、政治、经济、文化等背景下，师生关系会呈现出不同的形态。教育实践活动是由教师和学生相互影响、相互作用而完成的，在这个实践活动中，教师与学生的关系如何，直接制约着教育的成效。理想的师生关系是师生主体间关系的优化，是教师和学生实现角色协调的结果。

一、理想师生关系的基本特征

（一）民主与平等

师生关系的民主平等体现了师生在教育过程中人格和权利的平等，以及任何在权利平等的基础上实现平等对话的师生关系。民主平等不仅是现代社会民主化趋势的需要，而且是教学生活的、人文性的直接要求和真正实现教育教学目的的根本保证。民主平等的师生关系具有两层基本的含义：一是在整个教育教学过程中教师和学生是平等的，教师不以权威者、控制者自居，学生也不因为偏见和愚昧而看不起、反抗老师；二是不论学生在家庭背景、学习基础、个性心理等方面存在多么大的个体差异，教师不会因为个人的喜好而偏爱某一部分学生、歧视厌恶另一部分学生，而是一视同仁，公平对待每一位学生。

此外，一般情况下，教师的知识多于学生，其能力要强于学生，但并非事事如此，故韩愈在其《师说》中说："弟子不必不如师，师不必贤于弟子。"因此，教师不能自以为"闻道先于学生"而不尊重学生，而应在教学活动中创设民主与平等的教学环境，鼓励学生发表自己的观点和意见，并学会耐心倾听和积极鼓励。

（二）尊重与信任

人本主义心理学家马斯洛把人的需要分成五个层次：(1)生理的需要；(2)安全的需要；(3)爱与归属的需要；(4)尊重的需要；(5)自我实现的需要。尊重与信任在马斯洛的需要层次理论中居于较高的地位，是人的一种高级的心理需要。尊重包括自我尊重和尊重别人。与自尊有关的，如自尊心、自信心，对独立、知识、成就、能力的需要等，这些是激发人的创造欲望和行动意志的强大力量，它推动人努力追求自我实现。人都渴望实力、成就、适应性和面向世界的自信心以及渴望独立与自由，渴望名誉与声望，声望来自别人的尊重、赏识、注意或欣赏。满足自我尊重的需要导致自信、价值与能力体验、力量及适应性增强等多方面的感觉，而阻挠这些需要将产生自卑感、虚弱感和无能感。基于这种需要，大多数人都愿意把工作做得更好，希望受到别人重视，借以自我炫耀，指望有成长的机会、有出头的可能。尊重的需要很少能够得到完全的满足，但基本上的满足就可产生推动力。这种需要一旦成为推动力，将会令人具有持久的干劲。

教师有"尊重与信任"的需要，学生也有"尊重与信任"的需要。教师是"先受教育者"，她首先要尊重与信任学生，尤其是要尊重学生的自尊心，要把学生看成是具有"完全"人格的主体来尊重与信任;其次，教师要尊重与信任每一个学生，相信每个学生都是有优点与缺点的，相信每个学生通过努力都能成功。教师信任、尊重学生，学生才能尊重、信赖老师，和谐的师生关系才能建立起来。"成为学生喜欢的老师"是我们每一个为人师者的心愿。尊重和信任可以帮助教师与学生建立起和谐的关系，提高教育教学效率，还有助于激发学生的自尊心和成就感，唤起学生追求知识的勇气和兴趣，树立上进的渴望，塑造学生健全的人格，使每个孩子得到自由、充分、和谐的发展。让我们用真诚的尊重与信任之心来缩短师生间的距离，用心灵去赢得心灵。在后进生的转化工作中，我们的教师只有真正地尊重学生、爱护学生，才能消解师生关系中的冷漠、对立、紧张的关系，受到学生的尊重和爱戴，建立和谐的师生关系。

信任，是开启学生心扉的钥匙。苏霍姆林斯基就说过："对人的热情、对人的信任，形象点说，是爱抚、温存的翅膀赖以飞翔的空气。"对学生信任和提出严格要求，是新型的师生关系在教育学生中的具体表现。教师只有信任学生，才能理解学生，才能更好地教育学生。教师信任学生，就能调动起他们的学习积极性、自觉性、自信心和自制力，从内心产生一种向上、向善的动力。在此基础上教师提出严格的、合理的、明确的要求，就会收到较好的效果。

教育的使命是让每一只鸟都歌唱，让每一朵花都开放。但是，一个班上总会有学困生，作为教育工作者，千万不要戴有色眼镜看待这些孩子，要善于发现他们的长处，注重挖掘学生的潜能，只要发现他们有一点点进步就及时地加以鼓励和表扬，这样的做法才会激发他们的上进心。

（三）理解与合作

理解是人之为人的一种基本状态和方式，海德格尔认为"理解是人的存在方式"；狄尔泰则说："自然需要说明，而人需要理解。"自然的因果链条要求自然科学去说明（说明是考察一个必须作为东西来认识的物体和应用于所有的客观认识的手段），而人类间的关系靠说明是不够的。只要有人存在，就有理解在，理解是人的存在的本体论条件；只有理解在，才有人在，才有人存在的认识活动。理解已经成为人类的关键问题，作为"未来的力量"的教育是实现变革的最强有力的工具之一，因此各国正在通过开展理解和理解教育来解决人类的诸多问题，包括教育自身的问题，理解是相互的。但教师要首先理解学生的知识水平、认知特点、兴趣爱好与行为习惯等，并据此来组织教学材料、选择教学方法与创设教育情景等，以此追求高质量的教育效率与效果；教师还需要了解和研究学生个体的性格特征、成长经历以及家庭情况、社会环境等等，全面分析了解学生德、智、体、美、劳诸多方面的情况，这样教师才会善于抓住学生的心理、走进学生的心灵世界，因为只有充分地了解学生，才能更好地理解学生，并进而更好地教育学生。当教师能更好地理解和教育学生时，学生才会更好地理解教师、接纳教师，从而促进教育教学活动的顺利实施。

完整的教育教学活动需要教师与学生在相互理解的基础上共同参与、相互合作。教师是教的主体，学生是学的主体，两者在教学活动中必然要相互交流、相互沟通、相互理解、相互作用，这就是师生合作。师生合作的质量如何，是否符合教学规律和教学目标要求，不仅会影响教学的效果，而且会影响学生能否养成良好的心理品质和行为习惯。师生合作的目的是使师生双方相互交流信息、思想和情感，师生合作的最高境界则是教师帮助学生，使其乐于学习。学生乐于学习，提高了学习质量和学习效率，则会更加积极主动地与教师合作。但是，长期以来，我国普通中小学生的课业负担很重，他们学得被动、艰苦，无欢乐可言。所以，教师必须减轻学生过重的课业负担，促使学生变苦学为乐学。教师在教学中只有注重更新教学观念，掌握高超的乐学教育艺术策略，才能帮助学生达到乐学的境界。

（四）共享与共创

《礼记·学记》中指出："学然后知不足，教然后知困。知不足然后能自反也，知困然后能自强也。故曰：教学相长也。"这段话揭示了教学相长的客观规律，体现了教师和学生在教学过程中实现共享和共创的最高境界。共享就是教师和学生共同体验和分享教育中的快乐、成功、失望与不安，它是师生心灵交流深化的表现。共创就是教师和学生在信息交流和思想碰撞的基础上探索新知、实现创新的过程。共享和共创体现了师生关系的动态性和创造性，是师生关系的最高层次，其结果是教师和学生相互促进、共同发展；是学生在道德、思想、智慧、人格等方面的全面发展；是教师自身的教学水平和专业发展的日趋成熟。

【案例】

一次,特级教师于漪作公开课,讲《宇宙里有些什么》。讲完课,她给学生留一点时间看看书,提提问题。这时,一个学生站起来问:"课文中有这样一句话,'这些恒星系大都有一千万万颗以上的恒星',这里的'万万'是多少?"话音刚落,全班学生都笑了。问问题的学生很后悔,责怪自己怎么问了一个这么蠢的问题,谁不知道"万万"是"亿"呢?没等老师让坐下,就灰溜溜地坐下去,深深地埋下了头,懊悔自己不该给老师的公开课添这样的麻烦。

可是于老师笑着说:"这个问题不用回答,可能大家都知道了,可是我要问:既然'万万'是'亿',作者为什么不用一个字'亿',反而用两个字'万万'呢?谁能解释?"教室里静了下来,学生们都在思考。

随即便有人举手,于老师叫一个学生站起来回答,学生说:"我也不太懂,不过我想说说看。我觉得用'万万'读着顺口,还有,好像'万万'比'亿'多。"于老师说:"讲得非常好,别的同学还想说什么吗?"当于老师确认没有不同看法后总结说:"通过对'万万'的讨论,我们了解到汉字重迭的修辞作用,它不但读起来响亮,而且增强了表现力。那么,同学们想一想,我们今天这个知识是怎样获得的呢?"全班学生不约而同地将视线集中到刚才发问的学生身上。这个学生如释重负,先前那种羞愧、自责心理一扫而光,仿佛自己一下子又聪明了许多。①

二、影响师生关系的主要因素

要构建理想的师生关系,首先要明确影响师生关系的因素。影响师生关系的因素既有主观的方面,也有客观的方面;既有教育内部的,也有教育外部的;既有直接的,也有间接的。归纳起来,主要包括三个方面。

(一)教师

教师常常是良好师生关系确立的关键因素,教师对学生的态度、领导方式、教育水平和智慧、人格等因素都直接影响着师生关系的质量。具体而言,以下是影响师生关系比较突出的几个原因:

1. 教学水平不高,无法满足学生的学习需要

试想一下,如果一个教师的教学单调乏味,又是一成不变地教下去,学生能好好听课吗?学生对该教师所教学科的兴趣能不每况愈下吗?学生能跟该教师建立良好的师生关系吗?答案当然是不可能的。当教师业务水平不高,又没有认真备课时,学生在课堂上难免不会把注意力迁移到其他方面。如果持续下去的话,学生就会对该学科产生厌学情绪,甚而可能迁怒于教师,认为教师教不好,才使自己成绩差。这种状况显然是很难建立起和谐的师生关系。

2. 管理学生专制武断,缺乏民主意识和能力

美国社会心理学家勒温根据领导过程中权力定位的不同,把领导者的领导风格分为3种类型:专制型、放任型、民主型。我国有两千多年的封建专制历史,加上师道尊严的深厚传统,造成我国教师普遍带有传统专制型管理风格的烙印。教师在整个教育教学过程中作为

① 郭启明. 教师语言艺术[M]. 北京:语文出版社,1992:68.

主宰者，常常居高临下地训导学生，鼓励少批评多、欣赏少而打压多。学生成为被动的“受教育者”和顺从者，缺少学习的主体性与主动性。师生关系明里平安无事、暗里疏远隔膜，缺少积极有效的沟通交流，缺少打开心扉的畅所欲言，缺少轻松温馨的心灵互动与精神交流。虽朝夕相伴，却相互提防，不敢流露出自己真实的一面，学生对老师爱戴少而敬畏多、信任少而淡漠多、好感少而敌意重。在学生犯错后，教师往往不分青红皂白地先对学生批评一通。若学生试图辩解，教师可能就认为学生在狡辩。教师的这种行为，很容易让学生认为教师武断、不可理喻，从而对教师失去信任，这样就很难形成和谐的师生关系，这种专制型的管理风格不利于学生主体意识、创新精神的培养和发展，有时还会导致严重的师生冲突，酿成无法挽救的后果。

3. 对待学生不能一视同仁，缺乏公正品质

教师喜欢品学兼优的学生，这是人之常情，也无可厚非。但如果这种喜欢演变成为一种缺少公正态度的偏心，就会带来很多教师意想不到的问题。比如，同样犯了错误的学生，教师如果偏袒好学生，而对自己心目中的所谓“差生”加以训斥，就很容易让学生认为教师不公正，从而对教师不再服气，甚至产生厌烦、憎恶的心理，被不公正批评的学生容易自暴自弃，甚至“破罐子破摔”，被袒护的所谓好学生也未必领老师的情，反而助长其骄纵跋扈的不良心态。这样就极不利于师生关系的和谐。其实对所谓的后进生或问题学生，即便没有进行不公正的批评和指责，哪怕是忽视，也是一种伤害，这种伤害同样会让学生对教师、对学校产生冷漠和反抗。

（二）学生

“没有教不好的学生，只有不会教的老师。”这是我国前些年曾热烈讨论过的一句话。肯定甚至热捧者有，否定乃至批判者也有。理想地来看，这句话是对的。因为学生本就是发展中的人，教育好学生，乃教师的职责所在。但现实地来考察，教师的教育行为和教育成效的确和学生这一因素分不开，而师生之间的关系产生冲突也和学生这一因素密切相关。调查表明，教师职业倦怠已经成为一个不容忽视的教育问题，而教师职业倦怠的原因除了工作负荷、经济待遇、精神压力等原因外，师生关系也是一个不容小视的原因。紧张、压抑、淡漠的师生关系都会破坏教师的职业热情和职业抱负，从而使教师对工作产生倦怠和怨恨的心理。

（三）环境

环境因素指除了教师和学生两个主观因素以外的各种外部因素，主要包括教学组织环境和人际关系环境，前者例如教室的布置、座位的排列、学生的人数等。我国中小学课桌的布局多呈“秧田式”，教师讲台置于块状空间的正前方。现在不少人认为这种格局阻隔了师生之间的积极交往，因此有些地方正在尝试改变这种格局。如山东的杜郎口中学，为了配合其“三三六”教学模式的改革，大胆尝试“取消讲台，让学生动起来”，即把学校教室里的讲台全部撤走，课桌也一改秧田式的横排布局，而是分成几个纵向排列，相对独立的块状，教室前后左右都是黑板，学生可以自由展示。这种改变拉近了教师和学生的空间距离，从而也很好地拉近了师生之间的心理距离。此外，人际关系环境也是影响师生关系的一个重要因素，这里的人际关系环境除了师生人际关系外，也包括教师与学校领导、教师与教师、教师与家长的人际关系，这些关系的好坏也会直接或间接影响师生关系的好坏。

三、理想师生关系的构建

师生关系总是建立在一定的社会背景之中，与师生双方密切相关，受多种因素制约。但就教育内部而言，教师在师生关系建立与发展中具有重要地位，起着主导作用。要建立民主、和谐、充满活力的师生关系，对教师来说，有以下几种策略：

（一）树立正确的学生观

学生观就是教师对学生的基本看法，它影响着教师对学生的认识及态度和行为，进而影响师生关系的品质好坏。正确的学生观包括：

1. 学生是成长中的人

学生是成长中的人，具有不成熟性和未完成性，因此不可避免地要犯这样那样的错误，这就要求教师在教育教学实践中对学生必须倾注爱，既能教育，又能宽容。树立了这样的思想观点，就会对学生少一分冷漠、多一分关爱，少一分指责、多一分指导，少一点苛求、多一些宽容，师生关系就能更和谐，教育教学结果就能更理想。

在生活中，我们常常会看到这样一幕令人感动的情景。一个刚刚学步的孩子，他蹒跚着向前走，腿脚很不稳，走得歪歪扭扭，一不小心还会摔倒在地上，然后爬起来再向前，再跌倒，再爬起来……年轻的父母站在边上，开心地笑着、鼓励着，并且快乐大声叫好："宝贝，你真棒！"此时，没有一个父母看到孩子摔倒，会生气，会发火，会大骂孩子："真笨！真没用！"因为他们知道，在孩子学步的过程中，他们走得不稳，走得歪歪扭扭，甚至摔倒了，是正常现象，是他们成长中必然要经历的一个过程。今天他们走得不稳，摔倒了，爬起来再走，明天他们就会走得比较稳，就会有进步，后天就会走得更稳。

可是，同样的情景出现在学校里，我们的教师便没有了年轻父母那样的好心态。学生的学习过程正如孩子的学步，在学习的过程中，他们出现失误，他们犯错误，他们调皮淘气，都是正常现象，这是他们在成长中必须经历的过程。教师要以欣赏的态度对待孩子的过失。今天，他们失误了，改正过来，明天他们就会有进步。过失，往往是孩子进步的起点！

2. 学生是有差异的人

山有巍峨，也有低洼；树有参天，也有灌木；水有大江，也有小溪；做不了月亮，星星同样以一点荧光为夜空带来一份诗意。人与人的差异是天然存在的，是客观的，教师应该量体裁衣，而不是用一把尺子去衡量所有学生，对学生品行上的差异，对学生作业的差异，对学生学习成绩的差异，要有足够的心理宽容量。只有这样，真正和谐的师生关系才有可能建立起来。

《论语》里记载了孔子"因材施教"的一个教育故事：有一次，孔子讲完课，回到自己的书房，学生公西华给他端上一杯水。这时，子路匆匆走进来，大声向老师讨教："先生，如果我听到一种正确的主张，可以立刻去做吗？"孔子看了子路一眼，慢条斯理地说："总要问一下父亲和兄长吧，怎么能听到就去做呢？"子路刚出去，另一个学生冉有悄悄走到孔子面前，恭敬地问："先生，我要是听到正确的主张应该立刻去做吗？"孔子马上回答："对，应该立刻实行。"冉有走后，公西华奇怪地问："先生，一样的问题你的回答怎么相反呢？"孔子笑了笑说："冉有性格谦逊，办事犹豫不决，所以我鼓励他临事果断。但子路逞强好胜，办事不周全，所以我就劝他遇事多听取别人意见，三思而行。"

3. 学生是有个性的人

世界上没有完全相同的两片叶子，也没有性格完全相同的两个人。我们常说学生是祖国的花朵，而花的世界是五彩斑斓的，学生的个性色彩也同样构成了他们人性的纷繁复杂和丰富多彩。教师认识到这一点就不会对敢向教师说不的学生做另类处理，就不会对不合老师要求的作业大动肝火，就不会对行为举止不符合自己标准的学生嗤之以鼻；教师认识到这一点，才能努力使学生各抒己见、各显其能，才能努力使学生百花齐放、百舸争流。只有这样，学生才会完全展示真实的自己和老师相处，不用谨小慎微，无须担惊受怕。师生之间的心灵才会真正贴近。

【案例】

2010年4月6日，洛阳孟津西霞院初级中学初一学生雷梦佳和同年级其他班的另一个女生打架，班主任周老师在4月7日组织全体同学投票。投票之前，周老师让雷梦佳先回避，然后让全班同学就雷梦佳严重违反班纪班规的现象做了一个测评。测评是道选择题：是留下来给她一次改正错误的机会，还是让家长将其带回家庭教育一周。结果是26个同学选择让她回家接受教育一周，12个同学选择再给她一次机会。在得知自己被大部分同学投票赶走后，雷梦佳在学校附近的黄河渠边的青石板上留下遗言："雷梦佳生命就此结束！爸、妈，对不起，你们的恩情来世再报！辉辉，来世再做好朋友！"然后投渠自杀。[①]

这则案例给今天的教师敲响了警钟：教师要依法教育，即使是面对那些行为异常，或者所谓"不讨人喜欢"的学生，教师也不能随意侵害学生的合法权益，而且那些表面大大咧咧、看似坚强的学生，其实和大多数同龄人一样，有着敏感、脆弱的心灵。正如苏联大教育家苏霍姆林斯基曾一再告诫青年教师所说："请你任何时候都不要忘记：你面对的是儿童极易受到伤害的、极其脆弱的心灵，学校里的学习不是毫无热情地把知识从一个头脑里装进另一个头脑里，而是师生之间每时每刻都在进行的心灵的接触。如果认为我们的儿童都是能够顽强地克服困难的英雄，那就未免想得太天真而且错误了。"

4. 学生是有能力和潜力的人

学生有自己的善恶是非观念，虽然还不一定正确；学生有自己的处世能力，虽然还有点幼稚；学生有自己的学习方法，虽然还不够完善。苏霍姆林斯基"要相信孩子"的思想应该成为我们教育工作者的座右铭。相信孩子是有能力的，相信孩子的内心是爱老师的，相信孩子是愿意进步的，相信孩子是渴望成功的。这样，教师就不会事无巨细，包办代替，就会努力给学生提供展示才能的机会，就会对学生多些鼓励、多些支持、多些肯定、多些赞扬、多些欣赏，就会使学生创造力的萌芽蓬勃生长。按照马斯洛的自我实现理论，当学生的个人潜能得到充分的发展和张扬时，学生不但学习积极性会高涨，而且对教师会充满由衷的热爱和亲近的感情。

胡锦涛同志2006年6月5日在两院院士大会上的讲话中说："要改变单纯灌输式的教育方法，探索创新型教育的方式方法，在尊重教师主导作用的同时，更加注重培养学生的主动精神，鼓励学生的创造性思维。要把中小学生从沉重的课业负担下解放出来，激发他们的好奇心和探究精神，使广大青少年在发掘兴趣和潜能的基础上全面发展。"杜郎口中学的经验很好地体现了这一精神。杜郎口中学的教学改革，其影响范围与影响力度之所以掀起了中

① 魏银. 民主教育"被误读"——从杜威民主教育视角解读雷梦佳事件[J]. 传承，2010(12)：60-61.

国基础教育的一股旋风，人称“杜郎口旋风”，就是因为杜郎口中学的教学改革充分相信学生的能力和潜力，并最大限度地创造条件鼓励和帮助学生展示自己的能力和潜力。

（二）树立正确的教育价值观

教育的功能概括起来可以分为个体功能和社会功能两大类。教育的目的和价值应该以何者为重，构成了历史上所谓的个人本位论和社会本位论之争。个人本位论盛行于18~19世纪上半叶，以卢梭、洛克、裴斯泰洛奇、福禄倍尔等人为代表，其基本观点是主张教育目的应依据个人需要来确定。该理论认为，人生来就具有健全的本能，教育目的是由人的本能、本性的需要决定的，教育的根本目的就在于使人的本能和本性得到自由发展；个人价值高于社会价值，评价教育价值应当以其对个人发展所起的作用为标准来衡量。个人本位论兴盛时期，正是欧洲资产阶级进行反封建斗争的时期，它反对宗教神学对人的思想禁锢，反对封建蒙昧主义强加于人的一切教育要求，提倡个性解放，尊重人的价值，具有历史进步意义。但是，个人本位论排斥社会对教育的制约，排斥社会对人才培养的需要的观点是不正确的。

社会本位论是在19世纪下半叶产生的，代表人物有孔德、涂尔干、赫尔巴特等，其基本观点是主张教育目的应根据社会需要来确定。该理论认为，个人的发展有赖于社会，教育结果也只能以其社会功能加以衡量，教育结果好坏，主要看它为社会贡献了什么，贡献的程度如何；教育的一切活动都应服从和服务于社会需要，教育除了社会的目的之外，没有其他目的。社会本位论看到了教育目的受社会制约的一面是对的，但完全否认了教育目的的个体制约性，因此也是不全面的。

个人本位论和社会本位论在处理社会和个人的关系问题上各执一端，都是不正确的。只有将社会发展需要与个人发展需要统一起来，才是科学的。不过，教育就其本质来说就是“培养人的社会实践活动”，因此就教育的本质和原初目的来说，教育的个体功能才是教育的本体功能，即教育的本体功能指向年轻一代身心发展与社会化进程，即培养人的功能。作为一名教师，要树立这样一个信念：教育的根本价值以及终极目的，是为年轻一代身心健康发展服务，是为年轻一代终身的幸福服务。因而，衡量学校教育是否成功最重要的标志是，能否让每一个学生在学校里都能得到长足的发展；衡量教师工作是否卓有成效的最重要的标准，是能否让学生在你的班里感到幸福、快乐。如果答案是肯定的，那么，你就更有可能在与学生共同的学习和生活中，在融洽和谐的师生关系中体验到幸福和快乐。

（三）提高教师的专业水平和教育智慧

教师专业水平的高低直接影响着教育教学活动的顺利进行，因此也直接影响着理想师生关系的构建。师生关系是建立在教学的业务活动上的，“教”与“学”是师生交往的基础。师生业务活动的水平和质量，直接影响着师生之间的相互评价、态度和体验。传统的教育观认为，教师的工作就是“传道、授业、解惑”，强调教师是教育活动的主宰，而视学生为知识的被动接受者。新的教育观念就是要把学生当作学习活动的主体，注重培养学生的个性，培养学生创新意识和创新能力。在教学中要落实学生在学习中的主体地位。教师作为课堂教学的组织者、指导者、参与者，要以现代教育思想为指导，注重指导学生“主动参与、乐于探究、勤于动手”，从而实现师生“积极互动、共同发展”的新课改理念，引导学生通过自己去尝试、体验、发现来不断获取知识。通过改进教学过程的魅力，提高教学活动的吸引力，师生对教学活动的兴趣就会提高，对自己和对方的信心就会增加，师生情感就将朝积极的方向转化从而获得教学成功，进而取得理想的教学效果，学生从教学活动中得到有效的发展，则将进一步巩固师生之间的积极情感关系，使学生对教师产生真正的感激和尊重之情。因此，为了优化师生关系，需要教师在业务上下苦功夫，不断提高自己的教育智慧，挖掘教学的艺术魅力。

（四）用爱和人格魅力温暖学生

要建立良好的师生关系，教师必须关心、爱护每一位学生，对学生多鼓励、多关怀、多帮助。托尔斯泰曾经说过："如果一个教师把热爱事业和热爱学生结合起来，他就是一个完美的教师。"有人说，这个世界只有一样东西能化腐朽为神奇，那就是爱的力量。爱的力量是巨大的，只有通过真诚的爱，才能打动每一颗稚嫩的心灵，才能使每一个学生体验到温暖。每个学生都像含苞欲放的花朵，一旦感受到春天的温暖就会竞相开放，他们会本能地感觉到那是一片明媚的春光在温暖着他们，套用一句流行的网络语就是：学生是给点阳光就会灿烂的一个群体。

教师要得到学生的爱戴，还要有内在的人格魅力并使之外化为富有魅力的一种教育教学风格。因此，努力完善自己的个性，这是良好师生关系的有效策略。教师要自觉提高自身修养，扩展知识视野，提高敬业精神，提升教育艺术，努力成为富有个性魅力的人。在教学活动中，教师要积极表现自身的人格力量，并努力为学生创造表现自我和完善自我的舞台。我们经常说，人是需要有一种精神的，教师心中装着学生，希望自己的每一个学生成人、成才，这是教师的精神，有了这种精神，教师就会把自己的全部身心用在学生身上。学生敬佩教师，心甘情愿按照教师的要求去做人、做事，这是学生的精神，有了这种精神，学生就会以教师为榜样，在温暖的集体中健康成长。这种亲密良好的师生关系就会转化成一股巨大的力量，促使教师千方百计搞好自己的教育教学工作，激励学生克服一切困难，向着自己的目标努力攀登。

思考题

1. 简述师生关系的基本内涵。
2. 建立良好的师生关系具有什么样的意义？
3. 角色冲突如何影响师生关系？
4. 理想的师生关系具有哪些基本特征？
5. 影响师生关系的主要因素有哪些？
6. 如何构建理想的师生关系？

第五编
新媒体时代：教育实践的新平台

今天的社会，科学技术高度发达，给教育活动具体的活动展开及对活动过程的控制等方面均提供了异于往昔的多元视角与丰富资源，这些新的视角与丰富资源既给教育提供了前所未有的机遇，同时也使得教育遭遇从未有过的挑战。

21世纪可以说是一个新技术主宰世界的时代。当然，它也不例外地在相当程度上引领着教育中的技术革命，由此，教育实践也就随着社会的发展变化有了许多新的形式和内容。

准确地说，新媒体时代为教育实践提供了许多新的平台，这些新的平台在具体的教育操作活动、教育途径以及教育方法中均体现了出来，显示出许多与传统教育不一样的状态。

第十二章 教育活动

本章导读——

教育作为一种认识活动，是教育者和受教育者以教育内容为对象，并借助一定的教育手段，为促进人的全面发展而进行的一种文化交流、传承活动。构成教育活动的基本要素是：教育者与受教育者、教育内容、教育手段。在四个要素中，主要的关系是教育者与受教育者的关系，这在教育活动中表现为教与学的关系。教育活动的复杂性表现在：教育活动主体的可变性；教育活动客体的丰富性；教育活动过程的非线性。

教育者和被教育者共同构成了教育活动的完整主体，体现为“互主体性模式”，既有教的一面，也有学的一面。“一体两面”构成了教育过程中的唯一主体，它们协同地认识和改造着满足其需要的客体。

学校教育活动在形式上呈现为四层阶梯式结构：国家或地区层面的教育活动；学校层面的教育活动；教师层面的教育活动；教师和学生复合主体层面的教育活动。每层各有自己的任务、承担者和活动形式，其相互联系的趋势是：由上至下看是把社会对教育的要求逐级内化。

班级授课制是当前教育活动最基本的组织形式，对推动和完善制度化教育起到了巨大作用，但随着时代的发展，班级授课制也表现出一定的局限性，当代班级授课制改革呈现出弹性化、小型化等趋势。

学习目标——

1. 相关概念

(1)教学活动

(2)教育内容

(3)教育手段

(4)班级授课制

(5)制度化教育

2. 基础知识

(1)教学活动的概念内涵

(2)教育活动的主体性

(3)教育活动的类型和结构

(4)班级授课制的优越性、局限性以及发展趋势

第一节 教育活动概述

一、教育活动的内涵

古今中外众多教育家、思想家、政治家等从不同的角度对教育是什么做出过回答，然而透过纷繁的答案，我们可以发现他们均把教育看作是一种活动，而其对教育概念的不同则取决于对教育作为一种活动在活动的价值、目的、内容、方法及性质或本质等方面认识的不同。毋庸置疑，在现实生活中，教育也确实是以活动的形态存在的。教育作为一种认识活动，是教育者和受教育者以教育内容为对象，并借助一定的教育手段，为促进人的全面发展而进行的一种文化交流、传承活动。

教育活动有广义和狭义之分，广义的教育活动泛指影响人身心发展的各种教育活动，狭义的教育活动主要指学校教育活动。教育活动是人类的社会活动，与人类其他社会活动有所区别，这也是教育活动的特殊性。

首先，教育活动是有意识的、以人为直接对象的社会活动，它不同于其他以物或以精神产品的生产为直接对象的社会生产活动，如社会物质生产活动和精神生产活动。

其次，教育与其他有意识的、以人为直接对象的活动还有区别，教育是以对人的身心发展产生影响为直接目的的。教育活动既区别于以保护人的身心健康、抵御疾病对人的身心危害为直接目的的医疗活动，也区别于以满足人的各种需要为直接目的的社会服务活动。教育活动具有目的性、实践性、双向性、三维性、多功能性的特点。

二、教育活动的基本要素及其相互关系

教育活动的基本要素是指构成活动必不可少的、最基本的因素，但它并不包括在要素中的其他因素，这些可视为只要具备了要素就能派生出来的成分。

构成教育活动的基本要素是：教育者与受教育者、教育内容、教育手段。

（一）教育者与受教育者

教育者和受教育者是教育活动中人的因素。

1. 意义解读

（1）教育者

凡是在教育活动中承担教的责任（包括直接承担者和间接承担者）和施加教育影响的人都是教育者。

从广义教育看，教育者包括：各级教育行政管理人员、专职和兼职教师，校外教育机构的工作人员、家长等，在有明确目的、独立进行的自学活动中，受教育者自己教育自己，因而也承担着部分教育者的任务。

从学校教育来看，教育者主要是指具有一定资格的专职教师和相对固定的兼职教师。由于教育者的任务是研究教育的目的、内容、方法、过程和组织形式，在教育活动中，他们处于领导、控制和执教的地位。但是，这一地位并不是教育成效的可靠保证，只有在受教育者

接受了教育者的要求,并付出努力后,要求才能转化为现实。

(2)受教育者

凡是在教育活动中承担学习责任和接受教育的人都是受教育者。在广义教育中,几乎任何人都可能成为受教育者,只要他是因缺少点什么在向别人学习着。在学校教育中,受教育者是指获得入学资格的、相对固定的对象——学生。

在教育活动中,相对于教育者,受教育者处于被领导、被控制和受教的地位。只有受教育者把外部要求转化为自己的学习、成长需求,或者善于做出自己的选择时,他才能成为自己学习的主人。

由此可见,决定谁是教育者、谁是受教育者的关键是自身在教育活动中所处的地位和承担的任务,而不是个人的年龄、性别和职位。而决定个人在教育活动中的地位的自身因素又是他的相对发展水平。一般来说,在身心发展的各方面,或者某些方面、甚至某一方面水平相对较高的一方,就可能成为教育者,另一方则成为受教育者。

2. 教育者与受教育者相互关系的复杂性

在教育活动中,教育者与受教育者是人的因素中不可分割的两个方面,其间有着十分复杂的相互关系。

(1)教育者与受教育者的地位有一定的相对性。以学校教育为例,每一个教育活动的全过程中,学生从总体上相对教师来说是受教育者,但是每一个学生不一定在所有方面都不如教师。而且,经过一段时间的学习,学生也可能超过教师,即所谓青出于蓝而胜于蓝,生未必不如师,这就意味着教师也可能要向学生学习。学生群体中的每个人各有长处,学习速度有快有慢,效果有好有坏,他们可以互教互学。而且当学生具有较强的、自我教育的意识和能力时,各自也经常扮演着教育自己的、教育者的角色。教育者与受教育者地位的相对性是两者关系复杂性的表现之一。

(2)尽管他们在教育活动中承担的任务不同,但相对于教育活动的其他基本因素,他们都处于主体地位。就教育者与受教育者的相互关系来说,他们又互为主客体,互为存在的条件。而就每方自身来说,在教育过程中,从不同的角度看,各自同时既是这一活动的主体,又是另一活动的客体。

(3)从教育活动内部来看,又存在着教与学两种活动,在教的活动中,教育者是活动的承担者,受教育者是他认识、塑造的对象、客体,也是他开展活动所必不可少的条件。而在学的活动中,受教育者是学的主体,教育者却成了学习所必需的条件和客体之一。因此,在复合主体的内部又呈现出互为主客体和条件的复杂关系。

3. 教育活动的主体问题

关于谁是教育主体这一问题,长期以来都有争论。曾经主要有两种截然不同的观点:"教师中心论"和"学生中心论"。以赫尔巴特为代表的"教师中心论",强调教师在教育过程中的绝对支配地位,从而主张学生是教育的对象而无视其主体地位。以卢梭、杜威等人为代表的"学生中心论"认为学生的发展是一种主动过程,教师的作用只在于引导学生的学习兴趣,以满足学生的需要。此两种观点各存偏颇,它们不能辩证地看待学生与教师在教育过程中的地位,以二元对立的思维方式看待两者,把教育视为一种控制过程,根本否认教育过程中教师与学生之间平等的交往关系。

针对以上两种观点的片面和缺陷,近年来又出现了“主导－主体论”对其进行修正,这种观点认为教育过程中教师是主导,学生是主体。“主导－主体论”明确承认被教育者在教育过程中的主体地位,但这一观点认为被教育者的主体地位仍是教育者赋予和主导的,是“虚拟”存在的,其主体地位难以真正体现,教育者的主导作用也就难以体现。

“教师主导,学生主体”在教育过程的主客体关系中地位不清,也未真正超越“两中心论”。于是,就有了“双主体”之说,即“教育者是教的主体,被教育者是学的主体”,教育者和被教育者是交互地参与教育过程。这一观点的问题在于:承认教育中有两个主体,就等于没有主体;混淆了“主体”和“主要矛盾”两个不同范畴的概念;割裂了教育这一统一活动过程,而将其视为教与学的简单相加;“轮流主体说”实质上还是“唯一主体论”。

对教育过程的本质问题的不同认识,反映了不同教育观的根本差异。我们认为,教育是教和学的辩证统一,是一个过程的两个侧面,但不是两个过程。教育过程是教育者与被教育者以课程为主要背景的交流过程,是教育者与被教育者之间的平等对话、观念共享和思维激活的过程。从实质意义上说,双方在教育教学过程中,无时无刻不在发出主体性活动,产生主体性作用,体现“互主体性模式”,在教育活动中,主体之一面均是另一面的反映、认识、转移和升华。教与学是教育活动的两端,呈现出“一体两面”的性质,具有两面间作用的主客性、直接性、交互性和情感性等特点,其他任何客体都是被认识和改造的对象,是不能产生这种特性的。

因此,教育者和被教育者都是教育活动的行为者,二者共同构成主体不可缺少的一部分。在教育活动中,教育主体只有一个,这就是不断产生需要与满足需要的教育者与被教育者的合二为一,是教育者与被教育者在相互关联中的合作、互动与协同。教育者与被教育者主体作用的发挥应该是相互依赖、相互渗透的,只是发挥的量不同而已,根本没有质的区分。在教育过程的这一阶段是教育者主体,在另一阶段是被教育者主体,某一瞬间又是两个主体的转换。因此,在教育过程中,教育者和被教育者共同构成了教育活动的完整主体,既有教的一面,也有学的一面。“一体两面”构成了教育过程中的唯一主体,它们协同地认识和改造着满足其需要的客体。

(二)教育内容

教育内容是教育活动中的教育者与受教育者共同认识、掌握、运用的对象,是教育活动中的纯客体。教育内容是教育过程中传递信息的主要组成部分,但不是全部。没有教育内容,教育活动便无法进行。教育活动中,教育内容异常丰富,但一般而言,学校教育活动比起非学校教育活动来说,教育内容更加全面和系统,更注意与教育目的间的吻合程度。学校教育内容与其他认识活动或实践活动中的客体比较起来,其特点如下:

1. 目的性与预定性

学校教育内容具有明确的目的性,它直接反映了不同阶级、不同社会、不同国家和不同学校层次与类别的人才培养目标。学校和教师根据国家层面的教育目的,按照自己的理解组织、选择相关的内容,这些内容通常是在教育活动开始前就已经选择好。

2. 既具有一般的认识价值,亦具有形成人的价值

学校教育内容传授的直接结果是不断丰富学生的知识宝库, 提高学生的认识能力,即

提高学生的观察能力、判断能力、思维能力、想象能力，使他们由无知到有知，认识自我、他我、自然、社会、过去、现在和未来。教育内容最终消融在学生的认识之中，构成学生的认识基础。借助教育内容的学习，学生不仅可以认识世界，而且还可以获得或养成改造世界的能力，即分析问题和解决问题的能力。教育内容的功效，不仅在于要让学生知，而且要教会学生行。实现知行合一、理论和实践结合，才能最终完成教学任务。

3. 被两个处于不同地位而又密切联系的主体共同利用

在学校教育活动中，教师虽然对教育内容是已知的，但他还必须从教的角度，即从如何使学生掌握、运用，并转化为学生个体认识的角度重新研究、掌握和运用教育内容，以实现教育目的。学生对教育内容是未知的或知之不多、知之不系统的，他们对教育内容的掌握是为了认识世界，促进自己的成长。因此，学校教育内容的组成与结构必须考虑教与学两方面的可能与需要。

4. 在教与学的两种活动中，分别与学生、教师组成复合客体

教育内容是基于一定社会的生产力和科学文化技术发展水平，由学校向学生传授的知识和技能、灌输的思想和观点培养的习惯和行为的总和，教育内容在学校中的具体表现形式是课程标准和教科书。首先，教育内容是联系教育者和受教育者的中介；其次，最佳的教育内容是目的性与对象性的统一。教育内容内在地包括教育目标，因为教育目标是教育活动所要达到的预期结果，也是衡量教育活动效果的标准，是教育内容传授的出发点和归宿。

（三）教育手段

教育手段是指教育者将教育内容作用于受教育者所借助的各形式与条件的总和，它包括物质手段、精神手段等。

物质手段主要是指进行教育时所需要的一切物质条件，可分为教育的活动场所与设施、教育媒体及教育辅助手段三大类。教育的活动场所与设施在学校中主要指校舍、教室、操场、实验室、校办工厂、农场等的数量与内部的设备装置。教育媒体是教育活动中两类主体（教育者与受教育者）之间传递信息的工具。由此可见，教育媒体是教育内容的载体，也是教育中其他信息的载体。然而，同样的教育内容，可使用不同的媒体。随着媒体的不同，教育的组织形式、方法、效果等都会发生变化。教育媒体具有多种形式，从最简单的实物、口头语言到图片、书面印刷物、录音磁带、录像带、电影、电视、计算机程序等等。它们的形式随着人类科学技术的发展，教育活动的日趋普及化、个别化而越来越丰富多彩和综合化。

精神手段包括教育方法、教育途径。教育方法包括教育者的教法和受教育者的学法两个方面。就教育者的教法而言有语言的方法、直观的方法与实践的方法；就受教育者的学法而言有发现式和接受式两大类。

（四）教育活动各要素的相互关系

教育活动构成要素是展开教育活动必不可少的因素，并且在活动中相互作用、相互联系、相互影响。在教育活动中，主体因素是教育活动成效大小的决定因素，因为教育目的、内容、途径、方式方法、组织形式、活动的控制与调节以及选择和实现都是由教育主体决定，而要充分发挥主体的作用，关键是要处理好主客体的内部关系。在教育活动四要素中，主要的关系是教育者与受教育者的关系，这在教育活动中表现为教与学的关系。教包括两层含义，

即传授知识、传递思想,启发诱导、感化影响,也就是传授知识、思想与教给学生如何学习、修养的方法。学也包含着两层含义,即学习、掌握人类积累下来的精神财富和学会学习及修养的方法。教与学的主要形式是学校的教学活动。教与学的矛盾是教育活动的基本矛盾。教育者代表社会所提出的教育要求与受教育者身心发展水平之间的差距,是推动受教育者发展的动力。

三、教育活动的复杂性

教育活动诸要素的可变性和多样性以及它们之间关系的复杂性决定了教育活动是一项复杂的系统工程。教育活动的复杂性表现在:

(一)教育活动主体的可变性

教育诸要素中,教育者和受教育者都是人,教育手段也是由人来创造和规定的。这种人为的特性使得任何教育活动都具有一定的自由度和可变性。在实际的教育活动中,每一位教师和学生都有复杂的背景和现实的表现,而在具体的教育场景中也都有许多变化的可能性。例如,从教师的角度看,同样是将学生视为平等的交往主体,不同的教师既可以从认识论的角度视学生为认识活动的主体,也可以从批判论的角度视学生为一个有待解放的人;从学生的角度看,他们在认知风格的不同维度上存在着内向型与外向型、竞争型与协作型、独立型与顺从型等的差异,即使身处同样的教学场景,他们也有可能因为认知风格的差异而做出不同的反应,从而形成复杂的交往过程。如果考虑到不同的具体场景和师生生活经历、个性心理、班级文化特征等方面的差异,我们就会看到师生特征表现出更明显的多样性和可变性。

(二)教育活动客体的丰富性

教育内容是教育活动的纯客体。即使从知识学习这一个方面考察,教育内容随时代的发展也日益丰富和多样化。从知识形式的角度看,知识可分为七种:数学、自然科学、人文科学、历史、宗教、文学、艺术和哲学。每一种知识都有一些关键概念,有各自的逻辑结构(如解方程的规则、语法规则),一套获得相关知识的专门技能和方法(如自然科学方法)和一套公开检验、判断知识的独特标准(如文学或艺术批评);从知识性质的角度看,不同的人对相同的事物形成的认识固然有相通的一面,但也有许多个别化的特征。在当今科学知识更新加快、价值与文化多元化、信息媒体广泛渗入的背景下,更不能忽视具体存在于教师和学生心目中的课程内容、知识所具有的独特性,以及教育内容所具有的一定自由度和可变性。

(三)教育活动过程的非线性

作为人为系统,教育活动要达到培养人的目标,就必然要有计划地致力于改变学生的素质,也就是要通过活动产生新的变化。人们在强调事先计划的重要性时,容易将随后的教育过程视为预定计划的严格实现。实际上,由于参与教育活动的双方都是具有能动性的人,由于影响和参与教育活动的还有诸多复杂因素,因此,教育过程的发展有多种可能性存在,教育过程的推进就是在多种可能性中做出选择,使新的状态不断生成,并影响下一步发展的过程。这就是教育活动过程所具有的动态生成性。值得注意的是动态生成过程包含着由各种内外因素带来而无法在事先精确预计的随机性和偶然性。

第二节 教育活动的分类和结构

一、教育活动的分类

教育活动种类的划分可以有不同的标准,这里主要从教育活动的目的、性质和时空三个维度进行分类。

(一)从教育活动的目的来划分

教育目的是从总体上对学生发展的一种期望,为了实现学生全面发展之目的,学校教育要开展德育、智育、体育、美育和劳动技术教育五种活动。在理论上,我们可以把教育活动划分成五个类别,而在实践上,它们又是相互联系的有机整体:每一种单一的教育活动的实现必须依靠其他多方面的活动的辅助,体现了全面的联系性;每一种教育活动都要体现对学生的全面负责。但是,教育活动的全方位并不否认在特定条件下以某一种活动为中心或重点。

(二)从教育活动的性质划分

从性质划分,教育活动可分为教授活动、学习活动和管理活动。教授活动是以教育者主动讲授、传递等为主要方式,通过受教育者的领受、接纳来产生教育上的效果与价值,实现受教育者素质全面发展的一种活动过程。学习活动是受教育者以主动探究、发现为主要方式,通过教育者的点拨、指导来产生教育上的效果与价值,最终实现受教育者素质全面发展的一种活动过程。管理活动是教授与学习活动正常进行并取得实效的前提和基础。在教育活动中,教、学、管三者构成了一种不可分割的教育整体,是“教师施教 、学生求教”,师生双边、双向互动交流的过程。要真正实现教师活动与学生活动的整合,还需要管理活动的计划、组织和控制。

(三)从教育活动的时空来划分

从时空划分,教育活动可分为学校教育和非学校教育。学校教育普遍采用的方式是把学生按年龄和程度编成有固定人数的班级,以班级课堂为空间、以国家规定的课程计划中的学科为主要内容、以法定的时间为依据来开展教与学,从而达到对文化科学知识系统性掌握和基本身心素质的发展。学校教育内容系统,人员稳定、组织严密,是最基本的教育活动。非学校教育是指学校之外的其他一切形式的教育,是学校教育的补充与延续。

二、现代学校教育活动的结构

教育活动包括学校教育与非学校教育,两者的联系方式构成教育系统的总体结构形式。学校教育与非学校教育活动内部,都存在着两种职能的活动:教育管理活动与教育实施活动。这两种职能的活动不断地反馈且相互作用,使教育活动系统内部成为可控制的系统。

为了进一步认识教育活动系统的内部结构,我们以学校教育为例作剖析。学校教育活动的结构是指学校教育各个部分的比例关系和组合方式,它们以某种方式组合起来,并形成一定的关系,就是学校教育活动的系统结构。

现代学校教育活动结构在形式上呈现为阶梯式。阶梯共有四层,每层各有自己的任务、承担者和活动形式,其相互联系呈现出这样的趋势:由上至下看是把社会对教育的要求逐级内化,在内化的过程中不断增添各层的特殊性质。这个结构的起点是社会对教育的需求,终点是受教育者个体的发展。

(一)国家或地区层面的教育活动

这一层次教育活动的总任务是把社会对教育的要求内化为学校教育系统的要求,对学校教育系统做出质的、量的与结构的规定,确定学校教育系统的总方案,并督促、检查方案的执行,按照执行的实际状况适时地进行调整。在这一层次上的活动的主要承担者是国家或地方一级的领导机关、教育行政部门及其工作人员。学校教育系统总方案的主要内容包括:确定教育目的;确定教育制度与学校教育制度;制定普通教育的教学计划和基础学科的教学大纲;确定学校教育系统的发展规划。

这一层次教育活动的研究是针对教育作为国家或地区的,即社会事业总体性教育活动的研究,可称为宏观研究。这一层次的工作和研究的成效关系到整个国家或地区的教育成效,也是每一个学校顺利开展工作的前提,因此十分重要。

(二)学校层面的教育活动

这一层面的教育活动是学校内的总体工作,即机构总体性教育活动。它的总任务是把上一层次制定的学校教育系统的总方案分别内化为各级各类学校办学的具体方案。也就是说,要求每个学校明确本校的具体培养目标、教育任务,制定学校总的和各部门的工作计划,以及学校本身的发展规划;同时,还要求及时检查和评定学校各项工作的执行情况,从教师、学校内其他工作人员、学生以及社会有关方面(如家长、街道、毕业生所在的单位等)获得反馈信息、及时调整工作,以取得更好的成效。可见,这一层次的教育活动是在每一个学校内部进行的,但停留在学校行政一级,活动的性质属学校管理的范畴,主要由学校领导机构及其成员负责。当然,这并不会因此而排斥学校内教师、其他工作人员、学生对学校管理的参与。

(三)教师层面的教育活动

这一层面的教育活动的承担者是教师,总任务是把学校工作的总方案内化为每个教师的工作方案,教育认识与行为。教师承担的教育任务是复杂多样的。为了完成这些任务,教师不仅要了解上面的要求,还必须了解、研究自己所教学生的共性和个性、班集体的特点、自己所承担的学科教学的特点和教育工作的内容、性质和特点,即研究自己教育对象的特殊性和工作的特殊性。只有这样,他才可能正确地规划学科教学工作、课外活动、班主任工作等方面的目标,选择合适的内容、方式、方法和组织形式,作好时间安排,并在实施的过程中注意各方面,尤其是来自学生的及时反馈。可见,如果缺乏这一层次的活动,教师在工作中就可能不清醒,缺乏目的性、主动性、合理性和创造性。

(四)教师和学生复合主体层面的教育活动

这一层面的教育活动是把教师提出的、对学生的要求内化为学生的自觉要求,把教育内容内化为学生个人身心的发展,这是教育活动中由可能转向现实的实质性的一步,是世界上无数个学校天天在进行着的、千姿百态的教学活动和其他各种学校活动的实质性内容,是教育领域里的常青树。它是由教师与学生这一复合主体承担的,其任务的完成要求师生共同努力。该层次的活动明显受制于上面各层次的活动,但本身又有很大的独立性和特殊性。在这个层次上,学生直接参加到教育活动中,教育的目标与内容将由外部的、社会的存在,转化为学生内部的、个体的需求与成长,教师的工作触及学生的心灵和精神世界,这是前三个层次都没有涉及的领域。而且,这个转化过程不能直接观察,却又十分丰富多彩和复杂异常,因此必须加强这一层次的研究,以使教育目的从理想变为现实。

第三节 对制度化教育活动组织形式的反思

任何内容的教育均要依赖其组织形式才能得以实现。那么,对于教育活动来说,什么样的组织形式才是最有效率的?这亦是教育活动的基本理论之一。

一、制度化教育的产生与发展

制度化教育是近代以学校系统为核心的教育制度,又称正规教育。教育发展历史上曾经有过从非正式教育到正式教育、从非正规教育到正规教育制度的演变。

(一)前制度化教育

前制度化教育始于人类早期的教育,终于定型的形式化教育,教育实体化的过程是教育从不定型发展为定型的过程。定型的教育组织形式包括了古代的前学校与前社会教育机构,近代的学校与社会教育机构。前制度化的教育,是人类教育史上的一个重要阶段,它为制度化的教育提供了必不可少的发展基础,并对教育的发展产生了难以估量的影响。

(二)制度化教育

近代学校系统的出现,开启了制度化教育的新阶段。从17世纪到19世纪末,各资本主义国家纷纷建立起近代学校教育系统。学校教育系统的形成,即意味着教育制度化的形成。制度化教育主要是指正规教育,也就是具有层次结构的、按年龄分级的教育制度。它从初等学校延伸到大学,并且除了普通的学术性学习外,还包括适合于全日制职业技术训练的专业课程机构。

制度化教育的发展已成为社会发展的重要因素,渗透到社会的各个角落和各个方面,甚至可以用“学历社会”来描述制度化教育对于整个社会的深刻影响。制度化教育对于经济发展的贡献,对于政治、文化乃至个人发展的影响,已经为社会普遍接受。

(三)非制度化教育

非制度化教育是一些西方学者针对制度化教育的弊端而提出的。非制度化教育所推崇的理想是“教育不应再限于学校的围墙之内”。每一个人应该在一个比较灵活的范围内,比较自由地选择他的道路。如果离开了这个教育体系,他也不至于被迫终生放弃利用各种教育设施的权利。非制度化教育相对制度化教育而言,改变的不仅是教育形式,更重要的是教育理念。

二、制度化教育活动的基本组织形式——班级授课制

(一)班级授课制的内涵和特点

班级授课制是一种集体教学形式。它把一定数量的学生按年龄与知识程度编成固定的班级,根据周课表和作息时间表,安排教师有计划地向全班学生集体上课。在班级授课制中,同一个班的每个学生的学习内容与进度必须一致,但开设的各门课程,特别是在高年级,通常由具有不同专业知识的教师分别担任。

班级授课制的特点是同一个教学班学生的年龄和程度大致相同,并且人数固定。教师按规定的教学计划、教学大纲和教科书进行教学。班级授课制把教学内容,以及实现这种教学内容的教学手段、教学方法展开的教学活动,按学科和学年分成许多小的部分,分量不大、大致平衡、彼此连续而又相对完整,这每一小部分内容和教学活动,就叫作“一课”,一课接着一课地进行教学。每一“课”规定在统一而固定的单位时间里进行。单位时间可以是50分钟、45分钟或是30分钟,但都是统一的和固定的。课与课之间有一定的间歇和休息。从各学科总体而言,可能是单科独进,也可能多科并进,轮流交替。

(二)班级授课制的优越性和局限性

班级授课制的优越性主要体现在:大规模地面向全体学生进行教学。一位教师能同时教许多学生,而且使全体学生共同前进;能保证学习活动循序渐进,并使学生获得系统的科学知识,扎扎实实、有条不紊;能保证教师发挥主导作用,首先是教师系统讲授,在这个基础上直接指导学生学习的全过程;把教学内容及活动有计划地安排,特别通过课的体系,分工合作,从而赢得教学的高速度;学生彼此之间由于共同目的和共同活动是集结在一起,可以互相观摩、启发、切磋、砥砺;在实现教学任务上比较全面,从而有利于学生多方面发展。它不仅能较全面地保证学生获得系统的知识、技能和技巧,同时也能保证对学生产生经常的思想政治影响,启发学生思维能力、想象能力以及学习热情等等。

班级授课制的局限性表现在:教学活动多由教师直接做主,学生的主体地位或独立性受到一定的限制;封闭式教学,教学容易与学生的现实世界相脱离;重视预设内容的教学,课堂教学的开放性、生成性、创造性不强;强调统一、齐步走,难以照顾学生的个别差异;固定化、形式化,教学方式方法单一,以课堂讲授为主要教学方式;不能保证真正的智力卫生的要求,往往将某些完整的教学内容和教学活动人为地分割;每个学生独自完成学习任务,集体智慧没有充分发挥,合作精神也没有得到充分发展。

(三)班级授课制改革和发展

1. 班级授课制的弹性化

针对班级授课制的局限性,许多教育专家提出了改良方案。1959年,美国著名教育家约翰·古德莱德在其《不分级小学》一书中指出,分级制是一种僵化的教育体制,它不是建立在儿童发展的个别性和独特性的基础上的,没有考虑到儿童发展的不同速度和不同层次,因而无法实现儿童发展的多样性。在实证研究的基础上,他提出了不分级小学这一解决方案,主张构建灵活的学制,让学生可以根据个体不同的学习能力和速度,得到最大程度的持续发展。通过实行这种学制,教师们则有可能根据学生的实际情况,设计创造型的教育与教学策略。

1999年1月,芬兰颁布的《芬兰高中教育法》,明确规定所有高中都应采纳无年级制。实行无年级授课制的学校,不为学生分班或分配固定教室,不同学年入学的学生会因选择同一课程而坐在一个教室,而同一年入学的学生也会因为选择不同课程而坐在不同的教室。选修同一门课程,坐在同一个课堂上的学生,可以是刚进校的新生,也可以是即将毕业的高年级学生。学校对大部分课程的选修不作任何限制,只是根据课程难易程度加以编号并注明选修该课必备的知识前提。学生根据自身情况和各自不同的兴趣爱好,从学校提供的"课程菜单"中选择不同的学段课程和适合自己的任课教师,制订个人的学习计划并决定自己的学习进程。学生的学习进度和教学组织取决于学生对课程的选择。

2. 班级规模的小型化

近年来,许多国家和地区制订了中小学小班化教学计划。如2005年美国政府实现了CSR(Class Size Reduction)计划,主要采用联邦政府拨款的方式,将中小学各年级班级学生人数从平均23人减少至18人。日本山形县2002年实施的"新新计划"规定义务教育阶段的初中和小学各班人数为30人。韩国于2001年开展小班化,政府打算投入一半的教育预算,加建学校和教室,以将班级人数降至35人。这种改革可以使每个孩子都得到教师充分的关注,使教师对学生的指导更有针对性,也可以使师生的互动更加深入,让学生有足够的时间说话,从而挖掘学生最好的一面。

3. 课堂教学组织形式的多样化

虽然不同的教学组织形式产生的社会背景和历史条件不同,适应不同的时代和地区的需要,但是人类社会是复杂的,而各种教学组织形式又都有其优点和缺陷,它们在一定意义上具有互补性,可以实现优化组合。教师与学生的关系在逐渐改变,不再是纯粹的"我讲你听"的单向信息传递关系,也不再是"星星绕着太阳转"的、以教师为中心的依附关系,而越来越多地体现出人格上的师生平等关系、教学中的师生对话关系。

思考题

1. 新媒体时代下,教学活动的师生关系有哪些变化和体现?
2. 教师应如何考虑教学设计的层次性与针对性?

第十三章

教育途径

本章导读——

人类的教育，无论是制度化抑或非制度化教育，均是沿着一定的教育路径进行的，这些教育路径是教育完成由此岸至彼岸的必由之路。现实的必由之路有着自己相对固定的呈现形式，这便是教育途径。本章通过对制度化教育途径、非制度化教育途径以及新媒体时代的教育途径进行梳理，分析各种途径的内涵、特征，使学生了解教育途径的基本形式，理解不同教育途径在个体发展中的价值，并引导学生把握传统教育途径及媒体时代所产生的新变化，预测未来教育途径可能的发展趋势。

学习目标——

1. 相关概念

(1)课堂教学

(2)课外活动、社会实践

(3)家庭教育、社会教育

(4)教育媒体、网络教育

2. 基础知识

(1)教育途径及其相关概念的内涵

(2)教育途径的基本形式

(3)制度化教育途径与非制度化教育途径的不同表现形式，以及这些形式的相互区别、概念内涵、组织与要求

(4)新媒体时代对教育途径带来的新挑战

教育途径是教育者进行教育活动时选择的基本渠道。如按教育活动的组织形式来划分，教育活动的途径可分为制度化教育途径与非制度化教育途径，两种教育途径各有不同的类型与特点。

第一节 制度化教育途径

从某种意义上来说,制度化教育途径即指学校教育途径。学校教育途径是教育者有目的、有计划、有组织地传授教育内容,完成教育目的,师生共同活动的渠道,亦是教育活动的构成要素。因此,教育途径也具有目的性、计划性、组织性、双边性的特点。教育途径的运用与选择都是从教育的根本目的出发,依据受教育者的身心特点和教育内容要求来决定的。

学校中任何教育活动,任何教育内容,除需要有相应的方法手段、合适的空间外,还必须有相应的教育途径才能进行。没有途径,即使方法再科学、手段再先进、环境再合适、师生有再高的积极性,也是枉然。因此,教育过程仅仅有了教育主体、教育目标、教育内容、教育手段、教育环境还不行,还不能实际展开教育活动,还必须有相应的教育途径才能使教育活动付诸实施。因此,途径作为教育过程的一个独立要素,同样是不能由其他任何要素所替代的。

制度化的教育途径是教育者与受教育者进行双向活动时所经历的渠道的总称。具体说,主要有教学工作、思想教育工作、劳动、课外活动、社会实践等。每一个较大的教育途径又可分为若干小途径,如教学工作分为课堂教学活动、辅导、参观、家庭作业等;思想教育工作分为思想政治课、团队活动、社会活动、班主任工作等;劳动分为生产劳动、公益劳动、自我服务劳动等等。其中,最主要的有课堂教学、课外活动以及社会实践等。

一、课堂教学

(一)课堂教学概念的内涵

课堂教学是由教师的教与学生的学所组成的、一种人类特有的人才培养活动。通过这种活动,教师有目的、有计划、有组织地引导学生积极自觉地学习、加速掌握文化科学基础知识和基本技能,促进学生多方面素质全面提高,使他们成为社会所需要的人。

课堂教学是学校实现教育目的、完成教育任务的基本途径。人类经过千百年的反复实践和理性选择,从前人摸索出来的、多样的经验传授途径中筛选出几种最有利于学生身心发展的途径保留下来,如学校教学、课外活动,各种形式的劳动、学生集体组织的活动、社会公益活动、家庭活动等,成为现代教育中为学校教育活动广泛运用的途径,各种途径和相互作用影响学生发展。在诸种途径的比较中可以确认,教学是学校教育的基本途径,学校教育目的的贯彻落实和各种教育任务的完成主要是通过教学途径实现的。因为在各种途径中,教学的知识容量最大,计划性、系统性更强,占用的时间最多,活动的效果更明显,因而对学生全面发展和个性特长的发挥有更强的作用。

教育的客观规律和世界各国教育的共同经验证明,制度化教育(学校教育)必须以课堂教学为主,其主要原因有以下几方面:

首先,课堂教学的本质决定其重要性。第一,教学以有目的、有计划、有组织的活动形式进行人类经验的传授,使教学活动有着良好的秩序和节奏,从而大大提高了教学的效率。各种教学规章制度的形成更规范了师生的教学行为,使教学活动免除了随意性和零散性,从而变成一种专业性很强的特殊活动。第二,教学将传授的内容,经科学的选择,依据知识构成的逻辑顺序和学生获得知识的认知规律编成教材,作为学生认识世界的媒体。这比起学生自己选择,自发学习社会上散在的经验,无论从其目标、内容、时间、效果上来看都要优越得多。第三,教学又是在教师的引导和精心安排的过程中进行的。它可以避免自学的困难和反复尝试错误的过程。而且,教师又总是试图选择最优的方法去完成教育的任务,这就保证了学习者学习上的每一步都能够顺利进行。第四,教学所要实现的不仅仅是知识的传授,它要完成的任务始终是全方位的,既有知识的获得、智力的发展、能力的培养和提高,又有思想品德的完善、基本技能的形成、个性特长的发展等,这种全面发展的实现只有教学才能做到。

其次,制度化教育的职能决定了课堂教学的重要性。一般来说,学校的职能主要是使学生走捷径,尽快掌握人类已经积累起来的社会生活和生产劳动的经验。教学则是学生尽快掌握间接经验的捷径。学校工作若不以教学为主,如以生产劳动为主,学生便不可能尽快掌握人类已经积累起来的社会生活和生产劳动的经验。从制度化教育的发展来看,原始社会的教育是在社会生活和生产劳动过程中进行的,随着学校的产生,教学活动作为学校的独立活动,区别于在社会生活和生产劳动过程中的教育活动,并且是学校教育活动中的主要内容。可见,从学校产生时起,课堂教学便是学校教育工作的必要组成部分,没有课堂教学就没有学校。

再次,制度化教育的历史经验确定了课堂教学的重要性。以课堂教学为主是学校教育工作的历史经验的概括和总结。新中国成立以来,学校遵循以教学为主的规律,曾经进行三次大的调整,从而保证了教育质量,培养出了合格的人才。

第一次是在20世纪50年代。1953年,把学校教育以课外活动过多为主调整到以教学为主的轨道上来。此前,社会上各部门均可向学校指派任务,造成非教学活动过多,学生学习的知识不系统,为此发布了《关于整顿中小学教学的指示》规定:教学工作是学校压倒一切的中心任务,教师的主要职责是做好教学工作,学生的主要任务是学好各门功课。这一次调整,保证了教学质量的提高,1956年出现了第一次教育质量高峰。

第二次是1959年。把学校教育以生产劳动为主调整到以教学为主上来。针对1958年在贯彻教育与生产劳动相结合的方针的过程中劳动过多的偏向,国务院于1959年5月发布《关于全日制学校的教学、劳动和生活安排的规定》,规定了教学、劳动和生活时间的安排,纠正了以生产劳动为主的偏向。后来,虽然出现过把教学作为唯一途径,学生负担过重的现象,但由于把以生产劳动为主调整到以教学为主,1966年出现了第二次教育质量高峰。

第三次是1976年。1976年把以政治运动、"以干代学"为主调整到以教学为主的轨道上来。"文革"期间,以政治运动、"以干代学"为主代替了以教学为主,1976年粉碎"四人帮"之后,把学校教育调整到以教学为主的轨道上来,1977年大学重新通过高考招生,尽管存在着片面追求升学率的现象,但是教学质量开始逐步提高。

(二)课堂教学的特征

课堂教学作为现代学校教育实现教育目的、完成教育任务的基本途径,其基本性体现在两方面:第一,教学要以完成智育任务为本。这是教育途径中,教学有别于其他途径的主要特点;第二,教学以完成智育任务为中心,不等于教学仅仅完成智育任务。教学作为基本途径，同时要完成德育、体育、美育等各育的任务。即向学生传授系统的科学知识，训练学生形成基本技能、技巧，发展学生的智力和能力；培养学生具有坚定正确的政治方向、辩证唯物主义的世界观和共产主义的道德品质；使学生身体正常发育，健康成长；培养学生具有正确的审美观点和感受美、鉴赏美和创造美的知识和能力；使学生掌握现代工农业生产的基本知识，学会使用基本生产工具的技能。

课堂教学要高质量高效率地完成上述任务，一个至关重要的方面即必须遵循教学规律，处理好间接经验和直接经验相结合的关系，以及发挥教师主导作用与调动学生积极性、自觉性的关系。

（三）课堂教学的形式

课堂教学是借助不同形式实现的。到目前为止，常见的教学组织形式有以下几种①：

1. 教学的基本形式——班级授课制

班级授课制是把一定数量的学生，按年龄、文化程度组成教学班，由教师根据课程计划规定的课程内容和教学时数，按同一进度，用适当的教学方法进行连续性分科教学的一种教学组织形式。班级授课制具有学生、教师、内容、时间、场所相对稳定等特点，有利于发挥集体的作用，提高教学的效率，但教学的“集体化”，往往不利于学生探索精神和开拓精神的培养。

2. 教学的辅助形式——现场教学和个别指导

现场教学是教师根据一定的教学任务，组织学生到有关现场，通过观察、调查或实际操作进行教学的一种辅助性的教学组织形式。它具有生动、形象、具体、直观的特点。组织现场教学活动，要根据教学计划的目的和学生的实际情况，事先做好教学设计，选择有代表性的教学现场；在教学现场中，既要注意引导学生观察记录，又要引导学生学会通过抽象概括，上升到理性认识，注意引导学生从理论的高度分析和认识实践问题，培养其提出和解决实际问题的能力。

个别教学是教师在课堂集体教学之外，对个别学生进行教学的一种组织形式。个别教学贯彻因材施教的精神，具有目的明确、重点突出、形式灵活、针对性强等特点。教师可根据学生的个别需求，通过课外辅导、补充学习材料、讨论等方式进行个别教学。

3. 教学的特殊形式——复式教学

复式教学是把两个或两个以上不同年级的学生编在一个班里，由一位老师分别用不同程度的教材，在同一节课里对不同年级的学生，采取直接教学和自动作业交替的办法进行教学的组织形式。

在我国，一些师资缺乏、教学设备不足的贫困农村地区，复式教学是常见的教学形式。复式教学可以节约师资力量、教室和教学设备，为普及农村基础教学起到了重要的作用。虽然复式教学起源于教育资源不足地区，但并不意味着它是一种落后的教学组织形态。事实上，在英国、芬兰、澳大利亚等教育资源丰富的国家，复式教育在培养学生合作能力、创造能力等方面的优越性已被学者们广泛认可。

---

① 韩延明. 新编教育学[M]. 北京：人民教育出版社，2006:360-364.

4. 教学的电化形式——多媒体教学

随着现代化教学手段的广泛应用，教师可以借助现代化教学手段开展教学活动。多媒体系统可以利用计算机的视、听、说，并通过人机交流为教学提供逼真的表现效果，使学生通过与文字、图像、影像、动画、声音等媒体界面的互动来提高教学效果。多媒体教学具有形象生动、主动灵活、人机交流、即时反馈和个体化等特点。

二、课外活动

（一）课外活动概念的内涵

课外活动是指在课堂教学之外，由学校组织指导或由校外教育机关组织指导的，用以补充课堂教学、实现教育方针要求的一种教育活动，即根据受教育者的需要和自己的努力以及教育教学的需要，在教育者的直接或间接指导下，实现教育目的的一种活动。

课外活动又可分为校内活动和校外活动，二者的区别在于组织指导的不同。校内活动是由学校领导、教师组织指导的活动；校外活动是由校外教育机关组织指导的活动。应该注意的是，校内活动并不仅仅限于学校范围之内，也可以是在校外组织活动，它与校外活动的区别只是在组织和领导方面的不同。校内活动与校外活动统称为课外活动。

我国古代便出现了课外活动的教育形式。《学记》中记载："大学之教也，时教必有正业，退息必有居学。"所谓正业便是指课堂教学，而居学则指课外活动。受教育者在课堂学习之外，还要能够参与与课堂学习有关的课外活动。这样，才能使受教育者安礼、乐学，从而实现"安其学而亲其师""乐其友而信其道""虽离师辅而不反"的目的。

随着社会发展的需要，个别教学被以班级授课制为基础的课堂教学代替。课堂教学能够大规模地培养人才，适应了社会和生产发展的要求，但不利于受教育者个人天性的充分发展。因此，作为课堂教学这一组织形式的必要补充形式，课外活动便应运而生，并在长期的发展和实践中不断地完善和积累经验，日趋成熟。

课外活动与课堂教学构成一个完整的教育系统，课外活动是课堂教育的必要补充，二者相互作用，相辅相成，对完成教育任务，实现教育目的具有同样重要的作用。它对解决受教育者全面发展与因材施教、一般发展与特殊发展、间接经验与直接经验等矛盾具有重要的意义。

（二）课外活动的特征

课外活动与课堂教学虽然都是实现教育目的的重要途径，但由于课外活动在活动内容、组织形式、活动方式上又不等同于课堂教学，其具有自身的特点：

（1）课外活动具有很高的自主性

课外活动是在课堂以外进行的活动，组织者据教育教学的实际需要，可随时随地经常组织形式多样、内容丰富的活动。课外活动有时是学校或校外教育机关统一组织的活动。很多时候是在学校或校外教育机关的指导下，受教育者根据自己的兴趣、爱好、特长以及实际需要自愿地组织、选择和参加的活动。不仅能发挥受教育者的积极性和主动性，而且能使受教育者的才能、个性得到充分发展，有利于受教育者的优良个性品质的培养。

(2)课外活动的形式具有很大的灵活性

课外活动的开展,可根据学校实际情况以及受教育者的身心发展状况等来确定。活动规模的大小、活动时间的长短、活动内容的选择等均可灵活掌握,无固定的模式。

(3)课外活动内容具有很强的伸缩性

课外活动的开展常依据本地区、本学校实际情况,或受教育者的愿望等进行。不像课堂教学要依据统一的教学大纲进行,所以其活动内容有一定的伸缩性。学校或校外教育机关可根据自己的实际需要自行决定,内容可深可浅、可多可少,并可随时进行变化。

(4)课外活动具有很强的实践性

课堂教学中,受教育者可获得知识、培养思想品德、提高审美能力等。在课外活动中,受教育者有直接动手的机会,在其亲自参与、组织、设计的各项实践中,获得了实际知识,提高了思想品德和身体素质,各方面能力都在实践活动中获得了发展。

(三)课外活动的作用

课外活动具有区别于课堂教学的、自身所独有的特点。在整个教育活动中,它的影响是广泛而深刻的。作为教育途径中一条十分重要的途径,它在人的身心发展中有着重要的意义和作用。

(1)课外活动能巩固学生在课堂上获得的间接知识,而且能不断地扩大学生的知识面

受教育者可把在课堂上获得的知识运用于实际,从而加深对知识的理解。在已获得知识的基础上,进行实际操作,并能不断地发现新知识,掌握新技能。内容丰富多彩、形式多种多样的课外活动,还可激发受教育者的学习动机,推动受教育者不断地去探求知识、刻苦学习,并且能够培养和发展受教育者的创造才能以及手脑并用的能力。

(2)课外活动能培养受教育者良好的思想品德,是培养良好社会公民的重要途径

教育即要培养全面发展的劳动者,在课外活动中通过进行多种形式的政治教育、革命传统教育,提高受教育者的思想政治觉悟,培养受教育者热爱祖国、热爱人民的情感;通过参观访问,学习现实生活中的先进人物、先进事迹等,使受教育者对照自己,找到差距,不断提高;参加社会公益劳动,争做好人好事,可提高受教育者的良好道德品质。同时,通过课外活动,可以培养学生热爱祖国,遵纪守法,热情赞助公共事业,爱护名誉,诚实、公正等品质。在对其进行公民训练时,受教育者还可从中获得许多公民的道德知识以及良好公民的知识等。

(3)课外活动能发展受教育者的体力、审美能力、劳动能力和社会交往能力

通过课外体育活动,可发展受教育者的体力。受教育者通过创造美、鉴赏美、感受美的活动,发展审美能力。通过参加有益的公益活动等,可发展受教育者的劳动能力,并掌握基本的生产技能。

受教育者生活在一个关系丰富的社会环境里,每一个人都应该学会如何去认识他人、评价他人,都应该学会与人交往。课外活动提供了很好的学习与训练社会交往能力的机会,能为受教育者在未来的工作、家庭、社会生活中接触各种人、应付各种环境做好准备,为受教育者走向社会、适应社会和认识社会打好基础。

(4)课外活动能丰富和活跃受教育者的精神生活,让受教育者善于利用闲暇时间

受教育者参加一些社会主义物质文明和精神文明的建设活动,更加有利于自身的发

展。通过课外阅读、参观、访问、演讲、竞赛等活动，还可不断丰富受教育者的精神生活，使其健康活泼地成长。同时，丰富多彩的课外活动，使受教育者能够合理地安排自己的闲暇时间，发挥自己的爱好、特长、聪明才智，发展自己、锻炼自己、完善自己。一旦形成习惯，将来走上社会，步入工作岗位的时候，也仍然会坚持下去，受益终生。

课外活动的重要性虽已得到教育者的普遍认同，但在应试教育的背景下，学校课外活动的开展却名存实亡。许多学校的课外活动时间被压缩，甚至被"正科"挤占，毕业班的课外活动更常常被取消。此外，教师们很少开展课外活动的相关研究，主要原因是在统一考试的"指挥棒"之下，课外活动很难体现教师的教研水平。因此，虽然多数教师在思想上认可课外活动的重要性，但在行动上却已将课外活动边缘化了。

三、社会实践

社会实践是在校外的社会活动中，对学生进行有目的、有组织的教育活动。它是整个教育体系的一个重要组成部分，是实现教育目的的一条重要途径，它具有的价值功能是其他教育途径所无法替代的。

（一）社会实践的作用

1. 社会实践是实现教育三结合的中介桥梁

教育必须同生产劳动相结合、理论必须和实际相结合、知识分子必须与工农相结合，这是马克思主义教育思想的重要组成部分，是培养全面发展的人的重要途径。通过参加多种形式的社会实践活动，可使学生在生产劳动的实践中做到手脑并用，把理论和实践、感性认识和理性认识、直接经验和间接经验结合起来。通过参加生产劳动，培养学生的劳动观念、劳动习惯，学生通过专业实习等，达到学以致用、理论与实践相结合的目的。

2. 社会实践活动是造就德智体全面发展人才的关键环节

教育的真正意义和价值在于促进人的全面发展，培养人健全的心智和完美的人格。马克思主义者认为教育同生产劳动相结合，是实现人的全面发展的唯一方法。这一理念在我国的教育目标表述中自始至终得以贯彻。毛泽东、邓小平都认为教育事业必须同整个国民经济发展的要求相适应，江泽民在2000年3月发表的《关于教育问题的谈话》中谈及教育方针时，第一次把"教育与生产劳动相结合"扩展为"教育与社会实践相结合"，这种扩展的生产劳动概念，使教育中的社会实践活动形式更多样、生动，活动内容更能贴近学生的生活世界，因此，更容易激发学生的参与意识，发挥学生的主动性，在实践中促进学生德智体全面发展。

3. 社会实践活动是塑造和构建学习主体的重要途径

从教育活动的目的来看，教育者"教的活动"是为了受教育者"学的活动"，即受教育者认识中介客体和教育者，其目的是自身的完善和发展。如果说人类实践活动有某种终极目的，那么，这后一方面，即人作为主体的自我创造和自我实现，就是实践的归宿和终极目的。学生参与社会实践活动，其意义不仅是服务社会、改造社会，而且内在地包含着学生作为学习主体的自我塑造和构建。通过参与社会实践活动，学生可以在真实的学习环境中实现知识的内化、改造和转化，同时也会因已有知识无法应对社会实践而感到不满，推动学生不断扬弃"实然的存在"状态，追求"应然的存在"状态，最终实现学习主体的提升与创造。

（二）社会实践的类型

1. 以德育为目标的社会实践活动

实现德育目标的社会实践活动形式主要包括：社会生产劳动、社会服务活动、社会调查、军事训练等。通过这些活动形式，对学生进行劳动教育、社会公德教育、国情教育、爱国主义教育、纪律教育、国防教育、革命传统教育、民主法制教育等。

2. 以智育为目标的社会实践活动

通过教学实验、专业实习、咨询服务、扶贫培训等形式的社会实践活动，检验、巩固书本知识，提高学生从事专业工作的能力，通过在工厂和农村建立教学实践活动基地，指导学生走理论与实际相结合的道路。

3. 以劳动教育为目标的社会实践活动

以劳动教育为目标的社会实践活动是学生运用知识技能、形成思想品德、锻炼意志品质，培养生活能力和正确的劳动态度、劳动观点和劳动习惯的重要渠道。它对形成学生健全的人格是非常必要的。教育部曾经颁发《全日制中学劳动技术课教学大纲》和《全日制小学劳动课教学大纲》，把劳动正式列入教学计划。

（三）社会实践实施的基本要求

1. 明确目标导向

社会实践活动作为教育活动的一种形式，必须设定明确的目标导向。社会实践活动的目标，一方面要体现活动主题的教育目标和学生全面发展的价值理念，即目标的制订要围绕德育、智育或劳动教育的学科取向，同时还要考虑学生在各类社会实践活动中，知识、技能、情感态度的全面和谐发展；另一方面要凸显“生活世界”的价值取向，即学生通过参与各种主题的社会实践活动真切地感知生活世界，加深、拓宽学生对自我、对周围世界的理解。

2. 坚持因材施教

社会实践活动需要考虑学校的实际情况和学生的认知发展特点，坚持因材施教的原则。社会实践活动的内容应有一定的适应性，最好符合学生的兴趣，学生通过自身的实践来达成活动目标。当然社会实践活动也应考虑到不同年龄段学生的“最近发展区”，活动设计要有一定的梯度，适当增加难度，让感兴趣的学生或能力强的学生去完成该活动。

3. 重视综合效益

社会实践活动重视在问题解决过程中发挥学生“知、情、意、行”的作用，促进学生在理性、感性、技术各个层面有所提高，实现一种综合的发展。社会实践活动还追求“学科知识”和“生活知识”的统整。学生参与社会实践活动的过程便是“问题解决”的学习过程，为解决实践中产生的问题，学生将会利用学校教育中习得的知识和经验，对感兴趣的问题进行调查和实验，求得解决问题的方法，这使得学生已有的“学科知识”被激活和应用，得以重建。与此同时，学生在与自然、社会、文化环境的互动中，获得朴素的、生动的“生活知识”，这些经验又将提高学生认识“学科知识”的水准。因此，社会实践活动应体现学生能力的综合效益和知识的综合效益。

4. 实行整体规划

社会实践活动与学校的课堂教学相比，它在人性观、知识观、认识论等方面都有其独特的假设，是学生、教师乃至学校的一种生活方式和生存状态的体现。学校开展社会实践活动不应囿于形式，仅仅追求活动的数量和形式的多样等一些外在的东西，而应结合社会实践活动强调的知识观、师生观和民主社区形成等理念，对社会实践活动作整体的规划，认真评估学生需求、教师水平、学校现有条件、地方资源、社区参与程度等因素，结合各年级学生的特点、学校的办学理念，系统地安排社会实践活动。活动主题的选择要结合本地、本校和学生的实际情况，注重"地方性知识"的运用。社会实践活动的设计要以现实的社会生产活动、社会活动为依托，活动内容要源于真实的社会生活，活动方式要指向社会实践。

除上述三种常见的学校教育途径之外，学校教育途径还有学生群体组织活动、校会、班会、晨会、周会以及班主任工作等，这些途径各有自己的功能，在完成学校教育任务、实现育人使命方面发挥着重要的作用。如少先队、共青团、学生会以及各种科技、文艺、体育社团等学生群体组织，对形成学生正确的政治倾向和信仰，产生积极的人生追求和理想，发展业余兴趣和爱好等都有着积极的意义。

综上，学校教育途径众多，既有区别亦有联系。学校要把全部教育途径结成一个有机的科学的系列，实行功能互补，发挥整体合力，才能有助于全面提高教育质量，顺利完成教育任务。

第二节 非制度化教育途径

非制度化教育即指学校之外的其他一切形式的教育。非学校教育活动形式主要有四种。它主要的组成部分是：家庭教育、学校外教育机构的教育、各种社会组织中的教育、通过大众传播媒介进行的教育等。其中校外教育机构的教育、各种社会组织中的教育、通过大众传媒进行的教育等都可称为社会教育。

一、家庭教育

(一)家庭教育概念的内涵

家庭的教育职能很早就存在了，它是同个体家庭一起诞生的。家庭教育由自发地在家庭中发生，到人们普遍地将其作为自觉的、有目的的教育行为，经历了一个相当长的历史过程。

《中国大百科全书·教育》中把家庭教育定义为："父母或其他年长者在家庭内自觉地、有层次地对子女进行教育。"赵忠心在《家庭教育学》一书中将家庭教育分为狭义的家庭教育和广义的家庭教育。狭义的家庭教育，一般是指子女从出生到入学之前(即从零岁到六七岁)这一段时间内，由家长对他们实施的教育和影响，也称作"学前家庭教育"。广义的家庭教育，是指子女从出生一直到长大成人，一生中所受的家长对他们实施的全部教育和影响，包括直接的或间接的，有意的或无意的，一般称作"终身家庭教育"。家庭教育作为一种非制度化的教育，它是儿童接受社会价值、标准、规范和习俗教育的重要途径，也是儿童奠定人格基础和个体社会化的重要途径。

（二）现代家庭教育异化的表现

家庭作为社会的基本单位，其组合形式和职能必定会随着时代的变迁而变化，从而对家庭教育、家庭在教育机构群体中的地位产生影响。

在古代社会，家庭教育不但承担着道德教育的职能，还承担着社会劳动力再生产的职能。也就是说，家庭教育既要教孩子学会“做人”，还要教会他们“谋生”。随着生产力的发展，特别是近代产业革命完成以后，西方社会出现了妇女和儿童劳动力排挤成年男子劳动力的趋势。这个时期劳动者的家庭逐渐解体，导致了工人家庭教育的真空。这一现象直至19世纪与20世纪之交的技术革命以后才得以缓解。这是因为机器生产精密化、工艺过程复杂化，更由于生产流水线的采用，妇女劳动力的使用锐减，童工制度也逐渐废除，家庭解体的进程也减慢了。然而第二次世界大战后，在新的科学技术革命的推动下，人们的生活方式和价值观念发生了重大变化。不但社会分工越来越细，而且传统的家庭结构也被瓦解，独生子女、离婚者、非婚同居者人数激增。在这样的背景下，家庭的功能就被发达的社会机构所削弱了。

美国社会学家奥格本（Ogburn，W. F.）认为，在现代社会，家庭的“经济服务”功能已让位给了工厂及其他机构；“保护”让位给警察和保险公司；“娱乐”让位给了国家和民间提供的娱乐设施；家族内的宗教仪式和根据出身门第评价个人地位的职能本身已经衰退，而心理的职能虽不像其他职能衰退得那么显著，但也有让位于俱乐部、车间、街头的迹象。在这种状态下，家庭教育逐渐异化，主要表现为：一方面，家庭把照顾儿童和教育儿童的职能完全移交给专门的教育机构，片面地将学校教育等同于儿童教育的全部，致使儿童接受正规教育的年限不断延长；另一方面，在学历社会的压力之下，家庭放弃了本来的职能而成为学校教育的承包机构，家长不惜重金为孩子聘请家庭教师，把学校教育的内容延伸到家庭教育中，家庭教育出现学校化的倾向。可见，家庭教育的异化现象，造成了现代社会中家庭与学校双方职能的错位，不但扭曲了家庭教育“本真”的价值，而且也削弱了学校教育本身的作用。

（三）当代家庭教育的发展趋势

1. “家庭生活复兴”为家庭教育的发展带来契机

20世纪80年代开始，由于工作时间进一步缩短，某些国家有关带薪休假的立法问世，加上舆论界对学校职能的质疑，社会上又出现“家庭生活复兴”的征兆。人们逐渐意识到家庭的解体给现代人带来了心灵的危机，因此，许多学者呼吁人类应“回归家庭生活”。在这样的背景下，家庭教育的重要性又重新被肯定。

2. “双亲教育”活动日趋活跃

传统的家庭教育观认为，只要是双亲就有资格成为家庭教育的主体，且双亲的教育主要依靠代代相传的家庭教育经验来进行。然而在现代社会中，人与人的联系越来越密切，社会的发展对人提出更高的要求。因此，现代社会比以往任何时候更加需要使双亲学会“怎样教育自己的孩子”。

目前，许多发达国家以家长（包括未来的家长）为对象的双亲教育活动日趋活跃。如英国“家庭学校协会”等民间团体为母亲提供双亲教育课程；法国“以全国家庭教育学中心”为核心，开设双亲学校；美国的“全美双亲协会”为家长开展双亲教育活动，使家庭教育摆脱传统的狭隘性与封闭性，增强共同性与开放性。这些教育活动的开展，将促使家庭教育从经验型向理智型转化。

3. “家庭学校运动”兴起

家庭教育作为一种新兴的教育形式，其产生和发展与信息技术的兴起是分不开的。特别是家庭电脑和网络传媒流行之后，许多以前只能在学校学到的知识，可以通过便捷的网络获得。学校的地位受到了前所未有的挑战。

在美国，作为对学校教育制度失望的反应，一种新形势的“家庭学校（Home-school）”涌现出来。这种“家庭学校”的特点是：儿童以自己的家庭为教育场所，由双亲承担教学工作实行个别教学。这种家庭学校由家长提出教学计划，该教学计划须得到学区教育委员会批准后才能实施；只有取得学士学位并获得教师资格证的家长，才有资格担任家庭学校的教师；教学活动也须受到当地教育机关的监督。

美国于1993年在50个州通过了家庭学校的法案，宣布家庭学校与义务教育一样都是合法的。近年来，在美国兴起的家庭学校运动也波及其他国家。例如，加拿大在家学习的人数每年以10%的速度递增，目前已达到4万人，占加拿大全部学龄人口的1.5%。泰国也于1999年11月修改了教育法，确立了家庭教育作为一种教育制度的合法地位。

二、社会教育

（一）社会教育概念的内涵

关于社会教育的概念可以从广义和狭义两方面去理解：

广义的社会教育与广义的教育无多大差异，是指有意识的、以促进人身心和谐发展为直接目的的社会活动。从人类发展的历程来看，最早的教育功能是由社会教育来实现的。原始社会的年轻一代就是在与全体氏族共同的劳动和日常社会生活中学到简单的生产和生活经验的。

狭义的社会教育是指由政府、公共团体或私人所设立的社会文化教育机构对社会全体成员所进行的教育活动。这一概念强调了以下几个方面的内涵：第一，社会教育主体的多样性；第二，社会教育对象的广泛性；第三，社会教育内容的丰富性；第四，社会教育形式的多样性；第五，社会教育方式的补偿性。

（二）社会教育的形式

与家庭教育和学校教育相比，社会教育没有制度化教育的严格约束性。它的开展形式具有极大的灵活性和多样性。

1. 依托公共场所开展集中式教育

社会教育不受阶级、地位、年龄、资历限制，能很好地体现教育的民主性。它往往会利用识字社、影剧院、博物馆、图书馆、公园等场所进行，开展形式多种多样，有培训班式、讲座式、函授式等集中教育。这种形式的教育有一定的目的性、计划性。从教育对象来说，不仅面对学校的学生，面对青少年，更面对社会的成人劳动者。这不仅可以弥补学校教育的不足，而且可满足成年人继续学习的要求。

2. 依托民间资源开展自发式教育

社会教育没有年龄、时间、地点等局限，随时随地都可接受教育，它已打破了学校教育那种封闭式的教育体系，具有极大的开放性。同时，社会教育已开始把教育同社会生活、生产劳动、休闲娱乐等沟通起来，社会成员在日常生活中便可接受教育。例如，许多民间传统节日便是最好的社会教育途径。社会成员在传统的节日、集会、庆典中不但可以了解、学习民间习俗、生活知识，还可以增加社会成员之间的交往，形成文化共同体。这种自发式的社会教育具有重要的价值和意义。

3. 依托多媒体技术开展自学式教育

随着多媒体技术的发展和应用，社会教育的形式将更加多样化。以网络媒体为平台的教育将成为社会教育发展的新趋势。现代教育信息技术的应用，很好地发挥了学生的主动性。利用多媒体提供的友好界面、形象直观的交互式学习环境，为学生开展自学式的教育活动提供了条件。现代信息技术的运用让社会教育的内容更为丰富、组织形式更为多元。

（三）社会教育的当代意义

1. 社会教育是构建学习型社会的基石

学习型社会是指以学习为社会主导生活、生产与发展方式的社会发展形式，是以全面学习和终身学习为主要特征的。在学习型社会，全体社会成员都享有受教育的权力；社会的所有教育资源都向学习者开放；学习贯彻于人的一生，成为人生存和发展的基本方式；学习活动也从个体扩大到群体；社会的各种组织都可以成为学习型的组织。有人将学习型社会形象地概括为“人人学习、处处学习、时时学习、灵活学习”。

与制度化教育相比，社会教育对象的规范性、形式的多样性和内容的广泛性等特征使它成为构建学习型社会的基石。社会教育可以充分利用图书馆、博物馆、文化宫、广播电视、休闲机构、民间团体等一切社会组织机构和场所为全体社会成员提供他们所需的知识，打破学校教育的时空限制，同时，社会教育日益渗入社会生活的方方面面，与社会的政治活动、生产劳动、社会生活、娱乐活动密切结合，融为一体，为学习社会的构建奠定基础。

2. 社会教育是实现个人终身学习的保障

在现代社会，与其说一个人要接受终身教育，不如说要学会终身学习。终身学习的概念更突出了学习者的主体价值，使学习者成为教育活动的中心。教育的内容和标准应以学习者的志趣和已有发展水平而定，学习者可以在比较灵活的范围内自由地组织他们的学习活动。

与制度化教育相比，社会教育在纵向上可以贯穿人一生的不同阶段；在横向上，可以为人提供各种教育需求，它这种“纵不断线，横不断项”的特点成为个人实现终身学习的保障。此外，由于社会教育是利用学习者所谓的“闲暇时间”来完成的，它有利于培养他们正确的闲暇观念和积极运用闲暇时间的能力，使他们“学会闲暇”，造就“自觉占有自由时间的主体”。事实上，终身教育作为个人终生发展的手段，主要在于“自己学”，而不是“别人教”，因此，良好的社会教育可以培养学习者“自主学习”的能力，使他们成为学习的主人。

3. 社会教育是实现教育公平的重要途径

“教育公平”问题是教育民主化的一个核心问题，它包括两个层面：教育权力平等和教育机会均等。社会教育在保障公民的受教育权力,提供就学机会及给公民创造良好学习环境,开发公民的潜能等方面发挥着重要作用,而且在对社会弱势群体提供教育机会,维护教育公平,促进社会和谐发展等方面发挥重要作用。

从社会教育开展的形式来看,例如扫盲教育、残疾人职业培训、农村社区教育、岗位培训等一些专门为处境不利的人提供的教育,体现了教育公平的理念。近年来,随着社会经济的快速发展,科学技术的不断推进尤其是以互联网为主要手段的现代远程教育的出现和由于人口老龄化而带来的第三年龄(系指一个人离开工作场所并停止许多家庭上的责任,得以自由地满足个人的想法与需要的年龄)教育的展开,更将教育平等观念深入到社会各阶层。如远程教育可以更大限度地满足不同人群的教育需求,尤其是广大边缘与贫困地区人群的教育需求,通过有针对性的社区教育,逐渐消除因技术的不平等带来的新的教育不公。第三年龄教育使社会教育的时空得到拓展,更多关注人的诉求和人性关怀,真正实现教育平等的终极意义。

第三节　新媒体时代的教育途径

一、教育媒体概念的内涵

人们普遍认为教育的发展经历了四次重大的革命,即四次革命论:第一次是将教育的责任从家族转移到专业教师手中;第二次是采用书写文字作为与口语同样重要的教育工具;第三次是印刷术的发明使教科书得到普遍应用,并因此出现了班级授课制;第四次是现在正在发生的信息技术带动下的教育变革。

教育媒体是教育活动中两类主体(教育者与受教育者)之间传递信息的工具。教育媒体是教育内容及其他信息的载体。相同教育内容可用不同媒体,随着媒体的不同,教育的组织形式、方法、效果等亦发生变化。

教育媒体的形式多种多样,传统的教育媒体有简单的实物、口头语言到图片、书面印刷物等,现代化的教育媒体有录音磁带、录像带、电影、电视、计算机程序等等。教育媒体的形式随着人类科技的发展,教育活动的日趋普及、个别化而越来越丰富多彩,越来越综合化,现代教育媒体已逐渐成为人们关注的问题。

二、新媒体对传统教育的冲击

(一)新媒体对传统学校教育的冲击

教育媒体的基本功能是沟通教育者与受教育者。通过教育媒体,教育信息才可能在不同的主体之间传递,教育内容才可能被教育主体操作。此外,教育媒体还对教育的内容、来源,教育活动的途径、组织方式,教育者和学习者的角色等产生影响。

回顾历史,教育媒体技术的发展推动着教育的变革。首先,印刷术的发明和普及直接推动了学校教育的发展。在印刷术普及之前,教育媒体主要是教师的口头语言或用手工书写或刻出的各种教材。教育的组织形式主要是个别式的，教育内容的容量也十分有限，教育者的职能主要是传递知识。印刷术的出现，为班级授课制的推行、教育内容的增多与更新、教育者职能的多样化（尤其是指导职能的增强）提供了可能。其次，现代媒体技术的发展给传统教育途径带来了较大的冲击，学校教育的价值受到人们的质疑。尤其是Internet、媒体技术、远程教学在教育上的应用，突破了传统学校教育在时间和空间上的局限性，使学校教育扩展到整个社会，甚至超越了国界，它不仅使更多的人享有受教育的权利和机会，使教育效率更高、效果更佳、效益更明显，而且能有效地克服教育经费不足、师资匮乏、教材短缺和校舍紧张等困难。

（二）新媒体对传统班级授课制的冲击

班级授课制是长期以来统治学校教育的传统教学模式，这种教学模式的特点是：教学过程中教师单项灌输和过于划一呆板的教学制度。新媒体时代信息技术的应用，改变了传统班级授课制中的师生关系和教学方式，使教师由知识的传授者转变为教学活动的指导者和促进者，使学生由知识的被动接受者转变为知识的主动探究发现者，教学媒体也由教师的教辅手段、教学工具转变为学生的认知工具，教学过程也由“教师讲、学生静听”转变为“创设情境，学生主动探索、协商、讨论和意义建构”。

传统的班级授课主要通过文本学习和口头讲授的方法来开展教学，整个教学过程呈现出形式化和结构化的特点，并且教学过程中的许多信息是及时的，信息的受众面是有限的。现代信息技术在教育中的运用，使信息大量复制的可能性提高了，从而大大地扩展了人类分享信息的能力。通过使用现代技术，“教育过程”的复制成为可能，教育过程不再受时间与空间条件的限制，这为教育过程的革新及新的教育途径的探索开辟了广阔的前景。

（三）新媒体对传统学习方式的冲击

传统教学中的学习主体常常处于被动状态，学生主要跟从教师和教材来学习，学生的学习内容和方式似乎都“大同小异”，没有体现个性化的特点。现代信息技术在教育中的运用，不但打破了班级授课制的局限，体现出学生的主体性和个性，而且还能在教学中起到支持、探究、资源共享和联系等作用。

与传统的班级授课制相比，首先，现代信息技术的运用可以让学习者从传统的学习模式中解放出来，他们利用多媒体技术，在学习中获得更多的自信和自尊。其次，新媒体技术可让学生探究、审视、体验和构建一些情景来获得知识。再次，依据建构主义理念设计的学习程序，新媒体技术可为学生提供有指导的作业模式，信息按照适用于使用者的水平和速度加以呈现，并且有可能使学生按照自己所取得的进步去接受信息。最后，发达的互联网系统可让学生接触到更多的学习主体，教师不再是知识的占有者，通过电子邮件和计算机辅助的远距洽谈所进行的人际沟通，可以使那些关于不同问题的、新的社会文化观和跨文化观，出现在学生面前，增强学生的国际理解能力和全球观念。

三、多媒体时代教育途径的新形式

19世纪末以来，现代技术开始运用于学校教育，形成了现代化的教学手段。从最初的幻灯机、无线电收音机到如今的计算机多媒体技术、互联网络、信息高速公路等，现代化技术对教育途径的变革起到了推波助澜的作用。新媒体时代的教育途径主要经历了电化与电视教育、远程教育、网络教育等几种形式。

(一)电化与电视教育

电化教育为教育带来了视听教学媒体，第一次使学习者从长久以来的口耳相传走进直观的视听境界。

二次世界大战中广泛运用的无线广播技术，战后迅速在教育中得以应用。无线电技术的迅速发展，使各国的教育大受裨益。许多国家都开办了广播教育课程或广播教育学校。此后，以幻灯、电影为代表的光学投影设备发展起来，并应用于教学，使单一的“视”“听”教育扩展为“视听教育”，从而掀起了视听教育的世界性热潮。它在提高教育效率的同时带来了教育质量的提高，使学校教育、班级授课制的教育体制和教学组织形式大为巩固。

电化教育的设备可谓丰富多彩，各有优势。例如，幻灯机可提供大量色彩鲜明、直观生动的视觉形象，有利于加深学生对所学内容的印象；投影仪不但可提供视觉形象，还可让教师面对学生，便于师生之间的交流；语音设备可以通过记录和复读功能，进行课文范读、听力训练、音乐欣赏等，能帮助学生在学习中获得自我反馈，增强教学效果；电影可直观形象地表达教学内容，可以把古今中外、错综复杂的事实搬到教室观看，能节省时间，发展学生的观察力、想象力和理解力。

上述电化设备虽各有优势，但如今条件较好的学校会运用视频展示台来进行教学。视频展示台又称为实物展示台，把它连接在投影机和电视机上时，就可以将资料、讲义、实物、幻灯片等清晰地展示出来，是多媒体教室不可缺少的教学设备之一，在教学过程中具有真实性、直观性、高效性。一个普通的视频展示台包括三个部分：摄像头、光源和台面。在展示台背面还有一系列接口，一些面向高端市场的展示台还包括红外线遥控器、计算机图像捕捉适配器、液晶监视器等附件。视频展示在教学中的应用是非常广泛的。如在社会科学的教学中，视频展示可让抽象、烦琐的资料直观、立体地呈现；而在自然科学的教学中，视频展示台可以通过显微镜头放大实物，便于学生观察，或让学生在展示台上直接模拟科学实验。

总之，现代教学技术的优势主要体现在：第一，合理分配时间，提高教学效率；第二，信息生动形象，便于学生理解；第三，教学超越时空，利于因材施教。

随着电视机质量迅速提高，数量大幅增加，教育电视台逐渐增多，电视教育在20世纪60年代蓬勃发展起来。以美国为例，1956年，由福特基金会支持，在马里兰州的哈格斯建立了一座精心设计的闭路电视教学中心，这些系统能够给25万学生提供学习机会；1960年前后，美国已有教育电视台49座。特别是在卫星技术发展之后，电视覆盖面越来越大，到20世纪70年代中期，即使在遥远的阿拉斯加的农村也一样可以看到教育电视节目。

中国的电视机制造起步虽晚，但在利用各国先进技术的基础上同样发展迅速。从起步到应用，比其他国家更快。20世纪50年代，中国的电视只限于高级干部及身边的人看，但从20世纪70年代中期进入平民社会起，不到10年时间即在全国各城市普及。人们在用电视作娱乐工具时，同时也能接受各种教育，通过电视媒体学到了各科知识。

(二)远程教育与开放大学

远程教育的起源与工业革命时期通讯技术的发展有着密切的联系。远程教育的第二次发展归功于20世纪80年代左右的微信息处理机的发展,特别是90年代芯片运算速度的加快、宽带技术的引入,使得无线电通讯产业得到了前所未有的发展。与电子革命有关的技术的发展,使通过卫星和视频进行远程电子化教学成为可能。

随着电子技术的发展,远程教育的内涵和外延不断扩大。一般说来,远程教育是指将课程传送到校园外的一处或多处的教育。现代远程教育则是指通过音频、视频(直播或录像)及包括实时和非实时在内的计算机技术把课程传送到校园外的教育。远程教育又被称为虚拟学校或电子学校,与传统的学校有很大的不同,远程教育突破了有围墙的学校和方格盒式的教室,在时间和空间上改变了自教育产生以来的口耳相传、非面对面不可的教学组织形式,打破了正规学校教育一统天下的教育制度,大大扩大了受教育机会和教育规模,使成人教育和继续教育也成了体制中不可或缺的重要组成部分。随着卫星、光缆和电视以及各种双向交互式电子通信技术的发展和应用,特别是随着全球计算机网络和多媒体技术的进步,以电子信息技术为基础的现代远程教育的发展向世人昭示,它将突破传统教育的时空限制,推进教育大众化和终身化。它将以覆盖面广、全方位地为各类社会成员提供教育服务的优势,对人力资源开发产生强大的推动作用。将使教育领域产生深刻变革。

远程教育发展至今,已形成一个庞大的系统包括三类提供群体:开放大学(例如,英国开放大学)、远程教育学校和学院(例如,挪威知识学院NKI)、来自传统大学的远程教育课程(例如,美国的宾夕法尼亚州立大学)。其中,开放大学已遍布世界各地,只要每年注册学生超过10万,就可归为巨型远程教育系统。例如中国的电大系统、法国的国家远程教育中心、印度的英迪拉·甘地国立开放大学,都是世界知名的远程教育系统(参见下表)。对于许多国家来说,开放大学在扩大受教育面、提高全民受教育程度、丰富教育形式和内容等方面起到了不可替代的作用。

表13-1 世界知名的远程教育机构

机构	国家
英国开放大学(OUUK)	英国
哈根大学(FeU)	德国
国立大学远程教育协会(UNED)	西班牙
挪威知识学院(NKI)	挪威
国家远程教育中心(CNED)	法国
荷兰开放大学(OUNL)	荷兰

(三)网络教育

网络教育是新媒体时代的新形势,在未来社会中有可能发生越来越大的作用。网络可以超越时空的限制，使具备上网条件的全体社会成员不离家、不离岗就享受到丰富的教育资源。我国网络教育正以教育科研计算机网和卫星电视教育网为基础，逐步形成覆盖全国城乡的现代远程教育网络，为各种社会机构和成员提供不受时空限制的教育服务，它将成为终身教育体系的信息支持系统。

网络教育活动主要表现为两个方面：一是指网络技术应用于教育中，改变了传统的教育教学手段，教学不再局限于简单的教学用具，网络技术、多媒体技术和计算机技术综合地应用于教育教学之中。另一方面是指在网络上构建网络学校，它集学校、教学手段、教学内容、教学方法为一体，为学习者提供前所未有的开放的学习环境。可以说，网络教育的最主要特征就是自主性和开放性，这正是多少年来无数教育者苦苦追求的民主与自由的教育理想。而这，恰恰又是传统教育的根本弱点。受到时空条件的限制，在传统教育中，学习者的学习在很大程度上是被动的，学习者的个性化需求在教学中难以得到满足，其个性化的见解得不到充分的展现。尤其是以教师为中心、课本为中心和课堂为中心的制度化的班级授课模式使作为认知主体的学生在教学过程中自始至终处于受灌输的被动地位，其主动性、积极性难以发挥，学生的个性被压抑，学习的自由权利被剥夺，从某种意义上讲，这样的教学模式已经离教育的本质越来越远了。①

1. e-Learning

e-Learning是指“电子学习”，在英国也被称作“在线学习”或“网络学习”。挪威的NKI在1987年第一次推出了e-Learning课程。早期的在线课程只是比传统的远程教育印刷课程材料多加上一个电子邮件地址而已。所以，多数学者认可加拿大学者Collis的观点，即e-Learning的形成是以1995年万维网第一次给教育者提供服务为标志的。

互联网是长期以来最成功的教育工具，这一点现在没有人会怀疑。它将文本、视频、音频与用户之间的互动整合起来，可以在全球范围内使用，其平台是独立的。但最重要的是，它是一个异步的媒体，也可以用于同步的活动。所以，培训者、讲师、远程教育提供者和各级教学机构越来越多地使用互联网作为课程媒体。

传统的e-Learning课程是为进行自主学习的学生设置的，这些学生一般在家或办公室利用“Moodle系统”或“Blackboard系统”进行学习，这种学习一般是独自进行的，没有教师的反馈与评价。如今，美国的e-Learning课程更多是指“基于小组的学习”，这种学习中的教师和学生虽然分布在世界各地，但会约定在固定的一天、固定的时间一起学习，教师会为学生提供实时的课程，师生之间基于网络的互动成为可能(参见下图)。

① 袁振国，教育原理[M].上海：华东师范大学出版社，2001：373-374.

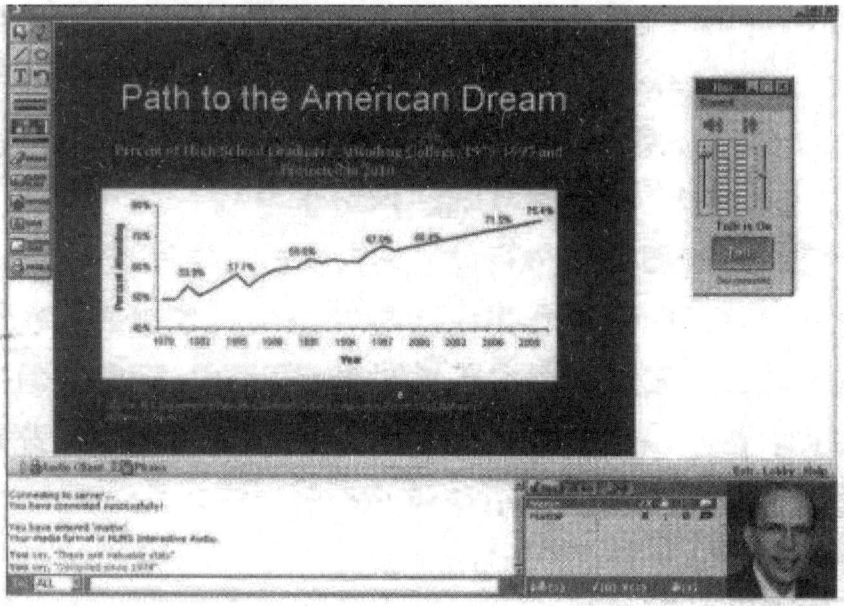

图 13-1　Wimba 实时课程呈现

2. 移动学习

移动学习是网络教育的最新形势。20世纪末，人类进入了无线电时代，无线电开始代替有线连接，移动电话迅速普及。统计发现，到2008年，全球已有超过37亿的移动用户，未来几年将超过50亿。而未来65亿人将会拥有50亿部手机，非洲和亚洲可能人手一部。可以说，现代学习者人手一部移动电话的现实，让移动学习变得如此便利。

21世纪之初，欧洲对移动学习方式就表现出了极大的兴趣，先后组织了30多个移动学习项目，对移动学习的教学对象、教学方法、技术等进行了综合性的研究。我国部分现代远程教育试点院校也围绕移动学习开展了一些试验性的研究，如由北京大学、清华大学和北京师范大学共同参与研究的移动学习项目，试图建立移动教育信息网和移动教育服务站体系。而在具体应用层面上，仍较关注利用手机加强学员和教师之间的日常联系上，如短信通知教务信息、短信发送简短课程内容等。

事实上，移动学习的发展是缓慢的，其主要问题在于移动设备的屏幕尺寸局限、数据输入困难及电池寿命太短等。然而，2008年和2009年，有两个发展将移动学习带入主流位置。它们是：苹果iPhone3G、谷歌手机Android Nexus One、黑莓（Blackberry）的出现，以及诺基亚和三星公司等对苹果iPhone的反应，使得移动电话发生了革命性变化。从智能手机到平板电脑，移动设备正在成为客户游戏和娱乐的控制台、社交网络链接、位置感知地图、增强实境导航设备、体育数据跟踪器、条码扫描仪、电视机、摄像机、电子阅读器、生产力的助推剂、购物篮和通讯工具。

目前，移动学习的发展呈现良好态势。首先，爱立信在2009年宣布与IGNOU（世界最大的大学——印度的英迪拉·甘地国立开放大学）合作，证明移动宽带技术将在网络学习过程中为学习者提供一种经济、有效地获得学习内容的方式。其次，专著的出版让移动学习得到推广。第一本移动学习的相关书籍是2010年出版的《移动学习:结构、机构、实践》(作者为Pachler. N. Bachmair. B 和 Cook. J)。当然,移动学习的发展还有很大空间,无线虚拟学习环境的设置将是未来技术发展的重点。

3. 混合学习

混合学习是近年来兴起的一种网络教育形式。顾名思义,混合学习学习过程可以是基于Web的技术(如虚拟课堂实况、协作学习、流媒体和文本)的结合(或者混合),以实现某一教学目标;是多种教学方式(如建构主义、行为主义和认知主义)和教学技术(或者非教学技术)的结合,共同实现最理想的教学效果的一种全新的学习途径。

混合学习的最大优势在于,它可以使用任何形式的教学技术(如视频、CD-ROM、基于Web的培训和电影),并让它与传统的师生面对面的教学培训方式结合起来,这种教学技术与具体工作任务的结合,会相互补充,形成良好的学习或工作效果。一方面,面授教育可以弥补网络在线学习可能给学生带来的不足,如学习孤独、部分学习内容无法达到目标等;另一方面,可以尽可能地运用网络优势,提高学习效率。当然,混合学习里所增加的面授机会并非强制性的,当需要帮助的学生达到一定数量时才会安排相应的面授时间。并且,学习时间会比较灵活,课程安排不会太密集,其目的就是要支持和帮助那些有学习困难的学生完成学业。

四、新媒体时代教育途径的变革趋势

1. 从一次性的学校教育走向社会化的终身教育

信息技术的飞速发展使教育途径发生了根本变革。这种变革不单纯是物质手段的革命,更重要的是创造了信息社会的、新的教育观念,开创了新的教育途径。

在传统社会,学校教育可以让受教育者获得参加劳动所必需的知识和技能,且这种学习在人生的前半段即可完成。在信息社会,如果教育仍然想一劳永逸地培养一定规格的青年,这是不可能的了。教育正在日益向着包括整个社会和个人终身的方向发展。这一终身教育的理念,在信息技术的推动下逐渐变为现实。

现代多媒体和网络信息技术应用于教育,能够把教育的资源带到社会的每个角落,只要利用Internet以及各种局域网进行教学活动,把优秀的教育资源设在网上,这样,任何地方的学生就都可以分享优秀教育资源。新媒体时代的信息技术使终身教育、学习化社会成为可能,教育将成为随时随地的、不受时空限制的事情,从而大大增加人们受教育的机会,远程教育使最边远、最贫困地区也能有好的教育条件,大大促进了教育机会均等的实现。

2. 从班级授课制为主的教学回归到个别化教学

古代社会个别化教学形式因效率低下而被近代社会的班级授课制所取代。现代社会由于信息技术的发展,又将会用个别化的教学组织形式取代班级授课制。如果说古代社会的个别化教学是师生之间"面对面"的直接交流,那么适应信息技术要求的个别化教学是师生借助于多媒体和网络的交流和对话,其方式为"教师—媒体—学生"。在这种个别化教学中,教师的活动从单纯的知识传授转变为以教学设计为主,教师的角色也从权威的灌输者转变成学生学习的启发者和引导者。

多媒体和网络技术的使用虽不能完全代替教师，但可大大减轻教师的负担，使他们从封闭的教学空间中解脱出来。一方面，教师把更多的时间用于学生的个别指导，依据学生不同的需要，给出个性化的学习指导方案，帮助学生形成自我的学习风格和独特的思维模式；另一方面，教师把更多的时间用于学生情感的辅导，根据学生不同的心理问题给予咨询和指导，帮助他们应对成长中的种种困惑，引导他们建构和谐健全的人格。

3. 从文本为主的线性结构发展为超文本的网络互动结构

传统的学科课程都是以线性结构来组织学科知识结构的，知识内容的结构及其顺序都以教为主，是教师的一种传授材料，学生利用它学习的自由度不大、灵活性不强，它告诉学生已有的推理过程和知识结构，这种知识的组织形式压制甚至泯灭了学生的探究和创造性。而超文本的网络互动模式采用一种网状的非线性结构组织信息，把相互关联的知识点有层次地构成一种网络系统，系统由节点和链组成，节点表示教学内容的知识点，链是知识点之间的层次联系。在多媒体网络中，学生们获得了许多智力辅助工具，如扩展软件、交互式硬盘系统、数据库系统、通讯网络等，可以将它们用于学习资料的收集、处理、储存、交流等，从而大大扩展了学生的学习能力。

现代信息技术为课程组织形式的超文本的网络互动提供了技术支持。学生在一个精心构造的、网状的、动态的、开放的环境里学习，学习者可以顺着链在超文本信息网络中自由地移动，按照自己的兴趣、需要和能力水平，找到自己所需要的和所能达到的知识，这种超文本的学习环境是跟随人的思维，随机通达各节点间的知识信息，它的主体是学生，而不是教师，知识信息随着学生的认知发展的需要而展现，符合学生的思维规律。学生可以利用网络，广泛地获取信息，帮助学生自主探索和发展。

4. 从单向的师生关系发展为基于网络支持的合作性学习

传统的班级授课制是灌输式教育，教师向学生灌输知识，学生作为“容器”被动地接受。教学中的互动主要表现为师生之间的互动，而鲜有学生之间的互动。学生的课堂交往对象主要是教师，而师生的互动并不是双向的，而是单向的、以教师为中心的。

与传统的、由教师支配的师生单向的交流相比，基于网络信息技术的教育交流方式呈现出许多优越性。首先，现代信息技术实现教育资源共享，提高信息的传播和利用效率，既能同步交换信息，又能跨地域交流。其次，现代信息技术可以实现多主体参与的合作性学习模式，通过互联网使多个教师、多个学生主体围绕共同问题进行协作、讨论和对话。第三，现代信息技术可以实现远程教育，打破传统沟通的地域限制，学生将不受时间和地域限制，多方收集教育资源，丰富他们的兴趣，开阔他们的视野。

综上，新媒体技术带给制度化教育的冲击是显而易见的。但是，我们必须有一种清醒的认识：网络技术对学校教育的再造过程是必要条件，而非充分条件。电脑和网络都是形成新教育范式的前提，是学生追求教育改革的刺激媒介，这种新发展已经成为教师、家长、学生共同讨论的问题。而最重要的是，这个新发展提供给孩子们一项有利的工具，协助他们去学习并激发其对世界的重新思考。要变革一个历经数百年形成的体系并非易事，不可能在一朝一夕间完成。学校必须自我转变成为一个整体学习的组织，教师、教育行政人员、学生也都必须成为一个整体的学习组织。因此，制度化的学校教育转型应注意以下几个方面：

首先,谨慎对待"学校消亡论"。有一种"学校消亡论"认为,随着网络技术的不断发展,学校的作用将被其他社会机构所代替。当然,多数专家不同意这种观点。虽然,多媒体技术和网络大大改变了现代人的学习方式,教育的个体化将成为趋势,但学校这种教育机构不会就此消亡,它将与远程教育、网络教育等形成一个互补关系,共同促进学习者的发展。未来学校组织结构可能会发生一些变化,其趋势为:学习社会化、社会学习化,即"教育-社会"一体化。

其次,不要将现代远程教育、网络教育局限于传统的教育模式之下。互联网对现代社会的影响远远超出了单纯的科技先进性,它带给人类一种全新思想。因此,不能将网络教育看作是传统教育在互联网上的延伸,实质上它并没有脱离传统教育的模式。网络教育应能为更多的人提供多样化的、公平的、持续的教育。

最后,努力实现学校教育与网络教育的结合。我国许多专家认为,在以"大教育、大科技"为舞台的背景下,许多教育内容可通过社会教育机构或网络教育完成,教育也应延伸到社会,办一所"没有围墙的学校"。今后的教育应坚持学校教育与网络教育、制度化教育与非制度化教育并行,实现优势互补、资源共享。

思考题

1. 简述制度化教育的类型及其作用。
2. 简述社会教育的当代意义。
3. 简述新媒体技术的发展给传统教育带来的冲击。
4. 请列举几种多媒体时代教育的新途径,并简要分析它们的作用和特点。

第十四章

教育方法

本章导读——

教育方法是教育实践的一个重要组成部分，教育方法是指在一定的教育思想指导下形成的、实现其教育思想的策略性途径，包括教师直接指向教育内容的教学方法、学生学习方法及学前教育和家庭教育的方法。对于制度化教育，即学校教育而言，教育方法主要是指教学方法和学习方法，而非制度化教育推崇"教育不应再限于学校的围墙之内"，在这一体系下，教学活动将让位于学习活动，受教育者将越来越成为主体。教师将较少地传授知识，而更多地激励思考，教育方法主要指学习方法，即学生如何"学会学习""选择学习"。"学会学习"是指学生掌握自学的手段，独立地思考和行动，"选择学习"涉及选择学习目标，它意味着可自由决定何种知识值得占有。本章主要探讨制度化教育下教学方法和学习方法以及在新媒体时代其发展趋势如何。

学习目标——

1. 相关概念

(1)教学方法

(2)学习方式

(3)新媒体时代

2. 基础知识

(1)教学方法的内涵

(2)常用的教学方法：以语言传递信息为主的方法、以直接感知为主的方法、以实际训练为主的方法、以欣赏活动为主的方法、以引导探究为主的方法

(3)学习方式的内涵和类型

(4)当代学习方式变革和发展：自主学习、合作学习和探究学习

(5)新媒体时代出现的新的教育方法及其发展趋势

第一节 教学方法

教学方法是完成教学任务、实现教学目的重要条件，教学的成败在很大程度上取决于教师是否能妥善地选择教学方法。教师在教学过程中必须采取一定的方法，把自己的知识、经验转化成学生可以接受的东西，从而达到预期的教学目的。

一、教学方法的概述

（一）教学方法内涵

教学方法是指为达到教学目的，实现教学内容，运用教学手段而进行的，由教学原则指导的，一整套方式组成的，师生相互作用的活动。①它包含了教师的教法、学生的学法。教法，是教师为完成教学任务所采用的方式、手段和程序；学法，是学生在教师指导下获得知识、形成技能、发展能力和个性过程中使用的方式。

过去，把教学方法只看作教师为完成教学任务、传授知识技能、指导学生学习的方法，在教学实践中只强调教的方面，而忽视学的问题。事实上，在教学中不存在没有教的学，也不存在没有学的教，这二者又不能互相代替。在使用某种具体的教学方法时，一定要照顾到师生双方的相互作用，不能片面地只考虑某一个方面。教与学是辩证地统一在教学方法之中的。教学方法的产生发展是由社会生产和科学技术进步决定的。从教学实践和理论发展来看，教学的任务、目的、内容的要求，以及人们对学生身心发展规律的认识，更直接地决定着教学方法的产生和发展。在人类教育史上，教学方法经历了由简单到复杂，从低级到高级的发展过程，通过人们不断继承、改造，逐步形成了现代教学方法体系。

教学方法一旦形成，就具有相对的独立性，能够对教学任务、教学目的和教学内容产生巨大的反作用。同样的教学任务和教学内容，采取不同的教学方法，或者同一教学方法的不同水平运用都会导致极为不同的教学效果。而且，由于这种独立性，教学方法的改革也较容易，可在课程设置、教学组织形式不做大的变动的前提下进行。

（二）教学方法的指导思想

运用教学方法的指导思想不同，就会产生不同的效果，教学方法指导思想可以归为两类：注入式和启发式，这是两种根本对立的教育观。

注入式教育观也叫“填鸭式”，是指教师从主观出发，把学生看成是一种单纯接受知识的容器，向学生灌输知识，无视学生在学习中的主观能动性。在这种思想指导下，学生的主体地位得不到体现，积极性被扼杀了，主动性也泯灭了。教师仅仅是现成知识的传递者，而学生仅仅是一个接受器。

启发式教育观是把学生看作教学过程的参与者，是学习的主人。在教学中，教师应尊重学生的主体性，从学生的实际出发，充分调动学生学习的积极性和主动性，指导学生自己去学习，让学生掌握学习方法，从而学会学习。显然，实施启发式教学，更符合素质教育的需

① 王策三. 教育论稿[M]. 北京：人民教育出版社，1985：244-245.

要，是学生创造性学习的前提和基础。教师在运用教学方法时，应摒弃注入式教学，坚持启发式教学指导思想。充分发挥学生的主动性、积极性，这样才能取得良好的教学效果。

（三）教学方法的选择和运用

“教学有法，但无定法，贵在得法。”教学是一种创造性活动，选择与运用教学方法和手段要根据各方面的实际情况统一考虑。每个教师都应恰当地选择和创造性地运用教学方法，表现自己的教学艺术和形成自己的教学风格。

一般说来，教学方法和手段的选择主要依据有：教学目的和任务；教学内容的学科性质及其教学法的特点；教师的素养，包括业务水平、实际经验、个性特点；学生的学习准备状态，包括生理、心理、认知能力等；教学的时限和效率的要求，包括规定的课时与可利用的时间等。

教育任务、教育内容、教育要求以及学生身心发展特点的不同决定了教育方法的不同。任何一种方法都有自身独有的功能，都不能适用于一切教育活动和教育内容。因此，教师在教育活动中应根据具体的教育情境综合应用多种教育方法。

二、常用的教学方法

目前在教学实践中运用的教学方法，数不胜数。按照各自标准对其进行分类，结果会五花八门。这里我们按照教学方法的外部形态及学生认识活动的特点，把教学方法分为五类，即“以语言传递信息为主的方法”、“以直接感知为主的方法”、“以实际训练为主的方法”、“以欣赏活动为主的方法”和“以引导探究为主的方法”，每一类又包含若干种具体方法。

（一）以语言传递信息为主的方法

这是一类通过教师应用口头语言向学生传授知识、技能以及学生独立阅读书面语言为主的教学方法。这类教学方法与人类教育教学活动一起产生，先以口头语言作为主要媒介，文字产生以后又增加了书面语言作为媒介，至今仍然是教学活动中主要的方法。这类方法主要有讲授法、谈话法、讨论法等。

1. 讲授法

讲授法是教师运用口头语言系统地向学生传授知识的方法。它是通过叙述、描绘、解释、推论来传递信息、传授知识、阐明概念、论证定律和公式，引导学生分析和认识问题。讲授法是迄今为止在世界范围内应用最广泛的一种教学方法，其基本形式有讲述、讲读、讲解三种方式。

讲述：教师向学生叙述、描述事物和现象。

讲解：教师向学生解释、说明，论证概念、原理和公式等。

讲读：教师利用教科书边读边讲。

三种方式无明确的边界，在教学活动中经常相互穿插结合使用。

讲授法的优点是教师容易控制教学进程，能使学生于短时间内获取大量系统的知识，利于教师发挥主导作用，利于有目的、有计划地进行教学活动。讲授法的缺点是如果运用不当，容易造成教师满堂灌、学生被动听的局面，学生学习的主动性、积极性不易发挥。

讲授法运用应遵循以下几点要求：

(1)保证讲授法内容的科学性和思想性，即教师讲授的概念、原理、事实、观点必须是正确的。因此，教师要认真备课和教学。

(2)讲授要做到条理清楚、重点分明。讲授的逻辑清楚，学生的理解才能够清楚。

(3)讲究语言艺术。教师的语言水平直接决定着讲授法的效果，教师必须不断提高自己的语言修养。首先，要做到语言清晰、准确、精炼，既逻辑严密又清楚明白；其次，要努力做到生动形象、富于感染力；最后，还应注意语音的高低、语速的快慢，讲究抑扬顿挫。

(4)注意与其他教学方法配合使用。学生的注意时间有限，一般来说，在整节课中完全采用讲授法很难取得良好效果，教师应当善于将讲授法与其他教学方法和手段交替使用，避免学生因长时间听讲出现疲劳和注意力涣散现象。

2. 谈话法

谈话法是教师根据学生已有知识经验，由教师提出问题，学生通过口头问答的方式，引导学生通过判断、推理来获得新知的方法。运用该方法，学生能在教师指导下独立思考。谈话法也经常要与其他方法配合使用。

谈话法的优点是能较充分地激发学生的主动思维，促使学生独立思考，帮助学生智力发展以及语言表达能力的锻炼和提高。

谈话法的缺点在于需要花费比讲授法更多的教学时间。同时当学生人数较多的时候不易照顾到每一个学生。

谈话法运用应注意以下几点：

(1)做好充分的准备。围绕什么内容进行谈话、提出哪些问题、提问哪些学生以及学生可能做出什么样的回答、怎样通过进一步的提问引导学生等，教师都应当在事前周密考虑和安排。

(2)谈话要面向全体学生。尽管谈话只能在教师与个别学生之间进行，教师还是可以通过努力吸引所有的学生。首先，谈话的内容应当是能够引起全体学生注意的，具有普遍性和重要性的问题；其次，教师应当尽可能使得谈话对象有代表性，比如选择不同层次的学生；最后，在谈话时加以适当的解释、说明作为补充。

(3)在谈话结束时进行总结。在谈话中，学生的理解和掌握往往表达得不够准确、精炼，因此在谈话的最后阶段，教师应当用规范和科学的表述对学生通过谈话所获得的知识加以概括和总结，从而强化他们的收获。

3. 讨论法

讨论法是教师引导学生围绕某个具体问题交换意见，通过相互启发而获得知识的方法。运用该方法，学生能够相互交流学习。

讨论法的优点是能公平而充分地给予每个参与讨论的学生表达自己观点、发表自己意见的机会，调动他们的学习积极性；有利于提高学生的口语表达能力；由于该种讨论法多在年龄和发展水平相近的学生之间进行，因此也有助于培养合作精神，激发他们的兴趣、启发他们的思维，并利于他们听取、比较和思考不同的意见，提高学生学习的独立性，从而触及其思维能力的发展。讨论法的缺点在于有时由于受到学生知识、经验水平和能力发展的限制，讨论会流于形式或出现脱离主题的情况。

运用讨论法的注意事项：

（1）选好讨论题目。首先，要选择那些有讨论价值的题目，一般说，应当是教学内容中比较重要的事实、概念、原理等；其次，要选择难度恰当的题目，一般说，过于简单或过于复杂的内容都不适当，前者难以激起学生的学习热情，后者则容易挫伤他们的积极性。

（2）肯定学生各种意见的价值。对于未知的东西，任何意见都是有价值的。学生总是从自己的逻辑出发去理解和思考，因此各种不同意见尽管可能离正确答案相去甚远，但最真实地反映了学生的想法。教师不应当裁判，急于指出各种意见的正确或错误，而要让学生畅所欲言，通过充分的讨论，理解什么是对、什么是错，以及为什么对、为什么错。

（3）善于引导，教师应当在学生讨论时全面巡视，注意倾听、善于捕捉讨论中反映出来的问题。在讨论遇到障碍深入不下去时适当点拨，在讨论脱离主题时加以提醒，在讨论结束时帮助学生整理结论和答案等。这些对于讨论法的运用都是必不可少的。

（二）以直接感知为主的方法

这是一类教师通过实物或直观教具的演示来组织的教学性参观等，使学生利用各种感官直接感知客观事物或现象而获得知识、形成技能和发展能力的方法。这类方法，具有形象、直观、具体和真实的特点，能激发和强化学生的学习兴趣，吸引和维持学生的学习注意力，但需要有较多的时间保障，与以语言传递信息为主的方法结合使用，就既能获得良好的教学效果，又能提高教学效率。这类方法主要有演示法和参观法。

1. 演示法

演示法是教师通过向学生展示实物、音像资料或进行示范性实验的方式来说明所传授知识的方法。

演示法的作用在于向学生提供生动的感性知识，使他们把理论知识与实际事物联系起来，形成概念；同时激发学生学习兴趣，培养其观察能力。

运用演示法的基本要求：

（1）做好演示前的准备。演示前，要根据教学需要，做好教具准备，选择典型的实物、教具，还要考虑好运用教具进行演示的过程，特别是演示实验，应先试做一遍。

（2）要尽可能让学生利用各种感官，充分感知学习对象，获得深入的感性材料。

（3）演示要适时。演示要紧密配合教学，及时进行，过早拿出直观教具或用完后迟迟不收藏好都会分散学生的注意力。在演示过程中要引导学生在主要问题上进行观察，不在无关问题上分散精力。

（4）演示要与讲解、谈话、讨论等方法配合好，要引导学生逐步深入进行观察。对演示所提供的材料要进行综合分析，得出科学的结论。

2. 参观法

参观法是教师依据教学目的，组织学生进行校外观察以验证已学知识或获得新知识的教学方法。运用该方法，学生能在教师指导下获得直接经验。根据有关知识的顺序，参观法又可分为三种：

（1）准备性参观：在学习某种知识之前进行。

（2）并行性参观：在学习某种知识的过程中进行。

(3)总结性参观:在学习某种知识之后进行。

参观法能有效地把书本知识与实际紧密结合起来。帮助学生深入理解和领会所学习的有关知识,扩大学生眼界,并且从中受到多方面的教育。

参观法运用的注意事项:

(1)做好参观的准备。教师应事先到参观地进行实地考察,全面了解各种需要注意的问题,并且据此拟好参观计划。教师还要为学生做好参观动员,让他们了解参观的目的,明确参观的要求和任务,如是否要做笔记、收集哪些资料等,以及参观的注意事项。

(2)指导参观的进行。在参观过程中,教师要关注和引导学生,如提出启发性的问题、提示值得注意的细节等,避免走马观花。

(3)总结参观的收获。参观结束后,教师要帮助学生做好总结。可以要求学生写出参观心得或报告、根据参观所得制作图表模型等。

(三)以实际训练为主的方法

这是一类在教师指导下,学生通过练习、实验和实习等实际活动,学习、巩固和完善知识、技能和技巧的方法。这类方法以学生的实践活动为基本特征,主要包括练习法、实验法和实习作业法。

1. 练习法

练习法是学生在教师指导下通过练习以巩固知识、培养技能的教学方法。该方法是教师指导下的一种实践性学习。

练习法能通过在教师指导下进行的各种及时、集中的练习,有效地发展学生的各种技能技巧。

练习法运用的注意事项:

(1)明确练习的目的和要求。要让学生知道为什么进行练习、怎样才是达到了练习的要求,这样才能使学生的练习具有自觉性和积极性,避免练习的盲目性和机械性。

(2)指导正确的练习方法。教师要在练习之前讲解和示范正确的练习方法,并保证学生基本掌握,以便提高练习的效率。

(3)合理安排练习的步骤。教师应当使得练习有计划地进行,循序渐进。

(4)科学掌握练习量。技能技巧的练习需要一定的练习量,但并不是越多越好,超过学生承受能力的练习会导致结果适得其反。教师要考虑到学生身心发展特点以确定练习量。此外,一般来说,分散练习比过于集中的练习效果更好,将某种练习分成几次完成,要比一次性安排更为科学。

(5)给予学生及时反馈。要使学生能够及时知道练习的结果,以便纠正错误和巩固成绩。

(6)练习方式要多样化。要防止单一、重复的练习方式,根据教学任务和学生实际,将口头的与书面的、记忆的与操作的、课内的与课外的等不同方式结合使用,采取多样化的练习方式,可以保持学生的兴趣,提高练习的效率。

2. 实验法

实验法是教师指导学生运用仪器独立操作并观察操作引起的现象,进而获取知识的教学方法。运用该方法,学生能够进行独立自主的学习。

实验法能够使学生在学习中的认识过程比较完整,因为在实验法中学生是通过自己的亲身活动,从感性认识过渡到理性认识的;学生的观察能力、独立思考能力、动手能力均可得到很好的训练和发展;学生求实的科学态度、探究的科学精神以及热爱科学的情感等科学素养均可得到培养与发展。

实验法运用的注意事项:

(1)准备工作充分。在实验前,要就实验的目的、内容、步骤、仪器的使用和操作要领向学生交代清楚,保证学生明确领会。

(2)及时、具体指导。学生独立完成整个实验过程往往有一定困难,教师要适时地提醒他们实验步骤、操作规范等。当然,这种提醒应当是在需要时进行,并根据具体情况决定是针对个别学生还是全体。

(3)帮助学生总结。由于不够成熟,学生很容易被实验的外在和表面因素吸引,如对实验仪器的新鲜感、实验中某些变化的好奇感,并因此忽略了最重要的结果和根本目的。因此,教师要帮助他们总结实验的收获,如写出简单的书面报告或者组织进行口头汇报。

3. 实习作业法

实习作业法是教师布置任务,学生通过实际操作将已学习的知识运用于实践的教学方法。运用该方法,学生能够将书本知识运用到实际问题解决中去。

实习作业法的优点是在学习过程中学生将知识运用于实际,使学生理论与实际结合的能力得到有效提高。

实习作业法运用的注意事项:

(1)提出明确要求。实习作业总是在学习某种理论知识之后进行的,教师要让学生明确实习作业的目的及具体任务,从而提高学生的自觉性和活动效率。

(2)选择恰当方式。实习作业法的具体方式是多种多样的,如测量、测绘、制作、栽培、饲养等,教师要根据所学知识的性质和特点选择与之相适应的具体方式。

(3)做好事后检查。教师要在学生完成实习作业后给予检查和评价,帮助学生理解自己的得失。

(四)以陶冶情感和欣赏活动为主的方法

这是一类指教师创设一定教学情境或利用特殊内容和艺术形式,使学生通过体验事物的真善美,陶冶性情和培养正确的态度、兴趣、理想和审美能力的方法。主要包括陶冶教学法、欣赏教学法以及情景教学法等。

1. 陶冶法

陶冶法是指教师根据一定的教学要求,创设一定的情境,使学生通过体验客观事物的真、善、美,陶冶他们的性情和品德,并在不知不觉中使学生受到教育。

陶冶法不向学生提出具体要求或进行具体指导,而是寓教学内容于各种具体的、生动形象的、有趣的活动中,其作用在于创设理智、情感并存的意境,唤起学生的想象,以加深他们对事物的认识和情感上的体验。

运用陶冶法的注意事项:教师要根据教学目的和教学内容,积极地为学生创设丰富而有意义的情景。教师要调节好自己的情感和情绪，以饱满的热情和关爱学生的感情，感化和陶冶学生。

陶冶法的局限性在于知识传递方面，它不可能如教师用语言讲授那样在短时间内就能给学生大量系统的知识和信息。

2. 欣赏教学法

欣赏教学法是在学习的过程中，学生在教师的指导下体验客观事物的真善美的一种教学方法。欣赏是一种心理与情感的反应，因此欣赏教学是一种情意的学习，重点在于品格的陶冶。

欣赏教学存在于各个学科之中，它通常可分为三类：艺术的欣赏、道德的欣赏和理智的欣赏。欣赏教学可以锻炼学生的思考力和想象力，培养他们浓厚的求知欲，陶冶学生的性情，使他们具有高尚的理想和良好的品德。

欣赏教学法的运用要注意以下几个方面：首先教师要选择合适的教材，教材要适于欣赏的需要和学生的能力；其次教师要尽量提供必要的知识，激发学生欣赏的兴趣，引起学生强烈的情绪反应，以达到心灵上的共鸣；再次教师在指导学生欣赏时，需要启发和提高学生的想象力；最后是要配合其他活动进行欣赏教学。

欣赏教学法的局限在于欣赏教学容易受外部环境以及人的经验与心理的影响，其过程不易外显，结果难以检验与评价。

3. 情景教学法

情景教学法是教师有目的地创设或引入以形象为主体、具有一定情绪色彩的生动具体的场景，通过引起学生一定的态度体验，来帮助他们理解教材，提高他们分析和解决实际问题的能力的教学方法。情景教学法多以案例或情景为载体引导学生自主探究学习，通过“感知—理解—深化”三个教学阶段来进行。

情景教学法具有形真的特点，以简化的形体、暗示的手法获得与实体对应的形象，给学生提供鲜明生动的形象，让他们产生真切之感；情景教学法情深意远，能激起学生学习的情感体验，形成一个广阔的“心理场”，作用于学生的心理；情景教学法依据教材创设情境，为学生提供良好的暗示或启迪，培养学生的创造性思维与适应能力，陶冶人的情感，净化人的心灵，把知、情、意、行融成了一体。

运用情景教学法需要注意：教师要依据教材创设画面，把学生引入情景并形成表象，然后要深入情景当中去理解教学内容与领会蕴含的感情，最后要再现情景来丰富学生的想象，进一步深化感情。教师运用情景教学时关键在于精心设计画面，备好情景教学课，遵循一定的原则与步骤，切忌粗制滥用或画蛇添足。

情景教学法的局限性在于其对教师的素质要求较高，需要进行丰富的教学准备以及具备灵活的现场应变能力。

（五）以引导探究为主的方法

这是一类由教师组织和引导学生通过独立的探究或研究活动而学习知识、形成技能和发展能力的方法。其主要特点在于，在探索解决学习任务中，使学生的独立性得到发挥，进而学习和巩固知识、培养技能技巧、发展探索和创新的意识和能力。这类方法主要有发现法。

发现法又叫问题法，20世纪50年代产生于美国。所谓发现法就是让学生自己去发现，回答他们自己的疑问，解决他们自己的问题。采用这种教学方法的目的在于尽量发展学生认识的可能性；帮助学生学会发现知识的思考方法，用自己的头脑去获取知识。

发现法的积极倡导者——美国心理学家布鲁纳，他在《发现的行为》一文中，对这种方法做过详细的描述。他指出："发现不限于寻求人类尚未知晓的事物，确切地说，它包括用自己的头脑亲自获得知识的一切方法。"布鲁纳认为，发现，无论是由一个学生独自摸索出来的，还是由一位科学家在他那个领域的最前哨里栽培出来的，本质上都是重新整理和改造证据，达到新的水平。所以，从教学方法的角度看，学生在教师的启发诱导下，能够借助教材亲自去探索、主动去发现和概括出应有的基本原理等规律性知识，获得人类已有的认识成果和社会生活经验，在教学效果上要比死记硬背一些现成的概念和结论，被动地接受知识好得多。

运用发现法的一般步骤是：

(1)创造问题情境，使学生提出要解决或研究的问题，明确发现的目标或中心。

(2)学生利用教师和教材所提供的某些材料，对提出的问题做出一种或几种解答的假设。

(3)从理论上或实践上检验自己的假设，学生中如有不同的观点，可以开展讨论。

发现法的提倡者认为，这种教学方法具有以下优点：能充分发挥学生认识的积极性和主动精神，使学生认识活动的内部过程经常伴有猜想、惊讶、困惑、期待，促使他们去寻找理由和证据。它能激发学生的学习兴趣，使学生用科学的观点来评价现象和过程，学到科学的认识方法。这种方法的缺点是：需要花费很多时间，是一条不经济的学习道路；它不利于学生掌握系统的知识，形成必要的技能技巧。

运用发现法的要求：

(1)鼓励学生，使他们相信自己能够解决问题，能够通过证据获得正确的结论，让学生对所研究的问题发生内在的兴趣。

(2)帮助学生找出他们正在研究的问题和他们已经知道的事物之间的联系，指导学生学会对比事物，学会思考，促成学生的发现。

(3)要帮助学生评价结论。

教师在选择教学方法时，要在时间条件允许的情况下，在现代教学理论的指导下，熟练地把握各类教学方法的特性，综合地考虑各种教学方法的各种要素，对教学方法进行优化组合；无论选择或采用哪种教学方法，要以启发式教学思想作为运用各种教学方法的指导思想；教师在运用各种教学方法的过程中，还必须充分关注学生的参与性。选择教学方法的基本依据有：教学目标、教学内容、学生实际特点、教师的自身素质、教学环境条件。

第二节 学习方式

教学是教与学双方的活动，教是外因、学是内因、教必须通过学起作用。所以，教师不仅要研究教学方法，还要对学生的学习方法给予指导，尤其要帮助学生掌握自主学习、合作学习和探究学习等符合现代教学理念的学习方式。

一、学习方式的内涵

学习方式是人们在学习活动中所采用的方法以及方法使用过程中呈现出来的形式，它表现出来的是一系列的操作步骤、操作方法和在操作过程中呈现出来的形态和样式。

学习方式和教学方法不是孤立存在的，它们相互制约、相互影响、互为条件。首先，教的方式决定学的方式，一般而言，教师在教学活动中处于主导地位，教师教的方式决定学生学的方式，比如教师采用注入式教学，学生接受知识也是被动的、机械的。其次，学的方式影响教的方式，为达到预期的学习效果，教师必须通过学生的学习效果、学习态度、学习表现等方面的反馈信息调整自己的教学方式。

学生的学习方式与教师的教学方式相匹配，有利于促进学生的学习，因此，教师在教学中要从学生的主体出发，研究学生的学习动因，既要研究教什么、怎么教，又要研究学生如何学、怎样学，怎样才能学得活、学得好，有机地将教与学联系起来，使教法、学法同步协调发展、共同促进。

二、学习方式的类型

依据学习方式的概括程度和适用范围从纵向划分为三个层次：

第一个层次：理论性的学习方法，如接受式学习法、发现式学习法等。该类方法是不同的教育理论观点、教育哲学理念和学习本质认识在学习方法问题上的表现。严格地说，它并不是一种具体的、可操作的方法，而是一种方法观、方法论或方法的指导思想。由于该类方法概括程度高，因而具有较广泛的适用范围。

第二个层次：技术性的学习方法，如预习法、听课法、复习法、作业法、小结法、课外阅读法、观察法等。该类方法是受一定学习任务所制约的，并具有一定的概括性，其使用范围局限于学习活动的某一阶段或某类内容。

第三层次：操作性学习方法，如外语单词的联想配对学习法、历史年代图表记忆法、文学作品赏析法等。该类方法直接服务于某一特定学科，甚至某一特定目的，并通过具体的操作方式表现出来。由于其概括程度比较低，适用范围比较窄，有一定局限性，但它比较具体、易操作，与学习内容结合紧密甚至融为一体，可立即转变为学生的学习技术。

其次，根据学习方法的特点和性质，学习方法可从横向上划分为两种形式：

第一种形式是接受性学习法，如听讲法、鉴赏法、观察法、读书法等。该类方法是可全面运用自己的感官从外界接受信息的一种学习方式，其特点是学生通过听、看、读的方式以及与学习对象接触来内化学习对象、同化认知结构，促使内部联系发生变化。

第二种形式是表达性学习法，如表达法、写作法、实习法、实验法、表演法、练习法、劳作法、创作法等。该类方法是全面运用自己的感官向外界表达信息的一种方式，其特点是学生通过讲、写、用的方式与学习对象相互作用，来外化自己的认识，进而形成和巩固认识成果，使学生达到知行统一的学习境地。这两类方法都是学生所必需的、不可偏废。

三、当代学习方式的变革和发展

20世纪80年代以来，随着我国学校教育培养目标的重大转变以及教育教学改革的不断深入，作为重要内容的学习方式也在不断发展。特别是新一轮基础教育改革中，把“以学生发展为本”作为基本理念，提出了以学生自主学习为基础，强调合作学习与探究性学习等多种学习方式。同时也要求运用各种现代信息技术，进行课堂教学改革。

（一）自主学习

与传统学习方式不同，自主学习就是强调以学生作为学习主体，通过一系列自主完成的学习过程，如果预习、思考、查阅相关资料，从而独立完成学习目标的学习。

指导学生自主性学习应当注意：(1)指导学生积极、主动参与学习过程每一个环节的设计。指导学生确立学习目标、设计适合自己的学法，自主选择学习的内容、设计最能巩固和拓展所学知识的作业以及自我评价的标准。(2)指导学生自我反思。反思自己学习活动，对学习中所做出的行为以及由此产生的结果进行审视和分析。(3)指导学生进行批判思维训练。批判不仅包括对自我认知过程和学习策略的批判，还包括对学习内容——课本的内容乃至同学和老师的观点的批判，任何真理都是相对的，只要善于指导学生用置疑的眼光去评判学习内容，总会发现一些有价值的问题，在批判性思维中，学生一方面可以发现学习内容的一些漏洞，验证学习对象是否正确，同时也可以发现自己在认知上的缺陷。

自主学习是指教学条件下的、学生高品质的学习。所有能有效促进学生发展的学习，都是一定程度上的自主学习。大量的观察和研究充分证明，只有在如下情况下，学生的学习才会是真正有效的学习：感觉到别人在关心他们；对他们正在学习的内容很好奇；积极地参与到学习过程中；在任务完成后得到适当的反馈；看到了成功的机会；对正在学习的东西感兴趣并觉得富有挑战性；感觉到他们正在做有意义的事情。要促进学生的自主发展，就必须最大可能地创设让学生参与到自主学习中来的情境与氛围。

（二）合作学习

合作学习是指学生在小组或团队中为了完成共同的任务，有明确责任分工的互助性学习。其重点在于合作学习小组中各成员均有明确的分工与责任，其关键在于小组成员间的相互信任、支持和合作。

指导学生进行合作学习时应注意：(1)要引导学生分析学习任务和合作方法。(2)要引导学生乐于与同伴合作完成任务。(3)要引导学生乐于与同伴分享自己的经验。(4)防止有人旁观或有人垄断的倾向。(5)指导学生检视和反思自我，强调集体的利益高于个人的利益。

合作动机和个人责任，是合作学习产生良好教学效果的关键。合作学习将个人之间的竞争转化为小组之间的竞争。如果学生长期处于个体的、竞争的学习状态之中，久而久之，学生就很可能变得冷漠、自私、狭隘和孤僻，而合作学习既有助于培养学生合作的精神、团队的意识和集体的观念，又有助于培养学生的竞争意识与竞争能力；合作学习还有助于因材施教，可以弥补一个教师面向众多有差异的学生时教学能力上的不足，从而真正实现使每个学生都能得到发展的目标。

在合作学习中，由于有学习者的积极参与，高密度的交互作用和积极的自我概念，使教学过程远远不只是一个认知的过程，同时还是一个交往与审美的过程。研究表明，如果学校强调的是合作而非竞争，既不按智力水平分班，又不采取体罚的措施，那么这种学校就不太会发生以大欺小、打架斗殴以及违法犯罪等事件，同时也不会因为强调竞争而降低学习成绩。事实证明，要提高一个孩子的学习成绩，更有效的办法是促进他的情感和社会意识方面的发育，而不是单纯集中力量猛抓他的学习。在合作式的小组学习活动中可以培养学生的领导意识、社会技能和民主价值观。

（三）探究学习

所谓探究学习即从学科领域或现实社会生活中选择和确定研究主题，在教学中，创设一种类似于学术（或科学）研究的情境，通过学生自主、独立地发现问题，实验、操作、调查、搜集与处理信息、表达与交流等探索活动，获得知识、技能、情感与态度的发展，特别是探索精神和创新能力的发展的学习方式和学习过程。研究性学习是一种科学的学习方式，也是一种全新的教育理念或一门全新的课程。它的主要特征表现为：1.强调学生自主活动；2.学生通过亲身实践获得知识技能；教室从封闭走向开放，鼓励学生走出校园，融入自然和社会中去。

研究性学习的实施一般可分为三个阶段：1.进入问题情境阶段；2.完成体验阶段；3.表达交流阶段。在学习过程中，这三个阶段并不是截然分开的，而是相互交叉和交互推进的。组织、指导学生开展研究性学习的一般程序是：1.开设科普讲座并进行研究方法的指导。目的是做好背景知识铺垫，激活学生原有知识，提供选题范围，诱发探究动机，指导研究的方法。2.指导学生选题。研究课题可以由教师提出，也可以由学生提出。较多的是通过师生合作最后确定题目。一般而言，与学生生活和学习直接关联、切入口小的课题较受欢迎且易实行。3.组织课题组，制定研究计划。课题组多采用学生自由组合、教师适当调节的做法。研究计划中要有对目标的清晰表述，研究的具体方法和工作程序的设计也是如此。课题组聘请本校教师或校外专业人员担任课题指导者，对于课题研究的顺利开展会起到有益的作用。4.实施研究。学校要给予一定的时间保证，创造必要的物质条件，并对学生进行操作方法指导和利用社会资源指导。学生要做好比较详细的工作记录，并随时记下自己的感受、体会。课题组应积极主动地争取校外力量的帮助。5.处理结果和撰写研究报告。研究结果的表达必须坚持实事求是原则。同时教师又要引导学生学会整理资料、加工处理信息，学会以恰当的方式表达研究成果。6.组织研究成果的交流研讨。

与探究学习相对的是接受学习。接受学习将学习内容直接呈现给学习者，而探究学习中学习内容是以问题的形式来呈现的。和接受学习相比，探究学习具有更强的问题性、实践性、参与性和开放性。经历探究过程以获得理智和情感体验、建构知识、掌握解决问题的方法，这是探究学习要达到的三个目标。

第三节 新媒体时代教育方法的发展趋势

新媒体时代，现代信息技术在教育中的运用，极大提高了教学效果，对教学方法也产生了深刻的影响，出现了一些新的教学方法。

一、现代信息技术的运用与教学方法的变革

随着新媒体时代的到来，电子媒体广泛运用于教育领域，幻灯、投影、电影、电视、录音、录像、语言实验室、计算机、影碟等作为教学手段大量地运用于教学之中，使教育事业得到迅速发展。从传播学的观点来看，教育的实质就是教育者利用一定的教育媒体向受教育者传播知识、技能和情感的活动，媒体既是信息传播的工具，又是沟通教育主、客体之间的桥梁。教育媒体的巨大变革和发展，必然要求在教学组织形式和方法上进行改革。这样，教学活动中，为取得最佳的教学效果，合理运用现代教育媒体，并与传统的教育媒体相结合，有目的地传递教学信息，一些新的教学方法便应运而生。

（一）媒体辅助教学法

媒体辅助教学方法是以传统的教学方法为主，在教学活动中，根据教学内容的需要，利用电子媒体给学生提供感性材料，说明某一现象或某一过程的教学方法。在传统教学占优势的情况下，把传统教学的讲解法、谈话法、实验、实习、参观、练习等和电子媒体的视听结合起来，是当前常用的一种教学方法。这种教学方法的特点是教师与学生能够进行面对面的信息交流，师生能够进行思想感情的沟通，及时获得反馈信息，调整教学内容和进度。运用这种教学方法的要求是：电教媒体应用要适时、适量，符合教学过程和学生认识的规律；讲解恰当，画龙点睛。

（二）视听媒体播放教学法

这种教学方法是指利用配音幻灯、电影、电视录像进行课堂教学，即课堂教学播放法和利用闭路电视、广播电视、卫星转播电视、无线电广播等进行大规模教学，即远距离播放教学法。

1. 课堂播放教学法

是指利用配音幻灯、电影、电视录像的画面和声音代替教师进行课堂教学，教师的作用是组织教学。这种教学方法，在媒体播放前，教师应给予学生必要的指点、引导和提示。如告诉学生播放的是什么内容、重点在什么地方以及目的和要求是什么等。这种方法，主要用于复习课，补充说明已学过的教学内容，或播放与教学内容相关的知识，扩大学生的视野，增强教学效果。

2. 远距离播放教学法

是指教师间接利用电教媒体向学生传递教学信息。这种教学方法的主要特征是教师与学生之间的非面对面的交流。其教学方式主要有两种：一是利用广播媒体大面积传递教学信息，简称“广播法”；二是利用各种能储存教学信息的媒体组织各种教学活动，简称“重放法”。广播法，它是用广播的形式传输教学信息。目前常用的有无线广播教学、有线广播教学、闭路电视教学、广播电视教学、卫星转播电视教学等。广播教学可以是现场直播，也可以先编制好电教教材，然后按计划播放。这种教学方法能节约师资、充分发挥高水平教师的作用，扩大教学规模，便于个别学习。但要注意加强联系和地区性组织辅导工作，以解决学生学习上的困难和调整教学内容与教学进度。重放法，它是学生利用电教媒体进行学习的一种方法。学生可通过电教教材的重放，学习教学内容，其内容和时间由学生自己选定。这种

方法要具有电教设备和电教资料。

3. 程序教学法

程序教学就是指教师根据一定的教学理论把教材内容分解成许多小的项目，并按照一定的教学规律排列起来，构成程序教材。程序教材是通过教学机器呈现出来的，教材中每一项目都提出了问题，要求学生作回答或选择，然后给予正确答案，以便核对。经核对无误，便自动进入下一个项目的学习。设计程序教学教材时，首先必须对教学目标、学生的学习任务、学生学习所经历的过程以及对关于学习的教材、媒体、学习环境条件等进行分析，然后在教学中进行试验，找出问题获得反馈信息，以便补充和修改，更符合教学的需要。学生通过程序教材的学习，能够掌握每一段落及全课程的教学内容，还可以检查自己对所学知识的掌握程度，以便及时调整学习方法和进度。程序教学有以下几个优点：学生思维处于高度的积极状态；进行每一步都要进行信息交流，发挥了学生的主观能动性；能及时强化；错误率小，增强了学生学习的信心；程序教材由经验丰富的教师或专家编制，便于大面积推广。

程序教学有两种模式，即直线式程序模式和分支式程序模式。

（1）直线式程序，以斯金纳首创的程序为代表，又被称为经典程序。该程序是把教材分成一系列连续的步子，每一步子很小。给学生呈现一步，就要求学生有一个构答反应，学生答完后，机器就呈现正确答案，加以核对，得到强化，再进入下一步。

（2）分支式程序，分支式程序的代表是克劳法程序和凯程序。克劳法程序是一种分支式多重选择反应程序，又称内在程序。这种程序步子比较大，答案是多重选择式，学生用键盘回答。反应正确进入下一步学习，反应错误则导入一个分支程序，在分支程序中给予辅导或重新提示。程序教材既适用于班级课堂教学，也适用于学生个别学习。在运用中应注意以下几点：学生要有明确的学习目的；学习前，应熟悉学习机的性能和使用方法；学习过程中，要注意认真阅读每一项目，进行思考，认真回答每一问题或做出操作反应；注意与传统文字教材配合。

4. 微型教学法

微型教学就是借助现代化教学设备，如摄像机、录像机等，训练师生或在职教师教学技能的一种小型教学尝试。开展微型教学，一般是在一个装有电视摄（录）像设备系统的特殊电教室里进行的。实习教师在很短的时间内，面对几个学生对象进行教学，教学情况通过电教设备记录下来，供本人和别人观看，共同分析教学技能的优缺点。这种教学方法，有利于实习教师发扬优点、克服缺点、较快地提高教学技能。因这一训练活动学生少、时间短，只训练一种教学技能，所以称之为微型教学。微型教学法对体育、戏剧、舞蹈、艺术等专业的学生在掌握技能、技巧的训练中也能发挥良好的作用。

以下是香港中文大学教育学院采用的微型教学程序，供大家参考：

（1）实习生考虑目标，准备内容，把各种技能付诸练习；

（2）练习的时候，一些实习同伴负责录像，另一些实习同伴充当学生；

（3）“教学”之后，进行口头或书面讨论；

（4）指导教师和实习生小组一起观看录像；

（5）实习生小组评论微型教学作业；

（6）指导教师总结实习生的“教学”情况，提出具体建议。

以上是第一轮练习。待做出适当的评价后，实习生才能为第二轮练习制订方案：

(1)实习生更改教学目标和内容，改善教学程序和方法，重新试教并录像；

(2)自我评论，与前次“教学”作比较；

(3)小组再看录像；

(4)小组讨论；

(5)指导教师提出评价和建议；

(6)实习生个人总结，准备进一步的练习。

5. 成绩考查法

考查学生所掌握的知识和技能，是教学工作的重要环节。利用现代化教学手段进行考查，既迅速、及时，又准确。考查方法有以下几种：

(1)课堂问答分析法。应用电子技术设备问答装置分析教师提出的问题，全班同学都可以在自己座位的按键上作选择性回答。教师讲台边的显示器能迅速显示出学生回答的对错、答对的总数与百分比、错答的类型与总数等，甚至可表示出回答问题的快慢速率。应用这种方法，教师能及时根据检查结果，调节教学的内容和进度，以提高课堂教学质量。这种方法，要求教师在备课时拟定好提问的题目和正确答案，以及三四个错误答案供学生作选择应答，错误答案要有代表性和典型性。

(2)声像记录分析法。利用录音、录像的方法，把学生的阅读技能、操作和动作性的技能进行记录之后，作细致的分析，能准确评定学生技能技巧方面的成绩。

(3)计算机考查法。计算机在学生成绩考查方面的应用是多方面的。它在提供试题、评卷、统计分数、成绩分析以及技能考核等方面，都能理想地进行工作。

二、当代教育方法发展趋势

随着社会与科学技术的进步以及教学理论与实践的发展，教育方法也在发生相应的变化或进行适当的改革。纵观国内外在教育方法改革方面的成果，尽管它们的内容含义、体系结构、实施形式存在着较大的差异，但从改革的思路、理论依据和实施效果等方面去分析，可以发现一些共同的特点和趋势：

(一)注重学生学习能力的培养，发挥学生学习主体性

现代教学要培养具有自我更新知识能力的终身学习者，教师的教是为了不教，教师要致力于教会学生学会学习，培养学生自学能力，让学生自主学习，这要求教学方法的改革和探索应由注重教法向注重学法的方向进行。首先，教师要把传授知识与传授方法结合起来，指导学生不仅掌握学习内容，而且理解教师的思路，以及分析问题解决问题的方法；其次，教师要在教学过程中注意引导学生不断反思，注意对学习过程本身的教学。

(二)注重情境情感的作用，重视培养学生想象力

以叶澜先生为代表的教育理论家将人本的教育思想发展成为“生命教育”理论，认为教育是“为了人们生命质量的提高而进行的一种社会活动”，教学过程“不仅仅是分门别类知识的增长，而且是具有生命活力的人的成长”过程，强调课堂教学应当是一种生命活动。

在这样的教育思想理论背景下，暗示教学法、情境教学法、愉快教学法、欣赏教学法、角色扮演教学法和对话式教学、体验式教学、游戏式教学、实践式教学以及非指导性教学等纷纷涌现，并日益受到重视。这些教学方法注重知情整合，从而有利于学生对学习产生兴趣，主动参与到教学过程中，与老师、同学对话交流，进而增长知识、陶冶情感、锻炼意志、诱发潜能。

（三）注重教育方法与现代信息技术相结合

现代教学理论高度关注信息技术与课程整合的研究与开发，探索教学过程中现代信息技术的运用和现代教育技术条件下教学方法改革的策略。主要表现在：1. 运用现代教育技术的新形态去探索新的教学方法的趋势。如多媒体教学、网络教学等全新的教学方式。2. 出现了运用现代教育技术手段改造传统教学方法、创新教学方式的趋势。传统教学方法历经数百年，自然有其难以被完全取代的地位与作用，但是也确实存在着自身难以克服的弊端。而现代多媒体和网络技术的采用，则可以扬长避短，概括地说可以解决呈示信息的效率、效果问题，使演示更加形象、生动、动态和直观。教与学的网站使学生有充分表达意见的平台，使作业批改、练习反馈更加及时，使复习个别化和因材施教更加现实，使参观、见习突破时空局限，使实习作业更能仿真情境。

思考题

1. 简述教学方法的类型。
2. 简述自主学习的内涵、特征与指导要求。
3. 简述当代教育方法发展的趋势。
4. 请列举几种新媒体时代的教育方法，并简要分析它们的特点。

主要参考文献

1. 乔治·瑞泽尔. 后现代社会理论[M]. 谢立中等，译. 北京：华夏出版社，2003.
2. 曹孚等. 外国古代教育史[M]. 北京：人民教育出版社，1981.
3. 成有信. 九国普及义务教育[M]. 北京：人民教育出版社，1986.
4. 刁培萼. 教育文化学[M]. 南京：江苏教育出版社，1992.
5. 傅治平. 和谐社会导论[M]. 北京：人民出版社，2005.
6. 扈中平. 现代教育学[M]. 北京：高等教育出版社，2000.
7. 胡德海. 教育学原理[M]. 兰州：甘肃教育出版社，2006.
8. 顾明远. 教育大辞典[M]. 上海：上海教育出版社，1990.
9. 林耀华. 原始社会史[M]. 北京：中华书局，1984.
10. 柳海民. 教育原理[M]. 长春：东北师范大学出版社，2006.
11. 王成绪. 比较教育[M]. 北京：人民教育出版社，1982.
12. 王道俊，郭文安. 教育学[M]. 北京：人民教育出版社，2009.
13. 王伦光. 价值追求与和谐社会构建[M]. 杭州：浙江大学出版社，2006.
14. 王天一等. 外国教育史[M]. 北京：北京师范大学出版社，1993.
15. 伍德勤，杨国龙. 新编教育学[M]. 上海：华东师范大学出版社，2009.
16. 叶澜. 教育概论[M]. 北京：人民教育出版社，2006.
17. 袁振国. 当代教育学[M]. 北京：教育科学出版社，1998.
18. 中央教育科学研究所比较教育研究室. 世界著名教育家. 贵阳：贵州人民出版社，1989.